U0785330

北大史学文库
·青年论丛·

全民皆兵

太行根据地的武装体系
（1937—1945）

王龙飞　著

商务印书馆
创于1897 The Commercial Press

图书在版编目（CIP）数据

全民皆兵：太行根据地的武装体系.1937-1945 / 王龙飞著.-- 北京：商务印书馆，2024.（2025.9 重印）--（北大史学文库）.-- ISBN 978-7-100-24235-6

Ⅰ. K292.54

中国国家版本馆 CIP 数据核字第 2024HF5388 号

权利保留，侵权必究。

北大史学文库 · 青年论丛

全民皆兵

太行根据地的武装体系（1937—1945）

王龙飞　著

商　务　印　书　馆　出　版

（北京王府井大街 36 号　邮政编码 100710）

商　务　印　书　馆　发　行

北京市艺辉印刷有限公司印刷

ISBN 978 - 7 - 100 - 24235 - 6

2024 年 6 月第 1 版　　　　开本 880 × 1240　1/32

2025 年 9 月北京第 3 次印刷　　印张 11 3/4

定价：60.00 元

北大史学文库

编纂委员会

（以姓氏笔画为序）

王奇生　史　睿　李　维　李隆国

李新峰　陈侃理　林丽娟　党宝海

唐利国　崇　明　韩　策

“北大史学文库”出版说明

19 世纪末，京师大学堂与商务印书馆诞生于中华文明艰难转型之际，两个机构虽性质迥异，然皆筚路蓝缕，开拓学术，融汇中西，兼纳古今，成长为“中国近代文化的双子星”。北大与商务，一北一南，千里相隔，合作紧密，严复、蔡元培、胡适、钱穆、顾颉刚、向达，众多学人结缘于两家机构，为中国近代学术文化事业的发展做出巨大贡献。

北京大学历史学系作为京师大学堂创始学门，一直处于中国现代历史学的前沿。李大钊先生的“唯物史观”，朱希祖先生的中国史学史与史学理论，傅斯年先生的“历史学就是史料学”，顾颉刚先生的“古史辨”，董作宾先生的甲骨学，姚从吾先生的多语言蒙元史研究，孟森先生的清朝开国史研究……无不是中国现代史学各领域的开拓性研究。1952 年后，重新整合而成的北大历史学系焕发出更强的学术活力，在中国古代史、欧洲中古史、欧美近现代史、中国近现代史等诸多领域均有重要建树。以上这些都构成了北大史学悠久雄厚的学术传统。

“周邦虽旧，其命维新。”时至今日，北京大学历史学系已经成长为涵括中国史、世界史 2 个一级学科，8 个二级学科的学术单位，引领着中国历史学教育与研究的风潮。值此世纪变局，历史学更成为文明前行的纲领性学科。新时期北大史学不仅要继承先贤，更要启迪后学，向世人呈现北大史学鲜明的学术风貌、深入的文明思考、前沿的问题探究。

有鉴于此，北京大学历史学系与商务印书馆共同合作，既整理出版经典学术成果，又培育学术新锐，展现前沿研究，特策划“北大史学文库”。文库分为三个系列：（1）经典文丛，系统整理北大史学现当代名师大家的代表性论著，力图呈现北大史学研究鲜明的问题意识与方法传统，以及丰厚的学术积累；（2）青年论丛，精选北大历史学系青年教师的学术专著与优秀的博士学位论文，展现北大史学鲜活的生命力和传统赓续；（3）前沿译丛，倚仗北大史学人广博的阅读视野和敏锐的学术判断，译介中外人文社会科学研究的前瞻性著作。

我们希望这套丛书的出版，不仅能全面展现北大史学的当代风貌，更能在时代变局之中留下北大史学人不懈求索的足迹。

北京大学历史学系

“北大史学文库”编纂委员会

目　　录

前　言

一、什么是"人民武装"？

1949年3月召开的中共七届二中全会上，毛泽东告诫全党"战斗意识不能松懈"，他说："所谓人民共和国就是人民解放军，蒋介石的亡国，也就是亡了军队。"[①] 此时，辽沈、淮海、平津三大战役已告结束，百万雄师将要渡江，解放战争取得全国胜利的基础初步奠定。胜利在望之时，仍然强调战斗意识，并严肃指出"亡军"即"亡国"，充分表明了武装斗争对于革命的重要性和中国共产党对此的深刻体认。这也呼应了二十多年前"枪杆子里面出政权"的关键论断。

事实上，"枪杆子"和"政权"构成了主导中国这一时期历史演进的两大基本要素。有学者指出，民国政治的基本逻辑在于"政治与武力高度统一"，而"武力是政治的出发点和最终依据"。[②] 中国共产党在建立之初，以群众革命的组织和宣传见长，并未将军事当作重点。直到第一次国共合作破裂，残酷镇压让中国共产党被迫走上了武装反抗国民党反动派的道路，此后的革命历程中，中国共产党（以下为行文简洁简称"中共"）始终把武装摆到突出重要位

---

① 《杨尚昆日记（上）》（1949年3月5日），中央文献出版社2001年版，第44页。

② 邓野：《联合政府与一党训政：1944—1946年间国共政争》，社会科学文献出版社2011年版，第493页。

置，直至最后夺取政权。

在这个过程中，中共武装先后遭遇两个主要对手：一是国民党军，一是日军及伪军。中共领导的武装在江西时期一度壮大至30余万人，经过历次反“围剿”斗争和坚苦卓绝的长征，抵达陕北后三大主力红军不足3万人。抗战期间，中共武装力量发展壮大，到抗战胜利后，中共部队总数已达127万人，其中野战部队61万人、地方部队66万人[①]，另外还有超过200万之众的民兵[②]。八路军在1940年“百团大战”中崭露的实力已令蒋介石颇为惊讶。

中共武装何以在短短几年内即有如此显著的发展？这其中有着怎样的机制？先来看看其他势力对中共武装的一些认识。

1938年蒋介石在“抗战检讨与必胜要诀”的训话中说：“所谓游击战，实在是正规战之一种，一定要正式的部队尤其要是纪律好精神好战斗力强的正规部队才能够担任。决不是临时集合民枪，编成队伍，就可称为游击队，就能够胜任游击战！……要知道游击战，亦就是正规战，不可视为一种奇巧的名称。”[③]关于游击战，蒋介石的这种基本认识几乎贯穿了全面抗战时期。相较之下，败退台湾的国民党高级将领在反思与中共军队交手后的领悟不可谓不痛

① 军事科学院军事历史研究部编著：《中国人民解放军全国解放战争史》（第1卷），军事科学出版社1993年版，第338页。

② “二百二十万以上”是毛泽东1945年9月答路透社记者给出的数字，包括分布在南方各省的民兵。国民党内部情报称这一数字明显夸大，认为实际只有六十万左右（没有明确的地域）。参见《毛泽东同志答路透社记者　中国需要和平建国》，《新华日报》1945年9月27日，第二版；《共产党地方团队（民兵、自卫队）概括》（1946年3月3日），案卷号787-01836，中国第二历史档案馆藏。

③ 《蒋委员长对抗战检讨与必胜要诀训词（下）》（1938年1月12日），秦孝仪主编：《中华民国重要史料初编——对日抗战时期》第二编《作战经过》（一），国民党中央委员会党史会编印，1981年版，第95—96页。

彻，他们深切佩服共产党获得了老百姓的支持——老老少少都成为“瞭望哨”，全部民众构成了一个“情报网”；如果共产党部队的粮食暂缺了，他们能够与民众家庭一起吃饭；由于动员了群众，共产党很少把伤员留在战场上；但是在国统区，政治不支持军事，因此“不得不纯粹以军事力量来作战”。[①]

日军在实力上占明显优势，然早在1938年就断定“今后华北治安的对象是共军”[②]，其后更是进一步认识到“共军本身的战斗力，依然异常低劣，而今后也不易很快提高。然而做为我治安肃正的对象，在估计其军事实力时，则必须将共军及其潜在民众之中广泛的武装力量考虑在内”[③]。日军华北方面军由此每年都有极其繁密、严厉的“治安肃正”计划，综合运用军事、政治、经济各种手段，投入大量兵力发动无数次大小规模的“扫荡”“剔抉”，但最后发现仍然无法“根治”华北“治安”[④]。战后日本防卫厅战史室在总结华北“治安战”时，得出的结论是这一战争“不是以往的持久战，也不是消耗战，而是一种独特的战争”[⑤]。认为其独特之处在于“敌人”的性质模糊不清，不知道该以谁为打击目标；战线不明确，敌我势力范围犬牙交错、变化无常。[⑥]对于交战对手中共武装，他们的认识是“和日军在长期训练中作为目标所描绘的敌

---

① （台北）“国防部”：《剿匪重要战役之追述与检讨》，第6卷，1951年版，第126—127页。

② 日本防卫厅战史室编，天津市政协编译组译：《华北治安战》（上册），天津人民出版社1982年版，第100页。

③ 同上书，第402页。

④ 1943年冬任侵华日军“华北方面军”参谋长大成户三治中将也不得不认为：八路军是华北治安之“癌”。参见王辅：《日军侵华战争》，辽宁人民出版社1990年版，第1052页。

⑤ 日本防卫厅战史室编，天津市政协编译组译：《华北治安战》（下册），天津人民出版社1982年版，第468页。

⑥ 同上书，第467页。

人，或者是迄今为止我们所接触过的敌人，无论在形式和本质上都完全不同”[①]。

中共从1927年创建自己的武装力量，到1949年夺取全国革命胜利，前后不过二十余年。中共两个主要对手虽然都切身感受到了其武装的强大效能，但对于中共武装的基本体系和发展方式实际上并不大清楚，或者窥知一二却也无计可施。国民党军和日军的观察其实都指向了中共武装的不同寻常之处，尤其是正规军以外的部分。

时任太行区武委会主任杨殿魁对自卫队和民兵为主的人民武装[②]给出了高度评价：“人民武装在抗日游击战争中所发挥的作用、所创造的业绩是中国历史上的空前创举，历史上从未有过像抗日战争中这样强大健全的人民武装组织，从未有过像抗日游击战争中人民武装担负着这样重要的角色，也从未有过像抗日战争中创造了如此丰富的群众游击战争和人民武装建设的经验，他成为广大农民阶级翻身运动与农村抗日民主政权的重要支柱。”[③]

中共七大上，时任中央宣传部部长陆定一也特别提到了民兵，他说：“以前时候脑子里对民兵不相信……当时不相信农民有能力打仗。只觉得农民中有些猎户可能会打仗，别的哪会打仗？现在华北

① 日本防卫厅战史室编，天津市政协编译组译：《华北治安战》（下册），天津人民出版社1982年版，第467页。

② 1941年中共中央军委关于根据地军事建设的指示中把“人民武装”作为与“主力军”“地方军”并列的根据地军事机构三部分之一，并特别注明“人民武装”即为“不脱离生产的自卫队及民兵”。详见《中央军委关于抗日根据地军事建设的指示》，总参谋部动员部编研室编：《人民武装工作文件资料选编（四）》，军事科学出版社1993年版，第221页。

③ 杨殿魁：《抗日战争中人民武装建设的主要经验》（1946年3月1日），太行区武委会编：《抗日战争中人民武装建设文件（上册）》，太行群众书店印，1947年4月，“代序言”，第1页。

的民兵，到处组织起来，广泛地使用地雷，他们在战争中起了很大的作用。华北民兵的广泛发展及其作用的巨大，史无前例，外国没有，中国过去也没有，在华北竟然组织起来了。”①

众所周知，抗战时期，纵使八路军正规军尚且处在装备水平低、枪支弹药严重短缺的境地，那么处在中共武装体系末端的民兵、自卫队何以能获得如此高的评价？这是需要追问的。

全面抗战时期，对于中共来说，保卫根据地和壮大武装力量是压倒一切的战略任务，而这两大任务实际上又相辅相成：没有足够的武装力量难以保卫根据地，没有根据地则壮大武装力量失去依凭。这一时期中共武装不仅成功抵御了数万敌寇频繁“扫荡”，还取得了显著发展——革命最终胜利的关键性基础就是在这短短几年内奠定的。

战争环境下，根据地是发展革命武装的基本依托；反过来，革命武装是根据地得以存在的基本前提。“基本依托”意味着发展武装所需的人力、物力、财力等资源必须由根据地提供支持，而这对于当时条件下的根据地而言显然不是一件容易的事情。困难主要来源于两个方面：一方面是根据地多处于资源禀赋较差的偏远农村地区，社会经济条件落后，几乎不具备现代战争环境下的武装建设所需要的条件；另一方面是敌我势力范围犬牙交错，日军、伪军占据了交通要道沿线地区，处于明显的优势地位，并持续保持高压态势，致使根据地发展武装缺乏安全稳定的外部环境。

---

① 《陆定一在七大上的大会发言——关于团结和路线问题（节录）》（1945 年 5 月 10 日），中共中央党史研究室、中央档案馆编：《中国共产党第七次全国代表大会档案文献选编》，中共党史出版社 2015 年版，第 411 页。另，后文提到的延安《解放日报》1944 年 1 月 17 日社论《向沁源人民致敬》即出自陆定一之手。

中共在发展武装方面的条件也远不如国民党。国民党掌握中央政府，能在全国范围内配置资源，还能得到国际支持，在关键的兵员方面实施征兵制。可见，抗日根据地社会经济条件普遍较差，外部环境严酷，想要生长出有战斗力的武装力量，显然是一项充满挑战的任务。之所以说“生长出”，是因为根据地范围相对明确，现存的各种条件也较为确定，不能指望依靠外部资源和力量来改变现状，只能着眼于根据地现有条件最大限度地挖掘潜力。也正因如此，武装建设必须作为根据地建设总体计划的一部分，与其他部分平衡和协调，而不能采取中央苏区反“围剿”斗争后期竭泽而渔式的办法。[①] 而由于处在常态性的战争环境中，武装建设工作没办法悠游从容地进行，必须时刻与时间赛跑、与敌人赛跑，通过真刀真枪的、不乏残酷的斗争去赢得尽可能有利的发展环境。

就建设武装而言，粮饷和兵员是两大关键要素，而粮饷和兵员恰恰又是一对亘古两难全的矛盾体。粮食主要由青壮年男性劳力生产，而兵员的主要征募对象亦为青壮年男性，二者不能适当平衡会导致顾此失彼的严重后果，因此劳武结合是根据地武装建设的一大长期性课题。相较于粮饷征集来说，兵员的招募更为困难。实际上，兵员的确是群众为革命付出的最大代价，是革命所需诸多资源中最紧要的部分，自然也是动员难度最大的部分。中共一直将“志愿”作为兵员征募的基本原则，坚决反对各种强迫命令方式，甚至连抽签、挤兵等变相强迫的方式也不被允许。在风险高、回报不可期的情况下，还要保证“志愿”征募，谈何容易，所以动员还必须

① 这一问题的深入讨论参见黄道炫：《张力与限界：中央苏区的革命（1933—1934）》，社会科学文献出版社 2011 年版。

回到根据地整体建设中去，必须拉长动员的工作程序，争取各部门各团体的配合。

事实上，如果直接动员群众加入军队，难度非常大。在抗战初期，有些地方基层组织面对来自上级的征兵压力，为完成任务而采取了比较强硬的方式动员参军，不仅使群众意见很大，而且动员出来的兵员质量普遍较差，到部队后常出现“开小差”现象。在这个意义上，从自卫队到民兵到游击队到营兵再到正规军的依次递进而又同时并存的武装体系，不仅极大地减缓了直接参军带来的冲击，而且层层选拔出来的兵员由于受到了较长时间的军事熏陶和教育更有可能符合正规军的需要。民兵存在的意义不仅仅是作为正规军的后备军，在实际中其还承担了维护地方治安、应对敌人经常性小规模袭扰、协助主力部队战斗、组织和领导地方生产建设等诸多职能。人数更多的自卫队成员担负起了站岗、放哨、运粮、送情报、抬担架等战争勤务，为正规军轻装上阵提供了极大的便利。民兵和自卫队不仅都是不脱产的，还能组织、领导和保卫生产，也就是说他们以极低的人力成本发挥了巨大的作用，使根据地的人力资源得到最大限度地运用。

这种“民兵—地方武装—正规军”的梯级武装体系实际上提出了根据地普遍武装化的要求，而要实现“保卫根据地”的目标也必须如此。在普遍武装化的根据地，支持武装和参加武装也就成了群众的一种基本义务，而这正构成了“全民皆兵”武装体系的基础。“全民皆兵”武装体系必然涉及中共各级党组织和抗日民主政权与群众、乡土习惯、伦理规则的深度互动，而原本相对平和的乡土社会一旦军事化也必然引发深刻震荡和漫长调适。

地处晋冀豫三省交界处的太行根据地[①]最初由八路军一二九师创立，后逐步发展为晋冀鲁豫边区，它是华北敌后创建最早的边区之一，面积最大，人口最多，而且是八路军总部、中共中央北方局和晋冀鲁豫边区政府所在地，也是中共中央所在地陕甘宁边区的一道外围屏障。太行地区的战略位置重要，处于与日军对阵的前沿地带，区域内的交通要道沿线地区为日军所占据，虽然抗战期间大部分时期都处在严酷的生存环境之中，但一直发挥着指挥和领导华北抗战的枢纽作用，对于中共的整个抗战来说有着最为突出的军事意义。

鉴于此，本书将聚焦全面抗战时期太行根据地的武装体系，期待能够在较为微观的层面呈现中共武装在抗战时期发展壮大的丰富面相，重点揭示中共武装的发展演变及运作机制。在此基础上，或许可以进一步回答以下两个已引无数思考却仍值得继续探讨的问题：中国共产党是如何开展抗日斗争的？中国共产党领导的革命如何取得了最后的成功？

---

① 太行根据地创建初期，处于山西、河北、河南三省交界地区，称晋冀豫抗日根据地，辖正太路以南、平汉路以西、同蒲路以东、黄河以北地区，包括七十余县，太行山纵贯南北。1939 年 7 月开始，日军对晋冀豫根据地实施第二次九路围攻，后以其占据的白晋路沿线为界将该根据地分划为两个战略区：东为太行区，西为太岳区和晋豫区。1940 年 8 月，冀南、太行、太岳行政联合办事处成立，太行区是联合办事处的直辖区。1942 年 9 月 1 日在涉县成立的中共北方局太行分局就辖太行、太岳、冀南、晋豫四个区，而太行分局的主要领导成员（刘伯承、邓小平、李雪峰、李大章、蔡树藩）大部也是八路军一二九师的领导，也就是说大太行区实际上是以一二九师为依托创建的，所以在事实上太行区的范围大体上也就是一二九师的主要的活动范围。在实际中，由于战局的不断变化，为适应战争需要，行政区划和组织架构也随之作出调整，所以会有不同的分区出现或者撤销合并。鉴于此，本书在地域上采取以一二九师的活动范围为中心的大太行区的概念。

二、文献综述

（一）战时与战后各方对中共武装的认识

政治对手对中共武装倾注了不少注意力，认知水平却参差不齐。这里例举较有代表性的几种。

有汪伪背景的侧重刊载文学作品的综合性刊物《文友》杂志，曾刊布一组名为《中共军内幕之分析》[①]的文章，体现出对中共武装认识的较高水平。文章从组织系统、士兵训练、干部培养、政治工作、情报工作、军事实力以及战术战略等方面对中共军队作了准确全面的揭示和细致深入的分析。该文注意到中共军队从正规军到地方兵团再到民兵这种梯级的组织结构，指出了民兵在这个体系中的重要作用，还注意到民众情报网的作用与意义。

相比之下，稍早些时候国民党方面编印的小册子《中共之军队组织与运用》[②]就显得较为简单和初级。该册子除介绍了中共军队的组织、编制，还重点阐述了中共军队的政治工作，但对中共的武装体制基本未予关注；其中真正具有情报价值的是文末所附的中共中央华中局关于对国军军运工作的指示文件的摘录。1950 年由国民党当局“国防部”总结的《剿匪重要战役之追述与检讨》体现了国民党军在败退台湾后对中共军队认识的新水准。这个报告由包括胡宗南、汤恩伯在内的 17 名国民党高级军官撰述结集而成，报告承认

① 这组文章共 10 篇，分次发表在《文友》1943 年第 1 卷第 5 期至第 12 期，1944 年第 2 卷第 1 期和第 3 期。作者署名“武克”，编者按介绍其曾任国民党军之作战参谋和共军共同担负防备之任务，因故对共军情况知之甚详。

② 《中共之军队组织与运用》，统一出版社，出版年份不详，据行文推测不早于 1941 年 5 月。该册子封面印有“本件可携回密存参考”字样。

国民党军的军事失利绝非缺少军火或其他供给品不足造成的，而是“对剿匪和反对共产主义理解不当”，“政府、经济和计划完全不能向剿匪的战争努力提供密切的支持”。报告提到共产党在动员人们参军方面的困难就小得多，而这一差别极大地影响了战争结局。

重视和擅长情报工作的侵华日军在认识和研究中共方面表现出了明显的优势。从《华北治安战》一书披露的材料来看，日军当时同时有多个情报机构在不遗余力地搜集和获取中共方面的情报，并据此不断地、有针对性地调整军事政治行动策略。比如当发现抗日根据地顽强生命力在于党、政、军、民四位一体时，日军一方面提出“总力战”方略，另一方面用各种办法隔断中共与民众的联系。这些都给根据地造成极大的困扰，使根据地军民时常遭受严重损失，甚至使抗日根据地在1941年至1942年一度面临极端困难局面。日军华北方面军参谋部于1944年编写完成的《剿共指针》[①]集中体现了其对于中共的深刻认知。该指针分两卷，第一卷侧重于分析中共组织、军事、政权等方面的历史和现状，第二卷则从理念、警备、情报、宣传、经济等方面提出“剿共”施策。该指针对于包括中共武装在内的所涉诸问题的描述分析不仅深入细致，而且具有相当的准确性。这也正是当时实际情况的反映——中共与日军经过一定程度斗争互动后彼此皆无太多战略战术上的秘密可言。《剿共指针》并不就军事论军事，反而以更多的篇幅关注军事之外的诸方面，体现了日军对中共非同一般的认知水准。然而，认识到位并不意味着就能解决问题，这也提示治史者需要更加着力于过程和细节。

无独有偶，全面抗战时期美国驻华外交官对抗日根据地民兵也有准确深刻的观察。美国驻华大使馆二等秘书、同时也是美方与

① 甲集团（华北方面军）参谋部：《剿共指针》（第一、二卷），1944年4月。

中共领导人的联络代表卢登（Raymond P. Ludden）在历经4个月的实地调查走访后，于1945年2月向美国国务院提交了一份备忘录，详细报告了晋察冀根据地民兵组织的性质、发展历程、规模、训练、运用等情况，并认识到数十上百万的民兵除了保卫根据地民众的生命和财产，更是补充正规军的源泉。美国国务院中国事务负责人在该备忘录上批注："这是一个令人印象深刻的、天才般的设计"；"民兵是共产党政权和军队以及广大民众的重要连接。共产党人在华北和华中的大范围扩展很可能就是得益于正确运用了民兵组织"；"国民党控制区并无这样的组织……非常有必要建议国民党借鉴这一做法"。[①] 同期，美军观察团基于大范围地面和空中观察，也有类似的结论："我们必须接受一个事实——共产党已经有效控制了华北华中广大乡村。"[②]

1949年后，中国台湾、香港等地区陆续出现了一系列持不同政治立场的有关中共政治、军事等方面的著述。除了组织动员、意识形态等因素外，中共的武装体制是各方关注的重点。各种篇幅的著述中都用了相当比例的文字来阐述中共的人民武装体制，并一致认为其乃中共取胜的重要原因。[③] 这些论著中，蔡孝乾的《毛泽东军事思想和人民战争之研究》值得注意。变节分子蔡孝乾原中共高级干部的身份和二十余年的亲身经历，使其对中共和中共革命有着洞彻认知。蔡孝乾认为"人民武装"最好的组织形式便是民兵，以民兵为核心的"人民武装"把一切可能组织起来的人在不脱离生产的

① "Foreign relations of the United States diplomatic papers", 1945, *The Far East*, China Volume VII (Washington, D.C: U.S. Government Printing Office. 1969), pp. 200–204.

② Ibid., pp. 287–289.

③ 笔者所见相关论著有，国民党当局"内政部"调查局编印:《共匪的民兵组织》，内部资料，1952年；金达凯、张大军:《中共军事剖视》，香港：自由出版社1954年版；丁励:《中共的民兵制度》，香港：友联出版社1954年版。

情况下组织起来，形成“全民防卫网”，拿起一切可以使用的武器，包括大刀、步枪、手榴弹、地雷等原始武器，直接参加武装斗争，配合正规军作战。蔡关于“人民战争”的特性、组织形式、实质也都有深入分析。[①] 蔡的相关看法虽大部切中要害，但作为一种规律性的纲要式总结，并没有言及纷繁复杂、不断摸索的过程，而这正是历史学研究所不应忽视的。

（二）学界的相关研究

对于处在战争中的政治力量而言，武装尽管不是全部，却是决定政治格局的基础要素。也正因为如此，虽然中外学界关于中共武装的专门性研究不多，但是几乎所有与中共革命相关的研究，特别是在回答“中共为何取得胜利”这一核心问题时，都会直接或间接地涉及这一话题。

马克·赛尔登（Mark Selden）研究了全面抗战时期陕甘宁抗日根据地的社会经济改革，在 20 世纪 70 年代初提出“延安道路”（Yenan Way）这一关于中共如何成功的解释框架。“延安道路”将革命过程视为转变根据地的社会、政治和经济的发展过程，赛尔登认为在抗战期间，中国共产党在民族抗日、社会经济和政治改革中，成功地团结了广泛的社会阶层，借由他们的支持最终战胜日本及打败国民党。[②] 赛尔登的解释框架是对此前查默斯·约翰逊（Chalmers Johnson）提出“农民民族主义”（Peasant Nationalism）理论的挑战，后者大胆突破 1950 年代西方关于中共革命成功的各

---

① 蔡孝乾：《毛泽东军事思想和人民战争之研究》，（台北）《中共研究》杂志社 1971 年版。

② 〔美〕马克·赛尔登：《革命中的中国：延安道路》，魏晓明、冯崇义译，社会科学文献出版社 2002 年版。英文版于 1971 年初版，此中文本依据 1995 年版译出。

种流行解释（如阴谋论、组织武器论），明确提出中共的成功植根于其在抗战期间为抵抗日本帝国主义入侵而有效动员了农民大众。[①] 赛尔登和约翰逊的论述主要区别在于前者强调系列政治经济改革对于根据地发展建设的重要意义，后者则强调战争是影响战时中国政治，特别是中共与农民关系的决定性因素。约翰逊的观点受到了不少的批评和挑战，这里不就是非作出评价，但其对战争环境的强调恰恰凸显了"延安道路"的一个重大缺陷——赛尔登自己也认识到陕甘宁边区"虽然曾经遭受日军的轰炸并发生同国民党军队的冲突，但它幸免于日军的侵略，因而这里的游击战争远不如敌后根据地中那样重要"[②]。也就是说，陕甘宁边区并非处于战争的前沿地带，战争和求生存不是其最紧要的任务，其生存和发展环境相对安宁和优越，而这显然不是其他根据地所共有的特征，当然也不是全面抗战时期中共所面临的最重大的"国情"。由此可见，陕甘宁边区条件下的"延安道路"并不能简单等同于共产主义革命的"中国道路"。

同在 1970 年代初，胡素珊（Suzanne Pepper）完成了她在加州大学的以"国共内战"为研究主题的博士学位论文。[③] 其中关于解放区土地改革的论述涉及一个重要问题——土改的军事保障。她认为，中共在抗战期间得到的一个重要经验是土改必须在安全有保障的前提下才能成功推行。这个安全保障指的是两方面：宏观上是指有中共军队的保护，不受国民党军队威胁；微观上是指在具体的土改工作中有民兵支持。胡素珊引用中共方面的报告称，若没有这个

---

① Chalmers Johnson, *Peasant Nationalism and Communist Power: The Emergence of Revolutionary China, 1937–1945*, Stanford, Stanford University Press, 1962.

② 〔美〕马克·塞尔登：《革命中的中国：延安道路》，魏晓明、冯崇义译，第 265 页。

③ Suzanne Pepper, *The Politics of Civil War: China, 1945–1949*. Ph. D. Thesis, University of California, Berkeley, 1972.

保障，“农民们提高了的阶级觉悟就不会发生作用”①。反过来，土改对军事的意义是分得土地的农民大批加入军队，仅 1946—1948 两年内就有大约 160 万左右农民参加解放军。②这里军队与土改互动的模式是军队保障土改，分得土地的农民参加军队。亲历晋东南张庄土改的韩丁（William Hinton）也多次记述土改过程中民兵所发挥的重要作用。③胡素珊关于解放战争期间土改和军事的论述对认识全面抗战时期的军事与土改（减租减息）互动关联有很好的借鉴意义——全面抗战时期太行地区在许多时候是通过减租减息等各种群众运动动员群众参军。

胡素珊之后十年，陈永发完成了他在斯坦福大学的博士学位论文。陈永发的研究对象是全面抗战时期中共在华中和华东地区的革命活动。在博士论文基础上修订出版的著作中，陈永发用专章论述中共的民兵武装。④他注意到，中共在征税和征兵上采取了不同的方式，让富人分担穷人的税负，而不会接纳富农和地主参军，实际上造成“穷人出力，富人出钱”的态势，这样既解决了粮饷问题，又保持了军队武装的阶级纯洁性。而国民党采取征兵制，由于其基层控制虚弱，最后所有的负担实际上都落到穷人身上。陈氏注意到中共武装的正规军—地方武装—民兵梯级体系，他认为民兵是这个体系的基础部分，但必须与地方武装以及正规军相配合，孤立出来

---

① 〔美〕胡素珊：《中国的内战：1945—1949 年的政治斗争》，王海良等译，中国青年出版社 1997 年版，第 358 页。其博士论文完成于 1972 年，1978 年初版，中文本依据 1978 年版译出。

② 毛泽东：《中共中央关于九月会议的通知》（1948 年 10 月 10 日），《毛泽东选集》（第四卷），人民出版社 1991 年版，第 1344 页。

③ 〔美〕韩丁：《翻身——一个中国村庄的革命纪实》，韩倞等译，邱应觉校，北京出版社 1980 年版。

④ Chen Yung-fa, *Making Revolution: the Communist Movement in Eastern and Central China, 1937–1945*, University of California Press, 1986.

就不能发挥作用。该书还阐述了群众运动与武装建设的关系，指出中共常常需要通过阶级斗争来发动农民加入民兵，并且很多时候只有在发动对传统势力的群众斗争之后才能建立独立的民兵武装。陈永发特别强调民兵武装的重要性不仅在于抗日战争上，更在于其作为一个乡村内部的控制机构对于中共革命的长远目标实现及乡村政权建设的意义上。不过，这个颇具见地的认识不能简单套用于太行地区。由于与日军、伪军频繁接触，太行地区的民兵在实际战斗中发挥了不可忽视的重要作用。同时，民兵对于补充正规军兵员的重要贡献也是陈氏未曾注意到的。陈永发关于民兵的论述提出了一些重要的问题，但由于这只是其整个论述的一部分，因此不少地方只是点到为止而未及展开。另外，新四军在南方的处境与八路军在太行所面临的情况存在较大差别，而这必然影响到民兵武装的诸多方面。

学者刘昶也研究了中共在南方的革命情况。刘昶认为在战时对共产党来说压倒一切的战略任务是扩张军事力量，他的《在江南干革命：共产党与江南农村，1927—1945》[①]一文分析了江南的社会经济环境对中共征兵、扩充军队的限制，认为华北与江南社会经济环境的不同导致了中共扩充军队的不同成绩。1937年以前，中共游击队在苏南地区征兵征粮都很困难，原因在于那里租佃发达，农民只向地主交租，而地主大多住在国民党控制的城镇；另外，农民有很多谋生手段，当兵对其没有吸引力。抗战爆发后，国民党影响力严重削弱，中共的粮饷问题有了较大改观，但征兵仍然是个难题。苏北的经济要比苏南落后得多，农民容易被动员参军，这就能解释为什么新四军最后选择在苏北建立根据地。正如作者所期许，这种

① 刘昶：《在江南干革命：共产党与江南农村，1927—1945》，载黄宗智主编：《中国乡村研究》（第一辑），商务印书馆2003年版。

对于中共革命在这一并不成功地区的研究可以帮助我们从新的角度来探讨老的问题，让我们更好地理解为什么中共革命在别的地区，特别是在华北农村取得了成功，并最终取得了全面胜利。

易劳逸（Lloyd E. Eastman）的《毁灭的种子：战争与革命中的国民党中国（1937—1949）》[①] 也是 1980 年代的一部重要作品。易劳逸要处理的问题是“国民党为何失败”，他试图从中央与地方关系、农民赋税、国民党自身政治、金融改革以及军队等方面来寻找答案，最后认为国民党自身的弊病是造成失败的主要原因。作者用了两章的篇幅分别来讨论抗战和解放战争两个阶段的国民党军队。易劳逸认为战争使国民党在农村地区付出了昂贵的代价，税收、征兵和腐败都极大地消耗了农民对政府存有的良好愿望。对于国民政府推行的征兵制，作者认为这个制度的最大缺陷在于其最终要依靠地方当局挑选和集中应征者，而国民政府对地方当局的控制相当虚弱，于是上层人物的子弟躲开了征募，贫弱的百姓却被强拉进了军队。1941 年以后适龄应征男性资源渐趋枯竭，使这一问题变得更加严重。作者引述国民党将领败退台湾后的检讨报告说共产党在动员人们参军方面的困难就小得多，而这一差别极大地影响了战争的结局。正因为认识到国共在这一问题上的深层次差异，作者坚决驳斥了如果没有 1946 年 1 月马歇尔调停，那么国民党军队能够轻易迅速地消灭共产党军队的观点。[②] 易劳逸对于国民党军队的研究无疑有助于加深对共产党军队的认识。

多年来持续关注和研究太行根据地的澳大利亚学者大卫·古

① 〔美〕易劳逸：《毁灭的种子：战争与革命中的国民党中国（1937—1949）》，王建朗、王贤知、贾维译，江苏人民出版社 2009 年版。英文版初版于 1984 年。

② 加拿大新不伦瑞克大学徐乃力亦有类似的看法，参见徐乃力：《第二次世界大战期间中国三方控制区兵力动员比较》，载南开大学历史系编《中国抗日根据地史国际学术讨论会论文集》，档案出版社 1985 年版。该会议于 1984 年 8 月在南开大学召开。

德曼（David Goodman）在2000年出版了他的新著《中国革命中的太行抗日根据地社会变迁》[①]，该书被马克·赛尔登称为是“首次以专著的形式”、“首次从县级层面”（载该书英文版封底）对太行根据地社会变迁进行研究的重要作品。该书重点论述的是政治变化的社会基础——革命进程中财富、地位和政治力量的相互作用，并特别关注新生的社会力量取代此前在当地占统治地位的地主的程度。古德曼在书中虽然未单独对太行根据地的军事进行专门性的研究，但正如前文所述，武装是根据地整体的一部分，对根据地在革命中社会结构的变化的研究无疑为研究武装问题提供了一个良好的依托。与此前关于中共革命的绝大多数研究不同的是，古德曼获取了大量未刊档案资料，得以将眼光下沉到县级。在材料上虽然有突破，但古德曼所利用的档案主要收藏于山西省档案馆，并未用到各县级档案馆的大量原始档案，而这会对相关论述的落实程度产生直接影响。

和古德曼相类似，中国青年学者李秉奎的《太行抗日根据地中共农村党组织研究》[②]也选择了将太行根据地作为关注对象，其研究的课题是太行地区中共基层党组织。李秉奎试图通过对中共基层组织的考察，给出他对于“中共如何在短短几年间得到巨大的发展”的问题的回答。该书的基本立论是中共通过采取群众路线利用各种群众运动对农村党组织进行反复的改造与重建，使党组织与根据地农民逐渐形成一种生死与共的紧密联系，中共由此在农村站稳脚跟。书中有关于“扩军运动与农村党组织”的论述，但较为简单。

---

① 〔澳〕大卫·古德曼：《中国革命中的太行抗日根据地社会变迁》，田酉如等译，中央文献出版社2003年版。英文本初版于2000年。该书中译本存在较多翻译上的瑕疵。

② 李秉奎：《太行抗日根据地中共农村党组织研究》，中共党史出版社2011年版。该书在其博士论文《抗战时期太行根据地中共农村党组织研究》（北京大学，2007年）基础上修改而成。

尤其需要指出的是，战争状态下，许多工作并不是通过党组织来实现，或者基层党组织并未发挥主要作用，更多是由军队武装系统主导，且由他们奠定基础，这在全面抗战初期表现尤甚。因此，仅通过组织来看中共抗战，许多问题未必能得到充分解答。

不同于古德曼的以社会结构变迁为视角，也不同于李秉奎的组织史视角，学者齐小林就中共士兵、革命政权与华北乡村做了融合性的研究。他的博士学位论文《中共士兵、革命政权与华北乡村：1937—1949》[①]以过去学界较为忽视的中共士兵群体为切入点，利用河北省档案馆及河北省内原属太行地区的赞皇县、平山县、唐县等档案馆资料以及其他资料，围绕中共士兵、革命政权与华北乡村三者间的关系展开论述，分别探讨华北农民的参军动机、顾虑与意愿，中共基层政权动员与农民参军的方法、措施及偏向，农民对待中共武装动员的态度、行为，士兵的逃亡、归队，士兵家属的优待等内容，深刻揭示了革命权力与乡村社会既有经济、伦理规则之间矛盾、冲突、利用、融合的复杂关系。齐小林的突出贡献在于跳出了中共动员农民被动响应的惯有模式，将农民作为研究的主体，从农民的视角出发来洞悉革命过程中各种力量和要素的复杂关系。[②]该书作者将讨论时限确定为抗战开始到解放战争结束，但关于论文的核心议题——参军问题的讨论实际上主要集中在解放战争时期。

① 齐小林：《中共士兵、革命政权与华北乡村：1937—1949》，南开大学博士论文，2011年。以该博士论文为基础的专著《当兵：华北根据地农民如何走向战场》（四川人民出版社2015年版）已出版。

② 关于解放战争时期农民参军与土改的关系，李金铮认为农民之所以参军，既有土改报恩和保卫果实之“理”，也有为获取各种私“利”，还因受到外部强“力”作用，“理”“利”“力”三方面的合力才能解释农民参军的心态和行为。这样的解释相较原有认识中着重强调“理”明显更具说服力。详见李金铮：《“理”“利”“力”：农民参军与中共土地改革之关系考（1946—1949）——以北岳、太行和冀南三个地区为例》，《“中央研究院”近代史研究所集刊》第93期，2016年9月。

由此，中共在全面抗战时期关于武装建设所积累的经验和打下的基础，难以在论述中得到充分体现。

李里峰的《土地改革与华北乡村权力变迁——一项政治史的考察》[①] 对华北地区的土地改革运动展开了较为深入的历史学和政治学分析。该研究注重分析土改背后的制度和结构要素以及土改运动中的权力关系和政治运作，认为土地改革帮助中共实现了国家权力的实质性扩张，重塑了乡村社会的经济和权力结构。该书融汇了政治学、社会学、人类学的诸多相关理论方法及研究成果，产生了不少单一学科不容易发现的洞见。该书论述重点为解放战争时期的土改，而这一阶段与本书重点关注的抗日战争时期虽有联系，但也有很明显的区别。同时，因偏重解释分析，该书对土改本身的史实梳理还原尚欠充分。

雷海宗和孔飞力（Philip A. Kuhn）的研究虽然不在中共革命史的范畴，但对本课题亦有借鉴意义。雷海宗的《中国文化与中国的兵》[②] 回溯了从春秋到汉代以至晚近的中国的“兵文化”，主要着眼于谁当兵、兵的纪律、兵的风气、兵的心理等精神文化层面，并希望借此来探讨民族盛衰的脉络。作者认为秦以下人民不肯当兵，对国家不负责任，文化上走向消极，文德盛，武德衰，所谓“无兵的文化”。与之相关的是“好男不当兵”的观念在老百姓心中根深蒂固，而这也正是中共在发展武装时所面临的文化上的巨大障碍。

孔飞力的《中华帝国晚期的叛乱及其敌人—— 1796—1864 年

---

① 李里峰：《土地改革与华北乡村权力变迁——一项政治史的考察》，江苏人民出版社 2018 年版。

② 雷海宗：《中国文化与中国的兵》，商务印书馆 2001 年版。该书上编内容在全面抗战爆发前即已发表。

的军事化与社会结构》[1]着眼于晚清地方团练、地方武装以及由此引起的社会政治结构的变化。该书以主要篇幅讨论了19世纪中叶起出现的各种类型和形式的地方武装，涉及由地方士绅创办的各类团练的形式、规模、财经基础、同氏族的关系等方面，尤其着力于论述这些武装同官方的政治制度及治理体系（如保甲、里甲、地方治安）和征税网络之间的关系。在这些正统的地方武力之外，本书还探讨了各种形式的异端地方武装，如村社武装、“股匪”、“堂匪”等的兴起，同正统武装的异同、两者在一定条件下和一定程度上的转化等问题，展示了晚清地方军事化的广泛普遍和复杂情景。晚清地方军事化的情形与根据地的军事化存在诸多相似的地方，如相互支援的多层次武装力量，如形式繁杂的异端武装，正如作者在文末所说，“抗日战争期间，华北在共产党领导下发展起来的地方军事化结构与我们看到的19世纪中叶的正统结构有某些惊人相似之处”，作者据此认为“根据地方军事化的传统形式来研究它的组织与战略同其他类似的军事制度的组织与战略的因果脉络，应该说是有益的”。[2]

裴宜理（Elizabeth J. Perry）关于淮北地区农民反抗运动的研究则将“叛乱者”与“革命者”进行了很有意义的连接。她的著作《华北的叛乱者与革命者，1845—1945》[3]着眼于19世纪中期至20世纪中期淮北地区的农民反抗运动，以这一地区既孤立又有机联系的三大事件——捻军、红枪会和共产革命为研究对象，旨在揭示社

① 〔美〕孔飞力：《中华帝国晚期的叛乱及其敌人——1796—1864年的军事化与社会结构》（修订版），谢亮生、杨品泉、谢思炜译，中国社会科学出版社1990年版。该书英文版初版于1970年。

② 同上书，第231页。有关太平天国运动时期两湖地区的社会军事化及乡村秩序，杨国安的研究亦值得参考。详见杨国安：《明清两湖地区乡村社会史论》，商务印书馆2016年版。

③ 〔美〕裴宜理：《华北的叛乱者与革命者，1845—1945》，池子华、刘平译，商务印书馆2007年版。该书英文版为密歇根大学1978年博士论文，1980年由斯坦福大学出版社出版。

会生态与农民运动之间的互动关系。捻军和红枪会也属于孔飞力所说的“地方军事化”的范畴，对于初入此地的中共革命者来说，他们面临的是已经军事化了的农民，这显然是一个巨大的挑战，作者的研究也表明中共对红枪会的整合实际上是不甚顺利的。中共在太行地区虽没有一开始就碰到这种情况，但在抗战中后期各种具有武装色彩的会道门渐渐兴盛，从黎城离卦道暴动来看，中共在这一问题上也遇到了类似的困境。在太行根据地，民兵对于抑制会道门等秘密会社、维持地方治安起了很大的作用。

爱德华·弗里曼（Edward Friedman）、毕伟克（Paul G. Pickowicz）和马克·赛尔登合著的《中国乡村，社会主义国家》[①]是20世纪90年代美国中国学研究的颇具影响力的作品之一。作者注意到了中共革命过程中军事化倾向在革命后农村的深刻遗留，认为在整个社会联系网络中强烈的国家约束源于最先在农村开展工作的革命军队，而军队的介入，使得农村社会乃至整个国家的组织和动员都具有了暴力的文化色彩，其结果是传统中国农村的某些地域性、封闭性、落后性的属性在革命之后反趋加强了。对革命军事化遗留的分析，有助于我们回过头去省视根据地普遍武装化过程对乡村社会的深刻冲击和改变的作用机制，特别是能引起我们注意到在当时也许并不显著的征象。

傅秋涛主编的《中国民兵》[②]和郑训独著的《中国民兵史话》[③]比

---

① 〔美〕弗里曼、毕克伟、赛尔登:《中国乡村，社会主义国家》，陶鹤山译，社会科学文献出版社2002年版。英文本出版于1991年。

② 傅秋涛主编:《中国民兵》，人民出版社1983年版。傅秋涛是坚持南方游击战争的主要领导人之一，新中国成立后长期担任中国人民解放军总参谋部动员部部长。

③ 郑训:《中国民兵史话》，长征出版社1992年版。时任中国人民解放军总参谋长、中共中央军委委员迟浩田为该书作序。另，反映社会主义革命和建设时期以及改革开放时期中国民兵发展历史和贡献的《中国民兵史话》续集（郑训著，军事科学出版社2009年版）也已出版。

较全面地总结了民兵发展历程。《中国民兵》是在解放军总参谋部、总政治部领导下，由时任总参谋部顾问傅秋涛主持编写。该书以时间为线索，依次介绍了第一次国内革命战争时期的工人纠察队和农民自卫军、第二次国内革命战争时期的赤卫队和少年先锋队、抗日战争时期的自卫队和民兵、第三次国内革命战争时期的民兵，侧重于各个时期民兵的发展概况，特别是民兵所起到的积极作用。由长期从事民兵宣传工作的郑训撰写的《中国民兵史话》也采取了宽泛意义的民兵概念，沿袭了《中国民兵》所创立的从第一次国内革命战争到第三次国内革命战争的民兵历史编撰序列，也以陈述基本事实为主，重在彰显民兵发展的光辉历程和丰功伟绩。

（三）小结

以上简要梳理的相关研究与本研究的关系大体上可以分为三类：直接相关、对应相关和背景性相关。国民党军、侵华日军、汪伪政权、美方对中共军队和武装的研究和认识属于直接相关，不过这些服务于当时情报决策的研究一方面少了“后见之明”，另一方面因侧重于纲要式总结而忽视了对过程的检视。总体而言，与本研究直接相关的研究还较为薄弱和欠缺。

对应性相关研究指的是与本研究三个基本要素——抗战时期、太行地区、中共武装有关联性的研究。抗战时期对应的有抗战以前及抗战结束以后，太行地区对应的有南方地区、陕甘宁地区，中共武装对应的有国民党武装，并且这些关联性的研究往往不拘泥于单一的对应，许多研究都以组合的形式出现。如胡素珊、齐小林关注了抗战结束以后土改时期的中共武装，陈永发和刘昶都关注了不同阶段的南方新四军的情况，易劳逸则关注了抗战时期和解放战争时期的国民党军队，孔飞力研究的晚清地方军事化和裴宜理关于淮北

"叛乱者"的研究则提供了更广阔的历史参照。

背景性相关研究大体上指的是关于根据地的综合性研究，具体包括根据地的社会状况、资源条件、社会变动等方面。赛尔登对陕甘宁边区侧重于政治经济改革的研究，古德曼对于太行根据地在革命过程中的社会变迁的研究，李秉奎对太行中共基层党组织的研究都属于这一类，雷海宗关于中国兵文化的探讨则为理解时人观念提供了基于长时段的历史解释。弗里曼等将观照的时限延伸到后革命时代的研究则提供了一个逆向观察根据地军事化的样本。

除了以上提及的研究成果，还有不少相关的文章和著作也从不同的角度给笔者以启示，限于篇幅这里不一一赘述。同时，其中也有一些要么流于一般的介绍，要么局限于论者所说的"中共革命史研究是为了说明中共革命的重要性和必要性，论证中共革命道路的正确性"[①]这一惯有基本框架，而这对于认识复杂的共产革命是远远不够的。

三、关于史料的说明

除了大量公开出版的资料，本研究还尽可能地利用相关档案材料。由于中国现行档案馆是一个从中央到地方的多层级系统，因此各级档案馆收藏的档案资料也有明显的层级特征。相应地，县级档案馆馆藏的主要反映县域范围内的情况，而这些档案在省级及以上档案馆一般较少收藏。换言之，要了解和研究县级及以下区域的历史，县档案馆的收藏是不可或缺的资料。对于基本没有城市的中共

① 李金铮:《向"新革命史"转型：中共革命史研究方法的反思与突破》,《中共党史研究》2010年第1期。

敌后抗日根据地而言，县及以下层级区域的重要性更加不言而喻。彭德怀曾说过“一切工作在村”，因为“党、政府、群众团体的一切决议、指示的最后执行者是村，村是各种组织的基层，村是党与民众直接联系的基础”。[①] 古德曼显然也意识到了这一点，他说：“县是中国统治阶级中生命力最长的区划，同时又是国家中最低的管理部门。甚至在战争时期，县不论是在日军、地下反抗组织还是在中国的卖国贼的政治和军事的控制中，都能保持它的功能。因此，这些相互作用很大程度上反映在县的历史和档案中。”[②] 他关于太行根据地的研究就主要着眼于黎城、辽县和武乡三县。遗憾的是，目前县级档案馆所藏档案资料的利用还未引起学界足够的重视（古德曼也基本未使用县级档案馆档案）。

除了山西省档案馆、河北省档案馆和山东省档案馆，本研究还利用了以下数地档案馆收藏的相关革命历史档案：黎城县、襄垣县、榆社县、武乡县、左权县、沁县、沁源县、平顺县、长治县（今长治市上党区）、晋城市、涉县、武安市。这些档案材料所载内容有相当部分是高层级档案中较少涉及的，其中有关抗战时期最基层组织实际运作的内容更是不多见的。这其中多个村的有关减租减息、参军动员等工作的详尽材料，为准确把握“一切工作在村”提供了可能。

本研究中还较多用到人民武装建设文件集。人民武装建设文件集为当时相关部门（主要是军区级武委会）将曾经发布的武装相关文件结集成册，与本研究密切相关的主要有《抗日战争中人民武装

① 《彭德怀在太行区军队营级、地方党县级以上干部会议上的报告》（1942年12月18日），山西省档案馆编：《太行党史资料汇编》（第五卷），山西人民出版社2000年版，第951页。

② 〔澳〕大卫・古德曼：《中国革命中的太行抗日根据地社会变迁》，田酉如等译，第11页。

建设文件》（上下册）（太行区武委会1947年编印）、《太岳人民武装建设（材料汇集）》（上下册）（太岳军区司令部政治部1949年编印）、《爱国自卫战争中人民武装建设文件》（太行区武委会编印）等几种。这些文件集一方面为本研究提供了便利，另一方面也表明武装建设在当时就是一个极为重要的问题，并且时人已经在有意识地进行梳理总结。

第一章
八路军进入太行

全面抗战爆发后，依据国共协议，八路军开赴山西抗日前线，很快即取得名震一时的平型关大捷。八路军在作战的同时特别注意壮大队伍，之后又迅速分兵多处创建敌后抗日根据地，短时间内实现了迅猛发展，为日后在华北站稳脚跟奠定了重要基础。抗战初期，力量并不雄厚的八路军向华北广大地区的积极出动，是改变其此前局处西北一隅，走出困境的关键一步，诚如论者所言："中共在华北的进入和发展，演绎了政治力量堪称完美的逆境中求生存的一幕。"[①]

一、八路军在太行地区的初步开拓

按照中共与国民党达成的协议，八路军开往晋北作战。中共中央因此有红军全部在恒山山脉创造游击根据地的计划和设想。[②] 忻

① 黄道炫:《抗战初期中共武装在华北的进入和发展——兼谈抗战初期的中共财政》,《近代史研究》2014 年第 3 期。

② 参见毛泽东:《关于敌情判断及我之战略部署》(1937 年 9 月 17 日),《毛泽东军事文集》(第二卷),军事科学出版社、中央文献出版社 1993 年版，第 47 页。关于八路军出征前后作战方针和发展策略，特别是独立自主的山地游击战战略的形成、落地以及变动，目前已有不少专论，此处不再赘述。详情参见杨奎松:《抗战时期中国共产党对日军事战略方针的演变》,《历史研究》1995 年第 4 期；黄道炫:《抗战初期中共武装在华北的进入和发展——兼谈抗战初期的中共财政》,《近代史研究》2014 年第 3 期；金冲及:《从十二月会议到六届六中全会——抗战初期中共党内的一场风波》,《党的文献》2014 年第 4 期；王龙飞:《抗战初期八路军的作战方针及发展策略》,《战略与管理》2015 年第 1 辑。

口会战前夕，国民党中央军卫立煌和汤恩伯两个纵队进入山西，八路军总部曾有过战术设想：以八路军在日军侧翼主动出击配合国民党军正面防御。但战争形势变化太快：晋北前线经雁门关南进的日军已陷代县、原平进而向忻口进逼，平汉线经保定南犯的日军已陷石家庄并向娘子关进犯，太原已处于晋北、晋东南两路日军的夹击中，八路军一一五师聂荣臻部开拓晋察冀边区急速转换成敌后。

八路军一二九师虽然开拔较晚，但基本进击方向也是晋北。陈锡联率领的七六九团是一二九师的先遣部队（三八五旅另一团七七〇团在旅部率领下开赴甘肃陇东地区留守），其使命是在师主力到达前了解和掌握敌、我、友三方的情况，为师主力的展开创造条件。一二九师余部在10月中旬到达太原正欲继续北进时，因井陉失守、娘子关告急，行进方向再次发生变化，立即沿正太路转至阳泉停驻，准备依托太行山脉，随时配合友军侧击向旧关、平定前进之敌。[①]10月底，八路军总部率一一五师主力和一二九师七六九团由五台地区南下，进至正太路西端寿阳以南地区，加上原已进入正太路的一二九师主力，八路军的主力已经摆在正太路两侧准备有所动作。11月8日，毛泽东就太原失守后八路军的部署发出指示，令一二九师全部在晋东南，一二〇师在晋西北，“准备坚持长期的游击战争，非至有被截断归路的危险时，其主力不应退出山西”[②]。至此，在中共中央的部署下，一二九师与晋东南开始发生密切关系。[③]

① 参见《陈赓日记》，1937年10月14日，解放军出版社2003年版，第23页。

② 毛泽东：《太原失守后华北将以八路军为主体开展抗日游击战争》（1937年11月8日），《毛泽东军事文集》（第二卷），第112页。

③ 据黄克诚称，红军1936年东征时曾考虑在太行山开辟新的革命根据地，由于阎锡山集中兵力反攻，加之蒋介石增派十几个师兵力入晋参战，红军遂放弃此计划返回河西。参见《黄克诚回忆录》（上），解放军出版社1989年版，第249页。

毛泽东判断，日军在攻占太原以后，必将其主力向山西内地各县之要点进攻，因此电令在四大区之聂荣臻部、一一五师、一二九师、一二〇师除部署一部分兵力为袭击队外，大部尽量分散于各要地，“组织民众武装为第一义”，具体要求靠近铁路、公路地带及敌人快要到来的地区先布兵先开展工作，“期于一个月内收得显著成绩”。[①]

1937年11月13、14日两日，一二九师在和顺县石拐镇召开全师党员干部会议（即“石拐会议”），师长刘伯承作“坚持华北抗战”的动员。这次会议主要是落实11月11日八路军总部在石拐镇召开的高级干部会议所作决定，而后者则是传达和部署毛泽东关于八路军各师开展游击战争的指示。会议决定全师化整为零，分散到各地活动，每个团的各个营都抽出一个连，组成工作团或游击支队，到指定地点同中共地方组织、游击队一起活动，开展游击战争，建立以太行山为依托的敌后抗日根据地。[②]当时的形势是，日军继续忙于正面战场的进攻，国民党军队几乎全面溃退，连带的各级政权随之瓦解溃散，但日军只是占据了主要交通线和城镇，而大量的乡村，尤其山岳地带则处在一个暂时的无政府“真空”状态。这种情况下，早前反复论说和部署的“开展敌后游击战争”的时机更加成熟，具备了全面执行的条件。

“石拐会议”后，一二九师移驻辽县，并在距县城不远的西河头村举办游击训练班，训练部队和地方干部成为游击“种子”。据时任七六九团团长陈锡联回忆，师长刘伯承亲自为学员编写教材，

① 《关于在敌向山西内地进攻形势下我军军事部署的指示》（1937年11月9日），中央档案馆编：《中共中央文件选集》（第十一册），中共中央党校出版社1991年版，第387—388页。

② 参见军事科学院《刘伯承年谱》编写组编：《刘伯承年谱》（上卷），解放军出版社2012年版，第118页。

系统讲授游击战争的战略技术。[①] 经过短训后，一大批干部和全师的主力部队按照事先划分好的区域分别在同蒲路东侧、正太路南侧和平汉路石家庄至磁县段以西的地区展开，约三分之二的兵力下到各县、区。师政治部副主任宋任穷、组织部长王新亭、宣传部长刘志坚等率领工作团和步兵分队，分别到晋东南地区的沁县、长治、陵川、晋城、武乡、襄垣、平顺、沁源、安泽、屯留等县开展工作。桂干生、张贻祥率领由教导团 30 多个干部组成的游击支队，到平（定）和（顺）公路以东、正太路以南、平汉路石家庄至内邱段以西的晋冀地区活动。张贤约、张南生率领由七七一团、教导团各 1 个连组成的先遣支队，到辽县以南、平汉路邢台至磁县段以西及漳河以北的冀豫地区活动。赵基梅、涂锡道率领由七七一团一个步兵连及教导团部分干部组成的赵涂支队，到白（圭）晋（城）公路以东、漳河以南、平汉路以西的太行山南部（太南）地区活动。在这之前，当第一二九师主力刚到平定的时候，秦基伟、赖际发等就受命率领9个工作队，每队5至10人，到正太路南侧太谷、寿阳、昔阳、和顺等地，同中共当地党组织相结合，组织起平定、榆次、太谷、寿阳等多支游击队。11 月初，又派骑兵营挺进赞皇、临城地区，协同杨秀峰领导的冀西游击队，开展冀西地区的游击战争。豫北地区由唐天际率领直属八路军总部的晋豫边八路军游击支队开辟。稍晚些时候，孙继先、胥光义率领由教导团干部组成的挺进支队，向东越过平汉路进到冀南地区，准备发动和开展该区域的游击战争。

到 1938 年 2 月，西起同蒲路，北接正太路，东至平汉路，南

① 参见《陈锡联回忆录》，解放军出版社 2004 年版，第 101 页。又见军事科学院《刘伯承年谱》编写组编：《刘伯承年谱》（上卷），第 118 页。

达黄河北岸的晋冀豫边区的游击战争已全面开展。1938 年 4 月，晋冀豫军区正式成立，下辖五个军分区：晋中秦赖支队为第一军分区，晋豫八路军游击支队为第二军区，冀豫先遣支队为第三军分区，浊漳河流域谢（家庆）张（国权）大队为第四军分区，太南赵涂支队为第五军分区。至此，“太行军区”（1940 年 6 月成立）的格局初步奠定。

在太行区游击工作迅速展开中起到核心作用的便是前文已经提到的八路军工作队。八路军工作队一般以连为单位，每个连配备几名领导骨干，而这些骨干一般来自师团各政治机关和八路军教导团，具有较好的业务能力和政治素质。如受命带队开拓冀豫地区工作的桂干生参加过长征并曾于 1937 年 2 月入抗日军政大学学习，受命开辟太南地区的赵涂支队的赵基梅也参加过长征并曾任红军师政治部主任。工作队中的指战员则一般为有丰富游击战争经验的老红军。这些派遣队到各地后主要着眼于三个方面的工作——建立县区武装、建立抗日政权和扩充兵力。

（一）建立县区武装

八路军工作队进到各县区后，首先是组织和发展武装力量。工作队每到一地，一般首先着手建立当地的游击队。以陈锡联的七七九团为例，根据部署，该团主要进至太行山北部地区开展工作。该团副团长汪乃贵带领 12 人的工作团到昔阳西寨地区活动。在地方党组织的协助下，很快建立起中共昔阳第四区区委（汪任书记）。以后又以第七六九团三营的两个连为基础，组织起一支四五百人的武装——昔（阳）和（顺）游击大队，积极开展破路、袭敌等斗争。该团其他三个营的工作也取得了积极的进展：一营营长孔庆德带领两个连到平定、井陉地区，协同地方党组织很快建立起了这两个县的抗日政府，在不到一星期时间内，就发展起一支800多人的游击队；二营由谭德仁营长带领到冀西赞皇、元氏、临城地区一带，建立抗日政权，组织抗日武装和各种抗日群众组织，很快打开了局面；三营郑国仲营长（阳明堡战斗后，郑国仲由一营副营长接任三营营长）和教导员潘寿财，带领该营两个连到和顺及昔阳以南地区活动。教导员潘寿财还参加和顺县委的工作。他们抓紧对基层旧政权的改造，并将由顽固派掌握的保安团枪支转移到抗日人民手中，壮大了自己力量。①

类似的情况也出现在其他地区，随着八路军工作团的进驻，各县至少有一支游击武装队伍产生，之前即有基础的县则会出现多支游击武装并存的局面。这一时期八路军主导建立游击队，主要目的在于补充八路军正规军。一般是待游击队发展到一定人数，即成建制整编为正规军之一部。八路军在这一时期扩充的数万人有相当一部分是通过这种途径实现的。时任一二九师副师长徐向前对八路军工作队有一个形象的比喻："他们像种子似的，撒到哪里，就在哪里生根、发芽、开花、结果。"② 陈锡联则忆称，晋中当地麻雀极多，秋冬季节尤甚，因此当地群众把太行山区抗日武装力量纷纷出现并处处蓬勃发展的局面比喻为"麻雀满天飞"。③

全面抗战初期，各县区游击队的发展之所以能如此迅速，最重要的基础在于农村中存在大量的游离人群。④ 这些游离人群的产生，主要肇因是战争，从前线流散来的溃兵、因战争失学的青年、从城镇返乡的工人、躲避灾荒战祸而至的外来农民，以及原本就普遍存

① 参见《陈锡联回忆录》，第102页。

② 《徐向前元帅回忆录》，解放军出版社2005年版，第440页。

③ 参见《陈锡联回忆录》，第103页。

④ 参见中共榆社县委会：《榆社干部研究》（1944年11月），革命历史档案1-1.1-2，榆社县档案馆藏。榆社县档案馆革命历史档案编号规则是：全宗号-目录号-案卷号。

在于各地的“二流子”等边缘人群组成了乡村的游离人群。正是这些人大量存在，各县数百人的游击队才能在短时间内组建起来。

（二）建立抗日民主政权

光有队伍，没有各级政权的支撑，很多工作还是无法顺利开展。在全面抗战开始前后，各地纷纷成立各种性质的“救国会”“动员委员会”等团体和机构，山西牺牲救国同盟会（简称“牺盟会”）[①]是其中比较有力量的一个。得益于共产党人薄一波等对牺盟会的主导，晋东南的牺盟会组织基本上为共产党所掌握，这正是八路军在进入各地之初可以借助的最主要的组织力量。差不多与八路军工作队进入各地的同时，中共各县工作委员会（简称“县工委”）也大部恢复工作或重新组建。中共各县工委对抗日政权的建立发挥了重要作用，实际上是该地中共党组织的领导核心，但不能公开活动。牺盟会、动员委员会等组织都在暗中接受其领导或由其主导工作，而八路军工作队的成员则不少充任县工委的主要领导。

虽然处在国共合作的环境中，但原有的县、区、村政权机构多为阎锡山所掌握，对八路军并不能完全信任和支持，甚至千方百计刁难、限制、破坏，给筹粮、筹款、扩兵等工作制造重重困难。邓小平、徐向前就曾于1938年2月22日致电朱德、彭德怀等反映“武乡县长对粮食问题总是推诿，襄垣县长亦然，并以阎锡山命令不准筹借军粮为借口，不愿执行屯集工作”等情况。[②]前述牺盟会

① 牺盟会于1936年9月18日在太原成立，是国共合作背景下，阎锡山与中共合作抗日的产物。1936年10月薄一波主持牺盟会工作后，对牺盟会进行了改组，中共中央北方局增派了一大批骨干党员进入牺盟会，逐步取得了从总部到各级分会的领导位置。牺盟会是一种群众性的半政权机构，担负着战时动员、筹粮筹款、维护社会秩序等作用。

② 中共中央文献研究室编：《邓小平年谱（一九〇四——一九七四）》（上），中央文献出版社2009年版，第180页。

等组织虽然可以借助，但毕竟其只是群众性的组织，并非健全的政权机构，且牺盟会只到县一级，没有下级组织，也难与上级组织有实际联系，不能制定统一的法令，因而统一各地的行政成了当时亟待解决的问题。又因国共合作关系，八路军不便公开撤换国民党人员，更不能随意采取强制措施。

对于这种两个政权并存的棘手局面，八路军方面作出了以下应对：1. 认识到实际把握下层基础是解决问题的关键，因此工作重心放在区村政权、群众团体，加强民主教育，逐步实现区、村长民选，求得在巩固基础上争取将来县长、专员民选。2. 在民众中扩大己方县长的威信，团结士绅及同情者，以坚决打游击相吸引，同时禁止直接批评另一县长。3. 在友军区域，工作方式要特别注意，避免摩擦。4. 争取与各县长在共同纲领下共同工作，以一切为了抗战的模范态度感动之，否则争取群众孤立他们。[①]

据徐向前称，当时他们主要有三个办法来应对[②]：一是统，部队开进一个地区，先与国民党的县长、区长谈判，晓以民族大义，争取合作抗日，谈妥几条，协议在手，他们违反的话，便可名正言顺地兴师问罪；二是挤，发动群众，争取一切能够争取的力量，有了广大群众的拥护和支持，就不怕国民党方面捣乱。有些顽固的县、区长，见势不妙，只得卷起铺盖溜走，政权便落入抗日军民手中[③]；三是武装打击，这是对勾结日寇的汉奸政权而言，一经发现，坚决铲除。秦赖支队在西坑村，发现那里的村长、地主勾结起来，秘密组织“维持会”，便将他们一网打尽。

① 参见军事科学院《刘伯承年谱》编写组编：《刘伯承年谱》（上卷），第125页。

② 参见《徐向前元帅回忆录》，第441页。

③ 榆社县长就是被牺盟会领导民众以消极抗日的理由罢免的。参见胡德荣主编：《榆社县志》，山西古籍出版社1999年版，“大事记”，第11页。

而那些国民党政权已经垮台的地区，更是迫切需要建立抗日民主政权。太原失守后，在晋东北地区，除五台、盂县两个县政府分别在宋绍文和胡仁奎领导之下，仍能执行一些政务外，其他各县政府的人员，都已逃散一空。在这个广大区域中，难以找到行政负责人，社会秩序极端混乱，散兵流匪乘机作恶，汉奸到处欺骗造谣，人民情绪惶恐不安。正如聂荣臻所说，国民党的旧政权垮台了，老百姓不知道将来究竟会怎样，难免惶恐悲观，把新的政权建立起来，就如同竖起一面大旗，使群众和各种抗日力量聚集到这面大旗之下。聂荣臻分析："在老百姓看来，不只是八路军在这个地方，还有我们中国人自己的政府呢！政府——在老百姓的眼里，是很有权威的。有了正式的政权机构，他就觉得这是一个很大的依靠，心里就像有了主心骨。同时，各阶层的人物也愿意承认它，这是中国人民自己的政府嘛！"①

八路军和游击队有了自己的政权，进而创建并巩固抗日根据地才有了可能。有了根据地，抗战和革命才有了坚实的基础。不过，初来乍到而要广泛建立政权，其难度可想而知，以上只是初期和面上的大略情况，而政权从建立到行之有效又有很长一段路要走，其间详情，后文分解。

（三）扩充兵力

事实上，与创建根据地相比，更早被提上日程的是扩兵工作。因此，除了发展游击队等县区武装和建立抗日政权外，竭力扩充兵力也是这一时期分散到各地的八路军的一项重要工作。

1937年10月29日，八路军总政治部发出指示，要求各兵团

---

① 《聂荣臻回忆录》，解放军出版社2007年版，第304页。

政治机关要使部队的指战员用最高热情去创造根据地，具体规定：1. 在两个月内，一一五师扩大部队四千人，一二〇师三千人，王震部一千人，一二九师三千人，总部直属队一千人，共一万二千人。2. 在短期内，一一五师组织游击队三个队，一二〇师三个队，王震部两个队，总部直属部队三个队，每队至少三千人。①

11 月 4 日，朱德、彭德怀、任弼时即向八路军三个师的主要领导发出扩兵工作指示，开篇即指出："在持久战中，壮大本身是极重大的任务。"由此，规定各师在三个月内，除应补充原数缺额外，应努力争取各组织两个新兵团，总部以一个特务连为基础扩大成为充实的特务团，准备每旅改辖三个团；在蔚县地区的独立团（指一一五师独立团，团长杨成武），应以营为单位扩大成为三个独立师。在具体措置上，要求各师从师团政治机关、司令部及排长以上副职、连队活动分子中，抽出大批干部组成强有力的工作团，并将各师随营学校分成若干队、组，散布于各师活动范围内人口稠密而较安全的地区，进行扩红、组织游击队、改善人民生活、建立党组织、创立根据地等地方群众工作。对新组织的游击队，三人要求多派干部进去，加强军政教育和巩固工作，争取大部分整批加入主力，另一部分则应留在当地，以建立独立的营、团地方部队。发生过战争的地区，民间遗散有很多枪支、弹药，所以要求各部及地方工作团应努力收集，必要时可出款收买；而对于各地流落之溃兵、散兵，则应努力争取其加入我军。对于部队扩大后的经费问题，三人指示在恢复政权地区应有计划地进行筹款工作，对汉奸处以没收财产和罚款，向富户进行救国募捐。指示还特别提到，"我工作人

① 参见中共中央文献研究室编：《任弼时年谱（一九〇四——一九五〇）》，中央文献出版社 2004 年版，第 354—355 页。

员初到新区域开始一星期内，应以深入宣传争取个别扩大新战士为最中心工作”。在部队中也要努力扩大新兵，“以期能迅速有一批新兵补充战争中的减员”。[1]

刚成立的冀豫晋省委也在其机关刊物《战斗》上大力鼓吹全党同志动员起来进行扩红运动，以“迅速猛烈地扩大八路军”。[2]

从日军入侵山西开始，随着国民党军队大规模溃败，加上此前即流散到本地的东北军等部，山西境内一时存在大量散兵，在重大战役之后，战场附近区域尤甚。在率部开赴晋北抗日前线途中，八路军聂荣臻部遇到大批刚从忻口战役溃败下来的国民党军队。聂荣臻忆称当时的情景是“触目惊心”，一批又一批的溃兵潮水般涌下来，混乱不堪。聂荣臻部绕行山间小路而没有走代县、繁峙比较顺的大路，主要原因是那条路上国民党败退的军队一帮接一帮，堵塞了道路。[3]

大量存在的散兵严重加剧了社会秩序的混乱程度。电影工作者徐肖冰在日军轰炸太原后曾受其所在的电通影片公司派遣，前往晋东北地区拍摄抗战影片。[4]据他回忆，当时他们一行拿了阎锡山开的护照向雁门关、平型关方向进发，一路都是国民党的溃兵和逃难的百姓，而这些溃败的国民党军队根本不理睬那张护照。半路遭遇

---

① 中共中央文献研究室编：《朱德年谱》（新编本）（中），中央文献出版社 2006 年版，第 705—706 页。此件全文收入《朱德军事文选》（解放军出版社 1997 年版，第 280—281 页），不过日期标注为“一九三七年十月四日”，参照中共中央文献研究室编《任弼时年谱（一九〇四——一九五〇）》，第 356 页，为误植，应为“一九三七年十一月四日”。

② 冀豫晋省委：《目前军事发展的形势及我们对 ×× 区组织问题的提议》（1937 年 11 月 15 日），山西省档案馆编：《太行党史资料汇编》（第一卷），山西人民出版社 1989 年版，第 37 页。原载《战斗》第 2 期，1937 年 11 月 26 日。

③ 《聂荣臻回忆录》，第 276—277 页。

④ 电通影片公司为中国早期私营左翼影片公司，1934 年由司徒逸民等在上海创建。新中国成立后，徐肖冰曾任中国摄影家协会副主席。

溃兵抢劫，值钱的东西被抢了，钱款当然更被抢了，还朝他们开了枪。[①] 当时还有由太原逃出的溃兵经交城、文水等县跨过吕梁山，一路逃窜到文山县，所到之处，为非作歹无数。有亲历者回忆称，“溃兵所到之处，村里群众无一敢在家里住，大部分散居在山庄窝铺，即有个别在村里居住的，也都在村头背巷，探望消息，没有一个人敢在人烟集中的当村居住”。[②]

有当时实际生活经历的作家赵树理也注意到溃兵横行的情形。赵树理在小说《小二黑结婚》中就提到“抗战初年，汉奸敌探溃兵土匪到处横行”，作品中的金旺、兴旺两弟兄还给一支溃兵作了内线工作，引路绑票，讲价赎人，既做巫婆又做鬼，两头出面装好人。晋东南一带，跑散的国民党官兵也非常多，打着“抗日军”“游击队”的牌子，为非作歹，扰害群众。[③]

面对这一直接危害抗日根据地形成与巩固的祸患，加上扩充自身的需要，一二九师及时形成了收拾散兵的原则：1. 防止日本收买利用；2. 提高民族意识，分划出坏分子，但在技术上须注意不可使散兵与抗日军队敌对；3. 零散地收，不使尾大不掉，妨碍自己行动；4. 表示我们愿为民族汇合抗日力量，但须勿暗算我们。[④] 遵循这些原则，收拾散兵具体采取的办法是发表《告散兵书》，欢迎他

---

① 海天、肖炜：《红墙摄影师》，中国友谊出版公司 2009 年版，第 10—11 页。

② 肖文明：《忆溃兵抢劫村民的情况》，中国人民政治协商会议山西省方山县委员会文史资料研究委员会编：《方山文史资料》（第 4 辑），第 18 页。

③ 参见赵树理：《小二黑结婚》，《赵树理选集》，人民文学出版社 2004 年版，第 4 页。赵树理 1906 年生于山西省沁水县，1925 年考入山西省立长治第四师范，1937 年加入中国共产党，1939 年开始先后任职于一二九师《人民报》编辑部、太行区党委宣传部、北方局党校政策研究室等部门。实际工作经历和见闻是赵树理文学创作的基本源泉。《小二黑结婚》写于 1943 年，故事源自一桩发生在左权县的命案，赵树理就此做了大量调查。参见董维民：《一起命案引出了〈小二黑结婚〉》，《山西文史》1997 年第 2 期。

④ 参见军事科学院《刘伯承年谱》编写组编：《刘伯承年谱》（上卷），第 116 页。

们投奔八路军，愿留者留，条件是打日本求民族解放，不侵犯民众利益，共同艰苦奋斗；不愿留者则放下武器，发给路费，开具证明，让他们走；若继续流散乡里，危害抗日军民者，则以破坏抗战论罪。[①] 对于收到的散兵，八路军在生活上予以优待，选出成分好、民族意识好的加以训练，继而让其协助做好散兵工作。而对散兵的训练，着重于提高其民族觉悟及进行斗争前途教育。

目前尚未见八路军收编散兵的具体数目的统计，但据当时的情形及八路军兵员增长推断，为数应该不少。1937 年 11 月，刘少奇在向张闻天、毛泽东报告华北游击队发展情况时提到收容溃兵情形："如在察冀边有同志收容刘汝明部溃兵八百人（带枪），冀西杨秀峰部也收容了数百人。"[②] 收编溃散兵无疑是一举两得的做法，不仅有利于维护社会秩序、安定人心，还可以壮大八路军。部分散兵还携有枪支，这对于武器紧缺的八路军来说则是又一大利好。

经过以上系列工作，在八路军工作队的主导以及各统一战线组织的配合下，以游击队为基干的武装在各县区首先建立起来了。差不多同时，共产党领导建立了一批抗日民主政权，并逐步掌握一些县区的部分政权，这为根据地的建立打下了重要基础，武装与政权进一步配合协作，使各根据地的发展基础初步形成。据任弼时在中共中央政治局常委会上的报告：至 1937 年 12 月底，八路军共扩兵九万二千余人，各种枪两万余支。一共新编了二十四个团，其中一一五师增加了三个团，一二〇师增加了五个团，一二九师增加了两个团，八路军总直属队增加了一个特务团，一个炮团，聂荣臻

① 参见《徐向前元帅回忆录》，第 440 页。

② 《刘少奇关于华北游击队的发展情形向张闻天、毛泽东的报告》（1937 年 11 月 1 日），《中共中央北方局》资料丛书编审委员会编：《中共中央北方局（抗日战争时期卷）》（上、下），中共党史出版社 1999 年版，第 66 页。

部[①]增加了十二个团。新兵成分很好，有些大学生也来参军，是以前扩红少有的成分。晋冀豫边区已有游击队八千二百余人，枪二千余支；晋察冀边区有游击队一万人左右，晋西北有五六千人。[②]

在出征后两三个月，实际着手扩兵工作仅仅两个月时间内，八路军已经扩大了两倍以上，而同时期的国民党部则是十数万的溃散，八路军在如此关键时期的快速逆势成长对未来战局产生了不可估量的影响。此时八路军三个师分四部：一一五师聂荣臻部开创晋察冀根据地；一一五师主力转向汾河流域和晋西；一二〇师仍留在太原附近，相机向晋西发展；一二九师主力深入晋东南，开创太行山区根据地。这样的部署和展开既让八路军相较之前局处一隅更加安全，也在事实上形成了华北敌后抗战的四个战略支点。

二、创建太行根据地的探索

八路军一二九师分散到太行山各地的部队，或以“八路军工作团”的名义，或以支队、大队等名义，同各地的中共党组织相配合，开展建党、建政、组织游击队的工作。这一时期，冀豫晋省委和一二九师密切配合。在八路军的护卫和协助下，省委在冀豫晋区内抓紧建立和恢复党的组织，到 1938 年 3 月中旬，省委已建立起晋中、冀西、太南、冀豫和晋豫等 5 个特委和设在沁县的省委办事处，并建立了 20 多个县委。这一时期省委和一二九师还注意建立抗日政权，扶助了昔阳县政府，恢复和建立了平定、榆次、太谷、寿阳等县政权，保护和改造了和顺、辽县、榆社、黎城等县政府。

---

① 1937 年 10 月，考虑到一一五师有被日军隔断的危险，中央决定由林彪率一一五师主力由五台山南下晋西南，聂荣臻率约三千人留驻五台山地区。“五台分家”即此之谓。

② 中共中央文献研究室编：《任弼时年谱》（一九〇四——一九五〇），第 368 页。

在太行山上大力开展群众运动，组织了各县的农救会、工救会、青救会、妇救会、自卫队，大大发展牺盟会和决死一、三纵队，还创办了省委党校，各特委开办了短期训练班，大批培训干部。[①]

差不多同时，在晋察冀、冀豫晋、晋西北和晋西南四省委的领导下，山西中共党组织迅速成长壮大起来。到中共六届六中全会召开时，山西各地的党员由抗战前的1200余名增加到4万余名，党的地委（工委）和中心县委发展到18个，建立的中共县委（工委）、区分委和基层支部的县（含半边县、联合县）达到131个。同时，根据地的抗日武装、群众团体和政权机关中，也大都建立了党的组织。党组织力量的发展壮大，使山西各地发动群众、开展游击战争、进行根据地建设有了坚强的领导核心。在这四个区域中，晋西南地区是阎锡山直接统治及其军政力量聚集的区域[②]，开展工作的难度较大。而晋西北也是阎锡山军政力量比较集中的地区，中共晋西北省委及其所辖党组织直到十二月事变前都未公开，这一区域的工作主要是通过战动总会和牺盟会这两个合法的组织形式来进行的。晋察冀省委的工作开展较早，也取得显著成绩，早在1938年4月中共晋察冀省委就在五台县召开晋察冀边区党的第一次代表大会。

相较其他三个区域，冀豫晋省委所辖区域面积最大，人口也更多，加之八路军总部、中共中央北方局在该区内流驻，冀豫晋省委面临的局面更为复杂，其使命无疑也更为艰巨。

阎锡山作为山西地方实力派长期存在，是山西抗战局面中一个

---

① 《李雪峰回忆录》（上），中共党史出版社1998年版，第33—34页。

② 太原被日军占领后，阎锡山曾在紧邻晋西南的陕西宜川县秋林镇短时间避难，第二战区司令官总部、山西省政府等首脑机关则在放弃太原后撤到晋西南吉县，并长时间驻停，直到抗战结束重返太原。

重要而特殊的因素。他在山西耕耘多年，根基深厚，即便在太原失陷后，作为第二战区司令长官仍具备较强的军政力量，因此中共更加强调山西的统一战线。1938 年 2 月在辽县西河头村召开的中共冀豫晋省委活动分子会议是中共冀豫晋省委成立以来第一次具有重要意义的会议。代表中共中央北方局指导冀豫晋省委工作的彭真在会议总结中指出，统一战线的基本工作方式应是“民主的、公开的、合法的”，而所谓“合法的”是“站在政府坚持抗战和全国精诚团结的方针下，从政府法令及政府首长言论中，找出统一战线的群众组织和工作的合法的根据”。[①] 一个月后召开的关于建立太行根据地的会议上再次强调“必须坚持与扩大统一战线”，并表示过去之所以一度过分强调独立自主是因为认为国民党山西政权将垮台，只剩下共产党坚持抗战，因而产生了利用这个机会“抢一把”的观点。[②] 在这种情况下，相较后起的中共山西省委党组织，具有合法身份的牺盟会是中共和八路军可以更为便利地借助的另一个组织体系。

山西牺牲救国同盟会由阎锡山身边的一些中共地下党员、进步青年倡议，于 1936 年“九一八”五周年纪念日宣告成立，该组织旨在抗日救国，但由于国民党的责难和山西旧派势力的反对，很快陷于停顿。[③] 经阎锡山同意，成立不久的中共山西公开工作委员会[④]

① 《彭真在中共冀豫晋省委活动分子会议上的结论》（1938 年 2 月），山西省档案馆编：《太行党史资料汇编》（第一卷），山西人民出版社 1989 年版，第 102—103 页。

② 参见《中共冀豫晋省委建立太行根据地会议报告》（1938 年 3 月 20 日），山西省档案馆编：《太行党史资料汇编》（第一卷），第 152 页。

③ 反对的原因主要在于牺盟会的纲领和宣言中包含以下两点内容：1. 不分党派，不分阶级，不分男女，不分信仰，只要是不愿意做亡国奴的人们都联合起来。2. 立即对日宣战，没收日本帝国主义在华财产。参见薄一波：《牺牲救国同盟会简史》（1938 年 9 月），薄一波：《论牺盟会和决死队》，中共中央党校出版社 1990 年版，第 80 页。

④ 中共山西公开工作委员会于 1936 年 10 月在中共北方局书记刘少奇的指示下成立，由薄一波任书记，专做争取阎锡山及山西上层军政人员的统一战线工作。

（简称中共山西工委）接办和改组了山西牺盟会。在薄一波等人的主持下，首先成立了新的牺盟会领导机构，新领导成员中 7 名常委中除梁化之外其余 6 人（薄一波、雷任民、冯基平、牛荫冠、宋劭文、傅雨田）皆为中共秘密党员；各委员会及各中心区的负责人、各县牺盟会特派员的绝大多数也是中共秘密党员。改组后的牺盟会，虽然会长仍为阎锡山，但实际主持工作的是薄一波。这样，以山西官办团体身份登上抗日舞台的牺盟会，成为了共产党实际领导的、与阎锡山合作的抗日救亡组织，也逐步成为山西各种抗日救亡团体总的指导机关。①

牺盟会代表会议通过的工作纲领指出牺盟会的工作目标是“使一盘散沙的民众变成一块胶石般的民众”，因而需要“组织民众，训练民众，武装民众”，他们认为这正是应中国贫弱病根之药方，如此才能救中国。② 在太原失守前，牺盟会主要进行了以下三项工作③：

（一）派村政协助员下乡宣传发动群众抗日。为了发展牺盟会的组织和发动群众抗日，牺盟会首先组织了一批临时村政协助员，以协助村长办理村政的名义下到基层，实际上去做抗日救国的宣传

① 中共方面在 1940 年关于牺盟会的性质有这样的表述：“牺盟是以革命的小资产阶级知识分子为主体，在我党领导之下的一种民族革命的联盟。由于抗战以来客观形势的发展，这一组织不仅是在山西的民众运动中曾起领导作用，并且已进到政府与军队中间，开始了政治机构的改革，创立新军，在推动山西进步与发展，山西统一战线，坚持山西以北至华北抗战上，曾起其光辉作用。”《朱德、彭德怀、杨尚昆同志关于“牺盟”的性质、任务及今后工作方针致彭真、贺龙、关向应同志并中央电》（摘要）（1940 年 3 月 26 日），中共山西省委党史资料征集研究委员会、山西牺牲救国同盟会历史资料编辑组：《山西牺牲救国同盟会历史资料选编》，内部资料，1986 年版，第 24 页。

② 《牺牲救国同盟会代表会议修改后的工作纲领》（1937 年 2 月），中共山西省委党史资料征集研究委员会、山西牺牲救国同盟会历史资料编辑组：《山西牺牲救国同盟会历史资料选编》，第 36—37 页。

③ 参见牛荫冠：《山西牺牲救国同盟会纪略》，全国政协文史资料委员会编：《从国内战争到共同抗日》（文史资料精华丛书），安徽人民出版社 2000 年版，第 742—770 页。

鼓动工作。在太原，牺盟会用招考的办法，招收了 1000 多名各中学以上的进步青年和乡村中一部分小学教员，集中训练 10 天，派到乡下去工作。他们的任务主要有三项：向农村各阶层进行宣传鼓动工作，把日军侵略的惨痛事实告诉群众，唤起群众的爱国热情；发展牺盟组织，用十人团的方式发展 100 万会员；挑选会员中抗日意识强、努力工作者，介绍其投考国民兵军官教导团。在村政协助员的努力下，仅 3 个月的时间，牺盟会的会员就发展到了 60 万，2 万名国民兵军官教导团学员的动员任务也完成了。

（二）开办了国民兵军官教导团。为了武装群众抗日，借阎锡山提出要武装 30 万民众的口号，牺盟会主办了训练 2 万名国民兵下级军官的教导团。国民兵军官教导团，一共分了 8 个团，分散在崞县（原平）、忻县、祁县、太谷、寿阳、平遥等地。所有的学员都是牺盟会员。这是一批有政治觉悟的、抗日情绪高、有文化的优秀青年。他们平时受训、上课，星期日就到附近的农村宣传抗日。随着抗战形势的发展，1937 年 8 月，原计划训练结束后分配到乡村训练民兵的教导团改编为青年抗敌决死队奔赴抗日前线。

（三）开办了军政训练班与民训干部团。军政训练班与民训干部团成立于 1936 年冬，职责是给国民兵军官教导团培训工作人员，给新军培训军政干部，是为民运工作造就民运干部的机构。那时，抗日救国运动还没有完全的自由，青年人的思想还受着国民党反动统治的极大压抑，全国青年正处于走投无路、报国无门的苦闷之中。由于牺盟会宣布了纲领并成立这两个训练团，全国各地的进步青年潮水般地涌到太原。两个团（班）合计 4500 余人，吸收了 22 个省的学生，尤以北平、天津、上海、武汉、河南、四川等地最多。这两个训练团（班）都住在太原国民师范的旧址，内分政治工作人员训练班（培养军队政工人员）、冲锋上士训练班（培养军队下级干部）、妇女运动训练班（做妇女工作）、寒假和暑期训练班（前者专为北平清华大学学生开设，后者专为太原中学以上学生开设）、牺盟干部训练班（训练牺盟特派员）。七七事变后，还开办了游击干部训练班（由战地动委会主持）。这两个团（班）的主要功绩就是为决死队、工卫旅、暂一师、政卫队及各种抗日游击队、各县人民武装自卫队、民族革命大学、各县牺盟会、各县抗日政权培养了大批骨干和军政指挥员。

牺盟会派出村政协助员意在发动组织群众，开办军官教导团和军政训练班意在培养武装干部，而开办民训干部团则意在培养一般干部。通过这三项工作造就了一大批各领域的干部。据当时的报告，全山西每县牺盟的民运干部（从牺盟特派员到各种群众组织的干部）有 30 至 50 人；新军（决死队、政卫队、工卫队等）每团官兵合计至少有牺盟干部 300 人，其中不少为部队中各组织领导者；民族革命政权及学校训练机关中，都有大量牺盟干部。① 如此规模的干部队伍，正构成了这个阶段山西抗战的组织基础。更为重要的是，这些工作在太原失陷前即已大部完成，这也是山西在抗战准备方面有别于其他地区之处。

以上提到的牺盟会所做的三项工作，虽然有村政协助员下乡，但侧重于宣传鼓动，发展牺盟会员在早期也主要是登记造册，深入群众的实质性的组织工作尚未展开。1937 年春，牺盟太原市委员会的成立改变了这一局面。太原市委员会把太原分成了五个区，分别直属于市委员会。此外还建立了兵工厂委员会、铁路工作委员会、学生工作委员会等专门委员会，亦直接接受市委员会领导。在市委

① 梁化之、薄一波等 13 人：《论牺牲救国同盟会》（1939 年 9 月），中共山西省委党史资料征集研究委员会、山西牺牲救国同盟会历史资料编辑组：《山西牺牲救国同盟会历史资料选编》，第 158—159 页。

员会、分区委员会和专门委员会的领导和推动下，太原的抗战组织工作取得了显著的成绩，之后在游击战争中发挥重要作用的太原工人武装自卫队就是这一时期成立的。

太原之外的区域，牺盟会派出的特派员则发挥了突出作用。前述村政协助员在三个月期满后即返回太原，乡村牺盟工作实际处于暂时停顿状态。1937 年 3、4 月牺盟会决定每县派一个或两个特派员进到各地进行组织工作，共派出 180 余人。到达各县后，特派员主要着手健全牺盟会分会组织。他们首先将村政协助员时代所发展的会员进行整理，在此基础上建立牺盟会区村组织，然后正式成立以县为单位的牺盟会分会。由于过去牺盟会分会会长大多由县长、公道团[①]团长等人兼任，许多工作不能顺利开展，牺盟特派员借机改组牺盟会分会领导机关。由于特派员多为共产党员，因此这些新建立或经过改造的牺盟会组织实际上也多为共产党所掌握。在八路军工作团进驻后，在中共党组织并不能以公开名义活动的情况下，牺盟会分会就成了能积极发挥作用的半政权性质的关键组织。当年的牺盟会会员忆称："抗日刚开始主要依靠牺盟会，我们共产党一般公开不出面，党的组织都是秘密的，社会上知道有共产党，你说在哪儿，不知道。能听到的是牺盟会。"[②]

人民武装自卫队在各县普遍建立是牺盟会分会组织、武装民众的一项重要成绩。各县的自卫队规模一般 200 人到 500 人不等，由牺盟会号召而来，大部分队员同时也是牺盟会会员。自卫队的政治工作完全由牺盟会负责，自卫队的指导员一般由牺盟会特派员担

① "公道团"即"主张公道团"，为阎锡山于 1935 年创立。作为基层民众组织，公道团由民众自行选举组成，主要功能为：政策倡导、防堵共产党势力进入、排解调停村里民众之纠纷等。

② 张成德、孙丽萍主编：《山西抗战口述史》（第二部），山西人民出版社 2005 年版，第 38 页。

任。而在日军占领区域，牺盟会则致力于组建游击队。自从日军占领主要城市与交通线后，各县游击队纷纷出现。牺盟总会还给这些游击队配发了步枪等武器装备，大大增强了游击队的力量。这些由牺盟会组建的自卫队和游击队是八路军正规军的重要来源，八路军在入晋几个月内即扩兵数万人，其中有相当一部分兵员来自于此。

中共冀豫晋省委活动分子会议后一个月，太行抗日根据地的创建工作已经有了明显的进展，晋东、冀西成为共产党、八路军控制掌握的区域。为了及时指导建立根据地的工作，中共冀豫晋省委1938年3月中旬在辽县西河头村召开了会议，集中研究建立太行山根据地的问题。参加会议的有晋东的辽县、和顺、昔阳、平定4县和冀西的井陉、元氏、赞皇、临城、内丘、邢台6县共10个县的县委、区委负责人，这是省委单独召开的第一次专门研究根据地建设问题的会议。而晋东冀西10个县的县委、区委负责人参会，表明太行根据地的建设工作已经推进至县区层级，这是创建根据地的重要进展。

建立太行山根据地会议的核心议题仍然是根据地建设中的武装、政权和群众三大问题。与前次省委活动分子会议不同的是，经过一个多月的工作，各地党组织已经有相当程度的恢复和建立，抗日武装也有了一定的规模。在这种情况下，发动群众被突出强调出来。会议指出，“单凭政府军队的片面抗战，而不把广大的群众发动与组织到抗日阵线里来，是不能战胜日寇的”，因此认为对群众进行广泛的宣传教育与揭破敌人的一切阴谋与欺骗，把一切不愿当亡国奴的人民组织与武装起来，已成为当前最严重的任务。[①]

---

① 《中共冀豫晋省委建立太行根据地会议报告》（1938年3月20日），山西省档案馆编：《太行党史资料汇编》（第一卷），第142页。

在组织群众方面，会议对组织工人、农民、青年、妇女儿童都提出了相关要求，还指出过去忽视接敌区和敌占区的群众工作是“绝大的错误”。[①] 在武装群众方面，会议明确提出“游击战争必须成为普遍的群众运动”，因为“在敌人武装进攻的现时期，我们唯一的斗争的方式即为武装斗争”。[②] 因此会议强调要发挥游击队的作用，要积极建立县区干队和游击小组，特别指出这些武装必须要在各级党组织领导之下组织起来，并确保能配合正规军作战。对于自卫队，会议认为有人把自卫队看成是只单纯起盘查、放哨、通信联络的作用是非常不够的，而应该认识到自卫队、游击队与基干军队是三位一体的，互相配合的，其中自卫队是补充游击队和正规军的最好来源。这应当是关于几种不同层级、不同形式的武装力量相互配合共同发挥作用的较早的论述，而认识到自卫队是更高层级武装的基础和来源，则表明发动群众、组织群众、武装群众进而依托根据地坚持抗战的思路基本成形。会议还专门讨论了建立根据地的几个具体工作：战时经济与粮食问题、解决春荒与生产问题、发展商业及教育问题。这几个方面具体工作的布置表明，中共在太行地区已由扩充队伍、筹款筹粮进至全面创建根据地的阶段。

在冀豫晋区创建根据地，也是中共中央此时对省委和该地八路军的期待。建立太行根据地会议结束后不久，中央即致电北方局在冀豫晋省委的代表朱瑞及朱德、彭德怀等八路军领导人，指出摆在冀豫晋全区面前的中心任务是“以最快的速度创造冀晋豫边区成为

① 《中共冀豫晋省委建立太行根据地会议报告》(1938 年 3 月 20 日)，山西省档案馆编：《太行党史资料汇编》(第一卷)，第 147 页。

② 同上书，第 148 页。

坚持抗战的巩固根据地”。[①] 该指示具体要求中共冀豫晋省委和八路军密切协作，建立完全在党领导下的有战斗力的若干游击兵团及地方游击队；逐步改造政权机关，使之成为广泛人民阶层的抗日民主政权；逐渐求得军事政治的统一指挥和领导，采取必要过渡办法，以备将来召集冀豫晋边区政府代表大会，成立边区临时政府。

实际上，建立游击队和抗日民主政权的工作自八路军进入以来即着手进行，不过在一开始由八路军主导。中共中央北方局早在1937年10月即发出指示，要求八路军工作人员要切实建立各地方的党部，并且明确指出各地方党的工作人员与八路军在游击区活动时，要以共产党的面目在群众中出现，“不要使群众只见八路军不见党”。[②] 遵照这个指示，在各地党组织恢复和创建起来后，省委及其领导下的党组织即开始发挥越来越重要的作用。

在根据地的建设中，县是八路军和党组织开展工作的基本区域，也是创建根据地的关键环节，八路军分兵前往各地时正是以县为单位，因而县的工作也能最集中体现根据地创建工作的各种情况。以下以八路军和中共党组织和顺县的发展为例来说明这个问题。

和顺县地处山西东陲，位于太行山脉中段，所谓“太行襟腰”。和顺东临河北邢台，俯瞰华北平原；西连榆社、榆次，直通省府太原；南与辽县为邻，迳下上党盆地；北接寿阳、昔阳，面迎正太铁路。这样的地理位置被《和顺县志》概括为“扼晋冀要冲，锁东藩

① 《张闻天、毛泽东、刘少奇关于目前晋冀豫党与八路军的任务的指示》（1938年3月24日），山西省档案馆编：《太行党史资料汇编》（第一卷），第168页。指太行区的名称“冀豫晋”“晋冀豫”“冀晋豫”都曾被使用，除原文引用外，本文一般采用当时正式文件的通行称谓。

② 《中共北方局指示》（1937年10月27日），山西省档案馆编：《太行党史资料汇编》（第一卷），第14页。

门户”[1]。1937年10月下旬，根据中共中央北方局指示，中共晋中特别委员会在和顺县石拐镇成立，陶希晋任书记。第二年5月，晋中特委又与冀晋特委合并组成晋冀特委，辖榆次、太谷、寿阳、和顺、平（定）昔（阳）东、辽县、榆社、祁县及平定等县。一二九师在北进抗日过程中，因形势变化，暂停北进而留驻和顺以北之平定地区。奉命挺进晋东南后，和顺等地成了一二九师较早到达之区域，八路军总部、中共中央北方局、一二九师师部、秦赖支队等一大批重要党政机关先后在此地驻扎，和顺一时成为中共华北抗战的指挥中心。

1936年冬，山西省牺盟总会向各县派出村政协助员，主要任务是宣传抗日和发展牺盟会组织。协助员在各县工作3个月，发展了一大批会员，并动员许多青年参加了国民兵团和国民兵军官教导团。1937年1月，在村政协助员的指导下，牺盟会和顺分会成立。卢沟桥事变后不久，县牺盟会即在县城组织千余人集会，宣传抗日，并在全县开展每人捐献一枚铜元援助驻防张家口的二十九军的签名募捐运动。

1937年10月，由一二九师民运部长秦武善与中共正太特委书记彭涛各自派出教导团团长翁可业、池必卿到和顺县共同组建成立了中共和顺工委，后改称中共和顺县委，翁可业任县委书记，池必卿任组织委员，对外仍称“八路军工作团”。之后，又接着组建了一区委、二区委、三区委等3个区委。[2]县委和三个区委的创建意味着中共在和顺的组织架构初步建立起来了。不过，阎锡山政权在

---

① 和顺县志编纂委员会编：《和顺县志》，海潮出版社1993年版，第1页。

② 参见中共山西省和顺县委组织部、中共山西省和顺县委党史研究室、山西省和顺县档案局：《中国共产党山西省和顺县组织史资料》（1932.3—1987.10），山西人民出版社1995年版，第2页。和顺县志编纂委员会编：《和顺县志》，第12页。

当时的和顺依然占据优势并运转有序，八路军教导团进入时及之前的几件事能反映这一点。1937 年 9 月，县政府成功将全县 85 个联合行政村整并为 26 个新编村，同月还进行了清监，并释放全部在押犯人。为抗战培训随军救护员、卫生员的和顺县卫生医院也是在这个月成立的。而在教导团入城后，出席联合欢迎会的则是县政府、公道团、牺盟会以及正在集训的全县小学教师。和顺县的这种局面也就决定了八路军教导团开展工作需要顾及统一战线，特别在开始阶段需要取得阎锡山政权的合作与支持，但这对于创建根据地而言无疑是不小的束缚。

在已有的组织机构不能有效利用或者被废除的情况下，新建组织自然成了一种选择。八路军教导团进入和顺后不久即成立了和顺县总动员实施委员会，在全县开展抗日救亡总动员。12 月上旬，一个更具抗日民族统一战线性质的机构——和顺县民族革命战地总动员委员会成立，县长张雨帆兼任主任，池必卿兼副主任，翁可业兼武装部长，牺盟会特派员王乃堂兼秘书长。这个组织中，尽管主任由县长张雨帆兼任，但由于副主任、武装部长和秘书长等重要位置皆为共产党人掌握，所以实际上中共在主导这个组织。在各种有利条件下，和顺县党组织迅速发展，到 1938 年 7 月，全县已有党员 1900 名，支部 108 个，区委 4 个（原一区委后分为一北区委和一南区委两个区委）。[①] 和顺县的中共支部数、党员数，在当时中共晋冀特委所属 20 多个县中名列前茅。

在武装工作方面，八路军工作团进驻后即与县牺盟会共同举办自卫队长训练班，共训练区村自卫队队长 120 余人。1937 年 12 月，

① 参见中共山西省和顺县委组织部、中共山西省和顺县委党史研究室、山西省和顺县档案局：《中国共产党山西省和顺县组织史资料》（1932.3—1987.10），第 2 页。

和顺县人民武装自卫总队暨总队直属武装中队成立，总队下辖区村自卫大队、中队、小队。其主要任务是：配合抗日军队作战，开展游击战，侦察警戒，封锁消息，维持地方治安，镇压汉奸，传递情报，运送军需、伤员，破坏敌军交通，战地准备等。彼时，全县编制在册的自卫队员有6670人。为集中精干力量加强战斗力起见，和顺县武装自卫总队成立的同时，还成立了一个总队直属的中队。该中队下辖3个分队，共有队员110人，步枪30支，每人1把大刀。[①]与其他普通自卫队相比，直属中队最突出的特点表现在武器装备上，尽管人枪比例较低，但在八路军大规模扩充而武器装备十分紧张的当时，给自卫队配发步枪已实属不易。因其重要性，该直属中队的干部也由八路军工作团任命。

1938年2月，八路军工作团组建了和顺县游击支队。由工作团团长同时也是中共和顺县委书记翁可业兼任支队长，一二九师战士苟敬笃任专职副支队长。该游击支队下辖3个大队，共308人，有步枪31支。与前述自卫队配合抗战及维持社会秩序的使命不同的是，该游击支队主要任务是扩兵，每够一连即送编正规军。该游击支队成立后不久，即有100余人被编入一二九师三八五旅；5月初又有两个大队编入一二九师秦赖支队；7月又有100余人编入决死一纵队第三大队。

1938年初，和顺县政府在改造旧公安局组建抗日县政府公安局的同时，组建了130余人的公安队。到1939年，公安队发展为有5个分队15个班，外加便衣队、马警队共250余人的公安大队。公安队主要使命原在维持县内治安，不过到1940年1月，除留3个班为公安警卫队外，其余队员均编入和顺县独立营。1938年9月，

① 参见和顺县志编纂委员会编：《和顺县志》，第391—392页。

和顺县成立抗日交通大队，主要任务是保卫抗日县政府、护送上级首长过境、送信联络及输送兵员。建队初有 40 余人，后发展到 100 余人。虽有专门任务，但和公安大队一样，在 1940 年也被编入县独立营。此外，在 1939 年初，云山游击队成立，下设 3 个分队，共有队员 110 人。1940 年 1 月，编入和顺独立营。1940 年 1 月 1 日，云山游击队 3 个分队及公安大队 5 个分队集中训练 1 个月，随后奉命整编为和顺县独立营。县长邓肇祥兼任营长，下辖 3 个连和 1 个教导队，共 300 余人。是年 1 月底，独立营 3 个连改编为太行边区纵队第六团，教导队改编为县公安队。

以上提到的自卫队总队及直属武装中队、县游击支队、公安大队、交通大队及云山游击队构成了这一时期和顺县内群众武装的基本格局。从其成立及后续整编情况来看，八路军及中共党组织掌握了其领导权。这些队伍中除自卫队外，其他各武装队伍均先后被整编补充到正规军中去，这也表明这一时期组建的各种武装组织主要目的仍然在于扩兵。另外，虽然县委的下级区委较早就建立，但其武装工作开展较晚。到 1941 年初，和顺县西 6 个区，和顺县东 4 个区才先后组建了区基干队。各区队每队约 30—50 人，军事上受县独立营领导，在达到一定规模后，也先后被编入县独立营及正规军部队。

除武装之外，掌握政权也是创建根据地过程中的重要方面。1937 年 11 月，中共中央北方局机关刊物《战斗》曾专文论述“抗日战争中如何建立人民的临时政权”的问题，号召共产党人只要机会允许“要当仁不让地掌握临时的地方抗日政权”。① 而在统一战线

① 《论抗日战争中如何建立人民的临时政权问题》（1937 年 11 月 2 日），山西省档案馆编：《太行党史资料汇编》（第一卷），第 22 页。原载于《战斗》第 1 期，1937 年 11 月 9 日。

的环境中，在不能公开另立政权的情况下，“当仁不让”地掌握政权无疑是一个不小的挑战。

八路军工作团进入和顺后一面相对秘密地联络组织发展党员，一面公开进行抗日宣传和开展民众运动，并注意避免与阎锡山的摩擦。在抗日宣传中，中共为了宣传本党的抗日主张，除了常规性的《抗日救国十大纲领》外，还注意将抗日主张渗透到具体的工作中去。比如，中共认为应训练新村长，因为旧村长不能完成抗日的使命，而新村长必须具备民族意识、强烈的责任感、现代知识、牺牲救国精神。这几个方面的要求没有违反统一战线，同时又与中共的抗日主张高度契合，经过如此训练的村长势必更容易受到中共的影响。日军华北方面军曾由宣抚班于 1939 年 5 月派出调查员对和顺进行了将近一个月的实地调查，调查报告认为在进入和顺初期，“共产党的政策对现有的政治势力，极力避免发生冲突，而是采取稳步渗透的方法，将中共意图巧妙地渗进阎锡山的气味之中，以内部改造为名，先行站住脚步，然后再逐渐进行赤化”。[①] 除却政治立场，应该说，这是比较精到的观察和分析。

在八路军和党组织进入和顺后，群众抗日救国团体相继成立。1938 年 4 月下旬，和顺县农民抗日救国会率先成立；5 月，和顺县青年抗日救国会成立，为晋东南抗日根据地最早的青年抗日组织；6 月，和顺县工人抗日救国会成立；8 月，和顺县妇女抗日救国会成立。这些团体的成立将广大群众编织成网，作为这张网的主要缔造者，中共无疑将能借此获得强大的动员能力。有了这些外围组织以及此前即存在的牺盟会系统，加上各种武装组织作为后盾，中共加

① 日本防卫厅战史室编：《华北治安战》（上），天津市政协编译组译，天津人民出版社 1982 年版，第 95 页。

快了改造旧政权的步伐。1938 年 7 月，在中共的主导下，全县开展了以反贪污、反恶霸、改造旧政权为中心的群众运动。同时又配合了减租减息宣传、“有力出力有钱出钱”的抗战宣传，局面开始明显偏向中共方面。1938 年 7 月，县长张雨帆不堪压力被迫辞职。前述日军调查报告认为张雨帆辞职的原因在于中共方面所主导的“严苛”的财粮征收政策，因为张雨帆被要求执行抗战时期合理负担办法，对富户摊派过重负担，而对特别富户则以紧急费用借款的名义实际没收；对不服从者，以汉奸行为论处，由民众团体没收其财物，并予以社会制裁。[①] 这种过激的政策使张雨帆遭受巨大压力，最终不得不辞职。

阎聚宝是张雨帆的继任者，到职不足一个月后也遭遇了类似的处境。11 月 8 日，和顺县总动员实施委员会、牺（盟）公（道团）联委会共同召开纪念苏联十月革命胜利二十一周年大会。参加群众 6000 多人，会上工、农、青、妇等抗日救国团体，联名指控县长阎聚宝消极抗日的 9 条罪行，并驱阎出境。阎聚宝被赶走后，共产党员邓肇祥接替县长之职。邓就任县长后，对县政府加以改革，亲自领导全部工作，积极推行各项施策。至此，和顺县政权基本为中共掌握。

结合前文提到的徐向前“统”“挤”“打”的忆述，可见张雨帆、阎聚宝的遭遇并非个案，日军的调查分析也非空穴来风。在黎城，当日军攻陷太原、邯郸、武安等地后，黎城县政府的部分官员和一些上层地主恐慌不已，县长田齐卿不但不接受中共黎城县党支部和八路军地方工作团的宣传教育，反而暗中召集地方四大士绅商议日军进犯黎城的应变事宜。针对这一情况，中共黎城县党支部决定由县牺盟会出面，组织百余名青年学生，冲进县政府，收缴其印

① 日本防卫厅战史室编：《华北治安战》（上），天津市政协编译组译，第 96 页。

章，将田齐卿及四大绅士扣押，送沁县牺盟中心区[①]处理。四大士绅之一杨永昌位于县城正街的宅院就是在这一次斗争中被没收的。1937年11月18日，山西第三行政公署专员薄一波以准备弃城投敌为由解除了田齐卿的县长职务，任命中共党员何公轸担任黎城县县长，何公轸到任后，组建了黎城县抗日民主政府，杨永昌的豪门宅院便成了抗日民主政府的办公场所。

“统”“挤”都是较为温和的方法，在必要时也会使用“打”的方式。1938年4月，和顺县政府即处决了在日军“九路围攻”中投敌的汉奸米中和等3人，5月又召开除奸公审大会，处决“九路围攻”中煽动叛国的汉奸杜国华等8人。这些被处决的“汉奸”具体罪行不详，但都给予了他们最严厉的处罚。同样地，县长们的不合作行为也有可能面临着被以“汉奸行为”论处的危险。在民族矛盾空前尖锐的氛围中，一旦被定为“汉奸”便难有回旋余地，严重的惩罚无疑形成了强烈的震慑。

中共通过类似的方法掌握当地政权的情况也广泛地发生在其他地区，这是因为当时除晋北、太原及周边等地因遭受日军严重冲击或占领而致政权垮台外，山西广大地区实际上还处在阎锡山政权的有效控制下，相似的环境决定了相似的斗争局面。

三、抗战宣传下乡

抗战需要全民支持，国共两党早在为卢沟桥事变发表的通电

① 抗战爆发后，阎锡山将山西全省划为七个行政区，晋东南地区主要属于第三行政区（辖沁县、沁源、安泽、襄垣、黎城、武乡、榆社、辽县、和顺、昔阳、祁县、太谷、榆次等十三县）、第五行政区（辖长治、长子、屯留、壶关、潞城、平顺、晋城、阳城、高平、陵川、沁水、浮山等十二县），与行政区相适应，牺盟会也建立了沁县、长治两个中心区，分别领导第三行政区、第五行政区所辖各县的牺盟会。

中就都分别对此发出号召。中国共产党认为在中华民族危急的关头“只有全民族实行抗战，才是我们的出路”，因此“要求全国人民，用全力援助神圣的抗日自卫战争”。[①] 蒋介石在稍后的通电中也号召：“地无分南北，年无分老幼，无论何人，皆有守土抗战之责，皆应抱定牺牲一切之决心。”[②] 1938年5月，毛泽东在《论持久战》中再次重申：“政治上动员军民的问题，实在太重要了。我们之所以不惜反反复复地说到这一点，实在是没有这一点就没有胜利。没有许多别的必要的东西固然也没有胜利，然而这是胜利的最基本的条件。抗日民族统一战线是全军全民的统一战线，决不仅仅是几个党派的党部和党员们的统一战线；动员全军全民参加统一战线，才是发起抗日民族统一战线的根本目的。”[③]

抗战需要民众，而民众不觉悟以及散漫无力则是近代以来让无数仁人志士感到痛心疾首的老大难问题，以至于“新民”长时间成为救亡之重要一端。民国初年孙中山在喟叹：“中国四万万之众等于一盘散沙。”[④] 二十年后，在大敌入侵的关头，牺盟会仍然在努力“聚沙成石”，认为疗救中国贫弱之病根的药方是“发展物力和人力”，要将民众组织起来，“使一盘散沙的民众变成一块胶石般的民众”。[⑤] 这种跨越时空的“共识”正表明了组织民众之极端重要性，

① 《中国共产党为日军进攻卢沟桥通电》（1937年7月8日），中央档案馆编：《中共中央文件选集》（第十一册），中共中央党校出版社1991年版，第274—275页。

② 蒋中正：《对芦沟桥事件之严正声明》（1937年7月17日），李勇、张仲田编著：《蒋介石年谱》，中共党史出版社1995年版，第250页。

③ 《论持久战》（1938年5月），《毛泽东军事文集》（第二卷），军事科学出版社、中央文献出版社1993年版，第342页。

④ 孙中山：《民权初步·序》（1917年2月21日），广东省社会科学院历史研究室、中国社会科学院近代史研究所中华民国史研究室、中山大学历史系孙中山研究室合编：《孙中山全集》（第6卷），中华书局2006年版，第412页。

⑤ 《牺牲救国同盟会代表会议修改后的工作纲领》（1937年2月），中共山西省委党史资料征集研究委员会、山西牺牲救国同盟会历史资料编辑组：《山西牺牲救国同盟会历史资料选编》，第36页。

同时也道出了组织民众之极为不易。

日军在华北频频动作并步步进逼之时，因地理位置关系，山西较早感受到这种威胁并开始准备“救亡”。山西牺牲救国同盟会的成立便是对严峻形势的因应，其时势之紧迫与情形之悲壮仅从该组织的名字即可见一斑。薄一波在分析“牺盟会为什么会在山西产生并发展”时，指出原因之一便是日军占领东四省后，又将冀察政权特殊化，晋绥遂处在国防最前线。为了保卫晋绥，不做亡国奴，就“不得不比全国各地更努力些，更积极些”。[①]

在这种氛围中，最先起来的是在省会太原的青年学生，早在九一八事变后山西学生界即成立了“山西学生抗日救国联合会”，并持续进行抗日宣传活动。经过数年的发酵，抗日救亡的舆论渐成壮阔风潮，受此熏染的青年学生更加热情高涨。牺盟会成立之初的班底便主要由进步青年组成，之后牺盟会开办的数种干部和军官培训班的学员也大多是青年学生。1936 年牺盟会决定向全省各村派遣村政协助员，在短时间内即成功招募千余名以大中学生为主的青年，而在此后开办的村政训练班和民训干部团也在短时间内吸引了 4500 余名进步青年。

相较积极踊跃、群情激奋的青年群体，特别是太原等主要城市的学生群体，散居在广袤乡村的一般群众就显得落后于形势太多，用薄一波的话说，他们是“除纳粮以外什么都不过问也不晓得过问”[②]。聂荣臻回忆自己在率部奔赴晋北前线的过程中“一路所见，令人心寒”，“群众情绪惶恐，村庄冷冷清清，想从村里找一个向

---

① 《牺牲救国同盟会简史》(1938 年 9 月)，薄一波:《论牺盟会和决死队》，第 75—76 页。

② 同上书，第 82 页。

导，或是找人打听前边的情况，都非常困难”。[①] 而抗战需要群众支持的远不止是作向导带路。

阎锡山在牺盟会第一期村政协助员训练班开学典礼上指出，村政协助员此次行动的重要使命之一是首先自己明确进而向群众说明如下三个问题：1. 前线士兵伤亡了应该由谁来补充；2. 前方士兵所需的给养应该由谁来接济，由谁来运输；3. 如何维持后方治安。[②] 概括起来，这三个问题的共同指向就是抗战需要民众人力、物力的无限支持。具体而言，需要民众参军走上前线，需要民众供给粮食，还需要民众组织起来维持后方社会秩序。

让广大民众认识到自己的抗战责任和义务之艰苦使命，就这样落到这些村政协助员头上了。这个任务之艰巨，不只是因为民众认识与抗战需要之间存在着巨大差距，还因为村政协助员们的工作环境并不宽松——广大农村并不欢迎协助员们所要开展的工作。薄一波称，以“村政协助员”的名义派驻青年是一种策略性的选择，因为“当时假若要公开的派一些青年，组织些抗日救国下乡宣传队，一定会遭遇到地主绅士及一切顽固派的反对……‘村政协助员’这五个字不刺人眼，大家都不反对。下乡之后实际的干了三个月救亡宣传组织工作，快要被这些顽固派发觉反对时，一切已推进了一步，而成了一种既成事实”。[③]

这千余名被认为是“最前进、最努力、最能吃苦”[④] 的青年充

① 《聂荣臻回忆录》，第 277—278 页。

② 参见《关于“村政协助员”、“军政训练班”、“民训干部教练团”、“国民兵军官教导团”等情况简介》（据 1936、1937 年《太阳日报》《晋阳日报》辑录），中共山西省委党史资料征集研究委员会、山西牺牲救国同盟会历史资料编辑组：《山西牺牲救国同盟会历史资料选编》，第 52 页。

③ 《牺牲救国同盟会简史》（1938 年 9 月），薄一波：《论牺盟会和决死队》，第 81 页。

④ 同上。

当的村政协助员，主要有三个来源：一是太原各中学以上学校的进步青年，有离开课堂到乡村工作的决心；二是乡村中一部分不满现状，充满革命精神的小学教员；三是几年来流亡在外或潜伏乡间的有抗日救国意愿的青年。牺盟会规定他们下乡的工作主要有三项：1. 广泛地进行宣传鼓动工作，尽量把亡国灭种的惨痛事实告诉给民众，唤起民众的爱国情绪；2. 发展牺盟会员，用十人团的方式，组织一百万会员；3. 选择会员中间民族意识强、工作积极努力者，介绍其投考国民兵军官训练团，需要两万人。这三项工作存在递进关系，首先是广泛地教育和鼓动群众，继而发展牺盟会员，之后择会员中优秀分子介绍其投考军官训练团。在这个层层递进的抗战动员模式中，鼓动和唤醒民众是基础性的工作。

在数位亲历者的回忆中，村政协助员以及之后由牺盟会特派员所开展的工作中以宣传抗日最令人印象深刻。走家串户宣传演讲是常见的宣传方式，讲的内容无外乎日本人入侵、中国人民受害、现在要组织起来抗日、有钱出钱、有力出力等内容。演剧演唱是对民众更有吸引力的方式，有人这样回忆他们在农村宣传的情况：

> 我们开始在农村开这个军民联欢会，没人，就把自己里头的人脸上抹个黑，腿上擦个红药水，贴个烂棉花，绑住，说这是汉奸，满村子游街，敲的锣，打的小鼓。游街咧，宣传说这是汉奸，一会儿尻子上就跟上不少人，都到一个场合开会。我们背上背包，背上枪，慢步子跑上："工农兵学商，一齐来救亡，拿起我们的武器、刀枪，去和日本人拼。"我们那女同志唱的是："甚时候失陷了沈阳城？什么人占领了东三省？沈阳原是谁家的地？现在住的是哪里的兵？"这是问咧。答："九一八失陷了沈阳城，日本人侵占了东三省，沈阳原来是中国的地，现

在住的是日本的兵。”①

一位当年受教育后参加牺盟会的八旬老人，在2005年受访时提到当时唱过最多的《流亡三部曲》，仍能熟练地唱出来；还有人记得当年看过牺盟会放的无声电影，听过牺盟会同志带来的留声机播放的歌曲。②这些陌生面孔和新鲜事物的到来，让许多当地老百姓感到稀奇。近代中国农村普遍经济落后、消息闭塞，地处内陆、交通不便的山西尤甚，这或许是他们第一次听“国家工作人员”下乡宣讲抗日道理。③

村政协助员及牺盟会会员的宣传工作产生了明显的效果，不少农村青年因此参加了牺盟会，并在牺盟会的帮助下积极开展村政工作。沁源县一位妇女干部就是因为牺盟会一位特派员当时住在她家里有不少交流而参加了革命工作。④这种结果正符合预期——普遍教育了群众，发展了积极分子，本来沉寂的乡村因这种外力而被激发。薄一波形容宣传鼓动工作的效果是“真如黄河决口，像一股不可遏止的洪流，几千年来被压抑着的民气觉醒起来了”。⑤

实际上，民众的觉醒并不仅仅是因为知晓了抗日救亡的道理，更重要的是借由村政协助员的宣传他们开始更多地了解到关乎自身权利的一些道理。通过这些村政协助员的宣传，农民知道了要“组织起来，打倒日本帝国主义”，同时也开始了解到阎锡山所倡导的

① 张成德、孙丽萍主编：《山西抗战口述史》（第二部），山西人民出版社2005年版，第47—48页。

② 同上书，第29、31、45页。

③ 同上书，第38页。

④ 同上书，第80页。

⑤ 《牺牲救国同盟会简史》（1938年9月），薄一波：《论牺盟会和决死队》，第82页。

“消除社会不平”“制裁坏官坏绅坏人”等理念[①]，而后者势必对地主等势力造成冲击，这正是为什么若公开组织抗日救国下乡宣传队会遭到他们反对的原因。

薄一波注意到，在被唤醒的情况下，民众开始发出种种诉求：要求一个坚决抗战而且更能代表民意的政府，要求参加爱国运动的一切自由，要求合理的生活改善，反对土豪劣绅，与坏村长算账，要求废除过重的租税，等等。这样事情每天都在发生，因此每个县差不多每天都发生反对村政协助员的事件。据当时统计，平均每天有五六件到绥靖公署状告村政协助员的电报。[②]

如上所述，在八路军进入山西之前，主要由牺盟会系统在主导民众的抗战动员与抗战教育。无法确知，相关的宣传有多少或者在多大程度上为一般民众所接受，但包括不少农村青年在内的数以万计的青年以不同的方式加入到抗战事业中去，以及农民为维护自身权益而进行日益增多的斗争，都从侧面表明了这样的宣传鼓动是产生了积极效果的。唤醒民众的过程虽然缓慢和艰难，但群众每一细小的改变汇聚起来都能产生巨大的能量，因此这样的宣教是必要的和有效的。

八路军也非常重视对民众的宣传，相关的工作自出征之时即开始进行。朱德等在率八路军总部开往前线的路途中，穿过大的集镇和村庄时，即指示警卫部队召集当地群众开会，并站在临时搬来的八仙桌上演讲，宣传中国共产党的全面抗战路线和抗日民族统一战线政策，号召“有钱出钱，有力出力”，讲解“合理负担”，强调要建立抗日根据地，还阐述抗日游击战的战略战术。有时因演讲时间

---

① 《牺牲救国同盟会简史》（1938年9月），薄一波：《论牺盟会和决死队》，第82页。
② 同上。

过长，不能按时到达预定的宿营地，只好就地宿营。为尽快赶到抗日前线，又不耽误宣传党的抗日政策，朱德要求警卫部队在没有到达最前线之前，尽量安排在大村庄、大集镇宿营，宿营时间尽量早一点，以便于向群众讲演宣传。朱德说，洛川会议上通过的《抗日救国十大纲领》八路军是都知道了，但群众不了解，因此需要向他们宣讲，并说以后每个警卫战士人手一册，都要动口宣传，但现在文件不够，所以就由他一个人先讲。[①] 陈赓在日记中也提到所部在行进中或在驻地向群众宣讲抗日及中国共产党的抗日主张。[②]

因为统一战线的关系，以及在开始阶段并无公开的中共地方党组织可以有效凭借，八路军在发动群众方面发力最多的是宣传，而扩兵筹粮等工作则主要借助牺盟会及各种群众组织。偏重于宣传和中共党组织在实际领导中缺位的弊端很快显现出来。

1938 年 4 月中共晋豫特委活动分子会议在总结晋豫边区党委过去三个月的工作时认为，群众工作的弱点在于“群众工作没有猛烈地开展，没有由群众团体转变为我党直接领导”，以及“政治动员宣传工作不够，没有大规模地有计划地发动群众”。[③] 会议分析“致多数群众没有组织起来”的原因，主要在于以下两个方面：一是对群众没有正确的认识与了解，过高估计群众的落后性，以致不接近群众，另一方面又采取了繁琐呆板的方式，老是找群众宣传那一套，使群众厌烦，不愿听又不敢不听，于是采取应付的态度；二是不敢领导群众的自发斗争，也不知道怎样领导群众斗争，有反映说群众平时奴隶性很大，斗争起来又很激烈。而牺盟会则有不少过左

① 中共中央文献研究室编：《朱德年谱》（新编本）（中），第 666 页。

② 《陈赓日记》，1937 年 10 月 11 日，第 22 页。

③ 《晋豫边区党过去三个月工作的总检讨与目前的具体工作——晋豫特委活动分子会议上的结论》（1938 年 4 月 19 日），山西省档案馆编：《太行党史资料汇编》（第一卷），第 181 页。

的表现，例如：宣传组织农会分富人粮食，人为加剧农村中的贫富对立；牺盟会领导的农会不允许富农加入，农会则对牺盟会形成依赖；对公道团成见太深，排斥代替争取，甚至仇视；还出现把守水井不让富人吃水、捆绑村长要求摆席宴请全村人等情况。[①]

针对上述情况，晋豫特委活动分子会议对统一战线工作作了两个层面的部署：一是建立村中的统一战线，二是建立各个区的统一战线。不过很显然，这只是原则上的安排与要求，在解决前述问题上难以发挥实质性的作用。不能很好地组织群众，不能掌握群众斗争，固然是因为对群众认识不够，工作经验不足，但更多的原因或许在于不能通过坚强有力的干部和组织来发挥作用，以至于各项工作处于比较混乱的状态。

这种情况下，发展组织自然被提到更加重要的位置。这次会议要求“猛烈地发展党的组织，平均每县 100—150 人”，“大胆向工农开门”。[②]这个任务被要求在五月底前完成，实际上只有一个多月时间。会议还要求在发展党员的过程中整理各县县委，开展县级干部培训班；建立各种群众团体中的党组织，游击队内保证不少于 20% 的党员；健全党的组织生活与教育；开办干部训练班，大批培养党的干部；严密党的组织性，清洗不良分子。

晋豫特委活动分子会议两个月后，也是中共冀豫晋省委辽县活动分子会议半年后，冀豫晋省委对几个月来建立根据地相关工作进行了总结，认为在提出“建立抗日根据地”的几个月后，冀豫晋边区已经出现了一支坚实的可以坚持持久游击运动战的力量——正

① 参见《晋豫边区党过去三个月工作的总检讨与目前的具体工作——晋豫特委活动分子会议上的结论》（1938 年 4 月 19 日），山西省档案馆编：《太行党史资料汇编》（第一卷），第 183—184 页。

② 同上书，第 192 页。

规军、游击队，特别是党与群众力量的密切融合。省委认为边区党组织也取得了进步与发展，如已发展了数千党员，有计划地培养了一批党与群众工作干部，但省委认为党组织对于战争及创造根据地全般工作的配合与领导，还表现得“相当迟缓与软弱”[①]，而在群众工作方面仍然存在“追逐于组织的形式与单纯数目字的发展”的现象，对于群众的发动则“一般还未从下而上造成热潮与运动”[②]。冀豫晋省委因此再次施压，号召全体党员，尤其是各级党委及党的干部，要用“坚决、坚实、艰苦、坚定”的工作与奋斗精神，要以“紧张、准确、迅速、一致”的战斗作风去完成发动群众的各项任务。[③]

组织施压的方式无疑有助于推进工作，但效果与往常一样仍然有限，因之出现了上级组织一再施压，用语也不断升级的情况。事实上，群众工作的形式化与低水平，很难说是出于党组织的主观意愿，也不可能如省委批评的那样是有意“追逐”，更多的还是来自现实的困境——群众发动不易。

四、“九路围攻”与民众对抗战认识的转变

既然发动群众的基本出发点是抗战需要，那么民众又是如何认识抗战的呢？

1942 年一个关于武乡农民思想意识的调查[④]可以帮助了解当时

① 《新形势下省委工作的新任务》（1938 年 6 月），山西省档案馆编：《太行党史资料汇编》（第一卷），第 213 页。

② 同上书，第 215 页。

③ 同上书，第 224 页。

④ 这份见藏于山西省档案馆的手写材料名为《武乡群众意识调查材料》，原件标注日期为 1943 年 4 月 27 日，未署作者。另一份见藏于山西省武乡县档案馆的名为《武乡农民阶级意识与民族意识的初步研究》（1943 年 6 月 25 日）的材料作者署名为“太行分局组织部”。两份材料的内容密切关联。另从内容判断，该调查进行于 1942 年。

情况。在日军进攻开始后，大批在外当兵、做工、上学、为官的人络绎回乡，纷纷向民众传递有关各地动乱情形的片段信息，说“这里反呀”“那里乱呀”，而这些信息在口耳相传中又会进一步发酵。对于日军及日本，农民不一定有认知，甚至完全不了解，但在代代相传的记忆里，特别是近代以来兵燹不断、战端频频，许多人都对“反”和“乱”倒是有比较多的认识，甚至有过切身体验。由归乡者带回的这些讯息，加上不少农民亲眼见到从前线上下来甚至流散到村落的大量溃兵以及奔赴前线的军队，种种“乱世”景象以及不断增强的恐慌氛围，无疑都给农民以巨大的心理冲击。太原乡绅刘大鹏就在 1937 年 8 月 3 日的日记中写道：“倭贼近逼之讯日迫一日，人民莫不惊慌。”[①]

在这种境地中，伴随求生保命这种本能反应，还连带出现了一种奇特的现象：家庭关系、邻里关系，甚至农民与地主的关系都开始变得和谐。家庭中，兄弟、妯娌、爹娘、儿女都很和美。若有一个发一下脾气，对方即会说：“年月是慌慌乱乱的，保不住谁活谁死呀，不搁气啦。”邻里间孩子们打架，各家拉回自己的孩子，而不是反复纠缠论理。农民对地主说：“不要［收］租了”，并说“日本鬼子进来，死呀活呀，钱是淡事，保住人就比什［么］也强”。[②]在“保住命比什么都强”的观念主导下，从外面回来的年青人不愿出门离乡，邻里之间、农民与地主之间出现了息事缓和的态势。

尽管农民普遍对战争充满了恐惧，牺盟会等组织此前也在宣传日军“杀人放火，亡国灭种”，但不少农民认为“日本来了是争江

① 刘大鹏著、乔志强标注：《退想斋日记》，1937 年 8 月 3 日，山西人民出版社 1990 年版，第 508 页。

② 《武乡群众意识调查材料》（1943 年 4 月 27 日），革命历史档案 A181-1-45-2，山西省档案馆藏，第 15 页。山西省档案馆革命历史档案的编号规则是：全宗号-目录号-案卷号-顺序号。

山世界，杀了老百姓谁来养活他们”。由此，在一些人看来，宣传的人在“说空话”，是为了打败日本他们夺天下而已。[①]高平一带也有群众说：“从前说共产党红军杀人放火，其实八路军很好；现在又都说日本怎样厉害，也许日本人来了比八路军更好。”[②]无论是武乡的农民认为日军是“争江山夺天下”，还是高平群众把八路军和日军相提并论，都表明在农民的认知中民族意识并未觉醒，于是模糊地认为这次战争关乎的是“改朝换代”，也就无怪乎农民会有“哪个皇帝不纳粮”[③]的想法。许多人还认为日本人要来也是冲着占领州府来的，小地方不会来。

基于这样的认识，农民对抗战显然不太积极，对战争勤务有抵触情绪，甚至认为是欺负老百姓，于是抱着应付的作法。武乡一村民给军队支差逃跑回来后，村里人都说：“可算跑脱了，要不叫人家撵上当兵，可不知道山南海北去哪里呀！”一些老年人经历过兵荒马乱的民国年月，那时政府整天要人要东西，而在清朝时期则除了缴纳粮草外并不需要做别的；他们又听说日本是保宣统的，因此有些老年人甚至还稀里糊涂地希望日本人来复辟。当时群众中还盛行这样的一些说法[④]：“这年月，闹得人就没法活，支差、出粮就出不完”；“总觉着老百姓的东西多，工夫多，叫人不能活了”；“我看日

① 太行分局组织部：《武乡农民阶级意识与民族意识的初步研究》（1943年6月25日），革命历史档案3-47-1，武乡县档案馆藏，第49页。武乡县档案馆革命历史档案编号规则是：全宗号-案卷号-件号。

② 《晋豫边区党过去三个月工作的总检讨与目前的具体工作——晋豫特委活动分子会议上的结论》（1938年4月19日），山西省档案馆编：《太行党史资料汇编》（第一卷），第187页。

③ 黎城县武委会：《黎城人民武装抗战八年总结》（1946年4月5日），革命历史档案55-129，黎城县档案馆藏。黎城县档案馆革命历史档案编号规则：全宗号-案卷号。

④ 《武乡群众意识调查材料》（1943年4月27日），革命历史档案A181-1-45-2，山西省档案馆藏，第60页。

本家来不了，他们就把老百姓熬干呀”。还有更闭塞的表现。据亲历者称，萧克率领的平西挺进军 1939 年 1 月进驻河北宛平县斋堂地区后，向群众宣传抗日。因地处大山沟，虽抗战爆发已久，当地老乡仍不知有中华民国，只知有大清，有年长者竟误认抗日为抗清。[①]

1938 年 4 月日军大举围攻晋东南，广大普通民众有相当部分第一次亲眼见到了日军，特别是亲身感受到了日军的残暴。许多群众对于日军的认识以及对于抗战的认识由此明显转变。

晋冀豫抗日根据地的创建和游击战争的全面展开，给日军造成很大威胁。日军华北方面军为了驱逐和消灭八路军总部、第一二九师及部分国民党军，决定于 1938 年 4 月初大规模围攻晋东南地区。从 4 月 4 日开始，日军第 108 师团主力，第 16、20、109 师团及酒井旅团各一部，计十多个联队（其中八个步兵联队，骑兵、炮兵、工兵、辎重各一至二个联队）共 3 万余人，南自邯长公路，北自正太路，西自同蒲路，东至平汉路，分九路向晋东南地区中国军队大举围攻。在西面，日军从洪洞出发，经过安泽停留在沁源；西北方向，一路敌人从太谷、祁县出发，经过子洪口向南关镇前进，另一路由榆次、太谷向阔郊、马坊进攻，并沿浊漳水而上，以榆社为目标；正北方向，敌人一个步兵联队，配合骑、炮、工、辎各一部由平定、昔阳经和顺、皋落分二路向辽县进攻；东北方向，日军由河北境内的元氏、赞皇出动一路；在东面，敌人由涉县经过麻田镇进击；在南面，敌人分两路进攻，一路由长治经襄垣向西营镇、辽县前进，另一路由屯留经虒亭向沁县进攻。从日军的出发地和进攻方向来看，冀豫晋全区几乎皆为战场，这也是日军对太行腹地的首次

① 吴东峰:《开国将军轶事·续集》，解放军文艺出版社 2006 年版，第 270 页。据吴东峰 2004 年 8 月 10 日对刘光涛将军（时为八路军冀热察挺进军直属队青年干事）的采访笔记。

大规模进犯。

此次对晋东南的九路围攻是抗战以来日军对八路军最大规模的进攻，除了意图围剿八路军，日军还计划通过这次进击向广大中国民众宣示力量。缴获的日军宣传大纲明白地把恐吓列在第一项——“要民众信任皇军威力”。在日军所出的布告中，也有“如有观望不从，或私通敌人者，难免累及一家或一村”等威胁性言辞。[①] 事实上，日军也是这么做的。辽县、武安、涉县、黎城、榆社、武乡、襄垣、潞城、屯留、沁县及临屯路全线，几全陷敌手。据统计，此次进击中，日军仅在武乡就杀人 700 余，杀伤 130 人，烧房子三万间，烧粮食两万石，奸淫掳掠不计其数。[②] 在榆社，日军曾在 4 天内出动 17 架次飞机投弹 100 多枚轰炸一二九师师部和县城等地，炸死八路军战士 5 人，普通群众 140 多人，县城变成一片废墟。[③] 日军行径之残暴，如八路军政治部在一份报告中所形容——“疯狂的野兽”[④]。血的事实激起了群众对日军的仇恨，“狗禽的日本家恶极啦”[⑤] 一时成为群众的口头语。

愤怒和仇恨之外，广泛而严重的战祸也让群众顿时陷入消沉和绝望的境地。有材料显示，当时少数群众见了日军也有下跪的、给钱的……[⑥] 不过，他们的这些行为并没有得到敌人善意的回馈，日

① 《粉碎敌人九路围攻晋东南的经过》（1938 年 5 月），山西省档案馆编：《太行党史资料汇编》（第一卷），第 197 页。

② 参见太行分局组织部：《武乡农民阶级意识与民族意识的初步研究》（1943 年 6 月 25 日），革命历史档案 3-47-1，武乡县档案馆藏，第 49 页。

③ 参见胡德荣主编：《榆社县志》，山西古籍出版社 1999 年版，“大事记”，第 11 页。

④ 《粉碎敌人九路围攻晋东南的经过》（1938 年 5 月），山西省档案馆编：《太行党史资料汇编》（第一卷），第 203 页。

⑤ 太行分局组织部：《武乡农民阶级意识与民族意识的初步研究》（1943 年 6 月 25 日），革命历史档案 3-47-1，武乡县档案馆藏。

⑥ 参见《武乡群众意识调查材料》（1943 年 4 月 27 日），革命历史档案 A181-1-45-2，山西省档案馆藏，第 63 页。

军照旧烧杀。群众在接触到日军烧杀抢掠的同时，也看到了八路军在反围攻中所表现出来的顽强。在这种情况下，八路军就成了茫然无助之群众的主心骨。随着仇恨敌人和同情八路军之情绪产生，群众也开始以实际行动支持八路军抗击日军。晋豫边区党的报告中即指出经过日军逞凶肆虐，“我党与八路军在群众中的影响深入了，增强了，一般群众对八路军颇有依靠的心理”，因此群众参加八路军和游击队较前踊跃。[①]

可以说，在动员民众支持抗战、参与抗战的过程中，反九路围攻是一个关节点。[②]经由此役，民众打破了对日军的诸多幻想，残酷的事实让他们产生了初步的敌我观念。八路军积极抗击并取得系列战果也让民众初步认识了八路军的力量，并产生了信仰和依赖。从此，民众开始更加积极地赞助八路军抗战。这种变化表明，相较于苦口婆心的宣传教育，残酷的战争现实更能直接发动群众。

在一些地区，尤其是八路军部队驻地周边，群众对八路军的信赖在日军九路围攻之前就产生了。尽管战争阴云笼罩，但陈赓于1938年春节在驻地附近感受到的却是一片喜庆祥和，他曾在日记中两次记下相关情形。在1月28日的日记中陈赓写道：“乡民均忙于过年准备，途遇新婚红轿两起，恍惚处身太平世界，绝不像战区最前线的景象。”几日后，陈赓去辽县师部开会，“途中所过村庄，门外均满贴红联，多半为旧的形式新的内容，因为对联内容尽为抗

---

① 参见《晋豫边区党过去三个月工作的总检讨与目前的具体工作——晋豫特委活动分子会议上的结论》（1938年4月19日），山西省档案馆编：《太行党史资料汇编》（第一卷），山西人民出版社1989年版，第187页。

② 从当时的各种材料来看，“平型关大捷”在一般群众中并无太大影响，基本原因是当时尽管有不少宣传（主要载体是报刊），但难以及至一般民众。乡绅刘大鹏对时局颇为关心，其日记时常涉及报章、板报新闻，特别是十数次记述八路军作战情形，却完全未提及平型关之役。

战标语。小孩均着红穿绿，年长者携酒提肉，忙于祭扫坟墓，似为不知百余里外还有大寇当前的模样。”陈赓问乡民怕不怕日本人来，他们说：“有八路军在此，什么也不怕。”①

群众的信赖一方面有助于八路军开展工作，赢得群众对抗战及创建根据地的支持，但是也有棘手的后果。尽管八路军早就明确自己的基本作战原则是游击战，但民众不一定能理解，他们以为八路军来了就不走了，如果八路军因需要撤离，群众就会感到失望，若是在日军的压迫下则更会导致群众动摇对八路军的信心。对于这种情况，组织上早有预见。1938 年 3 月，中共中央预见到“八路军主力或许在不久的将来有转移地区作战的必要”，为了在八路军主力转移到其他地区后，仍能坚持与领导华北抗战，因此要求八路军各部在山西各地组织以八路军名义出现的游击兵团，以便在八路军转移后能在各地坚持抗战局面。② 事实上，这些游击兵团能够发挥作用并树立威信绝非短期便可成就，至于能不能经受住更为严峻的局面也有待时间检验。相应地，民众从能够理解游击战到真正加入到游击战中来，也还有很长的路要走。

五、八路军与民众初步接触

八路军在开赴山西的过程中，也与民众有了初步接触，作为并不为普通民众所熟知的队伍，最初印象也就在这个过程中产生了。

1937 年 9 月中旬，徐向前从五台老家返回太原的路上正好碰上阎锡山军队奉令向雁门关以南撤退。据他回忆，沿途所见，尽是些

---

① 《陈赓日记》，1938 年 1 月 28 日、31 日，解放军出版社 2003 年版，第 59、60 页。

② 毛泽东：《立即组织以八路军名义出现的游击兵团》（1938 年 3 月 24 日），《毛泽东军事文集》（第二卷），第 207 页。

溃退官兵、伤号，士气沮丧，纪律败坏，衣装不整，可气又可叹。[①]同期，率部北进的聂荣臻在原平也看到了类似的“兵败如山倒”的景象：一批又一批的溃兵，用步枪挑着子弹、手榴弹和抢来的包裹、母鸡等等东西，像潮水般地涌下来。这些溃兵看到八路军要往前线去，感到非常奇怪，并向八路军战士叙说日军如何厉害。[②]据聂荣臻记叙，他所率领的部队停经太原火车站时，群众欢送八路军开赴前线的场面甚是激动人心。大批的男女群众，特别是来自东北的流亡学生，拥挤在站台上，送慰劳品，唱抗日歌曲，直到深夜还不肯离去。聂荣臻称：“人民群众对我们热忱拥护与期待的心情，是对我们的莫大鼓舞与激励。”[③]

不独聂荣臻部，开赴前线的八路军各部都受到沿途群众的热烈欢送。群众的热情主要并不是因为这是共产党的军队，更多的是因为这是在大敌入侵的关头前去抗击的部队，而保境安民正是民众对军队的期待，千百年来皆如是。刘伯承曾提到，八路军部队对敌沉着应战，给政府、友军、会门、群众以极大影响，各方写慰问信、送慰劳品，称赞八路军“真是抗敌军队”。[④]国民党军的大规模溃退已然与群众的期望相去甚远，更甚者还为非作歹则令人失望与愤怒。

前文提到的徐肖冰一行在被国民党溃兵抢劫后，在路上又碰到一支部队。之前，他们碰到的部队都是往后跑，但这支部队却正往前线开拔。经打听得知原来是八路军的一个连队，虽然当时八路军还没什么名气，但徐肖冰称自己已充分感受到了他们纪律严明和朝

① 《徐向前元帅回忆录》，第431页。
② 《聂荣臻回忆录》，第276页。
③ 同上书，第275—276页。
④ 军事科学院《刘伯承年谱》编写组编：《刘伯承年谱》（上卷），第126页。

气蓬勃。得知徐肖冰一行途中遭劫后，八路军热情招待了他们，给他们做饭，烧水让他们洗脸，并拿来地图，告诉他们怎么回太原。了解到徐肖冰一行是专门从事宣传报道的记者，该部队主动向他们介绍了八路军的抗日政策，最后还通过沿途的八路军兵站，一路护送他们安全返回太原。到太原后，徐肖冰在太原火车站又看到大批唱着慷慨激越歌谣的即将开赴前线的八路军士兵。受此行刺激，加上此前所受的相关影响，徐肖冰萌生了一个念头——投八路，并在不久后遂愿。①

徐肖冰的经历反映了一种鲜明的对比：一部混乱不堪从前线溃退下来，一部情绪高昂逆向奔赴前线，这种巨大的反差所形成的刺激无疑是强烈的。沿途的百姓自然也能观察到这种显明的对比。山西中部交城县一老人在时隔多年后，还记得当时八路军部队经过他家乡时的情景。当时交城县县长听说中国的军队过来了，有高级军官将领，于是组织县里的人去欢迎。欢迎的时候，这位老人发现这支部队军官和士兵穿的衣服没有多大的区别，看不出哪个是军官。之前他想象中大军官肯定是威风凛凛，骑着大马。接下来进一步近距离接触，他发现八路军军纪严格，对老百姓相当好，借东西都说的是客气话，用完后很快归还，有损坏照价赔偿。于是人们就都说阎锡山胡说，这军队这么好，哪像他说的那样。②

离石一位在1936年参加红军的八路军老战士也讲到八路军纪律之严：

老百姓家的东西，你就一点也不能动。你要在人家家里睡

① 海天、肖炜：《红墙摄影师》，第11—13页。

② 参见张成德、孙丽萍主编：《山西抗战口述史》（第三部），第161—162页。

觉，得把人家炕上的被褥拿起来，再铺上你自己的铺盖。第二天走的时候，给人家把水缸里的水都担满了。借了人家的东西，都早早地给人家还了。用坏了人家的东西，要给人家赔钱。该赔多少赔多少，实在不行了，就给人家赔小米。我们当时每个人都随身带着一袋小米。一旦违反纪律了，那可得做检查。今天做了不行，明天还要做，不行，还得再做。[①]

陈再道回忆1938年初八路军东进纵队部进驻隆平县魏家庄，部队刚进入这个百余户人家的村落时，群众有些惊慌，以为又是保安团抓人抢粮来了。那时八路军穿的军装、戴的帽子和国民党军队一个样，从外表上一时还难以辨别。但一经说明自己是过去的红军改编的八路军，群众看到官兵说话和气，举止端正，见到年长的男人称老大爷，年长的女人称老大娘，顿时便打消诸多顾虑。[②]

老百姓对八路军的态度由躲避到亲近的变化，陈赓也深有体会。陈赓旅部在1937年旧历除夕举行会餐，邀请了驻地群众一并参加。陈赓在日记中写道："农民得此一饱，大家高兴，连残汤余菜，都没有剩下，对八路军真是心满意洽。一个老头子说：'长到68岁，没有见过这样好的军队。'"[③]军队宴请老百姓，实属罕见，反映了八路军对老百姓的爱护。老百姓也极尽可能地回馈这种善意。陈赓部在行军中多次遇到群众夹道欢迎，并主动送饭送茶，对八路军伤员不必动员就抢着抬运。[④]而在此前，由于前行部队（指在八路军前面开赴娘子关一带的国民党军部队）纪律败坏，到处抢

---

① 张成德、孙丽萍主编：《山西抗战口述史》（第二部），第6—7页。

② 参见《陈再道回忆录》，解放军出版社2009年版，第232页。

③ 参见《陈赓日记》，1938年1月30日，第60页。

④ 参见《陈赓日记》，1938年2月21日、1938年5月2日，第65、97页。

劫，十室九空，以至于八路军到达时，不清楚状况的居民逃避一空，后经宣传员上山解释，群众知为八路军才陆续回家。[①]

能够赢得群众的信任和支持，与八路军乃至红军一直以来高度重视维持纪律和爱护民众密切相关。陈赓曾因属部在行军途中践踏麦田而对各团、各营严格纠正；其属部筹办粮食时因当地生活普遍困难，为防止平均摊派伤及穷苦，仅抽派出名的富有者。[②]陈锡联提到他们部队每到一地，关心群众生活，体察群众疾苦，设法从敌占区搞来粮食、衣物，分给最困难的贫雇农，部队甚至还冒着严寒挖煤，给群众"雪中送炭"。[③]

应该指出的是，八路军之所以能赢得民众支持与拥护，除了纪律严明等因素之外，最根本的原因还在于八路军积极抗日。乡绅刘大鹏在太原沦陷之际，虽应承拟写迎降表文[④]，但在此后大半年的日记中十数次记述"红军"（即八路军）与日军交战情形，言语之间多偏向红军。1937年12月其村一户被抢，刘在日记中不忘为红军正名——"名系'红军'，实系土匪冒充"[⑤]。他还不止一次写到，民众听闻红军打死日军，众口同音，莫不欣喜。[⑥]而遍翻刘大鹏这大半年的日记，却难觅国民党军影踪。鉴于此，刘大鹏所提到的有一段时间各村给红军送饷需，每日不断却鲜有怨言[⑦]，其中缘由也就不言而喻了。

通过以上的简单分析，可以发现全面抗战伊始，一般群众对

① 参见《陈赓日记》，1937年10月16日、18日、19日，第24—25页。

② 参见《陈赓日记》，1937年10月8日、1938年5月4日，第21、97页。

③ 参见《陈锡联回忆录》，第103页。

④ 参见刘大鹏著、乔志强标注：《退想斋日记》，1937年11月9日，第514页。

⑤ 刘大鹏著、乔志强标注：《退想斋日记》，1937年12月13日，第516—517页。

⑥ 参见刘大鹏著、乔志强标注：《退想斋日记》，1938年5月19日、7月11日，第527、529页。

⑦ 参见刘大鹏著、乔志强标注：《退想斋日记》，1938年5月26日，第527页。

于国共两党两军的情感天平已然出现了倾斜，不久前还是国民党反动派眼中的“乱党匪军”已经开始在点滴之处赢得群众的好感与支持。徐肖冰投八路是一件小事——一个普通青年的个人选择，但也不止是一件小事——这反映人心向背。此外，在国民党反动派长期抹黑宣传下，中国共产党常与“赤祸”“煽乱”这样的负面标签联系在一起，一般社会观感不佳。全面抗战后中共以实际行动回击了这些负面谣传，逐渐在大众心目中建立起积极正面的形象和观感。

第二章
太行根据地党政组织核心的形成

根据地建设是个系统工程，关涉甚广，其中政权建设被认为是“根据地建设中的首要问题”[①]，是“关系根据地能否生存的根本大计”[②]。无论发展武装，还是建设根据地，党政组织都不可或缺。如前所述，八路军及中共进入山西之初，牺盟会起了重要作用。然而，牺盟会会长毕竟由阎锡山担任，中共利用牺盟会开展工作既不能名正言顺，也存在很大的不确定性。1938 年 3 月，中共中央在以最快速度创造冀晋豫边区根据地的指示中，明确要求该地党委和八路军“逐渐改造政权机关，使之成为广泛人民阶层的抗日民主政权”，“逐渐求得军事政治的统一指挥与领导”以准备召集冀晋豫边区政府代表大会，进而成立“边区临时政府”。[③] 为达成这一目标，需要党政军民几个系统的密切协作。细分来看，该区已有八路军，接着则需要成立中共根据地党委组织作为领导核心，之后再组建边区政府。中共冀豫晋省委（区委）和晋冀鲁豫边区政府就是在这个背景下产生的。

---

① 彭真:《关于晋察冀边区党的工作和具体政策报告》，中共中央党校出版社 1997 年版，第 22 页。

② 《聂荣臻回忆录》，解放军出版社 1986 年版，第 578 页。

③ 《张闻天、毛泽东、刘少奇关于目前晋冀豫党与八路军的任务的指示》（1938 年 3 月 24 日），山西省档案馆编:《太行党史资料汇编》（第一卷），第 169 页。

一、中共冀豫晋省委初创

早期中共党组织体系是自上而下建立的，先有党中央，再有地方的组织层级。起初，只有“中央”和“地方”两级之别，“中央”是中共中央局，“地方”则是有前期工作基础或有便利条件的湘区、广东、武汉、北京、上海、济南，以及巴黎、柏林等地方委员会或支部。中共二大及以后，随着党的组织发展衍生，层级增多，原有各区之下产生若干支部，如湘区委员会之下就有长沙地方委员会、安源路矿支部、长沙泥木工会支部等。中共四大以后，中共县级委员会在党的工作开展较好的一些地区陆续出现，如在湖南即产生了 10 余个。中共五大后不久，中央政治局会议通过《中国共产党第三次修正章程决案》，明确党的组织层级为“中央委员会–省委员会–市或县委员会–区委员会–支部干事会”，原来的区委改称省委，地委改称市委或县委。根据该决议案，组织省委的基本条件是该省有两个以上的市或县委员会。[①] 这个调整的基本背景是党员和党的各级组织数量迅猛增加。中共五大时，党员人数已由一年前的 1 万余人增至 5 万余人，党的活动也扩展至更多区域，而中共五大关于组织问题的议决案指出，还要进一步“努力扩大党的数量”[②]。可见，此次组织层级的扩充是为了与党的发展状况相适应。根据新规定，1927 年即有湖南、湖北、广东、满洲等十几个省委相继成立。从此，省委成为中共组织体系中的

① 参见《中国共产党第三次修正章程决案》（1927 年 6 月 1 日），中共中央党史研究室、中央档案馆编：《中国共产党第五次全国代表大会档案文献选编》，中共党史出版社 2015 年版，第 30—31 页。

② 《组织问题议决案》（1927 年 4 月 27 日—5 月 9 日），中共中央党史研究室、中央档案馆编：《中国共产党第五次全国代表大会档案文献选编》，第 18 页。

正式层级。新党章明确“省之范围由中央委员会规定并得随时变更之”[①]。多数情况下，省委的“省”与当时的行政区划相一致，如湖北省的中共领导组织为湖北省委，但也有不少省委不局限于原有的行政区划，如顺直省委、满洲省委等。

第一次国共合作破裂后，在白色恐怖下，中共多个层级的众多组织一再遭到破坏，外加中共中央层面政治路线的震荡，不少省委组织频繁改组，甚至出现中断。在此期间，多地因工作需要曾短时建立过省委，但总体上省委的组织状况颇不稳定，工作亦多陷于停顿或纷乱无序状态，处于革命低潮期。如在 1927 年至 1937 年间，顺直省委共发生 10 次改组或调整，省委书记更换 9 次；河北省委领导机构 11 次组建临时省委，6 次重建省委，13 次更换省委书记。[②] 在外患日益加深的背景下，瓦窑堡会议适时解决了政治路线问题，党的工作重心由土地革命战争转向抗日民族统一战线。随着中共中央和红军主力来到陕北，北方地区的工作更显紧要。受此影响，刘少奇受派重整中共中央北方局（以下简称“北方局”），在北方局领导下，山东、山西、河南等省委相继重建。全面抗战开始后，中共的合法地位得到国民党承认，生存环境的改善使长时间处在地下的中共各级党组织逐渐走到前台并日益活跃起来。

根据中央白区工作会议精神，北方局于 1937 年 5 月将原河北省委分为平汉线省委和新的河北省委（主要在已沦陷的冀东活动，又称“冀东省委”），其中平汉线省委主要活动范围为北平至彰德

① 《中国共产党第三次修正章程案》（1927 年 6 月 1 日），中共中央党史研究室、中央档案馆编：《中国共产党第五次全国代表大会档案文献选编》，第 31 页。

② 参见中共中央组织部等：《中国共产党组织史资料》第 2 卷（下），中共党史出版社 2000 年版，第 1794 页。

（安阳）平汉铁路贯穿的冀中、冀南、冀西地区。7月，平汉线省委正式成立。平津相继沦陷后，侵华日军大有席卷华北之势，平汉铁路沿线形势严峻，力量单薄的平汉线省委只能向西撤退。9月中旬，周恩来和彭德怀在石家庄面见时任平汉线省委书记李菁玉和宣传部部长李雪峰，指示他们前往山西阳泉，与刘伯承、张浩领导的一二九师一道发动群众抗日。10月上旬，一二九师师部在政委张浩带领下来到阳泉，李菁玉、李雪峰拿着周恩来的介绍信与一二九师成功会合。

随着八路军三个师先后开赴山西抗战前线，中共中央确定华北地区党组织的任务是配合八路军主力，开展游击战争和到山区农村创建抗日根据地。1937年9月25日，毛泽东致电周恩来、刘少奇、杨尚昆等人，指出当前形势下“整个华北工作应以游击战争为唯一方向”，为此“应着重于高级干部之分配及独立领导的党政军集体机关之组织”。[①]这番指示的意图很明显：大敌入侵且分割占领之下的游击战争必然是分散的，为适应形势，须有若干区域性的、能够独当一面的领导力量，因而以高级干部为核心分别组建领导机关势在必行。在游击战背景下，八路军进退转移是常态，坚持斗争必须仰赖党政组织，区域性核心党政组织的重要性由此迅速凸显。

与形势和需要相适应，1937年11月，中央调整了华北地区党组织，在正太路以北成立中共冀察晋省委，在正太路以南成立中共冀豫晋省委，原平汉线省委撤销。由于日军占领、国民党军驻扎及地理区隔，新成立的冀豫晋省委主要活动范围是正太路

---

① 《关于整个华北工作应以游击战争为唯一方向的指示》（1937年9月25日），中央档案馆编:《中共中央文件选集》（第十一册），中共中央党校出版社1991年版，第353页。

以南、平汉路以西、同蒲路以东、黄河以北的晋冀豫三省交界地区。根据北方局的决定，以原平汉线省委成员为主组建冀豫晋省委，李菁玉任书记，李雪峰任组织部部长，徐子荣任宣传部部长，安子文、彭涛、何英才、杨秀峰为省委委员，张子衡为省委秘书长。

这些人组成省委班子，各有机缘。李菁玉为河北南宫人，长期在河北从事兵运、农运、工运工作，经历丰富，具有深厚的社会基础。李雪峰是山西运城人，20 世纪 30 年代初即参与中共山西地下党活动，全面抗战爆发前任职于北方局。徐子荣是中共山西工委秘书长，熟悉山西的情况。安子文全面抗战爆发前即在李雪峰领导的中共地下党北平市委工作，较早与牺盟会发生联系。何英才是山西老地下党员，在晋中阳泉矿区从事工运多年。彭涛在全面抗战爆发后受北方局组织部部长彭真派遣在正太路一带活动。杨秀峰以大学教授的公开身份在平津地区从事文化教育界统战工作，七七事变后被派往冀西开辟根据地。杨原为平汉线省委委员，平汉线省委改组为冀豫晋省委后仍为委员。1938 年 1 月 15 日，李菁玉随东进纵队到冀南工作，李雪峰接任省委书记，省委其他成员不变。此后相当长时间内，李雪峰一直担任省委的主要领导。

虽然北方局指定了一个完整的冀豫晋省委班子，但省委成立时，实际在省委机关的只有李菁玉和李雪峰二人，其他成员因身负他项任务而未到任。当时，处于地下工作状态的徐子荣一时尚未取得联系，安子文受命在沁县筹建省委办事处，彭涛受命在娘子关一带组建正太特委，何英才主要在阳泉矿区工作，杨秀峰在冀西创建根据地，张子衡随一二九师一部在冀南联系地方党组织。省委与一二九师师部住在一起，并未公开打出招牌，对外的名义是

“一二九师编辑部”。[①] 这一时期，随着平型关大捷，八路军声威大振，在一般群众眼里的确是“只见八路军不见党”。[②] 可见，创建之初的省委，人手短缺，组织不健全，需要依附部队工作。

发展党员、建立组织是开辟局面的基本工作，也是中共自建党以来就一直在进行的工作。冀豫晋省委的工作也是由此开始的。1937 年 11 月省委成立后，李菁玉留在省委机关，联络各地方党组织，使新省委和下辖的各个地区党组织取得联系，并创办省委机关刊物《战斗》（具体由陶鲁笳负责）。李雪峰到晋东南联络各县党组织并布置工作。李雪峰说，这样分工是吸取了平汉线省委在石家庄时没有能够深入各县，没有建立起工作阵地，结果节节“后退”的教训。为此，省委当时内部动员口号是“争取时间，争取空隙，先行建立阵地”。[③] 省委成立时直接依靠的党员仅 30 多人，加上原属平汉线省委的元氏、赞皇、磁县等县及中条山、豫北的一些关系，党员也才 100 多人。这些党员因历经严酷环境的考验，在复杂艰苦的斗争中幸存下来，被组织上认为是能够发挥重要作用的骨干力量。

李雪峰去往晋东南各县之前，与中共山西工委秘书长（也是省委宣传部部长）徐子荣接上了关系。徐子荣较早进入山西，对情况相对熟悉，他直接选派了一批共产党员到各县公开担任牺盟会特派员。每个县的共产党员特派员赴任前，都由他代表省工委谈话，分配任务：秘密发展党员，同时公开发动、组织群众进行抗日活动。李雪峰和徐子荣在联络组织的路上，还利用牺盟会的公开合法名义，随处开办两三日的短期训练班，培训党员和积极分子。他们在

① 参见《李雪峰回忆录》上，第 25 页。

② 《中共北方局指示》（1937 年 10 月 27 日），山西省档案馆编：《太行党史资料汇编》（第一卷），第 14 页。

③ 参见《李雪峰回忆录》上，第 25 页。

返回途中，又一路检查各地工作落实情况。到1937年12月底，省委已与各地党组织取得联系，上下级关系因之明确。[①]

按照中央及北方局的指示，省委主要任务是发动群众，武装群众，创建根据地。而省委干部大多来自白区或者主要从事工人、知识分子工作，在抗日战争环境中于农村地区发动群众，对他们而言显然是一项新的挑战。李雪峰自称，他们当时“对于什么是根据地，怎样去创造根据地，还没有一个明确的认识”，只是有一个大概的方向：党的工作重点必须从城市转向农村，从以发动工人为主转向以发动农民为主。李雪峰坦言：“我们这些习惯于在城市发动工人搞革命的党员，转到面向农村，面向农民，确实是一个战略上的大转变，思想上的大转变。”[②] 李雪峰此言不虚，他虽然较早参与中共组织活动，但主要经历仍限于太原、北京等大城市的学生运动，对农村和农民工作并不熟悉，或者只是具备有限的间接经验。省委中难得李菁玉有这方面的经验，但他1938年初即因工作调动离开省委。

事后来看，从城市到农村，从工人、学生到农民的工作转变似乎不那么艰难，但其间的曲折不应被低估。当时情况下，摆在这批年轻的共产党人面前的是一个相对陌生的环境。他们熟悉的革命方式是在城市、在白区发展党员，建立组织，发起学运、工运、兵运。这些工作多有大革命及苏俄前例可循。突然转入农村，并且是

① 参见李雪峰：《太行根据地创建初期党的工作》，太行革命根据地史总编委会：《党的建设》，山西人民出版社1989年版，第548页。相较于晋中等地较早建成的许多县级地方党组织，省委层级虽高，却是后来者。名义上的上下级如何变成实质性的领导与被领导关系，是省委在这一时期需要着力落实推进的重要事项。有关这一问题可参见赵诺：《抗战初中共党组织在太行山区的“战略展开”》，《抗日战争研究》2016年第2期，此处不赘。同时，需要指出的是，下级服从上级是中共的基本组织原则，在实际工作中具有主导性作用，因此需要恰当估计建立上下组织关系的难度。

② 《李雪峰回忆录》上，第27页。

各派势力交错、形势复杂、基本情况尚不明朗的战时农村，他们必然面临转换工作思路和方法等问题。就中共整体发展历程而言，苏区时期的斗争经历使其获得了在农村创建革命根据地的经验和教训，但具体到人或干部群体，这些经验和教训并不能自然地转移至后来者：一来情势大不相同，苏区时期区域小，敌情相对简单；二来人员大不相同，不仅地域上北方党组织对苏区经验陌生，而且还有急速变动时期组织代际之间的隔阂。当然，中共历来重视工作经验的交流，作为党内同志，自然有机会接触到苏区经验的相关材料，但这毕竟不是直接经验。也就是说，虽然李雪峰等人较早就参加了革命，但他们并不熟悉赣南闽西地区的斗争，在华北农村创建根据地更是缺乏经验。可见，在长征后时空大转换的情势下，革命经验也面临代际传承及地域间组织传递的问题。

二、作为上级的中共中央北方局

在中共的组织体系中，省委本身已是较高层级，对下级负有领导责任。不过，如李雪峰所言，此时的省委也迫切需要指导和帮助。这种情况并非冀豫晋省委独有，而是相当的普遍。刘少奇曾请中央派一个省委书记到晋察冀区，原因是现省委太弱，“简直不大晓得在那种局面下如何计划与布置工作，过去秘密工作中的同志，到目前有许多不知道如何工作了”[①]。对于中共冀豫晋省委来说，其直接上级为中共中央北方局。

中共中央北方局原由中共河北省委兼任，刘少奇于 1936 年 4

① 《刘少奇、杨尚昆关于山西工作情况向张闻天的报告》(1938 年 2 月 5 日)，《中共中央北方局》资料丛书编审委员会编：《中共中央北方局（抗日战争时期卷）》上，第 90 页。

月接替高文华任书记，但此前河北省委与北方局内部的乱象并未立即结束，刘少奇的威信也在建立过程中。1937 年 5、6 月间在延安召开的白区工作会议上，以毛泽东、张闻天为代表的党中央则明确认定刘少奇是白区工作正确路线的代表，刘少奇在党内的威信因此大增。白区工作会议上来自中央的支持，对确立刘少奇在北方局的领导地位起到关键作用，而刘少奇成为北方局的主要领导人，又为华北工作的开展奠定了重要基础。刘少奇也由此成为中共冀豫晋省委“对口”的上级领导，在省委的成长中起到重要作用。

值得注意的是，1937 年冀豫晋省委初建时，李菁玉 26 岁、李雪峰 30 岁、徐子荣 30 岁、安子文 28 岁、彭涛 24 岁、何英才 32 岁，年龄最长的杨秀峰 40 岁。除去杨秀峰，平均年龄不足 30 岁，彭涛甚至刚离开学校不久。在这个非常年轻的省委班子中，组织任命的主要负责人李菁玉及继任者李雪峰与其他成员相比，年龄上算是同代人，资历并无明显优势，资历较深的杨秀峰却又不是主要负责人。年龄与资历相近的人组成的班子，常常出现的问题就是能“民主”而不能“集中”，无法平稳运行。刘少奇作为冀豫晋省委的主要上级领导，其年龄、资历相较省委诸成员都有明显优势，再加上白区工作会议上中央的肯定，更显著增强了他的威信。冀豫晋省委从初创到成熟，成长迅速且过程平稳，与这个恰当的组织任用密不可分。

刘少奇在全面抗战初期以“陶尚行”名义发表《抗日游击战争中各种基本政策问题》，阐述了游击战争的基本方式，以及战略战术、武装部队组织改造、根据地的建立与抗日政府的组织等多个重要问题的政策导向。李雪峰说他们在太行创建根据地时就是按照该文提出的框架体制，结合当地实际，改造旧政权，建立新政权的。[①]

① 参见《李雪峰回忆录》上，第 111 页。

难能可贵的是，刘少奇的这篇文章虽然早在1937年10月就发表了，当时的局势仍在剧烈演变中，但文章有关正规战、游击战的演进以及敌我优劣势的分析判断甚为准确，与之相应的建立根据地和普遍武装广大群众的战略也贴合实际。这些方略虽因中共中央政治局十二月会议上王明主张的“一切经过统一战线”而受到干扰，好在时间较短，程度亦不深。而后毛泽东在《论持久战》中进一步全面系统深入地论述了中国共产党对抗日战争的基本观点，再之后召开的中共六届六中全会批准以毛泽东为代表的中央政治局的路线，替代了王明的主张。中央层面路线方针的稳定和正确，为省委自身的成长和工作的开展创造了有利的大环境。

1937年11月底，北方局就当时的形势与党的任务致信冀豫晋省委。北方局判断，整个华北的沦亡迫在眉睫，今后要在华北所有被日寇占领的区域内广泛地发展游击战争，要把一切可能利用的村乡和城镇都建立为游击战争的根据地。北方局由此明确指出，我党必然要担负起游击战争的组织和领导的巨大责任，而当下的迫切任务是动员民众、武装民众，为扩大八路军和发展党而斗争，以争取抗战的最后胜利。[①] 事后来看，北方局的这番指示准确把握了形势，有很强的指导意义。

北方局指示信发出后不久，代表北方局指导冀豫晋省委工作的彭真撰写长文论述“抗战中的新危机与华北党的新任务”，并发表在省委机关刊《战斗》上。[②] 彭真在文中描述了华北抗战局势，认为正规抗战阶段基本结束，游击战争阶段已经开始。彭真还分析了

① 参见《目前形势与我党的任务——北方局来信》(1937年11月30日)，山西省档案馆编:《太行党史资料汇编》(第一卷)，第47—50页。

② 参见彭真:《抗战中的新危机与华北党的新任务》(1937年12月9日)，山西省档案馆编:《太行党史资料汇编》(第一卷)，第56—78页。

日寇的企图及国民党方面可能的对日妥协投降等问题，指出华北需要动员一切可以动员的力量坚决抗战到底。该文还就扩军、改革政治机构、组织群众自卫队、扩大及巩固党组织、解决干部问题给出了具体的要求和工作指示。

此后，刘少奇及北方局也间或给冀豫晋省委发出指示，特别是在出现重大新情况时。北方局指示的核心内容几乎一以贯之——建设抗日根据地。除直接且具体的指示外，刘少奇对省委产生的隐性影响亦不可低估。省委会议上可以经常见到刘少奇言论的引用。比如，在讨论有关原则领导和具体领导时，刘少奇常说的"要少下命令，少做决定，多作提议与建议"，就被认为是"最宝贵的箴言"；在谈到应多给下级自由空间时，刘少奇所讲的"不要单靠党的纪律吃饭"（应在政治上、工作上提高领导，打通思想）也被用来说明问题。[①] 从实践来看，刘少奇所提的这些工作方法切切实实地影响和塑造了省委及以下各级组织的基本领导方式和工作思路。

此外，批示汇报材料也是刘少奇的一种重要指导方式。1938 年 6 月，冀豫晋省委曾较为系统地向北方局和中央汇报近 4 个月的工作，除一份总报告外，还呈递了一大批材料。从刘少奇的回信可以看出，这批材料应该包含省委的各种指示、决议、政策法令、信件、会议记录以及《战斗》等机关刊，还有各地特委、县委的相关文件。刘少奇称"这一大批材料我都阅读过一遍"，"我看了你们各地的许多文件"。基于这些材料，刘少奇写了不止一封长篇回信，详细指出省委工作的得失，并就党内教育、集体领导、党组织发展、汉奸敌探等具体问题做出指示。比如，刘少奇特别提示，在敌

① 参见《中共冀豫晋区委会议记录》（一）（1938 年 8 月），山西省档案馆编：《太行党史资料汇编》（第一卷），第 310—312 页。

人发动进攻时，省委要推动政府和群众团体向一般群众发放如何自卫、如何空舍清野、如何避难等通告，并向群众解释清楚。他还谆谆告诫“同志中有不同的意见，应该很和气地来说，不要随随便便地吵闹起来，闹意气，应有最高原则性”。①

不是根据一两份整理好的报告，而是综合许多其他材料，特别是大量的政策法令、会议记录、通知文告等原始过程性资料，这是刘少奇不亲临现场就能做出准确判断和决策的关键所在。刘少奇曾表示：“我来延安后，对华北各省工作均已有详细的研究，重要者并提交中央会议讨论，给了他们详细的指示。”② 上级通过大量一手材料了解实情，而不仅是听下级汇报或看几份整理好的报告，这或许是当时条件下最好的领导方式。中共根据地的许多政策常被认为具有很强的针对性，当与这样的工作方式密不可分。

关于领导策略和工作方式，省委机关刊《战斗》值得一提。冀豫晋省委成立后，立即创办省委机关刊物《战斗》，由陶鲁笳具体负责。与发展党员、创建组织相类似，编印机关刊物也是中共党组织（特别是中上层）的基本动作，且常放在优先位置。中共素来重视党员干部尤其是高级干部的理论素养，机关刊既是体现干部理论素养的载体，也是提升干部理论素养的园地。关于办刊的具体决策过程，尚不十分清楚，或可从刘少奇此前的相关经验中一窥究竟。

为解决中共顺直省委内部旷日持久的矛盾，刘少奇等于1928年11月决定编印一份党内刊物，取名“出路”，即探寻北方党的出路。刘少奇在出版绪言中说，创办这个刊物是引导顺直省委同志

① 参见《刘少奇给朱瑞并冀豫晋省委的指示信》（1938年8月18日），山西省档案馆编：《太行党史资料汇编》（第一卷），第333—345页。

② 《胡服致尚昆、朱瑞、彭真诸同志电》（1938年），转引自金冲及主编：《刘少奇传》上，中央文献出版社2008年版，第285页。

“站在党的观点和利益上来分析和研究”顺直问题。他自己在该刊上先后发表数篇文章，着力分析和挖掘顺直党内存在的问题及其根源，并提出了改造顺直党的意见。《出路》被认为对提高顺直党员的政治水平，推动顺直党的改造，起到了积极作用。[①]

和《出路》类似，《战斗》也是对内机关刊，其基本功能在于统一思想、凝聚共识和指导工作。在动荡局面中，在不确定因素充斥的环境里，统一思想无疑极为重要。许多路线与组织纷争，往往源自思想观念和对具体事物看法上的分歧，只有统一了思想认识，组织上的统一和团结才有坚实基础。

1936年，白区工作方针面临纠“左”的重大调整。为使各级干部深入理解和准确把握新的策略路线，刘少奇再次以机关刊为依托发起讨论。在北方局机关刊物《火线》上，刘少奇发布了一则启事：“我发起在《火线》上组织一个讨论会。这个讨论会不要另外的组织形式，每个同志都可以参加，对于各方面的问题都可以讨论，但最好是与目前现实生活有关的重大问题，新策略路线中的问题。如果同志们赞成我这个提议，就请你们提问题与意见，简单写给各级党组织，由组织汇齐转给《火线》，在《火线》上发表并讨论。”[②]

刘少奇以机关刊为阵地的工作方式实际发挥着重要作用。河北省委主要领导马辉之回忆：“当时，凡是要知道少奇同志的指示精神就看《火线》，每期头一两篇差不多都是中央指示或少奇同志的文章。”[③]1939年初，北方局机关报《新华日报》华北版和新的机关刊

① 参见陈绍畴：《刘少奇在顺直省委》，马京波、王翠主编：《刘少奇生平研究资料》，中央文献出版社2013年版，第183页。

② 《KV启事》（1936年10月15日），中共北京市委党史资料征集委员会编：《一二九运动》，中共党史资料出版社1987年版，第103页。

③ 马辉之：《刘少奇在北方局的活动》，中央文献研究室第二编研部编：《话说刘少奇——知情者访谈录》，中央文献出版社2000年版，第172页。

《党的生活》相继创办，成为北方局实施领导的重要途径。杨尚昆忆称他在这一报一刊上发表了不少文章，用来指导各地区的工作。[①]机关报刊对于实际工作之重要意义可见一斑。

这种工作方式在冀豫晋省委也表现得很明显。为切实发挥机关刊《战斗》的功能，省委的领导同志会经常性地在上面发表文章，北方局和省委的一些指示和决议也会在上面刊登。《战斗》上刊载的文章一般被要求当作党内文件，省委及有关方面负责人也多次发出专门通知，要求认真学习或贯彻落实某篇文章的精神和指示。

1937年11月出刊的《战斗》第1期登载了《中共北方局指示——在敌占区，共产党八路军以自己的名义公开直接去领导群众》《论目前华北形势和我们的任务》《论统一战线和独立自主的工作作风》《论抗日战争中如何建立人民的临时政权问题》《新形势新条件下抗日游击战争的基本原则》《农民的组织问题》等文章。这些文章所涉及的正是当时亟待解决或者迫切需要明确指引的重要问题。如《论抗日战争中如何建立人民的临时政权问题》指出：只要机会允许，共产党要当仁不让地掌握临时地方抗日政权，执行抗日救国的革命纲领，以联合战线的形式进行一切政治改革和有益抗战的工作。随着八路军化整为零前往各地创建根据地，如何创建抗日政权正是当时需要回答的问题。实践证明，太行根据地的政权创建工作正是循此展开的。在《农民的组织问题》中，作者指出："农民单是组织起来了，还是不够的，必须有武装力量来维持它的存在与强大，因此在农民协会之外，必须成立农民自卫队与游击队，只有广大的民众组织起来与武装起来，我们才能保障抗战的最后胜

① 参见《杨尚昆回忆录》，中央文献出版社2001年版，第191页。

利。”[①] 省委早在全面抗战之初就有这样的认识，不管是对中共中央基本抗战方略的领会，还是基于冀西晋东实际情形作出的自主对策，对于根据地建设来说皆为幸事。而这样针对具体问题的探讨性文章，事实上还能在上下级和不同区域间起到交流作用，有利于提高整体认知水准。

三、八路军一二九师的扶助

全面抗战初期，根据地的开拓工作是以军队为先导的。八路军创造好基本条件，党政系统跟随行动。在战争环境中，进入一个地区创建根据地需要武装力量支撑是理所当然之事。不过，对中共冀豫晋省委来说，八路军的作用远不止是武力后盾。

1937 年 11 月 13、14 日两日，一二九师在和顺县石拐镇召开干部会议，研究部署分兵发动群众，开展游击战争和建立根据地的工作。冀豫晋省委负责人参加了这次会议。本次会议旨在落实两天前八路军总部有关辖下三个师分兵数地创立根据地的战略部署。根据中央决定，一二九师的任务是以太行山为依托，创立晋冀豫抗日根据地。据此精神，一二九师化整为零的基本方式是每个营抽出一个连，组成工作团或游击支队，到指定地点同中共地方组织、游击队一起活动，开展游击战争，建立敌后抗日根据地。[②] 会后，省委随一二九师师部移驻辽县西河头村，同一二九师一起领导太行根据地的创建工作。

为开展游击战和创建根据地，一二九师在辽县开办了一个游

① 秋潭：《农民的组织问题》，《战斗》第 1 期，1937 年 11 月 9 日，转引自山西省档案馆编：《太行党史资料汇编》（第一卷），第 31 页。

② 军事科学院《刘伯承年谱》编写组编：《刘伯承年谱》上卷，第 118 页。

击训练班。训练班主要教材由刘伯承撰写，刘伯承、徐向前、邓小平、倪志亮（一二九师参谋长）等都曾到堂授课。这个训练班的特别之处在于，除一二九师的学员外，冀豫晋省委也选调了一批区委、县委干部一同接受训练。在李雪峰看来，党政干部接受这种训练极为有益。他说之前只听过“游击战”这个名词，实际不知其为何物。经过学习，大家对什么是游击战，如何组织自卫队以保护人民生命财产，如何配合正规军等，都有了比较清楚的认识。[①]对需要迅速抢抓时机的中共来说，这种开培训班的方式，可以于短时间内快速批量培养干部。一大批干部迅速派出，遍地开花的局面很快即可形成。

1938年开始，日军调整部署，将作战重点转向津浦路，企图以已经占领的济南、南京为基地，南北合击打通津浦路，连贯南北战场。作为策应，日军华北方面军制定了以夺取晋南和豫北为中心的作战计划。面对日军咄咄逼人的攻势，一二九师被要求坚决创建根据地，积极打击出扰之敌，并大规模破坏正太路和石家庄以南之平汉路。

严峻的斗争形势需要地方党组织和部队密切有效的配合，而当时的冀豫晋省委及各特委、县委的大多数干部多年从事工运、学运工作，明显缺乏开展游击战争和创建根据地的经验。针对这种情况，一二九师师长刘伯承和新任政委邓小平在与北方局组织部部长彭真、新任冀豫晋省委书记李雪峰[②]商量后，决定由刘伯承和邓小平召集一二九师高级干部会议，彭真和李雪峰主持召开冀豫晋省委

---

① 李雪峰:《太行根据地创建初期党的工作》，太行革命根据地史总编委会:《党的建设》，第549页。

② 1938年1月15日，李菁玉随同东进纵队到冀南，李雪峰继任冀豫晋省委书记。省委由李雪峰、徐子荣、何英才、杨秀峰、彭涛、安子文组成，省委委员相继到任。

活动分子会议，研讨和部署开展游击战争和创建根据地工作。[①]

1938年1月底至2月上旬，冀豫晋省委党的活动分子会议（也称“辽县活动分子会议”）在辽县西河头村召开。这是省委成立以来召开的一次具有重要意义的会议。这次会议主要内容为传达十二月政治局会议精神，分析抗战形势，总结省委成立两个月的工作，提出“建立抗日根据地”的任务，对根据地初创时期的一些重要问题做出具体规定。李雪峰代表省委作抗战形势与党的工作的报告，各特委负责人汇报各自的工作，并展开热烈讨论。经过三天小组会和一天大会发言，彭真以北方局代表的身份作会议总结，就国共合作、统一战线的工作方式、抗日与民主民生、独立自主正确与否、民族利益与阶级利益、群众工作等问题发表了指示性意见。彭真在报告中提到，要“健全党的领导机关”，实行集体领导的同时科学分工，注意培养各级领导机关独立工作的能力，建立巡视制度及密切上下级联系，并实行严格检查工作制度。总之，要“彻底改正手工业的工作方式，有计划地运用组织推动领导工作，不然将无法应付日渐扩大的党和群众工作及复杂局面”。[②]

辽县活动分子会议是冀豫晋省委成立后召开的第一次工作会议，会议决议成为之后较长时间内的工作指针，省委后续的巡视检查也是依照本次会议精神和要求展开的。能召开这样的会议也意味着省委初步立起来了。[③]李雪峰说：“通过这次会议，使晋冀豫区内

① 中共中央文献研究室编：《邓小平传（1904—1974）》上，中央文献出版社2014年版，第301页。

② 《彭真在中共冀豫晋省委活动分子会议上的结论》（1938年2月），山西省档案馆编：《太行党史资料汇编》第一卷，第113—114页。

③ 辽县活动分子会议后，省委各部主要负责人随即到各地巡查帮助工作，省委机关尚未来得及充实健全。详见《中共晋冀豫区委会议记录（一）》（1938年8月），山西省档案馆编：《太行党史资料汇编》第一卷，第307页。

的共产党组织从思想上、组织上走向统一，明确了党要围绕发动、组织群众进行抗日斗争开展工作。”[①]

据李雪峰称，这次会议召开前，他有机会与彭真、邓小平、倪志亮等一起研究如何创建根据地。李雪峰坦陈自己对根据地问题一直不够明确，遂向邓小平请教什么是根据地以及怎样建立根据地。邓小平说，根据地首先是为抗日建立的，要抗日就要有武装，因此根据地必须要有武装；要使根据地在一个地区存在和发展，就要有政权，通过抗日政权来领导根据地的各项建设；根据地必须得到群众的支持才能建立和巩固，这是基础。总结起来，创建根据地有三个必备条件：武装、政权和群众。[②]

会后，一二九师师部和省委又召开联席会议，专门讨论这三个条件。师部刘伯承、邓小平、倪志亮和省委李雪峰、徐子荣、何英才、彭涛、杨秀峰、安子文都参加了这次会议。会上提出要把发展游击队、自卫队放在突出地位，在每个县组织一个县基干支队（相当于营），在自卫队内要建立担架队、运输队和帮助抗日军人家属的耕地队。在政权建设上，要建立群众信任的、民主的抗日政权，要以各种名义扩大人民参政的范围，要使各种抗日进步分子经过训练后到区村政府中工作。在群众工作上，要把每一个群众都组织进来。[③]

李雪峰说，经过这些会议特别是邓小平等人的提示，他对根据地有了更深入的认识，形成了较为成熟的创建思路。[④]辽县活动分子会议后一个月，根据地的创建工作有了明显进展，晋东、冀西成

① 《李雪峰回忆录》上，第 31 页。

② 同上书，第 31—32 页。

③ 《一二九师、冀豫晋省委联席会议记录》（1938 年 2 月 20 日），山西省档案馆编：《太行党史资料汇编》第一卷，第 128—129 页。

④ 《李雪峰回忆录》上，第 32 页。

为共产党、八路军有力掌控的区域。[①]

在一二九师的护卫和帮助下，省委在晋冀豫区紧锣密鼓地恢复和建立起各级党组织。到 1938 年 2 月，除晋中特委外，又先后正式建立冀西、太南、冀豫边三个党的特委，并建立了 20 多个县委。随着党政组织的建立和健全，各地的群众运动也渐有起色，农救会、工救会、妇救会、青救会等群众团体纷纷出现。

在游击战争及根据地建设由山地向平原拓展的进程中，一二九师首长们提出了“利用自然山”和“建立人造山”的构想[②]，并很快成为冀豫晋省委创建根据地的重要思路。省委明确提出：“有群众工作，就是在平原地也可建立根据地，作运动战游击战。过去我们在江西能突破百三十万大军的包围，就是利用了人造山的缘故。”[③]

如《邓小平传》所言，邓小平关于建立敌后抗日根据地的三个基本条件及其相关关系的认识和阐述，是对几个月来八路军深入敌后创建敌后抗日根据地经验的总结，同时也明显承继了苏区时期武装割据的经验。[④]在游击战争由山地向平原发展的过程中，刘伯承等提出的“建立人造山”的论述为省委所吸收并付诸实践。作为苏区时期革命斗争的亲历者，邓小平、刘伯承等人有关根据地的经验成了这一时期行动指导的重要内容。从来自苏区的刘邓到来自城市的李雪峰及省委，可以明显看到革命经验在革命阵营内部不同群体间的传递。

在根据地创建稍有起色后，曾有人提出要争取地方党的独立。冀豫晋省委明确反对此议：经历过苏区革命斗争的八路军具有十多

① 《李雪峰回忆录》上，第 33—34 页。

② 《宋任穷回忆录》，解放军出版社 2007 年版，第 135 页。

③ 《中共冀豫晋省委建立太行根据地会议报告》（1938 年 3 月 20 日），山西省档案馆编：《太行党史资料汇编》第一卷，第 136 页。

④ 《邓小平传（1904—1974）》上，第 301—302 页。

年血的经验，许多老干部是从斗争中锻炼出来的，应当利用“十年来在白、苏区的经验与敌人作斗争”。[①]李雪峰也曾说：“我们这些从白区城市来到敌后农村的党员干部，从发动组织农民参加抗日斗争中，从老红军的言传身教中，对在敌后开辟创建抗日根据地有了信心和决心。”[②]

四、走向成熟的冀豫晋省委

1938 年 3 月中旬，冀豫晋省委在辽县召开太行十县区委以上干部会议，讨论建立太行山根据地的相关问题。这是省委第一次单独召开专门研究根据地建设问题的会议。会议开了七八天，深入讨论了如何对付敌人进攻，以及根据地的政治工作、群众工作、武装问题、统一战线工作与政权问题、党的组织工作和宣传教育等诸多事项，达成了系统性共识。此外会议还就战时经济与粮食、春荒与春耕、商业发展、社会教育等具体事项做出了决定和部署。会后，省委把这次会议讨论的问题整理成《建立太行山根据地会议报告》，发给根据地区以上党委，以指导建立根据地的工作。这是冀豫晋省委首次主导召开的全区性重要会议，体现了组织和领导能力的显著提升，正如李雪峰所说：“从一月活动分子会议到三月建立太行根据地会议，是省委对在敌后创建根据地认识上的飞跃。”[③]

此外，针对战线广泛展开而出现的“干部荒”现象，不少人在会上提出了大批训练干部的要求，省委遂决定以最大力量来开办党

① 《中共冀豫晋省委建立太行根据地会议报告》（1938 年 3 月 20 日），山西省档案馆编：《太行党史资料汇编》第一卷，第 135 页。

② 《李雪峰回忆录》上，第 37 页。

③ 同上。

校，快速、批量培养县区干部。1938年5月，日军“九路围攻”[①]停息后不久，党校即正式开学。[②]至此，省委已由向上级要干部发展到自主培养和输出干部，无疑是一大进步。

一二九师对日军“九路围攻”的有力反击，改变了日军此前轻视八路军的态度。日军的重视使得晋东南在华北抗战格局中的地位更加重要，根据地方面自然也面临着更大的生存压力。“九路围攻”刚结束，张闻天、刘少奇就专电朱瑞、李雪峰，强调当前晋东南的中心工作是“抗日根据地的建设”，为此需要一个更加强有力的晋东南党的领导中心。中央要求扩大省委机关，还要求朱瑞和省委机关、薄一波领导的山西第三行政主任公署向沁县的八路军总部靠拢，分别召开党的、政府的、群众团体的、地方武装的会议，以全面推动根据地工作。当时，省委机关和刚刚成立的晋冀豫军区机关驻在辽县下庄一带。接到指示后，省委机关南下沁县。由此，朱瑞以中共中央北方局代表的身份直接指导省委的工作。

朱瑞于1926—1929年在苏联学习，先后就读于莫斯科中山大学、莫斯科克拉辛炮兵学校。1930年初经共产国际研究被派遣回国，任中央军委参谋科参谋。此后，朱瑞又先后在鄂豫皖苏区、中央苏区工作，并作为红一军团政治部主任参加了长征。朱瑞自述“红军工作年代，是我在能力上逐渐向各方面发展的阶段”[③]。正是这样的资历，让年轻的朱瑞被委以重任。与李雪峰等相比，朱瑞的苏

① 1938年4月，日军第一〇八师团主力，第十六、二十、一〇九师团及酒井旅团各一部共3万余人，南自邯长公路，北自正太路，西自同蒲路，东至平汉路，分九路大举围攻晋东南地区八路军。

② 《冀豫晋党校一个月工作报告》（1938年6月），山西省档案馆编：《太行党史资料汇编》第一卷，第255页。

③ 朱瑞：《我的历史与思想自传》，中共中央党史资料征集委员会编：《中共党史资料》第9辑，中共党史资料出版社1984年版，第254页。

区工作经验对冀豫晋省委格外重要。

朱瑞到任后，选定省委各部科长及干事，使省委机关初步健全，各部工作有序展开。当时省委的组织架构为：省委下设秘书处、组织部、宣传部三大部门，各部之下再设若干科，各科科长1人，干事2—3人。到1938年6月，省委三部门共有人员70余人（包括通讯队队员30人）。[①] 朱瑞的到来是冀豫晋省委发展历程中的重要节点。李雪峰说："省委到沁县后，晋冀豫区的工作已走上发展的道路。"[②]

为适应战争环境，移驻后的省委采取大特委制度，对所属特委的区划进行了调整。辽县以北，加上武乡，为晋冀特委，由原来的晋中、晋冀两特委，再加上辽县和晋东特委一半合组而成，成为全区最大、最有基础的地区。晋中工作开展较早，有相当的基础（至1938年6月已有七八千名党员），原晋冀特委则较弱，合在一起既为了扶弱，也意在改变晋中严重过"左"的工作作风。冀豫边区，加上黎城、襄垣和辽（县）东为冀豫特委；晋豫特委改称晋东南特委，由黎城、潞（城）长（治）路以东和豫北一部组成；唐天际区为晋豫特委；屯留、长子、沁县、沁源、介休等县合组为太岳特委。因领导干部有待充实或组建太迟，除晋冀特委外，其他特委的力量较为薄弱，有待加强，因而成为接下来的工作重点。[③] 战争环境中能

---

① 《中共冀豫晋省委给北方局并中央的总报告》（1938年6月22日），山西省档案馆编：《太行党史资料汇编》第一卷，第247—248页；《中共晋冀豫区委会议记录（一）》（1938年8月），山西省档案馆编：《太行党史资料汇编》第一卷，第307页。

② 《李雪峰回忆录》上，第40页。1938年8月24日，中央指示朱瑞"准备留在冀晋豫边区负总责，如聂荣臻同志在晋察冀"。比照聂荣臻赋予朱瑞重任，表明朱瑞这半年在冀豫晋边区的工作已得到中央认可。1938年9月开始，朱瑞受派作为中共中央北方局和八路军代表与国民党方面交涉合作抗日问题，联络谈判达半年之久，对冀豫晋省委（区委）的指导也因之淡出。1939年5月，朱瑞奉命赴鲁，任中共山东分局书记。

③ 《中共冀豫晋省委给北方局并中央的总报告》（1938年6月22日），山西省档案馆编：《太行党史资料汇编》第一卷，第244—245页。

够成功实施区划大调整，也从侧面显示了冀豫晋省委的领导能力。

1938年6月，省委召开会议，朱德、彭德怀及李雪峰、何英才、徐子荣等出席，朱瑞代表北方局作报告。会议总结了辽县活动分子会议以来4个月及粉碎敌人“九路围攻”的工作，提出“更高实现创造冀豫晋边区为坚持巩固的根据地”的目标任务。会议最后通过了朱瑞起草的文件《新形势下省委工作的新任务》（不久后即被称为“六月决定”）。该文件指出，4个月来，省委发展扩大党组织一倍以上，拥有党员数千名，还有计划地锻炼及培养了一批干部，领导了粉碎日军“九路围攻”的斗争，这些都大大提高了党在边区的威信，巩固了党的领导地位。[①]

对今后的工作，省委将“大大发展党和健全党”摆在显要位置，特别提到要“改造及健全省委以下的党的各级领导机关”，要“切实建立按期报告工作、检查巡视工作及科学的调查登记与统计制度”，要“立即建立县委以上各级青年工作委员会、军事部、妇女工作委员会及巡视工作制度”。[②]会后，为落实这些工作，省委连续发出通告，颁发详细的特委机关、县委机关组织大纲及青年委员会、妇女委员会组织办法。

无论是健全省委以下的党政群组织，还是规范工作制度和领导方式，都透露出一个重要信息：党政工作已奠定相当的基础，省委本身已走向成熟。一如《朱瑞传》所言：“这次会议在晋冀豫省委的历史上是一次重要的会议，它标志着晋冀豫地区党的组织经过抗战初期艰苦、复杂的斗争锻炼，已经成长起来，进入了一

① 省委：《新形势下省委工作的新任务》（1938年6月），中共太行区党委编印：《太行党六年来文件选辑》上册，1943年，第21页。

② 同上书，第23—24页。

个新的发展阶段。”[①]

省委成长起来的重要表现是领导能力增强，也更加重视帮助下级。1938 年 6 月，省委给北方局和中央呈递了一个阶段性的总结报告和多种材料。在这个报告中，省委提到巡视检查对深入下层、帮助下层具有“非常重大之意义”。[②] 1938 年 4 月下旬，省委曾派宣传部部长徐子荣巡视晋东南各县，指导帮助各地工作。6 月省委会议后，省委又展开了对晋冀、冀豫特委的巡视。[③]

经过巡视，针对原晋中特委的工作，李雪峰专门召开晋冀特委扩大会议，提出多项批评。例如，晋中特委的群众工作忽视统一战线，工作方式生硬，偏重于自上而下的发动；特委党的领导方式是命令的、机械的，不能启发下级同志的创造性，对犯错误的同志没有很好地开展思想斗争，只是单纯以纪律制裁；在群众斗争上，没有就领导策略、斗争方式进行认真讨论和布置；党的教育不够，没有深入传达文件、党报，党内的团结做得不好，干部、知识分子与工农同志之间隔阂较深。[④]

在作为结论的巡视报告中，省委进一步指出晋中工作的不足。例如，领导上缺点很大，对统一战线理解不深刻，“左倾”关门主义倾向严重；创造根据地的各种基本工作不够深入，党的教育不够，自我批评、思想斗争没有应有的发扬与展开，群众工作时“左”时右。省委进一步指出，晋中工作基本的错误与严重的危

---

① 郑建英：《朱瑞传》，中央文献出版社 1994 年版，第 180 页。

② 《中共冀豫晋省委给北方局并中央的总报告》（1938 年 6 月 22 日），山西省档案馆编：《太行党史资料汇编》第一卷，第 251—252 页。

③ 《李雪峰回忆录》上，第 49 页。另，有关会议、巡视、检查等机制，黄道炫有很好的论述。参见黄道炫：《如何落实：抗战时期中共的贯彻机制》，《近代史研究》2019 年第 5 期。

④ 李雪峰：《晋冀特委扩大会议总结》（1938 年 7 月），中共太行区党委编印：《太行党六年来文件选辑》上册，第 30—33 页。

险还在于作风太夸张，不够细致深入，过分注意政权、资财，忽视下层基本工作；不能认真而审慎地深刻研究省委的原则指示并将之妥善运用到实践中去，不能经常地、仔细地检查和总结工作。省委认为，总体上晋中工作“还在创造阶段，组织还没有成为科学的机器，还不能一振百动，还须要艰苦地深入工作，还须有耐心、大量与深入的教育运动”。省委要求晋中“用彻底的自我批评，适当的总结工作，订出各县自己的工作计划，深入党路线的讨论与教育，健全组织生活，建立科学的工作与领导作风，开展加强两条战线的斗争，彻底肃清与反对“左倾”关门主义与右的倾向，召集县委扩大会议、支书联席会议，开展训练班，展开研究与讨论”，由此“争取工作的大步转变”。[①] 为纠正过“左”偏向，省委派彭涛、王孝慈到该特委担任副书记，实际接管主要工作。

因为巡视效果良好，省委进一步提出应健全巡视制度，除一般巡视团巡视工作外，还应该与军事要求和建设太行根据地的任务相符合，有重心、有计划地通过高级巡视团的巡视，转变各特委的工作。[②]1938 年 8 月，省委再次提到巡视对于加强领导各地的重要性，指出省委应切实深入下层去检查，帮助特委确定工作计划并解决困难问题，健全特委组织，使其能较完善独立地工作，并做出 9 月巡视晋东南、10 月巡视晋豫及太岳的安排，要求一般的巡视团也应迅速建立起来，人手不足的，先有三五人也可以。[③] 随着特委走上

① 省委:《对晋中工作检查总结报告大纲》(1938 年 7 月 14 日)，中共太行区党委编印:《太行党六年来文件选辑补编》，1944 年，第 2—7 页。另，有关晋中特委与牺盟会的冲突以及省委的处理，赵诺有详细论述。参见赵诺:《抗战初期中共地方干部群体内部的“土客问题”》,《近代史研究》2017 年第 3 期。

② 《中共冀豫晋区委会议记录（一）》(1938 年 8 月)，山西省档案馆编:《太行党史资料汇编》第一卷，第 311 页。

③ 同上书，第 313—315 页。

轨道，省委要求特委有计划地巡视各县，检查工作落实情况，帮助县委解决困难，培养其独立工作能力。[①]通过巡视，省委帮助特委，特委帮助县委，同时也逐层传递压力，从省委到县委的领导得以贯通，各层级的领导能力也因此得到锻炼与提升，这正是省委所期待的组织成为一振百动的科学机器。

中国共产党领导的根据地工作深入扎实是一个较为普遍的认知，何以如是？

从冀豫晋省委对冀晋特委的批评和指示或可窥一斑。此时距开始创建根据地不足一年，但明显可见省委已经具备较强的领导能力，能够很好地领会上级战略部署，对下级，既有大政方针的指引，又对方方面面的事务给予具体指导，能够很好地掌握局面。

1938 年 8 月 15 日至 24 日，冀豫晋省委在沁县召开会议，主旨是“从省委领导上与省委工作上展开检查与讨论，把省委领导提高到原则的程度的阶段，并从这一方面来讨论执行‘变敌后方为前线’和‘深入与巩固建设根据地工作’的迫切的巨大任务”。这次会议前不久，恰逢中央决定把华北各省委领导机关改称区党委，中共晋冀豫区党委称这次会议有“划时代”的意义。[②]这个“划时代”，不仅仅因为领导机关名称的改换，更因为会议议题。

这次会议出现了一个新的提法——“把省委的领导提高到原则的程度”，这是之前不曾有过的。所谓“原则领导”是与“具体领导”相对的，即不干涉地方党的具体事务，只是从原则上、材料

① 区委:《全区工作的发展与党的领导任务》(1938 年 9 月 18 日)，中共太行区党委编印:《太行党六年来文件选辑》上册，第 45—46 页。

② 参见《中共冀豫晋区委会议记录（一）》(1938 年 8 月)，山西省档案馆编:《太行党史资料汇编》第一卷，第 298—299 页。1938 年 8 月 1 日，中央通知在敌人后方的省委改称区党委，其他地区不变。冀豫晋省委于该年 8 月 19 日改称晋冀豫区党委。为行文方便，这次会议结束前仍统一用“省委”称谓。

提供上、工作经验交换上、工作方式与方法上的系统指导。会议指出，省委同志对原则问题的注意还太不够，“对下级的检查与领导，没有提高到原则程度，没有深刻注意原则的具体运用及所获得的经验教训，对文件没有很好的讨论”，并且有些同志把原则领导与具体领导对立，认为原则是空洞的。省委批评这种认识是不懂得“原则是具体事件、具体工作及具体行动的指针，同时又存在于具体事实之中”。省委指出，应充分领会刘少奇所说的“要少下命令，少作决定，多作提议与建议”，对下级的领导“不应过多作决定，一般规定方针任务，提供工作经验、方式方法与材料，在具体执行上要给下级以活动的自由”。

会议认为，省委对各区域和各部门各专门工作，都该仔细研究，产生些具体深刻与原则性的指示信、决定和文章，多制作些富有经验的工作材料，使这一部分的工作经验能够应用到其他方面去。由此，会议提出省委每月应解决一个以上的主要问题（如青运、工运、政权等），产生专门问题的研究与指示；组织部与宣传部每月必须产生一篇成熟的研究与总结工作经验的长篇文章及一二短篇交《战斗》发表。①

关于集体领导与分工负责，这次会议也进行了讨论。会议认为，省委在辽县时大事小事都共同商酌，使得集体领导沦为形式，大家都忙得不得了，然而效果并不好。因此，集体领导应随着工作发展的不同阶段，采取不同形式。如在根据地创建初期，各地工作薄弱，省委都将重心放在帮助下层，分散开去，到一定时间回来会合，总结各地工作，这样有分工有集体便是好的集体领导。

① 《中共冀豫晋区委会议记录（一）》（1938 年 8 月），山西省档案馆编：《太行党史资料汇编》第一卷，第 310—316 页。

工作进一步提高后，则应建立省委例会、会报及专门会议制度，实行集体办公，分别处理问题。省委认为这是当下实施集体领导的必要办法。[①]

无论是原则领导和具体领导，还是集体领导与分工负责，表面上是互相冲突的，但在省委的要求中，都是应该兼顾而不能偏废的。这种对立统一正是马克思主义辩证法的要义，共产党人对这些概念和一般原理应不陌生。结合实际工作将之作为要求提出，显示出省委之领导经过前期大量实践和调适后已经具备相当的高度，也凸显了省委区别于其他层级的领导方式。当然，这也是上级对省委的期待。朱瑞称北方局领导各根据地党委是"更高更集中更复杂与郑重的责任"，并认为"思想领导"是这个层级应有的领导方式。[②]在相当程度上，这也是省委领导方式的核心特征。

1939 年 9 月中下旬，中共晋冀豫区委在武乡东堡村召开第一次、也是全面抗战时期唯一一次全区党的代表大会，全面总结了太行区抗战以来 17 个月的工作，选举产生了新的区委委员和准备出席中共七大的代表。党的代表大会是中共重要的组织行为，会议的成功召开需要充分准备和前期基础，因此往往具有标志性意义。李雪峰在回忆录中自豪地说："全区第一次党代会开得很成功。大会显示，我们党已成为晋冀豫区最大的政党，是晋冀豫区的执政党。"[③]党代会的成功召开，足以显示区委本身的成熟以及对根据地局面的有力掌控。从后续来看，中央及北方局层面对于省委（区委）在具体工作上"手把手"式的指导相较之前逐渐减少，与之相应的是省

① 《中共冀豫晋区委会议记录》(一)(1938 年 8 月)，山西省档案馆编:《太行党史资料汇编》第一卷，第 313 页。

② 朱瑞:《我的历史与思想自传》，中共中央党史资料征集委员会编:《中共党史资料》第 9 辑，第 260 页。

③ 《李雪峰回忆录》上，第 77 页。

委越来越明显地发挥出主动性，全面抗战初期中共中央所期待的具有独立领导能力的组织机关已然形成。

五、政权建设中的破旧立新

抗日战争时期，基于此前革命的经验和教训，中共领导层高度重视创建根据地和政权并形成共识。中共中央早在瓦窑堡会议上即提出要在游击区建立“独立于日本帝国主义和卖国贼的抗日人民革命政权”。1940年北方局高干会上，时任北方局书记杨尚昆谆谆告诫，长征没有建立根据地是“深刻的教训”，军队和地方党应该“有一块地盘就决心建立”，否则便是“无根的”。①

1937年11月8日太原失陷当天毛泽东即指示称，这意味着“华北正规战争阶段基本结束，游击战争阶段开始”，“游击战争将以八路军为主体”，阎锡山将无力过分干涉八路军之地方工作，八路军应在统一战线原则下，放手发动群众，扩大自己。一周后，北方局发布刘少奇起草的决定，明确要求：“在游击战争中，我党应以华北最大政党的资格出来建立统一战线的民主的抗日政权与新的抗日武装部队。在各根据地成立边区政府、军区司令部，改造与建立各县、区、乡政府。”②

为此，八路军迅速化整为零，分赴各地开展党组织建设、抗日政权建设、游击队组织等工作，短时间掌握了大片区域。这一段恰逢日军没有继续向晋南进攻，而且国民党、阎锡山自顾不暇，中共

① 《杨尚昆在中共中央北方局黎城会议上的报告》（1940年4月16日），山西省档案馆编：《太行党史资料汇编》第三卷，山西人民出版社1994年版，第202页。

② 刘少奇：《独立自主地领导华北抗日游击战争》（1937年11月15日），《刘少奇选集》（上卷），人民出版社1981年版，第170—177页。

接管和改造政权行动所遇阻力不大。[①]继晋察冀根据地后，晋冀豫根据地的创建也取得了显著进展。与陕甘宁边区的"既成事实"进而得到国民党政府承认不同的是，其他根据地的政权建设并非预先规划，更多是顺应形势主动作为的结果。对国民党而言，前者是计划内的，后者则是始料未及的。

全面抗战爆发后，阎锡山将全省划分为七个行政区，晋东南地区主要划归第三、五行政区。[②]1937 年 10 月，薄一波率决死一纵队到达沁县，同年 11 月 8 日开始担任第三行政主任公署主任。1938 年 6 月戎伍胜率决死三纵队到达长治地区后，接替续汝楫任第五行署主任。与之相适应，牺盟会成立了沁县、长治两个中心区。以薄一波、戎伍胜为主任的两个行政公署与牺盟会、决死队密切协作，为晋东南根据地的开辟和抗日民主新政权的建立提供了极为重要的有利条件。

反"九路围攻"胜利后，晋东南各县政权继续进行了改造和建设。在县长为抗日进步人士担任后，又进一步改造县政府的科室机构及区政府，还在反贪污、反摊派斗争中逐步撤换旧村长并民选新村长。到 1939 年底，晋东南大部分县、区和基层政权都得到了改造，新的抗日民主政权比较普遍地建立起来了。

冀西地区的政权创建工作与杨秀峰密不可分。"七七事变"后，共产党员、平津知名教授杨秀峰根据工作需要转移到太原。正值张

① 陈毅在七大上发言称，国民党在华中明显吸取了华北的教训，会战失败城市沦陷时，不会完全撤军，而是留下一支相当大的力量在该区活动（如徐州失守后留下韩德勤）。中共华中根据地政权建设明显滞后与此密切相关。参见《陈毅在七大上的大会发言》（1945 年 5 月 1 日），中共中央党史研究室、中央档案馆编：《中国共产党第七次全国代表大会档案文献选编》，中共党史出版社 2015 年版，第 332 页。

② 第三行政区包括沁县、安泽、襄垣、黎城、武乡、榆社、辽县、和顺、昔阳、祁县、太谷、榆次、沁源十三县。第五行政区包括长治、长子、屯留、壶关、潞城、平顺、晋城、阳城、高平、陵川、沁水、浮山十二县。

荫梧担任国民政府军事委员会委员长保定行营民训处主任。张荫梧标榜抗日，笼络进步人士，通过张的秘书长、中共地下党员温健公的关系，委任杨秀峰为冀西民训处特派员，管辖阜平、沙河等十三个县，具有任免县长、组织武装等权力。1937 年 9 月，冀西民训处特派员办事处在井陉成立后，立即向各县派出工作人员，和当地中共党组织密切配合，进行抗战动员工作。有了这个便利条件，冀西地区抗日民主政权的建立较为顺利。到 1938 年 2、3 月，赞皇、临城、内邱、高邑、元氏、井陉、邢台、沙河等县，都建立了抗日民主县政府。1938 年 9 月 13 日，冀西专员公署正式成立。冀西地区的赞皇、临城、内邱等县由冀西民训处改归冀西专署领导。

1938 年 8 月，鹿钟麟以国民党河北省政府主席和冀察战区总司令名义，经长治到达冀南。1939 年 1 月，鹿钟麟在冀西委派了一批专员、县长，同已建立起来的抗日民主政权相对抗，形成双重政权的局面。面对国民党方面的进攻，八路军方面坚决还击，至 1940 年 3 月初歼灭了向八路军进攻的朱怀冰部等反共武装万余人。随后，中共中央、中央军委发出关于山西、河北反摩擦斗争告一段落的指示。

在粉碎日军第二次九路围攻和打退国民党反共高潮后，根据地各项工作逐渐走向统一。当时，全区党组织的领导统一于晋冀豫区党委，军事上统一于晋冀豫军区，群众团体统一于各救总会。此时尚未统一的是行政权：晋东南地区，仍分别属于第三、第五两个行政区管辖。冀西地区，虽已成立了专署，但却属于杨秀峰、宋任穷所领导的冀南行政公署管辖，而冀西地区的党组织，却又归晋冀豫区党委领导。这种情况下，统一行政权在所必行。

1940 年 4 月，中共中央北方局在黎城召开高级干部会议，明确提出“建军、建党、建政”。会议决定组织冀南、太行、太岳行政联合办事处，以统一全区政权的领导。经过几个月的筹备，1940 年

8 月 1 日，冀南、太行、太岳行政联合办事处（简称冀太联办）在涉县正式成立，辖冀南（最高行政机关为冀南行政主任公署）、太行、太岳（最高行政领导机关仍称第三专员公署，亦称太岳专署）三个行政区（共 115 个县）。联合办事处延揽各党派、各界人士组成行政委员会，杨秀峰为主任，薄一波、戎伍胜为副主任。根据《冀南太行太岳行政联合办事处施政纲领》，该办事处拥护国共合作，具有抗日民族统一战线联合政权机关的性质。如论者所言，冀太联办的成立是“根据地由分散走向统一的决定性的一步”①。

1941 年 3 月 16 日，在冀太联办第二次行政会上，邓小平受北方局委托提出成立晋冀豫边区临时参议会的建议，并希望在抗战爆发四周年时召开临参会第一次会议，按照“三三制”原则选举临参会参议员，进而成立边区政府。筹备工作随即展开。1941 年 6 月底，各地参议员基本都选举产生了。1941 年 7 月 7 日，晋冀豫边区临时参议会②第一次会议在辽县隆重开幕。根据朱德总司令和彭德怀副总司令的建议，并征得冀鲁豫区的同意，会议决定将鲁西三十三县（即冀鲁豫区）划入本区，临时参议会也由此改名为晋冀鲁豫边区临参会。会议选出晋冀鲁豫边区政府组成人员，杨秀峰为边区政府主席，薄一波、戎伍胜为副主席。8 月 24 日，边区政府召开首次全体委员会议，决定全边区划为太行、太岳、冀南、冀鲁豫四个行政区，共辖二十一个专区。至此，晋冀鲁豫边区行政完成了从冀太联办至边区政府的升级。虽然根据《晋冀鲁豫边区政府组织

① 中共山西省委党史研究室:《政权建设》（太行革命根据地史料丛书之四），山西人民出版社 1990 年版，第 21 页。

② 根据杨秀峰的说明，这个临时参议会为晋冀豫边区最高人民代表机关和最高权力机关，其与国民政府所颁行的国民参议会和省参议会的性质基本不相同，前者是权力机关，后者是咨询建议机关。参见杨秀峰:《冀太联办第二次行政会议的收获》，中共山西省委党史研究室:《政权建设》（太行革命根据地史料丛书之四），第 123—124 页。

条例》（1941 年 9 月 1 日公布），边区政府受国民政府之管辖，但事实上边区政府保持相当程度上的自主性。晋冀鲁豫边区辖下地区的行政区划因应形势变化而不断调整，但边区政府建制保持了相当的稳定性，直到 1948 年 5 月与晋察冀边区合并为华北联合行政委员会（华北人民政府前身）。

虽然中共中央政策要求所建立的政权应是统一战线的民主政权，但在迅猛发展中，政权建设难免存在种种不能严格执行政策的情况。中共“当仁不让”地在敌后迅猛发展，很快引起了国民党方面的高度关切，华北、华中、西北两党两军间的摩擦越来越频繁。武汉沦陷后，国民党更是以中央全会的形式确定了反共方针。面对中共声势日隆，国民党高调宣扬“一个主义、一个党、一个领袖”。作为应对，毛泽东发表了系列重要论述：在《中国革命与中国共产党》中指出根据地政权既不是资产阶级的“一党专政”，也不是无产阶级的“一党专政”，而应是抗日民族统一战线的“几党专政”；在《新民主主义论》中重申“新民主主义政权是几个革命阶级联合的政权”。

为彰显“联合政权”，中共主动设定在根据地政府人员组成上共产党员、非党左派分子、不左不右的中间派各占三分之一。“三三制”是中共对国民党反对的回应，也是统一战线的具体化。毛泽东强调，虽然国民党极力反对我们建立抗日民主政权，但“我们则必须建立这种政权”。[①] 当有人提出敌后抗日民主政府没有中央政府承认因而不合法时，刘少奇同样强硬地表示“实行民主政治，实行三民主义，实行抗战建国纲领，实行民族利益、抗日利益高于一切的

① 《抗日根据地的政权问题》（1940 年 3 月 6 日），中共中央文献研究室、中央档案馆编：《建党以来重要文献选编（1921—1949）》第 17 册，中央文献出版社 2011 年版，第 169 页。

原则”，“大多数人民承认的、选举的”抗日政府就是合法的。[1]

对于“三三制”政权，中共强调仍然要坚持党的领导，要保证基本群众的优势不能被削弱。在人数不占优势的情况下，实现党的领导，除了坚持政策的正确性，在策略上还注重发挥党团、党组的作用。同时，创造性地召开非党人士座谈会，激发党外人事参政议政的热情。当然，创建政权并使之发挥作用，并非换几个人或找几个人填补空缺那么简单，而是需要大量艰苦细致的工作，在斗争形势严峻的各根据地尤其如此。

大体上，抗日根据地的政权多是自上而下建立的。八路军进入一个地方，县长弃守的则先任命县长，旧县长还在的则用各种方式予以撤换或争取合作。不过，这只是完成了第一步。长期以来，中国行政的一个重要特点是政府权力难以直接下探到基层，对基层控制力有限。在战争环境中，除了中共外，还有多种政治势力参与其间，让政权有序运转已非易事，对民众进行高强度的人力、物力动员更是难上加难。根据地建立过程中，中共对旧政权并非简单照搬式接管，而是有针对性地进行改造和重组。

晋察冀边区的建设经验得到中央高度肯定。1941年6月至8月，中央政治局会议分七次听取晋察冀边区负责人彭真做《关于晋察冀边区党的工作和具体政策的报告》，规格之高甚为罕见。彭真的报告被中央批转各根据地参考。以下以晋察冀边区更革旧政权为例来说明这一问题。

缩小行政区划是晋察冀边区改造旧行政的重点之一。旧有的行政区划幅员广阔，一个区所辖村庄有多达几百个的，而华北山地

---

① 刘少奇:《论抗日民主政权》(1940年12月),《刘少奇选集》(上卷)，第175—176页。

民居普遍分散，以至于不少村和区政府之间的距离远至当日不能往返，下村必须留宿。在当时技术条件下，区政府很难深入领导和检查村一级的工作，村民也不易行使民主权利。晋察冀边区的做法是普遍实行小区制度，把原来每县4到5个区细划为6到10个区。晋冀豫也采取相似的做法，如襄垣县将原5个行政区分设为12个行政区，又将51个大编村重新划为105个行政村。[①]1941年初，《新华日报》社论更是明确提出“必须划小行政区域”，并指出晋察冀边区、晋冀豫区已获良好效果，值得其他各地效法。[②]

除了普遍实行小区制，晋察冀边区还重新构设了政府编制。创立之初，晋察冀边区县政府设县长一人，秘书一人，总务、财政、教育、实业4科。随着职能不断完善，之后又增加公安科、人民武装部等。各科设科长一人，科员办事员二到四人；人民武装部设正副部长各一人，干事若干人。县下之区各设区长一人，助理员三至五人，人民武装大队长、教导员各一人，治安员一人，必要时设副治安员。[③]晋察冀边区抗日政府县、区两级编制相较阎锡山治下的主要变化在于增加了公安和人民武装两科（部），各科人员配备与之前大体相当，但因区划已缩小一半，相当于政府人力增加一倍。需要说明的是，阎锡山治下的政府编制已较国民党一般地区有明显扩增。

与阎锡山方面不同的是，中共根据地政权除了政府，还有一

① 中国共产党山西省襄垣县委党史研究室编：《中共襄垣县历史大事记述 1937.7—1949.9》，山西人民出版社1992年版，第51页。

② 《论建设抗日民主政权》（1941年1月11日），中共山西省委党史研究室：《政权建设》（太行革命根据地史料丛书之四），第108页。

③ 《晋察冀边区县区村组织条例》（1943年1月20日），晋察冀边区阜平县红色档案丛书编委会编：《晋察冀边区法律法规文件汇编》上卷，中共党史出版社2017年版，第59—64页。

套党的系统。以太行区为例，县委机关常设县委、组织、宣传、秘书、交通共七到十人。[1]这是精兵简政后的正式编制，实际干部人数或许多一些。算上党的系统，中共政权干部人数相较国民党、阎锡山则几乎再增加一倍。八路军、新四军等除了军事斗争外，也被明确赋予政治工作任务，常态性参与或支持党政日常工作，相当于又多了一大批干部。足够数量的干部在相当程度上保障了政权之坚强有力。

村一级也有重要变化。各方对村政权之重要性有高度共识，阎锡山实施“村本政治”、国民党推行保甲制都是明证。国民党内部文件称共产党撤换专员县长没有关系，中央军一来即可立刻恢复，但若村和区都建立了民主选举的代表会就不容易取消。国民党政权体系的重要特点之一是“头大脚小”——上层有复杂完备的组织机构，而村级只有一个村长，区则只有区长和少数助理员。这样导致政令到县以下即形同虚文，主事者要么疲于奔命，要么敷衍塞责。为清除积弊，晋察冀边区的做法是从边区到村各级都建立民政、财政、教育、实业、司法五个部门。其中村公所除了村长、副村长外，对应上级设置了民政、财政、教育、生产、调解五个委员会，每个委员会都由数人组成，这些职务除村长外一般都是无偿义务性质。此举优点很明显：在不增加财政负担的情况下，政府权力强有力地延伸到了最基层，而且可以吸收村中各阶层积极分子参加工作，使政府政令易于贯彻落实。

晋察冀边区的这种缩小区划同时增加干部的做法也为其他根据地所借鉴。1940 年北方局黎城会议提出“建党、建军、建政”三

---

① 参见太行区党委组织部:《一九四五年太行区地、县党的机构编制》(1944 年 10 月 19 日)，山西省档案馆编:《太行党史资料汇编》第七卷，山西人民出版社 2000 年版，第 142—144 页。

大目标，其中“建政”落到基层主要便是村政建设。以山西辽县为例，建政前只有33个编村，村级干部共99人（村长、书记、村警各1人）；建政后仅辽东（因日军占领，辽县被分割为东西两部）就有71个编村，各村普遍建立村政委员会，共有1324人管理村政，平均每村有近20人，只有村长1人脱离生产。[①]编村规模缩小的同时，干部数倍增加，以前少数人的事变成了许多人的事，动员效果显著增强。

华北的经验也被应用到华中。华中地区国民党政府的乡长只有不到四个助手，通常是一名副乡长、一名书记员、两名吏役。按照中共抗日政权的组织办法，在华中，乡长有四到八人的行政委员会作为协助，其下还有自卫、教育、经济建设、调解、赈灾和军需供给、后勤等几个分委员会。分委员会通常由一名行政委员会委员负责，有二到四名辅助人员。同时，中共在华中地区也对乡的规模进行了缩小。[②]

各方都认识到村政的重要性，也有相应施策，但最终的效果却有较大差异，原因何在？实践证明，只是换人和增加干部不一定就能发挥作用。1938年3月开始，晋察冀边区8000多个村进行了村长民选，但选出的村政领导人保留了编村及闾邻长制等旧村政的浓厚残余，不少村政仍为地主势力及地痞流氓所把持。如彭真所说，许多地方轰轰烈烈改选村长，不料新当选的还是土豪劣绅。中共随

① 参见待甫：《辽县实验县工作总结》（1940年10月），《太行党史资料汇编》第三卷，山西人民出版社1994年版，第718页。作者“待甫”为时任辽县县委书记杨待甫。

② 参见方毅：《安乐乡调查》（1943年12月），新四军和华中抗日根据地研究会编：《新四军和华中抗日根据地史料选》第7辑，上海人民出版社1983年版，第389—394页；《淮北区党委关于贯彻各级政权民主改造的指示》（1944年1月14日），豫皖苏鲁边区党史办公室、安徽省档案馆编：《淮北抗日根据地史料选辑》第2辑第2册，1985年内部发行，第146—147页。

后注意候选人的阶级成分，发现仍然防不住这些土豪劣绅——他们以各种办法收买控制新当选者。这使中共认识到，政权彻底改革的先决条件是“破坏和打碎现成的国家机器”，并非简单撤换或改选一两个政权工作人员便可奏效。也正因为如此，根据地政权改革虽然采取和平方针，但如彭真所说斗争仍然是“异常剧烈的”。[①]

关于根据地农村，时人有这样的描述：地主、恶霸、特务、汉奸和得势的富农等村中封建集团势力长期把持政权，即使表面上村政是选举或轮流当值，但实际操纵的仍是他们。这些人还掌握了社、祠堂、学田管理等组织的领导权，相关公产归他们控制。他们凭借这些权力转嫁负担，讹诈群众。[②]中共与这种根深蒂固、盘根错节的旧有势力的斗争屡经反复。八路军进入时，他们被迫低头。随着对统一战线和保障人权的强调，这些人又趁机抬头。国民党方面不甘心失去对局面的掌控，也以各种方式与中共展开争夺，其中包括给被中共打击的这些人撑腰。加上日军频繁“扫荡”，根据地较长时间处于动荡之中，类似太行这样处在战争前沿的根据地尤甚。“变天”情绪在一般民众观念里挥之不去，“中央军要来”的传言不时升腾。不仅如此，对于许多处在当地社会关系中的民众而言，他们早已接受这些延续已久的局面，并不认为有改变的必要。这些都对中共政权的正常有效运行构成挑战。日军“扫荡”时，八路军及地方主力常常不得不转移，失去武装力量支撑的根据地政权如何自存，也是一大考验。

为此，在晋冀豫、晋察冀、山东以及华中这样处在与日军斗争前沿地带的根据地，不得不一再发起群众运动，通过斗争的方式反

---

① 参见彭真：《关于晋察冀边区党的工作和具体政策报告》，第 26、58 页。

② 《新区的社会情况》（1946 年 9 月），中共山西省委党史研究室、山西省档案馆编：《太行革命根据地土地问题资料选编》，1983 年内部发行，第 108 页。

复冲击乡村原有的权势体系，以明确阶级对立，坚定群众跟共产党走的信心。由于统一战线的约束，斗争还必须讲分寸、有节制，既打又拉。时人分析："彻底消灭封建不只是要有一个具有革命规模的大斗——大斗达到了基本消灭，且必须是接二连三的，三次五次反复清查，和反复发动群众……必须是在大斗与反复清查中继续发动群众，把群众一批批一层层发动起来……"[①]

政权改造和民众军事化相辅而行是全面抗战时期中共政权建设的一个重要经验。为维护根据地的秩序，晋察冀边区先是普遍组织人民自卫队，但发现这样还不够，于是在各级政府增设公安局，用以清查户口、清除汉奸、警卫治安。晋察冀边区的经验通过中央指示向其他根据地传播。随着日军一轮又一轮的残酷"扫荡"，根据地被严重压缩。1941 年 11 月，中央军委指示各地把"人民武装"（不脱离生产的自卫队及民兵）作为与主力军、地方军并列的根据地三大军事机构加强建设，并要求为自卫队和民兵提供武器。[②] 按照要求，从边区到县、区、村迅速增设各级人民武装抗日自卫委员会（即"武委会"），显著加强了自卫队和民兵的实际作用，乡村社会军事化程度进一步加深。民兵在村中的重要性愈发凸显。太行根据地武委会负责人曾表示，民兵在斗争中除积极地参加到各群众抗战组织中去起骨干作用，还应当肩负起保卫斗争的任务，给群众撑腰，监视镇压破坏分子，向群众表明在任何情况下都会坚决保卫群众利益，解除群众怕对方打黑枪和报复的顾虑。[③] 可见，群众武

① 王谦：《土地改革与群众运动的总结》（1947 年），中共山西省委党史研究室、山西省档案馆编：《太行革命根据地土地问题资料选编》，第 269 页。

② 参见《中央军委关于抗日根据地军事建设的指示》（1941 年 11 月 7 日），总参谋部动员部编研室编：《人民武装工作文件资料选编（四）》，第 221 页。

③ 参见杨殿魁：《一九四二年人民武装政治工作几个问题总结》，太行区武委会：《抗日战争时期人民武装建设材料辑存》第 1 集，1947 年 5 月 20 日，第 154 页。

装从上到下的建立，一方面在兵役、战勤等方面有利于对敌军事斗争，另一方面对保卫和支撑根据地抗日政权具有极重要的意义。

处在战争乱局中，根据地政权的“斗争”属性必然时有显露，与日军、伪政权、国民党、旧有势力的斗争无处不在、无时不有，但并不能因此忽视根据地政权的建设职能。用刘少奇的话说，根据地“总的方针是建设，破坏也是为了建设”[①]。各根据地以《中国共产党抗日救国十大纲领》为蓝本制定了各自区域的、明显有别于国民党统治区的政策，施行了大量善政，如保障群众人权、财产权等基本权利，减租减息减轻农民负担，改革税制实行合理负担，组织生产运动，赈济灾荒，发展经济贸易，改善教育、医疗、卫生，建设廉洁政府，等等。这些举措显著提高了根据地社会的发展水准，广大群众因此受益。在苦难普遍深重的战争岁月，在长期被忽视的落后地区，中共的政权建设能取得这些进步甚为不易，而这些看得见的利益也正是中共获得群众拥护的最重要基础。

在北方局的直接领导和一二九师的帮助下，冀豫晋省委逐渐站稳脚跟，并较快具备独当一面的领导能力，而冀太联办及晋冀鲁豫边区政府的成立则实现了行政权的确立和统一。由此，中共在抗战期间成功建立了一个上下贯通、党政军民密切协作的多层级多维度的政权体系。对应抗战的双重目标——“驱逐日本帝国主义，建立自由平等的新中国”[②]，这个政权一方面需要尽可能地高效有力，以便进行人财物动员；另一方面着力于按照中共的政治理念建设一个“新社会”。省委（区委）和边区政府作为区域两大党、政核心的形成和成功运行，意味着地跨晋冀鲁豫四省的边区正在成为中共可以

① 刘少奇:《对中央妇委同志的讲话》(1945年4月),《刘少奇选集》(上卷)，第310页。

② 毛泽东:《论持久战》,《毛泽东选集》第2卷，人民出版社1991年版，第481页。

依凭的根据地。抗战期间，人力物力资源并不富裕的根据地提供了大量兵员和不计其数的物资，支撑中共渡过一个又一个难关，坚守根据地直至抗战胜利。很难想象，若无一个得力的政权，如何能完成这样的任务；若无一个坚强有力的政权体系，牵涉甚广、极其繁杂的“全民皆兵”的局面如何能够实现。

第三章
军区制与群众武装体制

太原失陷后不久，山西大半沦陷，原本难测的局势反倒明朗起来——八路军将成为山西游击抗战的主体。历经数月，留在山西的八路军主力部队不仅抵挡住了日军的进攻，甚至在敌后显著发展。如论者所言，这进一步证明了向敌后发展战略的正确性和八路军主力部队在敌后长期坚持的可能性。[①]也正是经过几番交手，日军发现原本被忽视的八路军“意外”地打断了此前进展顺利的进击计划，遂决意“肃正讨伐”。随着八路军全面分兵发动群众，日军不得不被动适应，双方的斗争和较量也由此进入到一个新的阶段。

一、日军“肃正作战”与根据地军区制度确立

（一）日军的“肃正作战”

八路军及国民党军沿正太、邯长路开展破袭战，粉碎日军对晋东南地区的“九路围攻”，这给日军造成极大不安，使其不得不承认：“在第一军地区，有力的中国军退入山西省内的山地，会同原来盘踞该地的共军，扰乱我占领地区，其威势已不容忽视。第一军从（1938 年）3 月中旬至 4 月下旬之间，在占领地区内进行肃正讨伐，

① 杨奎松：《抗战时期中国共产党对日军事战略方针的演变》，《历史研究》1995 年第 4 期。

虽予敌以一定的打击，但未能达到预期目的，特别是对五台山及潞安北方的共军，未能进行讨伐。”[①]

正是在这样的背景下，日军大本营于1938年秋制定了华北作战基本原则，命令华北方面军确保所占领地区的安定。为执行这一命令，日军华北方面军制定了以确保安定为最高准则的“肃正作战”计划。华北方面军认为以武力为中心的“讨伐肃正”是保证实现安定的首要条件，因而治安建设的根本方针在于显示“皇军的绝对威力”。[②]日军的计划是通过讨伐作战，全部摧毁中共根据地，同时高度分散部署兵力，依靠这些分散的据点对八路军等进行反复讨伐，直至消灭或赶走。[③]当时日军在华北占领区限于重要城市及铁路沿线，因兵力不足，这项计划未能立即实施。直到武汉作战结束后，日军部分兵力回调华北，“肃正”计划始得逐渐具体化。

根据日军“1939年度治安肃正计划”，日军华北方面军第一军、第十二军、驻蒙军从年初开始陆续展开了对华北多地的进攻。1939年7月初开始，日军调集十三四万兵力，对晋冀豫区实行第二次“九路围攻”。战役初期，晋东南20余座县城相继失陷。虽然八路军在当地群众的配合下，经过两个月的激烈战斗，克复半数以上失陷的县城，但日军经由此役打通了白晋公路和邯长公路。白晋公路由祁县白圭镇至晋城，纵贯晋东南，日军随即开始修筑白晋铁路，沿途驻扎重兵，晋东南被分割成东西两部。同时，日军还占领了邯长公路（邯郸到长治），太行区又被分割为南北两块。此时，

---

① 日本防卫厅战史室编：《华北治安战》（上），天津市政协编译组译，第73页。
② 同上书，第108页。
③ 同上书，第109页。

日军在太行区的兵力亦达到了历史顶峰，超过八万人。[1]由此，晋冀豫区被日军以白晋路和邯长路成“十”字分为四部分：白晋路以东，邯长路以北太北区；白晋路以东、邯长路以南的太南区；白晋路以西、中条山以北的太岳区；中条山以南的晋豫区。在这两条交通要道沿线，日军开始大量构筑碉堡，并辅以封锁沟、封锁墙，对尚未巩固的根据地形成了以铁路为柱、以公路为链条、以碉堡为锁的分割包围。

此时，共产党和八路军面临的不利因素还不止日军的围攻与封锁。随着抗战进入相持阶段，在长期抗战的困难面前，一些人对抗战前途发生了动摇，汪精卫公开投敌，国共抗战统一战线的态势也在发生变化。1939 年 1 月国民党五届五中全会确定了“溶共、防共、限共、反共”方针，并秘密通过了《防制异党活动办法》。阎锡山随后在秋林镇召开了师长及独立旅长以上军官、各区专员及保安司令以上行政区干部、公道团主要领导干部、牺盟会各中心区及部分县特派员等参加的军政民高级干部会议（史称“秋林会议”），会议的中心议题是“取消新军政治委员制度，文官不能兼任军职”，会议还讨论了取消战地动员委员会、限制牺盟活动、缩小牺盟专员权限等相关内容。由于新军政治委员、文官以及牺盟专员等多为共产党员，因此秋林会议实际上将矛头对准了中共。因薄一波等人的抗争，秋林会议虽然没有就以上问题形成决议，但阎锡山由联共抗日到开始反共的转变已昭然若揭。一时间，对外妥协、对内积极反共的乌云笼罩山西抗战。

1939 年 11 月，在与日军达成秘密协定后，阎锡山部开始有计

---

① 《五年来对敌斗争的概略总结与今后对敌斗争的方针——一九四三年一月二十六日邓小平同志在太行分局高干会议上的报告》，《战斗》增刊第 15 期，1943 年 3 月 15 日，第 18 页。

划进攻新军，拥阎抗日的局面破裂。在根据地被日军分割包围，加之与阎锡山的统一战线严重倒退的形势下，扩充八路军壮大自身，成了当务之急。1940 年 1 月，中共中央致电各分局，指出“时局的发展充分证明，只有广大发展革命武装力量以与全国工作相配合，才能制止投降与反共，才能巩固统一战线，才能争取时局好转”，因而要求各分局“严重注意此事”，要“把发展武装力量作为一切工作的中心”。[①] 在这次电报中，尽管中央认为相较山东等地，山西并不是现时能发展武装的地区，但为应对妥协与反共的高潮，晋冀豫区的八路军亦尽可能地进行了扩充。此时扩充八路军的一个有利基础是此前各地所编建的游击队。1939 年 11 月太北军政委员会[②]决定每县编制一个大队，三四个连，每区编一个中队，一个或半个连，每村成立游击小组。[③] 当时情况下扩充的八路军大部来源于此，游击队改编为正规军，在扩补上起了不小作用，但“连根拔”的隐患也就此留下。[④]

经过 1939 年的“肃正作战”，日军在晋东南扩大了占领区，但日军也注意到八路军力量在迅速发展壮大，称“如不及早采取对

① 《集中一切力量为发展武装建立根据地而斗争》（1940 年 1 月 28 日），《毛泽东军事文集》（第二卷），第 509 页。

② 为了适应形势，加强对被分割区党政军的领导，中共中央北方局请示中共中央同意，于 8 月初决定将统一的太行军政委员会分为太北、太南、晋东南军政委员会。之后北方局根据中央指示将晋冀豫区正式分为四个区域，成立四个区党委：晋冀豫区党委、太南区党委、太岳区党委和晋豫区党委。1940 年 3 月，为统一对原晋冀豫广大地区党政军的领导，中共中央决定撤销太南、晋东南军政委员会，太北军政委员会改名太行军政委员会（邓小平任书记），统一领导冀南和原晋冀豫区的工作。

③ 《邓小平在太北军政委员会扩大会上的报告》（1939 年 11 月 3 日），山西省档案馆编：《太行党史资料汇编》（第二卷），山西人民出版社 1989 年版，第 693—694 页。

④ 参见宋冠英：《二分武人民武装建设的经验总结》（1946 年 7 月 15 日），革命历史档案 55-122，黎城县档案馆藏。黎城县档案馆革命历史档案编号规则是：全宗号-案卷号。

策，华北将成为中共天下”[①]，因此日军华北方面军决定接下来的讨伐重点全面指向八路军。1940 年日军“肃正”计划的要点是将政治上、经济上处于重要地位的“模范区”，与铁路、水路沿线的“延长治安区”连结贯通，以逐步扩大占领区域。作为实施这个计划的一部分，1940 年 4 月日军向白晋路增兵，企图加快修筑白晋铁路。日军计划中的白晋铁路北从山西太谷城西的白圭镇起，在白圭镇和同蒲路相接，途中经东观、沁县、襄垣、长治到晋城，与此前即被其控制的白晋公路大致同线。据刘伯承分析，日军此举是“想用现代装备的优势兵力，持久连续地‘扫荡’我基本的晋东南抗日根据地。但如果没有筑成晋东南中心骨干的白晋铁路，那末大军深入腹地的灵敏移动，及其日需弹药、汽油、粮秣之类源源接济是不可能的。”[②]

正是认识到铁路对于现代装备的军队作战的特殊重要性，八路军由此决定破击白晋铁路。白晋战役从 5 月 5 日夜开始发动进攻，经 6 日白天和 6 日晚的战斗，将日军经营了一年多的白晋铁路彻底破坏了 50 余公里，毁大小桥梁 50 余座，炸毁火车 1 列，歼敌 350 余人，解救了 1000 余名修路工人，夺取和烧毁了敌人兵站储存的大批军用物资。[③]

由于民众在这次破击战中发挥了突出作用，在战后的总结中，刘伯承指出：“民众是粉碎敌人囚笼政策的主要力量。这需要野战军民运人员、分区地方武装科协同地方机关适时动员，特别要运用自卫队组织严密，指导其行动，并妥为掩护之。这就要求自卫队在家

① 日本防卫厅战史室编：《华北治安战》（上），天津市政协编译组译，第 223 页。

② 刘伯承：《白晋铁路大破击的战术总结》（1940 年 5 月 20 日），《刘伯承军事文选》，解放军出版社 1992 年版，第 144 页。

③ 参见《李雪峰回忆录》（上），第 150 页。

训练时，经常作协同军队破坏铁路、公路及防空的演习。”[①] 刘伯承此番强调在战争中要发挥民众和自卫队的作用，正是此前在中共中央北方局黎城会议上的报告之承续。

在黎城会议关于党军建设的报告中，刘伯承比较了世界上几种民兵制度（日德干队组成、瑞士民兵组成、苏联混合组成），指出太行根据地的是“民兵系统”——县的武装及其武装科组织一直到编村的组织。并指出这些武装不管是全武装，还是半武装，在游击战争中都有以下任务：游击，破路拆堡，空舍清野，戒严；掩护和配合基干军队作战；锄奸，肃清敌探；民运工作，支持政权；兵员补充；侦察情报；敌伪工作。[②] 对于以上诸项任务，刘伯承指出不脱离生产的游击小组是主要承担者。通过分析这几项任务，可以发现，与以往对游击队主要赋予补充主力的使命不同的是，黎城会议对群众武装还提出了配合作战、战勤支持、锄奸等方面的要求，也就是民众被要求以各种方式对抗战进行更为直接的支持。这种变化正是因应日军大规模、多点“肃正作战”而生，不过这种新要求的出现有一个过程。

早在1938年第一次反日军对晋东南的“九路围攻”中，党组织在领导上就发现“政权不能支持战争”[③]，军队作战实际上处于孤立状态，不能得到群众的有效配合。针对战争中暴露的这一弱点，各地迅速开展行动，一个主要做法是发动群众和改造村政权。之所以聚焦村政权，是因为此前县级政权已通过多种方式进行改造，实现了共产党的掌握，而与民众最紧密相关的村级政权则尚未来得及

① 《白晋铁路大破击的战术总结》（1940年5月20日），《刘伯承军事文选》，第152页。

② 《刘伯承在中共中央北方局黎城会议上的报告》（1940年4月21日），山西省档案馆编：《太行党史资料汇编》（第三卷），山西人民出版社1994年版，第235—236页。

③ 中共榆社县委：《榆社干部研究》（1944年11月），革命历史档案1-1.1-2，榆社县档案馆藏。榆社县档案馆革命历史档案编号规则是：全宗号-目录号-案卷号。

改造。以辽县为例，“九路围攻”结束后，党组织即抓紧“红五月”进行工作突击，主要进行了以下工作：给群众解决实际问题，召开第二次农民代表大会，布置减租减息，5月底召开全县检阅大会，组织自卫队、儿童团。此外，还先后在各大小村庄发动了反贪污、反摊派的斗争，村政权因此得以改造，党的组织也在这一浪潮中更加扩大。之后又抓紧村干部训练工作，每半月为一期，每期50—100人，坚持进行达半年多。县委用了一半以上的力量来进行干部训练工作，培养与提拔了一大批干部，奠定了各村工作的初步基础。[①] 榆社县也进行了类似的工作，把一部分党员与积极分子从游击队中调出来，用自上而下的方式配备了政权干部。[②]

1939年1月，日军进攻和顺、辽县，在这次战斗中，辽县群众表现出较大的组织力量来支持八路军作战，在战后的总结中被认为是“军、政、民三位一体，取得了有机的配合”。[③] 不过，关于这次战斗的总结也指出了“地方武装与部队的联系配合不够”。由于这次和辽战斗持续时间较短（约十天），规模也不大，这种配合上的不够并未造成严重后果，也未引起严重注意，但既然已经指出了这种配合的不够，表明在新形势下的战争中正规军越来越迫切需要地方武装的协助。

在第二次“九路围攻”及进入1940年以后，随着日军占领“点”的增多、“线”的延长及“面”的扩大，根据地的生存空间日

① 晋冀豫区委：《辽县调查》（1942年5月），革命历史档案1.1-004-3，左权县档案馆藏。左权县革命历史档案的编号规则有两种：一种是类目号-案卷号-件号（部分有），如本处；一种是类目号-袋号。

② 中共榆社县委：《榆社干部研究》（1944年11月），革命历史档案1-1.1-2，榆社县档案馆藏。

③ 陶希晋：《和辽战斗的经验教训》（1939年），山西省档案馆编：《太行党史资料汇编》（第二卷），第64页。

益被挤压。在日益频密的接触中，八路军部队明显感受到了日军这种“堡垒推进”所造成的巨大压力。据彭德怀回忆，从 1940 年 3 月前后至 7 月，华北抗日根据地大片土地迅速变为游击区，大破袭战（指百团大战）之前，只剩下太行山的平顺和晋西北的偏关两个县城。[①] 对于侵占的地区，日军扶持了大量伪军助其维持占领，以便腾出力量进一步挤压根据地。太行区伪军鼎盛时期超过六万人，主要便是从这个阶段开始扩充起来的。[②]

（二）军区制的确立

面对日军凌厉的进攻态势，为了保卫根据地，八路军要尽最大可能发挥出根据地内军民的力量，军区制应运而生，其目标正是实现“全民皆兵”。

在中共中央北方局黎城会议上，刘伯承提出了关于军区的问题，认为军区是“整个把人民变为军队的问题”。[③] 刘伯承认为，军区不止是正规军的军事行政机关，还要起到积蓄武力使用武力的作用。换言之，即在军区内要在一定程度上实现“全民皆兵”。在组织体系上，军区、军分区组织通过设置一直贯彻到各县的武装科来实现，而县的武装及其武装科组织则一直要到编村一级。从军区到编村的组织体系实际上是要以军事化的方式实现最大限度组织抗战力量，让全体民众对抗战负责、为抗战作出贡献。实际上，在军区体系之前，已经存在从晋冀豫区到分区到县到区再到编村的五级政

① 参见《彭德怀自传》，解放军文艺出版社 2002 年版，第 244 页。

② 参见《五年来对敌斗争的概略总结与今后对敌斗争的方针——一九四三年一月二十六日邓小平同志在太行分局高干会议上的报告》，《战斗》增刊第 15 期，1943 年 3 月 15 日，第 20—21 页。

③ 参见《刘伯承在中共中央北方局黎城会议上的报告》（1940 年 4 月 21 日），山西省档案馆编：《太行党史资料汇编》（第三卷），山西人民出版社 1994 年版，第 234—235 页。

权体系，之所以在此基础上再叠加一个主导武装工作组织体系，正体现了战争形势对进一步动员和组织自民众的迫切需要。

1940 年 6 月，根据中共中央北方局黎城会议有关建军的决定，撤销晋冀豫军区，分别成立太行军区和太岳军区。太行军区（对外称子弟兵太行纵队）由八路军第一二九师师部兼军区机关（1943 年 10 月分开），刘伯承兼任司令员，邓小平兼任政治委员，王树声任副司令员，李达兼任参谋长，蔡树藩兼任政治部主任，黄镇兼任政治部副主任，下辖 5 个军分区及新编第 1 旅、第 10 旅、第 11 旅。

太行军区成立后，为明确其组织及工作方针，太行军政委员会①随后制定了《太行军区的组织及其工作纲要》。该纲要规定，为加强地方正规军、游击队、自卫队的军政教育，培养战斗力与野战军密切协同并适应兵员补充，特以师的、旅的首长分别兼任军区、军分区的首长，原来军区、军分区的首长为副首长，但军区与野战军的组织工作必须划分清楚，以便在野战军调离此地区时军区一切武装组织不致牵连混乱。②依据该纲要，地方军队的正规团、独立营、游击队和补充部队及各军分区教导队等皆属于军区脱离生产之武装组织，而一般自卫队、基干自卫队、青抗先③等则属于不脱离生产的武装组织。

通过这个纲要，在设立军区后，根据地的武装架构中出现了野

① 太行军政委员会于 1940 年 4 月 11 日在中共中央北方局黎城会议上宣布成立，由邓小平担任书记，以统一太行、太岳、冀南三区的领导。

② 参见太行军政委员会:《太行军区的组织及其工作纲要》(1940 年 7 月 9 日)，中共太行区党委:《太行党六年来文件选辑》(下册)，1943 年 11 月 20 日，第 172 页。又参见山西省档案馆编:《太行党史资料汇编》(第三卷)，第 455 页。

③ “青抗先”(青年抗日先锋队)是根据地半武装的青年组织，队员以青年农民为主，平时不脱离生产，在敌“扫荡”时或配合正规军作战，或单独袭击敌人，或担负后方勤务。青抗先为人民武装组成部分，接受武委会领导。参见苗心:《青抗先是什么》,《解放日报》1941 年 11 月 17 日，第四版。

战军队、地方武装与民兵自卫队三种性质功能不同而又密切关联的武装组织：原八路军的师旅因移动作战的需要成为野战军，而军区内的地方正规军、独立营、游击队则结合成为地方武装，民兵（基干自卫队和青抗先）和自卫队成为群众性半武装组织。军区的这些武装组织不仅构成了野战军的源泉和作战助手，还成了军区内的党政机关与群众团体的依托。基于此，野战军的战略机动有了实现的可能。地方武装和野战军的结合使根据地内的军民实现了“血肉相连”的结合，这种军民结合的体系也被称为“子弟兵制”[①]。

党政军民通过军区融为一体，事实上由一二九师直接整合和领导军民抗战，不仅使军区内处处有抗战力量，也使抗战实力大为提升。这样的设计正是为了能够有效应对处处是战场的残酷复杂的形势。同时，军区的设置为野战兵员补充、休整、作战都提供了坚实依托。

1940 年 8 月 1 日，新近成立的太行军区召开干部扩大会议（简称“八一军区会议”）。会议通过的决定再次点明军区是“坚持敌后抗战、建立与巩固抗日民主根据地的有力支柱”，没有这样的军事领导指挥组织，发动民众武装力量、坚持敌后抗战、广泛开展游击战争都是困难的，正规军队发挥作用也会受到限制。一些部队老在一个地方不能动就是因为没有群众武装，一离开就没有队伍来保

① “子弟兵”一词由聂荣臻率先使用。1939 年底，晋察冀军区冬季反“扫荡”战役取得胜利，社会各界发来大量祝贺函电，盛赞聂荣臻将军指挥有方，屡建奇功。聂荣臻在《抗敌报》上复信指出，晋察冀成为敌后抗战的坚固长城，是“全边区父老和子弟兵的血肉所创造出来的”。晋察冀军区创办的《抗敌三日刊》，也改名为《子弟兵》，“子弟兵”这个称呼因此被叫响并广为流传。根据中共中央北方局黎城会议的决定，凡直属一二九师编制的为野战军队，隶属于军区范围的为地方军队，野战军队和地方军队都是正规军。各区、村之武装，都叫游击队。野战军、地方军与游击队统称“子弟兵”。参见《刘伯承在中共中央北方局黎城会议上的报告》（1940 年 4 月 21 日），山西省档案馆编：《太行党史资料汇编》（第三卷），第 234 页。

证政权。[①] 会议决定再次明确了军区的作用，一方面是有计划发动民众参战，另一方面是建立正规军补充的源泉。决定也再次解释了为何在原有党政体系中再组建军区、军分区组织，这是因为没有军区体制虽然也可以扩补队伍，组织民众打游击，但由于领导指挥上的不统一，工作常常表现紊乱，也不够坚强有力，发挥到游击战争中去的力量大大减弱。关于军区的组织领导问题，这次会议明确军分区的武装属于地方军，军分区政治部下设武装动员科，专门负责训练民众和动员民兵参加正规军。

1941 年 4 月 15 日，一二九师与太行军区联合发布有关军分区建立野战军队管区的指示，规定太行军区所属五个军分区分别隶属师和各旅管辖：第一军分区为三八六旅管区；第二军分区为新十旅管区；第三军分区为三八五旅管区；第四军分区为新一旅管区；第五军分区为师直属管区。野战军队与军分区工作关系也进一步明确：1. 军分区的组织与工作及一切行政系统完全直属于太行军区，只是野战军旅首长在所到军分区作战时指挥该军分区行动，以资配合作战。2. 野战军队对于相关军分区负有帮助分区武装建设、指导游击作战之责。3. 野战军的团应与军分区各县取联系制度。4. 各野战军军队在相关军分区帮助补充工作，建立补充营。5. 各野战军队在相关军分区得安置后方机关与进行生产事业，各军分区必须给以多方帮助。[②]

一二九师各部与军分区的结合，则从组织上进一步落实了军区

① 参见《关于军分区会议的决定》(1940 年)，山西省档案馆编:《太行党史资料汇编》(第三卷)，第 468 页。原文形成单位、形成时间不详，《太行党史资料汇编》的编选者根据内容作了以上编排。根据文件内容，该件形成于 1940 年无疑义，所涉地域为太行区也可以确定，根据这两项信息，再加上前后史实，基本可以判定这个决定是 1940 年 8 月 1 日太行军区干部扩大会议上所形成的。

② 军事科学院《刘伯承年谱》编写组编:《刘伯承年谱》(上卷)，第 328 页。

制的设计，军分区也因此被赋予了独当一面的使命。有了正规军作支撑，在严酷的斗争中，原本容易垮台的政权体系自然更加有力。而这种旅对应管区的细分做法既与行政区划相匹配，也适应根据地被敌分割的状况，形成了每个分区都有正规军主力部队作为核心、几个核心又统合于太行军区的独立负责而又互相支持的局面。

虽然邓小平在之前曾强调“保证党在武装中的绝对领导”是“极其重要的”，因此要求“把一切地方武装置于地方党的政治领导与监督之下”。[①] 但规定军分区为旅的管区在中共的组织体系中是个不同寻常的重大举措，因为这样在实际中极易变成军队主导，而党政处于从属的局面，这显然不符合党的组织原则。坚持党的领导是中共创立以来一以贯之的组织路线，即便在抗战之初，不得不在八路军的主导下建立党组织的情况下，中共党组织仍强调“各地方党的工作人员与八路军在游击区活动时，要以共产党的面目在群众中出现，不要使群众只见八路军不见党。”[②] 因此，这种做法当是战时特殊情况下的一种变通。

（三）民兵编制

军区（军分区）的一个重要职能是统一组织地方部队和民兵，这也是组建军区、军分区的重要原因。当时日本方面推行“以华制华”的策略，大肆吸收中国人力，一方面补其兵力之不足，一方面用于发展其经济。更严重的是，日军训练这些人，然后让其充当傀儡，以辅助侵略统治。前述军分区会议决定称，当时日寇在沦陷区

① 《邓小平在太行军区第二次武装干部扩大会议上的讲话——军区建设诸问题》（1941 年 2 月 1 日），山西省档案馆编：《太行党史资料汇编》（第四卷），山西人民出版社 1994 年版，第 107 页。

② 《中共北方局指示》（1937 年 10 月 27 日），山西省档案馆编：《太行党史资料汇编》（第一卷），第 14 页。

强拉青年壮丁是一种普遍现象，仅山东一地在 1939 年 3 月至 12 月即向关外输出壮丁 24 万。[①] 山西等地由于游击战争的关系，日军尚无条件进行这项工作，但也已经开始了相关行动。日军在 1939 年度第三期“肃正”计划中已经着手部署“匪民分离”的工作。[②]1938 年 6 月即成立的山西新民会也开始加强在各地的活动。单为应对日军的“抢人”，也必须抢在日本人前面普遍地把群众组织起来、武装起来。

除了与日军争夺群众，普遍地武装群众另一个目的是应对日军的不断进攻。随着日军“扫荡”增加，实力对比不占优的八路军部队常常不得不退避。军队一退，已经对军队形成依赖的老百姓就惶恐万状。这样一来，不仅已经建立的政权无法保证，还会招致民众的指责，并影响共产党与八路军的威信。

军分区会议认为，类似这种情况的出现是因为没有将群众组织武装起来，只有在军分区建立起统一的民兵制度才能解决这个问题。因此会议决定在乡村普遍组织民兵，具体架构为：首先是少先队，14 岁到 17 岁，以村为单位，大的村成立一中队，小的村设一分队，暂不设上级组织；其次是青抗先，从 17 岁到 23 岁，编制要大，大村为一大队，每闾一分队；再其次是基干自卫队，从 20 岁到 35 岁，编制中等，比青抗先要小，比警备队要大；最后是警备队，从 35 岁到 40 岁，不行动，专门守路放哨，每村一分队。[③] 这

---

① 另据彭德怀 1941 年 11 月在中共中央北方局扩大会议上的报告，1937 年壮丁出关者有 323,689 人，1938 年有 501,686 人，1939 年有 954,882,1940 年有 1,200,000 人，四年共计 2,980,257 人。参见彭德怀:《敌寇治安强化运动下的阴谋与我们的基本任务》(1941 年 11 月 1 日)，山西省档案馆编:《太行党史资料汇编》(第四卷)，第 892 页。

② 日本防卫厅战史室编:《华北治安战》(上)，天津市政协编译组译，第 141 页。

③ 参见《关于军分区会议的决定》(1940 年)，山西省档案馆编:《太行党史资料汇编》(第三卷)，第 471—472 页。

些都是不脱离生产、半军事性的组织，成员皆为民兵。[①]这些组织各自独立，但统一在武装动员科之下。

这种按年龄从少先队到警备队的民兵编制，相比之前就存在的自卫队有明显的不同。早在 1937 年 12 月，刘伯承所倡议的自卫队的编制方式是城镇乡村 16 岁至 40 岁男女（妇女另编妇女组，未满 16 岁儿童另编儿童组）依其所在地区进行组编，自卫队中的优秀分子将被选拔出来组成编村的模范队。[②]军区设立之后，太行军政委员会所规定的自卫队的组编方式与刘伯承的主张大体相似：凡年在 16 岁以上至 50 岁以下的男子和 20 岁至 40 岁之妇女均一律编为一般自卫队。[③]相比自卫队较为笼统的组编方式，民兵的组编则按年龄组编成几种不同的队伍，并明确各自的使命。民兵的这种分类、分级的组编方式在理论上显然比之前笼统的自卫队更有力量，也更能适应抗战的需要。

需要特别提到的是，军区制是八路军在抗战中对相关历史经验创造性的运用。对于抗日根据地的军区制度，朱德评价甚高："这种制度是八路军与敌后民众结成血肉相连的最能坚持作战的一种最优

① 民兵的涵盖范围在后来略有变化，一般情况下不包括这里提到的少先队和警备队，并且在实践中一般未设"警备队"这种组织。总体而言，"不脱离生产、半军事性"是民兵的核心特征，其区别于营兵，也区别于一般的自卫队，但包括青抗先和基干自卫队。后文所涉民兵如无特殊说明即主要指这两个部分。

② 参见刘伯承：《抗日自卫队三个基本任务》（1937 年 12 月 7 日），《刘伯承军事文选》，第 60 页。这是刘伯承的演讲稿，与同为演讲稿的《抗日游击队四个基本任务》（1937 年 11 月 28 日）等一起汇编成册，作为部队的教材。

③ 参见太行军政委员会：《太行军区的组织及其工作纲要》（1940 年 7 月 9 日），中共太行区党委：《太行党六年来文件选辑》（下册），1943 年 11 月 20 日，第 175 页。据《王树声军事文选》，太行军区于 1940 年 8 月上旬召开全区地方武装干部扩大会议，并于 8 月 7 日通过《太行纵队地方武装扩大干部会议决议》，该决议的五个方面内容正与《太行军区的组织及其工作纲要》吻合。参见《王树声军事文选》，军事科学出版社 2000 年版，第 26 页，注释 1。

良的军事组织。他动员组织与训练了广大民众，给予战争输送了大批优秀壮年人、青年人参加军队的组织与领导了广泛游击战争的开展；他又作了野战军的后方；他对敌后华北抗战胜利的坚持是贡献了极大的成绩。”①

二、军区建设的落实与调整

（一）先造干部

如前所述，在军区的地方武装体系中，民兵是军民结合的关键部分——下连群众，上接正规军。为此，八一军区会议提出了“建立坚强的民兵，保卫太行山抗日根据地，保卫家乡”②的口号。根据这次会议精神，太行军区就地方武装工作由刘伯承、邓小平与王树声联名发出指示，正式提出把建立统一的民兵制度作为根据地党政军民共同的中心工作，并指出任何不协调、不团结的现象都等于破坏民兵制度。为健全对民兵工作的领导，该指示要求建立各级动员武装的部门，其中特别应抓紧县武装科、区军事助理员的组建和配备。

中共开展许多工作一般都需要先“造”干部。对于快速建立民兵制度而言，大批地培养训练民兵干部更是具有决定性的意义，因此该指示提出了三点要求：一、各地要大胆地提拔地方上有威信的群众领袖、优秀党员与积极群众担任地方武装组织的干部；二、各分区教导队马上调训各县区基点村自卫队干部，轮流不断地训练；

① 《朱德等关于健全军区工作的指示》（1940 年 12 月 1 日），《八路军·文献》，解放军出版社 1994 年版，第 592—594 页。

② 太行革命根据地史总编委会：《大事记述（1937—1949）》（太行革命根据地史料丛书之一），山西人民出版社 1991 年版，第 66 页。又参见《太行军区一九四〇年下半年民兵参战简单总结》（原件未标时间，据内容应为 1941 年初），太行区武委会：《抗日战争时期人民武装建设材料辑存》（第一集），1947 年，第 1 页。

三、军区在11月前后要开办一个较大规模的民兵干部训练队，各县应挑选各群众团体、自卫队干部与优秀党员准备来军区受训。[①]这里也可以看出，民兵干部的产生路径是先由各地提拔党员群众为武装组织的干部，然后由军分区训练，其中一部分更为重要的干部则由军区来培训。

或许是各地相关工作的进展并不符合预期，加之形势紧迫，太行军区在不久后对于民兵干部训练再次发出训令，要求各支队教导队尚未开办民兵干部训练队的必须于10月15日以前开办起来，本年内至少要轮训两期，每期一个月，每期受训学员应在120人以上；各县武装科的民兵干部轮训队在本年至少应训练六期，每期十天，每期学员50人以上。[②]按该指示要求，轮训队要以现行人民武装自卫队的组织形式而组织之，分队以下干部从学员中选任，并有计划派遣学员担任守卫、放哨等勤务，以此作为学员受训后领导民兵的实际模范。课程安排上，分为理论课与军事训练课，每天上课时间不超过三小时，其余时间着重与实际工作相联系，如到附近野战军训队及军事学校参观以及组织游击活动等。此外，每个学员都被要求学会使用武器，特别是射击和投弹。

虽然太行军区连番发出指示，并且对相关工作进行了详细具体的安排布置，但实际工作进展却远不尽如人意。1941年1月底至2月初，太行军区召开了第二次武装干部扩大会议，此时距八一军区会议已过去半年。时任太行军区专职副司令员王树声在会上总结民兵工作时指出："半年来我区民兵工作还没有打下初步的基础，除青

① 参见王树声：《关于目前地方武装组织中心工作的指示》（1940年8月），《王树声军事文选》，军事科学出版社2000年版，第23—25页。

② 刘伯承、邓小平、王树声：《子弟兵太行纵队训令——关于各支队各县举办民兵干部轮流训练队的指示》（1940年9月14日），太行区武委会编：《抗日战争中人民武装建设文件》（上册），太行群众书店印，1947年，第36—37页。

救会对青抗先真正进行了一些工作，获得部分成绩外，一般还没有引起大家的重视，不了解民兵建设在军区建设中的重要意义。”[①]因对于民兵工作有决定意义，军区一开始就把训练干部作为一项重要工作来推行。这一时期训练的班级以上干部3000余人，在数量上仅完成原计划的四分之一，在质量上也存在严重缺陷。受训学员的选拔未经过动员与审慎的考察，在训练组织上也是极其松懈，教育内容与方法不能切合实际工作需要，因此效力非常有限。

当时民兵组织从数量上看，青抗先、基干自卫队已各有万余人，但大部分未做过实际的工作。据晋东南青救总会的报告，晋东南大部分地区的青抗先组织是“经过政府武装系统过去一纸的编制之后改造过来的”[②]。根据黎城、邢台、临县、赞皇等23个县的统计，已经重新登记和宣誓入会的青救会员人数已达13831人。各县青救会虽然培养了360余个比较能够执行工作的村级青救干部，但工作弱点明显。如会员事前的教育工作做得不够，开展的工作没有和会员的实际生活联系起来，各县青救会很少能在登记宣誓之前进行一些真正使会员感到有趣味的工作然后再来登记的。因此，一般地区经过登记后作用并不大，部分地区是机械进行，“为登记而登记”，个别地区甚至进行了数次登记而不起作用。此外，会员的组织教育工作也不切实，教条化，会议太多，个别地区每月开会七次以上，成了会员的沉重负担。[③]

正是由于相关方面工作的不足，加之民兵对群众来说还是个新鲜事物，在没有充分认知的情况下，迫于压力群众只是被动地支应

① 《王树声在太行军区第二次武装干部扩大会议上关于军区工作报告提纲》（1941年1月31日），山西省档案馆编：《太行党史资料汇编》（第四卷），第67—68页。

② 石民：《晋东南青救总会四个月工作总结报告提纲》（1941年1月），山西省档案馆编：《太行党史资料汇编》（第四卷），第20页。

③ 同上书，第22—23页。

差事。群众对于民兵工作的误解具体表现在以下几个方面：（一）认为民兵起不了什么作用，如群众说“那样多的军队都打不了敌人，老百姓顶什么事”；（二）畏惧、怀疑，怕编军队。当时不少地区发生群众被要求参加青抗先后逃跑的事件，认为这是要编兵；（三）不了解组织民兵与自身的关系，因此把自卫队的工作当做“支差”，黎城有村自卫队集训以小孩子顶替，涉县某村竟以每人一升白面雇人参加自卫队检阅和受训。[①] 许多民兵虽然被登名编册，但并不愿意承认自己是民兵，更不愿意背枪。[②] 这些误解的存在严重影响了民兵的组建及作用的发挥，以至于在相当长的时间内，除极少数地区的民兵开始进行游击活动外，全区群众性游击战争迟迟没有开展起来，民兵的参战活动非常不普遍，更谈不上有计划有组织地领导民兵担负起所规定的参战任务。[③]

原本设计为县武装基干队的营兵的发展组织工作也表现出相当多的问题，被军区负责人认为是“数量与质量都非常差”。[④] 具体体现在数量上不能供应战争的需要，质量上党政工作非常薄弱。另外，在设立军区之前，营兵主要由县党政领导，改由军区、军分区直接统一领导后，一时与地方党政关系疏远，对其巩固和发展产生了明显的不利影响。因不少县份补充正规军的方式是改编游击队，甚至连根拔尽，以致许多县份独立营的力量比之前有明显削弱。

---

① 参见《王树声在太行军区第二次武装干部扩大会议上关于军区工作报告提纲》（1941 年 1 月 31 日），山西省档案馆编：《太行党史资料汇编》（第四卷），第 68 页。

② 参见杨殿魁：《一九四二年人民武装政治工作几个问题总结》（原件未标时间，据内容应为 1943 年初），太行区武委会：《抗日战争时期人民武装建设材料辑存》（第一集），第 180 页。

③ 参见《太行军区一九四〇年下半年民兵参战简单总结》（原件未标时间，据内容应为 1941 年初），太行区武委会：《抗日战争时期人民武装建设材料辑存》（第一集），第 5 页。

④ 参见《王树声在太行军区第二次武装干部扩大会议上关于军区工作报告提纲》（1941 年 1 月 31 日），山西省档案馆编：《太行党史资料汇编》（第四卷），第 66—67 页。

总体上，王树声认为1940年的太行军区工作“没有健强建立，因此没有起到他应起的作用”。[①]

八一军区会议后不久，八路军主动发起了以破袭正太路为中心的战斗。该战很快演变成“百团大战”，日军也由此开始以更大的力量针对中共和八路军。太行根据地随之进入了一个空前困难的阶段，但严重的危机对军区工作反倒形成了有力的促进。

发动“百团大战”的意图，在于打破日军通过重要交通线步步进逼的严重态势。[②]如彭德怀在1940年9月北方局高干会上所言：“在广大占领区内，如不迅速发展游击战争，争取群众，巩固敌后抗日基础，任听敌人安稳占领，则其‘以华制华’、‘以战养战’毒计可能成为事实，这会增加整个抗日战争的困难，使正面作战友军遭受过大的牺牲，相持阶段与胜利前途将不堪设想。”[③]从实际情况来看，百团大战给了日军以沉重打击，严重破坏了正太路，并且对全国抗战局面产生了积极的影响，基本达到战前所制定的目标。

按晋冀豫区党委的划分，百团大战可以分为三个阶段：8月20日开始到正太路被彻底破坏为第一阶段，八路军收复榆辽各重要据点为第二阶段，10月20日日军对太北连续三次“扫荡”与八路军反“扫荡”为第三阶段。[④]前两个阶段是八路军高歌猛进的阶段，

---

① 《太行军区一九四一年努力的方向》（1940年12月30日），《王树声军事文选》，第38页。

② 据聂荣臻称，在进行这次战役之前，八路军总部向中央报告过一个两面破袭正太铁路的作战计划。在当时，破袭正太路或平汉路，是经常性的动作，并不涉及大的战略问题，因此这个计划中央并未反对。但后来，随着调动的部队越来越多，作战规模越来越大，在对外宣传上采用了“百团大战”的说法。参见《聂荣臻回忆录》，第402页。

③ 《彭德怀在中共中央北方局九月高干会议上报告的摘录》（1940年9月25日），山西省档案馆编：《太行党史资料汇编》（第三卷），第667页。

④ 参见《中共晋冀豫区党委关于百团大战中地方工作的初步总结讨论提纲》（1940年11月20日），山西省档案馆编：《太行党史资料汇编》（第三卷），第767页。

第三阶段则是日军对八路军此次大规模破袭战的迅速反应。日军“扫荡”到来之快出乎八路军意料，因此当百团大战进入“扫荡”与反“扫荡”的阶段后，战争局势开始发生变化，八路军劣势逐渐显现出来，日军将根据地的许多后方变为前线。

据百团大战后的总结，第三阶段至少暴露出根据地以下几方面的问题：1. 群众游击战争不力，地方武装几乎完全不能执行其战时三个基本任务（袭扰敌人、武装侦察、抗日戒严）；2. 群众无论在思想上还是组织上全无准备，敌人到来后张慌溃乱；3. 空舍清野不彻底，存在严重的侥幸心理；4. 没有丝毫保卫工作的建设，对汉奸活动无有效应对。[①] 实际上，这些组建不久的游击队在百团大战中大部未见使用即行垮台，加上当时正规军扩充的巨大需求，县区的基干武装在百团大战后严重削弱。

更为不利的是，八路军在百团大战中所显示的实力引起了日军的严重关切。日方战史称，“遭受共军‘百团攻势’的日军，从各地的兵团直到各军、方面军，均由痛苦的经验中取得了宝贵的教训，改变了对共产党的认识，从而采取各项治安施策，使华北的治安肃正效果得到空前提高”[②]。为巩固华北，日军再次从华中抽调两个师团增援华北，以期彻底整顿“治安”，并在作战计划中提出直到 1941 年秋为止，“应毫不松懈地继续对华施加压力”，特别强调在此期间要“竭尽一切手段”。[③] 在策略上，日军已经逐渐认识到“剿共一事，仅靠武力进行讨伐，不能取得成效。必须以积极顽强的努力和统一发挥军、政、民的力量，摧毁破坏敌的组织力量和争

---

① 《中共晋冀豫区党委关于百团大战中地方工作的初步总结讨论提纲》（1940 年 11 月 20 日），山西省档案馆编：《太行党史资料汇编》（第三卷），第 773—775 页。

② 日本防卫厅战史室编：《华北治安战》（上），天津市政协编译组译，第 326 页。

③ 同上书，第 360 页。

取群众为重点”[①]。

也就是说，当时太行区面临这样的局面：一方面是军区建设工作没有达到预期目标，未在军区内形成普遍有力的武装抵抗力量；一方面是日军兵力增多，进攻加强，占领了更多的点线，根据地内更多的区域成为战场，形势严峻。更紧要的是，日军因为八路军的百团大战而更加深入地认识了中共，并有针对性地调整了“剿共”策略，一时占据明显优势。战争的压力传到中共这边，能否及时有效应对关乎根据地的存亡。

晋中位于太北分区对敌斗争前沿地带，为应对百团大战后更加尖锐的斗争形势，分区专门召开会议布置工作。分区政委赖若愚在会上指出，今后的环境是一个经常的战争状态，一切工作要在战争状态中来完成，而在处处是战场的环境中完成一切工作必须依靠群众自己的武装，依靠民兵制度，因此提出“必须为了建设民兵制度而尽最大的努力”，还应将“没有武装活不成”“武装保卫家乡”“武装保卫生产”作为今后群众动员的中心口号。[②]晋冀豫区党委也意识到空前严峻的形势，称“无论从全国或从华北看，无疑地明年（指 1941 年。——引注）的局势必更加严重”[③]。

正是预计到 1941 年“扫荡”与反“扫荡”战争将更加频繁和残酷，太行军区方面指出：“我们必须依靠强有力的军区，准备在任何艰苦困难的环境下能够坚持武装斗争。”[④]围绕“建立强有力的

① 日本防卫厅战史室编：《华北治安战》（上），天津市政协编译组译，第 364 页。

② 参见《一年来工作总结与今后工作——赖若愚在晋中第三次县书联席会上的报告》（1940 年 10 月），山西省档案馆编：《太行党史资料汇编》（第三卷），第 744 页。

③ 《中共晋冀豫区党委关于百团大战中地方工作的初步总结讨论提纲》（1940 年 11 月 20 日），山西省档案馆编：《太行党史资料汇编》（第三卷），第 777 页。

④ 《太行军区在一九四一年应努力的方向》（1940 年 12 月 30），《王树声军事文选》，第 38 页。

军区”这个1941年的努力方向，军区提出主要应做好以下几个方面的工作：加强军区组织，使其能发挥强有力的领导作用；加强教育训练制度，大批地培养地方干部；加强各种武装组织，大量地发展普遍有力的游击战争；以军区系统建立健全补充组织，保证正规军满员补充；加强后方勤务各部门的组织。军区、军分区就未来形势所发出的预警及应对措施都突出强调了普遍有力的群众武装在新的战争环境中的极端重要性，在群众武装普遍薄弱的背景下，发展军区武装显得尤为迫切。相应地，发展思路和发展方式也亟待调整。

（二）太行军区第二次武装干部扩大会议

1941年1月初，皖南事变发生，国内出现空前严重的反共内战和投降危机。为应对可能出现的“寇顽夹击”的局面，晋冀豫区党委和太行军区于是年1月底至2月初召开了太行军区第二次武装干部扩大会议。参加会议的有各军分区司令员，分区主力兵团、子弟兵及青抗先、基干队、各级民兵干部，各县武装科长等100余人。中共晋冀豫区委书记李雪峰、一二九师师长兼太行军区司令员刘伯承、一二九师政委兼太行军区政委邓小平、太行军区副司令员王树声分别作了讲话和报告，冀太联办副主任戎伍胜亦亲临会议。王树声在会议总结中说：“师、区党委、联办首长均亲自参加，剀切指示。这样大的会议是空前的。”①

这次会议主要总结了近几年的晋冀豫区的武装工作，特别是1940年的军区工作，在此基础上布置和安排了下一步军区工作。会

① 王树声：《大会总结》（原文未标时间，据推测应在1941年2月初），太行区武委会编：《抗日战争中人民武装建设文件》（上册），第61页。

议还特别强调了军区建设之“思想建设”，如邓小平在报告中说：“要把军区工作做好，首先要求党政军民的同志明了军区建设的重要性……不仅懂得武装斗争的意义，还要懂得正确的武装政策”，而“过去无论党政军民对此了解都是非常不够的”。[①] 刘伯承也将“思想准备”看做军区建设的先决问题之一，并要求党政军民同志用大力量转变过去错误的观点。[②] 在就军区建设问题达成共识方面，此次会议取得了理想的结果，王树声在总结中称：“对于军区建设的思想上，有了完全一致的认识，这是以前所没有的。”[③]

除了思想认识达成一致，加强组织领导也是本次会议关注的重点。几位报告者都指出过去军区建设成绩不够主要原因之一在于组织领导不力，针对这一点会议作出了相应的调整和安排。在军区的组织架构上，决定师仍兼军区，旅则不再兼军分区，将旅管区过去由军分区和地方负责的营兵工作改由师统率机关指定专人直接掌理。军区和军分区另设动员武装部，专门掌理民兵工作，为密切与群众团体关系，决定县武装科科长兼自卫队支队长，县农救武装委员兼县武装科副科长，青抗先大队长任自卫队队副，区军事助理员兼自卫队大队长，青抗先中队长任自卫队大队副，村设自卫队中队长、政治指导员，村青抗先分队长任自卫队中队副。为加强地方党对军区、军分区工作的领导和支持，决定军分区、地方正规团、独立营的政治委员、政治主任及军事首长应参加为相应党委委员；对

① 《邓小平在太行军区第二次武装干部扩大会议上的讲话——军区建设中诸问题》（1941 年 2 月 1 日），山西省档案馆编：《太行党史资料汇编》（第四卷），第 95 页。

② 参见《刘伯承在太行军区第二次武装干部扩大会议上的讲话——关于太行军区的建设与作战问题》（1941 年 2 月 1 日），山西省档案馆编：《太行党史资料汇编》（第四卷），第 114—115 页。

③ 《王树声在太行军区第二次武装干部扩大会议上关于军区工作报告提纲》（1941 年 1 月 31 日），山西省档案馆编：《太行党史资料汇编》（第四卷），第 86 页。

应的，军区、军分区动员武装部长、县武装科长、区军事助理员、自卫队政治指导员则参加为党委的武装委员。[①] 通过这种上下相连交叉任职的方式，党、政、军、民四个部分得以有效整合。

这次会议还突出强调了组织领导工作的核心要素——干部，并做了相应布置。李雪峰认为军区过去在干部配备上“缺乏决心”，空喊领导战争，要求“拿好干部，加强各级党的军委”。[②] 邓小平也提出了类似的要求，指出“正规军、地方党、政府和群众团体都要舍得干部，把最好的干部源源不绝地派到武装部门去”[③]。刘伯承也提出各旅管区的旅对于相关的军分区要供给以相当的干部。[④] 可见，这次会议在干部问题上的思路相较之以前是有了明显的变化。在开始着手建立军区时，中共强调的是大批选拔群众尔后将之训练成干部，但过去大半年的实践表明这种方式效果不甚理想，训练出来的干部不仅质量较差，而且数量也远未达到预期，以至于在实际工作中表现无力。经吸取这种教训，会议决定采取“自上而下”的方式为各级机关直接提供武装工作干部以起到骨干作用。与干部相关的是，这次会议对于共产党员要在武装工作中的起模范作用也给予突出强调，明确提出“党员军事化”[⑤] 问题，要求在党内热烈提出“所

---

① 参见《王树声在太行军区第二次武装干部扩大会议上关于军区工作报告提纲》（1941年1月31日），山西省档案馆编：《太行党史资料汇编》（第四卷），第83—84页。

② 《李雪峰在太行军区第二次武装干部扩大会议上的政治报告提纲》（1941年1月），山西省档案馆编：《太行党史资料汇编》（第四卷），第60、62页。

③ 《邓小平在太行军区第二次武装干部扩大会议上的讲话——军区建设中诸问题》（1941年2月1日），山西省档案馆编：《太行党史资料汇编》（第四卷），第110页。

④ 参见《刘伯承在太行军区第二次武装干部扩大会议上的讲话——关于太行军区的建设与作战问题》（1941年2月1日），山西省档案馆编：《太行党史资料汇编》（第四卷），第129页。

⑤ 《李雪峰在太行军区第二次武装干部扩大会议上的政治报告提纲》（1941年1月），山西省档案馆编：《太行党史资料汇编》（第四卷），第61页。

有党员都参加到民兵里去"[①]的号召。

与过去比较多地强调军区对正规军的义务不同的是，这次会议对于正规军在军区建设中的责任也提出了要求，认为正规军对军区有以下几个方面的责任：1. 切实帮助军区建立武装和民兵自卫队，要供给军区以好的干部，正规军每到一处必须帮助训练游击队和协助民兵自卫队的组织和教育，要把这种工作当作是自己的责任，成为经常的制度。在没有游击队和自卫队的地方，正规军更要负创立的完全责任。2. 在作战时，要注意到游击队的使用和民兵任务的分配，充分估计其性能，使用于适当的方面，交代任务要清楚，必要时派得力军政干部帮助完成战斗任务。对民兵指导更要细心，要尊重其意见，注意其生活，作战胜利品要有计划分配给他们。3. 不得强行改编或吞并游击队，即使在必要时也只能经过军区、军分区有计划地抽拨一部分补充正规军，坚决反对"连根拔"。4. 野战兵团应经常派出慰问团到各自联系的县份进行抗属慰问工作，对于联系县的武装工作应负极大的帮助责任。5. 野战军到任何一处，均须与军区、军分区、县武装科或游击队取得联系，取得其各方面的帮助，并就工作计划与之商议。[②]这种从侧重于单纯利用到强调要爱护帮助的转变，正是军区发展思路变化的集中体现，也是这次会议对于军区武装工作最重要的贡献。

简言之，太行军区第二次武装干部扩大会议在总结过去工作的基础上，重新调整了军区建设的思路，指出要改变过去军区武装只作为正规军、野战军的助手，而强调正规军应积极帮助创建军区武

① 《王树声在太行军区第二次武装干部扩大会议上关于军区工作报告提纲》（1941年1月31日），山西省档案馆编：《太行党史资料汇编》（第四卷），第75页。

② 参见《邓小平在太行军区第二次武装干部扩大会议上的讲话——军区建设中诸问题》（1941年2月1日），山西省档案馆编：《太行党史资料汇编》（第四卷），第99—100页。

装并切实爱护军区民兵、游击队。在具体措置上，大幅度地调整了武装工作的领导架构，通过交叉任职的方式整合党政军民，同时改变之前训练群众干部的模式，改由正规军及上级党政机关直接派出得力干部帮助下级工作。1943 年中共中央太行分局高干会在检讨过去工作时，认为黎城会议对于军区建设、地方武装与人民武装建设强调不足是一个过失。[①] 相较黎城会议以及之后的八一军区会议，这次会议对于太行军区建设所进行的部署明显更加切中要害，加之会议取得了空前一致的共识，太行军区的建设工作也由此改观，这为应对日军更加严重的“扫荡”奠定了基础。

三、武装委员会的组织建构

太行军区第二次武装干部扩大会议后不久，依据会议精神晋冀豫区党委就 1941 年上半年军区武装建设与扩兵工作作出部署，决定是年 2 月至 5 月着力于建立充实各县独立营，6 月则主要进行扩大主力。区党委要求对于辽县、黎城、武乡、昔东等工作有基础的县份在第一期即应以扩大独立营为主，每个独立营至少应有 300—360 人，编 3 个连。对于已有独立营的县份，区党委要求县委立即加强领导、充实干部，一般不准从独立营向外调出干部；对于尚无基础的首先也要抓紧解决干部问题，并确定由军区、军分区负责配备，地委、县委应抓紧催促其迅速派出。[②] 为帮助一些工作薄弱县区快速发展独立营（亦即基干武装），军区、军分区不仅予以干部

① 参见《罗瑞卿在中共中央太行分局高级干部会议上的发言》（1943 年 2 月 12 日），山西省档案馆编：《太行党史资料汇编》（第六卷），山西人民出版社 2000 年版，第 114 页。

② 参见晋冀豫区党委：《关于 1941 年上半年的军区武装建设与扩兵工作的决定》（1941 年 2 月 10 日），革命历史档案 A01-08-00004-5，山西省档案馆藏。

支援，还派遣少数主力部队作为基础，积极向敌活动，在行动中打击敌人，保护群众，以振奋群众斗争热情，提高地方武装的战斗能力，并号召群众加入地方武装。

在军区、军分区干部和主力部队的直接推动下，军区武装工作开始有所改观，而“三一八”全区民兵第一次大检阅则进一步增强了发展武装的氛围。晋冀豫区武委会在总结八一军区会议以来一年的武装工作时指出，这次超过两万民兵参加的大检阅在转变群众对民兵的认识，提高民兵使用武器、爱护武器的能力上起了很大作用。这次检阅大会还发出了“刘二堂运动”[①]与建立“铁的青抗先”和“模范基干队”的号召，对于形成热烈氛围方面也起到积极作用。[②]

1941 年 3 月下旬至 6 月下旬，日军发动了在华北的第一次“治安强化”运动，图谋“统筹军、官、民的总体力量，并将其集中于重要地点”，“发挥综合作战能力，给敌以重大压力，谋求事变得到定局”。[③]太行区是日军此役的重要目标。按日军“治安区”“准治安区”“非治安区”的划分标准，太行区内大部分地区为“非治安区”。对于这些地区，日军着重进行军事“扫荡”，实行残酷的“三光”政策，而对于“治安区”和“准治安区”更多施以政治手段。面对敌人的疯狂进攻，根据地不断缩小，形势愈发严峻。

为打开太行区的严重局面，邓小平再次指出“最中心的是武装斗争，没有坚强的武装斗争作核心，其他一切都困难”[④]。邓小平还

---

① 刘二堂为辽县民兵，枪法好，作战勇敢，其领导的民兵队被太行军区命名为“刘二堂战斗队”。“刘二堂运动”由太行军区发起，旨在向刘二堂学习。

② 参见晋冀豫区武委会：《晋冀豫区一年来群众武装工作报告》（1941 年 9 月），太行区武委会：《抗日战争时期人民武装建设材料辑存》（第一集），第 7 页。

③ 日本防卫厅战史室编：《华北治安战》（上），天津市政协编译组译，第 364、360 页。

④ 邓小平：《反对麻木，打开太行区的严重局面》（1941 年 4 月 28 日），山西省档案馆编：《太行党史资料汇编》（第四卷），第 266 页。

分析了形成严重局面的一大原因在于地方武装工作犯了并吞主义与放任主义的错误，以至于地方武装始终建设不起来，群众的武装领袖也培养不起来。他还借太行三分区对敌斗争的初步胜利指出，敌人对三分区的进攻之所以不再敢横行无忌，群众斗争也活跃起来的原因即在于党政军民密切配合，由此应当从各方面去努力，取得各方面的配合，这样才能争取武装斗争的胜利。5 月开始，全区以全力开展群众游击战争，组织了主力军、营兵、民兵相配合的全面出击，在稳定敌进我退的对敌斗争形势上起了一定的作用。

在 5、6 月出击的胜利基础上，7 月开始了普及全区的人民武装抗日自卫委员会（简称"武委会"）选举运动。根据 4 月发布的《晋冀豫军区人民武装抗日自卫队暂行条例》，自卫队于军区、专区、县、区、村各级设"人民武装抗日自卫委员会"，军区级由委员 7 人组成，专区级以下由委员 5 人组成。军区至区各级委员会均由各级代表大会选举之，村级委员会由队员大会选举之。武委会接受同级政府领导，与同级政府武装处（部）、武装科、区军事协助员合同办公，政府之正副武装处科长以武委会正副主任充任之。[①]

4 月下旬，冀太联办和太行军区即就武委会选举联合发出命令，指出武委会选举的主要目的在于"充分发挥人民武装的民主性（由人民自己管理自己的武装），以高度发挥人民参战的积极性，把民兵工作造成热烈的群众运动"。[②] 依照该命令，武委会选举分两个阶段进行，首先是村级自卫委员会选举，"八一"开始县区两级自卫委员会选举，村选和选举参加区以上各级代表大会之代表，均应依

① 参见《晋冀豫军区人民武装抗日自卫队暂行条例》（1941 年 4 月），太行区武委会编：《抗日战争中人民武装建设文件》（上册），第 69—70、75 页。

② 《冀太联办、子弟兵太行军区命令——关于人民武装抗日自卫委员会选举的指示》（1941 年 4 月 25 日），山西省档案馆编：《太行党史资料汇编》（第四卷），第 255 页。

托民兵自卫队现有组织之班、分队、队等进行。指示要求在5月份即应成立军区、军分区、县级、区级等四级“自卫委员会筹备委员会”（村组织选举委员会），在各级武委会正式成立前，行使自卫委员会职权（村选举委员会无此权力），并领导下级委员会选举。

不久后，晋冀豫区武委会筹委会就武选发出补充指示，强调此次自卫委员会的民主大选是“全区人民武装具有划时期转变意义的壮举，是发扬人民武装的民主性、积极性，真正把人民武装与群众运动结合起来，使人民武装获得猛烈开展的重要关键”[①]。补充指示就选举的时间安排、宣传动员、主要程序、组织领导等都作了具体布置，特别强调要通过层层宣传动员，用耐心的说服解释，使群众感到大选与其切身利益的关联。

据榆社、辽县、武乡、黎城、磁县及偏城等县统计数据，到1941年9月超过七成的村完成了武委会选举。[②]关于这次村选的实际效果，晋冀豫区武委会在总结中认为选举过于重视形式上的热烈隆重，而存在忽视实际组织工作及解决群众困难的偏向，因此民兵发展不大。同时，我们也看到经过此次大选，民兵自卫队、武委会在群众中的影响空前扩大，而由群众选举产生委员会领导和管理地方抗日武装，有助于让群众意识到武委会是自己的组织，民兵自卫队是自己的队伍，不少地方出现主动报名参加自卫队和营兵的情况。[③]因此，总体上看，这轮村选在晋冀豫区的武装建设进程中具有重要意义。

经由此次选举，军区、军分区、县、区、村五级群众武装组织

① 《晋冀豫区人民武装抗日自卫委员会筹委会关于自卫委员会大选运动的补充指示》（1941年5月20日），山西省档案馆编:《太行党史资料汇编》（第四卷），第285页。

② 参见晋冀豫区武委会:《晋冀豫区一年来群众武装工作报告》（1941年9月），太行区武委会:《抗日战争时期人民武装建设材料辑存》（第一集），第27页。

③ 同上书，第28、32页。

体制（见图1）正式建立起来，武装与群众的结合进入全面深化的新阶段，这种结合也正使构想多时的“游击集团”有了实现的基础。

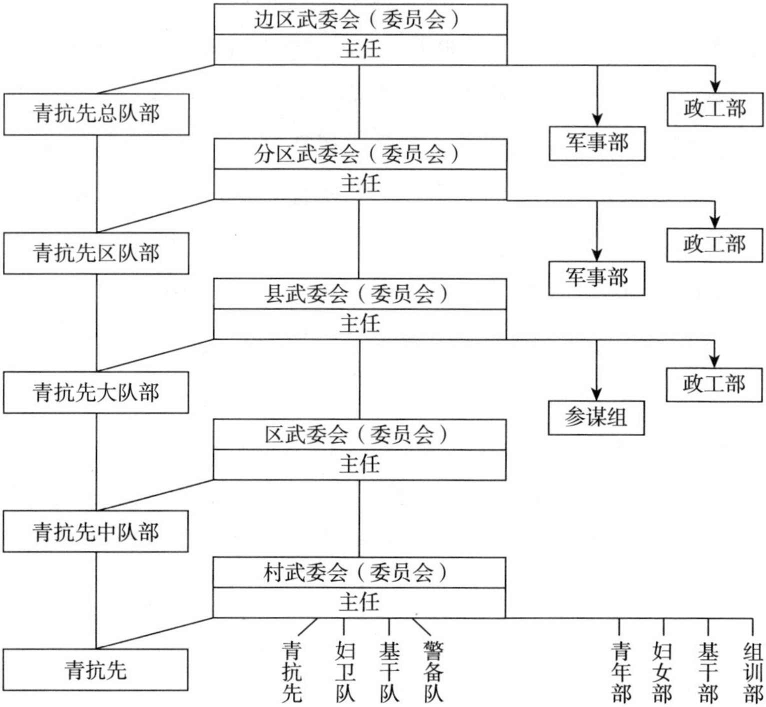

图1　晋冀豫区武委会系统组织架构图

（引自山西省档案馆编:《太行党史资料汇编》[第五卷]，山西人民出版社2000年版，第69页）

四、“游击集团”的形成

早在1939年刘伯承就对日战术问题提出组成“游击集团”的构想，具体模式为区属各村自卫队就地配合各村游击组侦察及游击敌人；区游击干队则辗转行动于各村，成为各村游击组的突击队，这些统称为区游击集团。县属各区游击集团就地侦察、游击敌人，县游击干队也辗转行动于各区，成为各区游击集团的突击队。递次类推，军分区的基干支队成为所属各县游击集团的突击队，军区基干纵队则成为全军区的突击队。刘伯承认为这样组成游击集团，可以发展全面的游击战争：一则使日寇组织的傀儡政权，难于立足生根，而我们的县长、区长、村长都兼任各游击队首长，更有利于巩固抗日政权；二则各游击干队得着所属游击集团就地的侦察、游击和掩护，更便于抓住敌人的弱点实行突击，以扩大游击战争的威力。①

太行军区第二次武装干部扩大会议上，刘伯承再次提到游击集团依然适用并已发展，并指出应当使游击集团网中普遍存在的民兵、区之游击队、县之独立营、分区之步兵团以及军区之野战军队各司其职有效配合。② 邓小平在关于如何打开太行区严重局面的文章中，也指出军队党、地方党对武装斗争的指导要做到认真地组织游击集团，把正规军、游击队和民兵结合起来，进行不疲倦地扭住敌人据点、交通线的活动。③

1941 年 5 月，晋冀豫区党委就组织游击集团作出决定，指出："目前我们一切的努力，在组成游击集团，展开群众性的游击战争，打开工作局面，坚持对敌斗争。"④1941 年 6 月 16 日，刘伯承、邓

---

① 参见刘伯承：《对目前战术的考察》（1939 年 8 月 22 日），《刘伯承军事文选》，第 100 页。刘伯承更早提到"游击队集团"是在红军时期反国民党第五次"围剿"时，参见刘伯承：《现在游击队要解答的问题》（1934 年 5 月），《刘伯承军事文选》，第 41 页。

② 参见《刘伯承在太行军区第二次武装干部扩大会议上的讲话——关于太行军区的建设与作战问题》（1941 年 2 月 1 日），山西省档案馆编：《太行党史资料汇编》（第四卷），第 120—121 页。

③ 参见邓小平：《反对麻木，打开太行区的严重局面》（1941 年 4 月 28 日），山西省档案馆编：《太行党史资料汇编》（第四卷），第 268 页。

④ 《中共晋冀豫区党委关于目前武装工作的决定》（1941 年 5 月 7 日），山西省档案馆编：《太行党史资料汇编》（第四卷），第 273 页。

小平电示冀南、太岳、太行军区及各军分区，更是指出“组成游击集团，进行有力的、扭住敌人的游击战争”是四年抗战的基本经验之一。[①] 稍后，一二九师就游击集团问题发出训令，将游击集团定义为“以地方武装和人民武装相结合而组成的广泛经常的游击战争组织形式”。[②] 游击集团的组织架构与刘伯承之前的构想大体相同，最大的变化在于原来军区、军分区的干队现在暂时放到下层去帮助地方组成和强化游击集团，原因是地方武装太弱。师部期待通过组织游击集团，保证经常的和普遍的游击战争，保证基干部队、游击队和民兵的密切结合，实际起到侦察、警戒、疲惫消耗敌人的作用，以配合主力兵团作战、掩护主力兵团休整。

以一二九师名义发布这个训令，表明在经过较长时间摸索后，游击集团已成为对日作战的基本策略，加之从军区到村的五级群众武装组织体制的建立，中共依托根据地的抗日模式和格局也初步奠定。

根据一二九师关于建立游击集团的部署，为加强游击集团，师部将一些野战旅的领导机关同军分区合并（番号仍保留），将旅属的各团分遣到各军分区作为分区的基干团。与此同时，军区、军分区还派出了大量干部前往各地帮助建设地方武装。在基干兵力和干部的帮助下，各地武装建设和抗战工作迅速有了改观。

以武西为例，1940 年 7 月，日军占领武乡段村，武乡被分为武乡（武东）和武西两块，日军很快在武西境内建立了南关、分水岭、南沟、东村等四个据点，各据点驻有数十上百人不等，配备碉堡、炮台等坚固设施和机枪、大炮等重型武器。如在东村据点，经

① 参见军事科学院《刘伯承年谱》编写组编：《刘伯承年谱》（上卷），第 341 页。

② 刘伯承、邓小平、李达：《第一二九师训令——关于游击集团的指示》（1941 年 6 月 30 日），太行区武委会编：《抗日战争中人民武装建设文件》（上册），第 111 页。

常驻有警备队100余人（即战斗部队），宪兵队10人（内有2个日本人，6个密探），警察所30人（全是武乡人，内有密探6人），新民会8人（有1个日本人，权力最大），逮缉室12人（专门抓捕抗日干部），维持会20余人，建委会10余人（建城筑墙挖沟等），训练班5人（经常受训者30余人），合作社4人，交易局8人。日本人大部分驻于东村之山上，有20余人，维持会驻于段村，有大炮2门，重机枪2挺，轻机枪6挺。依托这些据点，日军频密进行袭扰和特务活动，还加紧修筑据点之间以及与外县联系的公路。[1]

在如此高压下，抗日工作之消沉可以想见。直到1941年9月，武西召开扩大的县区村干部会议，出席会议干部有100余人，这次会议上确定了各联防之负责干部，并将全部干部分散到各联防中去。随后，各联防召开了村的干部扩大会进行了抗战动员与布置。县、区、联防三级指挥部也随之分别成立，全县共设立了12个联防指挥部，每个联防指挥部都配备了若干步枪、手榴弹、地雷等武器。在指挥部的领导和督促下，群众开展了抢收、藏粮、打窑洞、情报联络、戒严等备战工作，各方面虽有许多缺点，如藏粮不彻底，窑洞没打好，但总体上表现较以前大有进步。更为重要的是，通过备战，许多方面的工作第一次得以开展，或者以前只是停留在形式上的开始落到实处。

1941年6月，游击集团组建起来后八路军发起对太行之敌的攻势作战。作战主要在敌占区、接敌区展开，一个月中出击507次，参战民兵达33,985人次，毙伤俘敌伪军707名，捕捉敌探、奸细、

---

① 参见武西县武委会:《武西十月份工作汇报》，革命历史档案3-10-1，武乡县档案馆藏。该件原文未见时间，档案整理者将时间标示为“1941年1月31日”，但该材料中提到“武西的村选已于月底完成”，而太行区的村选1941年5月才开始进行，又据材料所涉其他内容，该件形成时间当在1941年10月以后不久。

土匪、宪兵、情报站长、维持会长等572人，解救民夫57,800余人。各地创造了麻雀战、地雷战、袭击战、伏击战等多种群众游击战形式。①

1941年10月底，日军对太行区发动冬季“扫荡”，企图围歼八路军总部和一二九师师部及军事工业基地。各地游击集团再次发挥重要作用，使进入太行根据地之敌处于四处挨打的境地。一二九师在总结1941年冬季反“扫荡”作战（亦即日军第三次“治安强化”运动）中提到，此次反“扫荡”准备工作较前充分，各地就敌人扫荡的严重性进行了深入的动员和教育，还抽调了大批干部与党政群众团体工作同志分散到乡村领导建立县区村各级指挥部，共同组织指挥。军队也抽调了大批干部，以及分遣必要的兵力分布到各地区，与民兵营结合，加强了游击战争的领导。同时，还预先在各地举行了民兵大演习及群众空室清野、埋藏资财等备战活动。正由于充分的准备工作，此次反“扫荡”中各民兵均积极活跃，起到不小的作用，到处配合地方部队及正规军作战，埋设地雷与打麻雀仗，捉拿汉奸与解放民夫，掩护民众撤退，破坏交通。各地地方武装、民兵及各部队均普遍采用了地雷战，发扬了地雷战的威力，给横冲直撞之敌以重大打击与威胁。②

中央军委作战部在对1941年太行区反“扫荡”作战的总结中指出，在这一年的反“扫荡”中，群众未能积极发动起来的地方一般损失都很大，因此派出干部深入下层去领导民兵及广大群众斗争，成为击退敌人“扫荡”的重要一环。此次太行区反“扫荡”

---

①　参见《李雪峰回忆录》（上），第158—159页。

②　参见《太行区冬季反扫荡作战总结（一九四一年十月三十一日至十一月二十一日）》（1941年12月30日），革命历史档案702-2，晋城市档案馆藏。晋城市档案馆革命历史档案馆藏量较小，编号方式较简单，为一般的顺序编号。

中，由于抓紧了这重要一环，使敌人不能在根据地逞凶而很快被击退。[①]这也再次证明了游击集团对于反扫荡的良好效用，同时也表明自上而下派出得力干部是打开地方武装工作局面的关键，太行军区第二次武装干部扩大会议之价值和意义再次凸显。

彭德怀在1941年11月初召开的中共中央北方局扩大会议上，就日军“治安强化”运动背景下的根据地武装建设重心工作指出，由于敌我装备的悬殊、敌寇广泛地采用堡垒主义，普遍地修路挖沟，逐渐地紧缩与割裂我根据地，因此运动战大大减少，游击战则大大增加，普遍的游击战已成为敌后最基本的战争形式。这种无前后方之别的游击战争环境，要求武装与群众进一步紧密地配合。因此根据地武装建设的目标应是建设数百支脱离生产的强有力的游击队，建设百万不脱离生产的有战斗力的民兵，一般应做到总人口的5%到7%。[②]

1941年11月7日中央军委发出关于抗日根据地军事建设的指示，在对形势的判断上与彭德怀高度一致，认为在敌寇对根据地进行激烈扫荡的现阶段，根据地基本方针应当是“熬时间的长期斗争”，因而要以分散的游击战争，采取一切斗争方式与敌人周旋，节省和保存自己的实力，以待有利时机。[③]这个指示确认人民武装

---

① 参见军委作战部第一局作战室：《太行区反扫荡战役》（1942年3月18日），革命历史档案702-2，晋城市档案馆藏。

② 参见《敌寇治安强化运动下的阴谋与我们的基本任务——彭德怀一九四一年十一月一日在中共中央北方局扩大会上的报告提纲》，山西省档案馆编：《太行党史资料汇编》（第四卷），第914页。这里的“百万民兵”当理解为约数，因为1942年初太行区负担人口仅约为140万。参见《李雪峰在精兵简政会议上的报告》（1942年1月6日），山西省档案馆编：《太行党史资料汇编》（第五卷），第20页。

③ 参见《中央革命军事委员会关于抗日根据地军事建设的指示》（1941年11月7日），中央档案馆编：《中共中央文件选集》（第十三册），中共中央党校出版社1991年版，第212页。

力量体制应包含主力军、地方军和群众武装（不脱离生产的自卫队和民兵）三部分，根据地建立初期集中注意力于主力军之扩大与巩固，而在敌我形势发生显著改变的当下则应将重点放在地方军及人民武装的扩大与巩固上。指示要求主力军应大力帮助地方军，将缩编之部队划归地方军，要给地方军以干部、枪械、弹药等帮助，而对于建立自卫队和民兵，认为其乃"目前敌后根据地军事建设上一个极大的问题"，要求加紧完成。[①] 通过这个指示，大力发展地方武装，特别是群众武装作为敌进我退形势下根据地基本应对方略在中央层面得以确认。

1941 年 11 月底，晋冀豫区武委会在总结过去半年武委会工作时，认为虽然取得了一些成绩，但军事性方面存在许多不足：如武委会内部组织与领导上缺乏统一的组织性和战斗性；大部分武委会干部不懂军事，难以领导群众游击战争。武委会的松懈导致自卫队军事训练缺乏或者训练中形式主义严重；民兵组织性纪律性较差，甚至连最简单的集合、点名制度都没有建立起来，这些都严重制约了群众武装力量的发挥。而日军已于 10 月底发动冬季"扫荡"，为有效阻击敌人，迫切需要群众武装能够发挥作用。

晋冀豫区武委会因此决定，增强武委会军事性。首先变更武委会内部组织与分工，建立军事系统与政治工作系统，边区、分区武委会均在主任之下设立军事部和政治部，县武委会设立参谋组与政治工作组。政工部长和组长一般由武委会主任兼任，军事部长、参谋组长由武委会副主任兼任。武委会所有干部要学习军事，轮流接受军事训练，使每个干部都具有军事技术与战术知识，都能训练民

① 参见《中央革命军事委员会关于抗日根据地军事建设的指示》（1941 年 11 月 7 日），中央档案馆编：《中共中央文件选集》（第十三册），第 216 页。

兵，领导民兵打游击。干部军事化是增强武委会军事性的主要抓手，晋冀豫区武委会在前述决定不久后又作出武委会干部军事化的决定，要求分区级以下区级以上所有武委会干部在1942年内分三批到抗大（太行分校）接受军事训练，而所有武委会干部都被要求轮流接受军事训练和政治工作教育，还要求在武委会干部中提倡军事化的生活和战斗作风，学习部队干部积极肯干、不怕艰苦的优良作风。[①]1942年2月，晋冀豫区武委会正式颁发该年度武委会干部及民兵自卫队军事教育训练计划实施纲要，按之前的决定，区级以上干部分三期轮训，每期三个月。[②]

与晋冀豫区武委会训练计划相适应，一二九师也就训练民兵工作干部作出了相应安排。1942年2月初，一二九师和太行军区联合发出选调干部参加民兵训练工作的命令，指出民兵建设的中心工作是组织训练和锻炼，但这项工作过去开展得不好，如今正在加强，但因缺乏干部而感到非常困难，因此要求各部队各分区除应对该管区或联系县加强民兵训练上的帮助外，还应抽调若干干部参加民兵训练的开辟工作。按要求，这批干部原则上应在编制内的在职干部中抽调，如万不可，则从编余干部中选派。这些干部的工作地区在分区与野战旅驻在地区，期限为半年至一年，在工作期内受军区武委会指挥，其工作情形应同时向原属部队首长作报告，衣食津贴亦由原属部队供给。按师部规定，各区各部应派出的干部人数为：一分区9人、二分区8人、三分区8人、四分区6人、五分区8人、六分区3人、一旅3人、五旅4人、军区2人、抗大分校3人。这批50余人的

---

① 参见晋冀豫区武委会：《关于武委会干部军事化的决定》（1941年12月14日），太行区武委会编：《抗日战争中人民武装建设文件》（上册），第168—169页。

② 参见晋冀豫区武委会：《颁发一九四二年度武委会干部及民兵自卫队军事教育训练计划实施纲要》（1942年2月25日），太行区武委会编：《抗日战争中人民武装建设文件》（上册），第187页。

干部被要求先到师部训练半个月，之后前往各地开展工作。[①]

五、精兵简政下的民兵

1941年以来，因日军高强度、频密的“扫荡”，根据地面积不断缩小，人口亦大幅度减少。1942春季“扫荡”后，日军进一步向太行根据地腹心区推进，北起元氏西北的仙翁寨，南至武安的任安岭一线修筑了第三道封锁线，向前推进了10至15公里。在腹心区，日军开始修筑武乡经榆社到辽县的公路，把第三专区分割为两块。第二专区边沿的敌人大筑碉堡，用力发展维持会和伪军，使全区纵横只有25公里，造成根据地严重退缩的局面。而从1941年夏秋开始，太行区即遭遇严重旱情，秋粮歉收，冬小麦无法播种，越年干旱区域进一步扩大，晋冀鲁豫根据地的太行、太岳、冀南、冀鲁豫无一幸免，普遍歉收，甚至绝收。1942年秋季又因旱出现严重蝗灾，1943年则又发生更为严重的旱灾，旱情以太行四、五、六专区、冀南一、二、四、六专区最为严重，成为百年来的大灾荒。[②]日军的扫荡及天灾致使太行根据地面临严重的财政困难，而陕甘宁边区则因与国民党摩擦加剧，经费遭停发、经济遭封锁，亦面临严重困难。[③]

基于上述现实，1941年11月中共中央就提出“精兵主义”，要求缩编主力军，减轻财政负担。同年12月中共中央接受陕甘宁边区政府副主席李鼎铭等人的建议，要求党政军各级组织机构切实

---

① 参见第一二九师、太行军区：《选调干部送师参加民兵训练工作》（1942年2月2日），太行区武委会编：《抗日战争中人民武装建设文件》（上册），第172—173页。

② 参见齐武：《晋冀鲁豫边区史》，当代中国出版社1995年版，第404—405页。

③ 参见朱鸿召：《延安缔造》，陕西人民出版社2013年版，第428—430页。

进行整顿。精简机关，充实连队，节约人力物力，提高效能，并把精兵简政作为 1942 年全党全军的中心工作之一。

精兵简政是中央层面的重要决策，各个根据地都应遵照执行，但相较陕甘宁边区而言，处在紧张对敌前线的太行区却不得不面临矛盾局面，正如彭真指出的：一方面，地区越分割，敌寇的扫荡越频繁，敌之蚕食越加紧就越需要有足够的兵力去封锁敌之活动，对付敌之扫荡，打击敌之蚕食，不然就不能在敌后生存；另一方面，根据地已然严重缩小，土地和人口皆发生锐减，耕地缩减、劳力短缺势必直接导致粮食供给不足，鱼大水小，兵多了养不起。[①] 简言之，兵少了局面无法维持，但兵多了财力不能支持，解决不好，即会陷入恶性循环。这种两难的情况下，大力发展不脱离生产的群众武装成为能够解决这对矛盾的关键之所在。

精兵简政原则下发展群众武装的基本做法是缩小主力，扩大民兵，拿出人枪送到村里去。具体做法上坚决缩编主力，力求精干，将机关裁减缩并，老弱解甲归农，或转向工商业；地方武装和县区游击队也须精编，把剩余的武器弹药普遍地大量武装民兵。

彭真认为以上做法其利有二：第一，民兵是寓兵于农工商学，不吃公家的饭，不穿公家的衣，完全自食其力，除公家发给一部分武器弹药外，不要公家任何开支。第二，敌人残暴的烧杀抢掠奸淫虽然会激起群众的抗争热情，但手里若没有武器，便只好在极度愤怒之后悲观失望地屈服敌人，这对抗战士气是极大的伤害，而只要民众有武器，便可人自为战、村自为战地到处打冷枪、埋地雷、扔手榴弹，到处骚扰敌人，袭击或伏击小股敌人，打击汉奸伪政权，消灭三五成群四处横行的敌伪。这样就不仅把敌人的活动和扰害的

---

① 参见彭真:《社论：主力与民兵》,《解放日报》，1942 年 11 月 2 日，第一版。

范围缩小，而且可以使主力和地方部队不至于疲于奔命，也可大大减少对兵力数量的需求。[①]

这样通过减少需要财政供养的脱产兵员数量，将空余的枪支弹药拿去装备广大不脱产的民兵和群众，还让一部分编余人员下到基层帮助训练民兵、指导群众抗战，不仅没有减弱反而增强了抗战力量。同时，在敌分区“进剿”的条件下，精干的主力、无处不在的群众游击显然是更为优化的抗战力量组成结构，更能适应当时情势下的斗争需要。由此，之前的尖锐矛盾得以纾解，中央提出的一方面要节省民力以利生产、一方面又要积蓄武力的“精兵主义”也具备了可行性。

① 参见彭真:《社论：主力与民兵》,《解放日报》，1942年11月2日，第一版。

第四章

减租减息运动：以斗争促动员

在双方的斗争中，尽管中共方面表现顽强，且不失灵活，但日军实力毕竟占据明显优势。随着日军改进“扫荡”方式并佐以细密政治施策，包括太行在内的众根据地面临空前严重的困难。这一阶段敌我双方的斗争情形，一如邓小平所言：“双方都有强的指导能力，都有政治上的锐敏性。我们善于总结经验，研究敌人，提出对策。敌人也善于研究我们，接受经验，不断改进其方针政策。所以敌我斗争不仅是军事力量的竞赛，而且是全副本领的斗争；不仅斗力，更主要是斗智。”[①] 为保卫根据地和坚持抗战，中共必须竭尽所能地发动群众和挖掘民力。组织上遍用各种常规动员手段，但工作成效有限且遭遇瓶颈，仍然不能满足需要。这种情况下，要打破严重局面，亟待非常规方略。事后看，以减租减息为中心的遍及全区的大规模群众斗争运动，对于打开局面促进动员有显著效果。

一、形势：“治安强化”运动

（一）连续的“治安强化”运动

从 1941 年 3 月 30 日到 1942 年 6 月，日军在一年多时间内先

---

① 《五年来对敌斗争的概略总结与今后对敌斗争的方针——一九四三年一月二十六日邓小平同志在太行分局高干会议上的报告》，《战斗》增刊第 15 期，1943 年 3 月 15 日，第 32—33 页。

后发动了四次“治安强化”运动（简称“治运”），这四次“治运”所涉及范围和地域不等。由于中共领导的根据地是日军“治安”的主要障碍，因此华北各抗日根据地在连续的治运中遭遇严重冲击。

据伪山西省长苏体仁总结，第一次“治运”（1941年3月30日至4月3日）重在唤醒官民对于治安的责任心，确立反共意识，培植自卫力量；第二次“治运”（1941年7月7日至8月31日）重在确定敌人，运用前次基础，发挥自卫力量，实行“剿共”工作；第三次“治运”（1941年11月1日至12月25日）重在实行彻底的经济封锁，以瓦解中共抗战。[①]因此在第一次“治运”实施要领是实行保甲制度，调查户口，制发良民证，组织村自卫团，强化县警备队，充实警察，以树立自卫之基础。由于时间太短，这些工作并未来得及全面展开，但在这几天内各地举行了“强化治安”运动周，从伪政权首脑王揖唐到各伪县知事均亲自视察，各地普遍召开大会，大量印发宣传品，一时热潮涌动。[②]第二次“治运”要点是在前次奠定的基础上组织灭共班、宣传班、特务班、经济班、青少年先锋队等，配合警团，厉行“剿共”，同时还加紧修筑围墙堡垒，架设警备电话，强化情报宣传网，以形成攻守兼备长期占领之体势。第三次“治运”则是在根据地已然面临严重经济困难的情况下进行的，在此期间日军和伪政权将彻底的经济封锁作为要领，组织经济检问所，推广合作社，设置仓库，民众收获粮食80%送到据点内的仓库“保管”，绝对断绝与根据地的经济往来。可见，日军的前三次“治运”各有重点，第一次为宣传战，第二次为武力战，第三次为经济战。用苏体仁的话说前后三次是“互长互成，互为因

① 参见中央档案馆、中国第二历史档案馆、吉林省社会科学院合编：《华北治安强化运动》（日本帝国主义侵华档案资料选编），中华书局1997年版，第353页。

② 同上书，第359页。

果”，皆为“绝灭共匪之必要战略”。[①]

据《抗战日报》[②]的总结，连续的“治安强化运动”在军事上、政治上、经济上各有其具体表现，对根据地造成严重影响。[③]具体而言，在军事上主要是敌伪完成其所谓“确保占领区”的目标及对中共根据地进行疯狂“扫荡”。因此，敌伪对根据地外围地区进行不断的“扫荡”和游击式的“清剿”。同时在各地增设据点，建立所谓巡逻式的“流动据点”，以军事和军事特务的恐怖进攻袭扰为核心，到处乱打枪炮、乱杀人，大肆烧毁房屋，制造无人区。对于中共根据地则实行频繁的大规模“扫荡”，并采用持久作战的方针，改过去的短促“扫荡”为长期“清剿”，利用优势兵力对根据地各分区各个击破，然后布置据点并连接交通线，以此封锁分割根据地。对其已经占领地区（所谓“治安区”）主要采取“囚笼政策”和“火线交通网政策”，办法是：增设据点碉堡，各村筑护村墙和护村壕，派出大批特务汉奸搜捕抗战人员，监视群众行动；广泛修筑公路，疏浚河道，以错综复杂的水陆交通网巩固其占领区；严格清查户口，制发身份证，贴照片，压指印，以彻底肃清抗战人员。除了这种日常化的行动外，敌伪还加大扩充地方伪军，并加强对“防共自卫团”与青年的训练组织，各村普遍组建“自卫团”并进行经常性的训练。据彭德怀的一个报告，在第三次“治运”之前，

① 参见中央档案馆、中国第二历史档案馆、吉林省社会科学院合编：《华北治安强化运动》（日本帝国主义侵华档案资料选编），第355、357页。

② 《抗战日报》于1940年9月18日在山西兴县创刊。1941年5月、1942年1月和1944年12月三次改版，由创办初期的3日刊、间日刊发展到日刊，成为华北地区著名的抗战报纸。1946年7月1日，更名为《晋绥日报》。

③ 参见狄民：《敌寇“强化治安”的三个时期》，转引自中央档案馆、中国第二历史档案馆、吉林省社会科学院合编：《华北治安强化运动》（日本帝国主义侵华档案资料选编），第360—364页。原载《抗战日报》，1942年1月3日。

敌伪已在华北开办过上千次训练班。[①]

在政治上，“治安强化运动”的目标是摧毁抗战力量，强化伪政权，以各种奴化手段达到消灭敌占区中国人民的民族意识和反抗行动。因此日伪重新配备从村区到县道的各级伪政权人员，并特别强调农村为强化行政工作的基本单位，实行编村保甲制。强迫游击区各村公所集中到城内办公，还定期召集士绅、教员等上层人士和知识分子进城开会。日伪还利用“新民会”组织各种群众团体，把群众都组织到“和平救国会”“防共自卫团”“防共青年团”“护路大刀会”“兴亚妇女会”“儿童团”等团体中去。自村长、小学教员以至壮丁和儿童，全都加以训练，其中对青年的训练不仅注重灌输奴化思想，还加以严格的军事管理，作为补充伪军的基础。

在经济上，“治安强化”运动大量榨取掠夺资源，对根据地实行严格的经济封锁。粮食是主要的掠夺对象，自夏季麦收到秋收，敌伪使用各种手段抢粮，在据点内设仓库，强迫民众将所收获粮食80%送到据点“保管”，每户只准留两个月的粮食，之后再从据点领取实际不够维持生存的口粮。为防止民众私藏粮食，竟然将民间石磨捣毁。在经济封锁方面，粮食、棉花、棉布、羊毛、食盐、火柴、煤油、铜、铁等物资均在禁运之列，严禁流入根据地，根据地外围及其占领区一般群众则发给购买证，实行定量配给制度。

总结起来，日军这几次“治安强化”运动的基本策略是强化伪军组织，特别是深入乡村基层的保甲制度及伪自卫团，用军事“扫荡”及政治阴谋、恐怖政策、诱骗政策，以扩大其“治安圈”，强

① 参见彭德怀：《敌寇治安强化运动下的阴谋与我们的基本任务》（1941年11月1日），山西省档案馆编：《太行党史资料汇编》（第四卷），第894页。

化其占领区。1941 年 11 月 1 日，在已经获悉日军即将进行第三次“治运”的情况下，中共中央北方局召开扩大会议研究对敌斗争策略。彭德怀在会上指出，虽然过去日军即已提出政治、军事、经济、文化一元化的“总力战”口号，但认真地、强烈地实行起来，还是 3 月第一次“治运”开始以后的。

正如彭德怀的观察，与以往明显不同的一点是，日军方面在这几次“治运”中“一切行动均以政治为中心，一切围绕在政治周围”[①]。也就是说，所谓的“治安强化”运动实际上是日军针对华北，特别是抗日根据地的政治进攻，同时辅以军事“扫荡”。时任晋冀豫区党委书记李雪峰认为侵华日军这种策略上的重要转变是“殖民地化华北的一个新的步骤”[②]。由于中共是华北抗日力量的最主要领导，因此“剿共”“灭共”就成了“治运”的主要目标。

时人分析，日军“治运”的中心工作有两个：一是对共产党及八路军；二是对华北一般民众。[③]日军“治运”的施策也主要围绕这两个方面展开。对于共产党和八路军，日军本是极力“清剿”，但效果不佳，因此加大反共宣传的力度，向华北群众大肆宣传要求得安居乐业必须“灭共”，因为共产党是“兴亚”大害。还推行自首政策，胁迫共产党员和抗日干部自首。日军在瓦解八路军的宣传上更为毒辣，对抗属说“不孝有三，无后为大，你的儿子当兵，死

① 彭德怀：《敌寇治安强化运动下的阴谋与我们的基本任务》（1941 年 11 月 1 日），山西省档案馆编：《太行党史资料汇编》（第四卷），第 892 页。

② 李雪峰：《研究与粉碎敌人第三次治安强化运动》（1941 年 11 月 23 日），山西省档案馆编：《太行党史资料汇编》（第四卷），第 931 页。

③ 参见刘子超：《怎样粉碎敌伪“强化治安运动”的阴谋》，转引自中央档案馆、中国第二历史档案馆、吉林省社会科学院合编：《华北治安强化运动》（日本帝国主义侵华档案资料选编），第 5—6 页。原载《大众日报》，1941 年 8 月 19 日。

了就会绝后”，还说八路军是“辈子兵”。[①] 对于民众，日军最主要的施策是“把握乡村实体”——“以乡村为主体涵养对敌必胜的信念，造成强韧的组织体，乡村的每个人都能披坚执锐自卫桑梓”[②]。具体的做法是主动清除伪政权机构中的流氓等不良成分，大量吸收地主和士绅，利用地方上层人士，扩大伪军，组织伪自卫团，建立保甲。日军的这两个方面的工作虽有不同的施策对象，但归结起来实际焦点只有一个——争取民众。反共宣传的对象是民众，指向是离间共产党、八路军与民众的密切关系，在这个基础上更易于把握所谓“乡村实体”，进而从根本上瓦解中共领导抗战的基础。

为应对日军的“治运”，1941 年中共中央北方局扩大会议将开展伪军组织工作、开展敌占区与接敌区的群众工作、坚持根据地工作作为坚持敌后抗战总方针下的三个中心任务。[③] 这三个方面的工作实际上也都指向争取民众或必须以民众工作为基础，其中又以根据地工作最为重要。彭德怀在会议报告中指出，坚持根据地的三大任务仍是武装建设、政权建设以及党与群众工作建设，不过重心与前有所不同，“治运”背景下的武装建设重心应是建设数百支脱离生产的强有力的游击队，建设百万不脱离生产的有战斗力的民兵；政权建设的重心是充实“三三制”民主政权的实际内容，以使政权机关能取得群众拥护；党与群众工作的重心则应放在建设和巩固支部上面，使支部成为发动领导与掌握群众斗争的核心。[④] 可见，不

① 参见彭德怀：《敌寇治安强化运动下的阴谋与我们的基本任务》（1941 年 11 月 1 日），山西省档案馆编：《太行党史资料汇编》（第四卷），第 894 页。

② 李雪峰：《研究与粉碎敌人第三次治安强化运动》（1941 年 11 月 23 日），山西省档案馆编：《太行党史资料汇编》（第四卷），第 933 页。

③ 参见彭德怀：《敌寇治安强化运动下的阴谋与我们的基本任务》（1941 年 11 月 1 日），山西省档案馆编：《太行党史资料汇编》（第四卷），第 903 页。

④ 同上书，第 913—915 页。

管是坚持抗战的三个中心任务，还是根据地工作的三大任务之重心，都强调要争取群众，赢得群众拥护，在此基础上组织群众对敌斗争。

（二）群众工作状况

那么此时群众工作的状况如何呢？1941年10月发生在太行区黎城县的离卦道暴乱可以作为一个观察窗口。据孙江的研究[①]，1941年10月12日夜，黎城离卦道徒从各地前往港东村参加敬老爷的仪式，人越聚越多，引起了当地公安局的注意，遂派公安队、民兵加以阻止，欲驱散人群，结果引发严重流血冲突。冲突中民兵被道徒打死多人，道徒知道闯下大祸，走投无路之下，两百余道徒过河投靠日伪政权。这是目前已知的在全面抗战时期敌后根据地发生的最为严重的反对抗日政权的暴力事件，当时即在根据地上下引起强烈震动。为此，晋冀豫区党委专门派出考察团，在黎城实地以暴动为中心展开了为期两个月（1941年11月23日至1942年1月26日）的调查。

据考察团的调查，离卦道约在1936年由外地传入黎城，至暴动发生时，黎城离卦道道徒已有三千余人。这些道徒主要是在1940年日军三次“扫荡”后参加的，其中有四个重要的节点，分别是：三次“扫荡”后群众损失大，情绪低落；1941年春耕赎地引发地主富农不满；1941年5、6月疾病流行，群众不安；8月黎城离卦道建

---

① 孙江详细解读了《黎城离卦道事件调查报告》，他认为暴乱的起因不是黎城考察团考察报告所反映的那样，起自离卦道徒主动密谋暴动、企图攻打县政府和公安局，而是道徒聚会活动引起当地公安部门注意，欲加以阻止，以致引发激烈冲突。参见孙江：《文本中的虚构——关于“黎城离卦道事件调查报告”之阅读》，《开放时代》2011年第4期。

立分坛等各级领导机关。[①] 据考察团的调查统计，到 1941 年为止，日军在黎城共烧房 45,000 间，烧粮 35,000 石，拉牲口 800 余头。因日军“扫荡”死人不少，已逾 3000 人。一方面是严重的损失，另一方面群众游击战开展得很不好，群众中认为军队只吃粮不打仗的大有人在，社会上弥漫着对八路军悲观失望的情绪。[②] 离卦道瞄准了这一点，在宣传中说参加了离卦道敌人不烧杀，可以提前知道敌人来的时间。[③] 民众中还有许多人因为历史问题充满怨气：屯粮中有一个区村干部会议决定一石不出出（罚）十石；“十二月事变”前后逮捕用刑和杀人不少，一些人至今怀恨；“十二月事变”前政权干部大调动中知识分子干部遭到严重排挤；1940 年春耕运动分配公庙社地及逃亡户地，和 1941 年的赎地运动都给地主以强烈的刺激。[④]

在考察团的个别访谈中，一位毕业于山西大学的在乡知识分子就几个方面的问题表达了他的看法：在民主方面，村政权“三三制”说起来很好，但实际上是上级指定选谁就选谁，一个地方选的结果区里不满意得重选；在武装政策方面，老百姓早就觉得军队什么人也要，人多不顶事，要不是《新华报》（似为《新华时报》华北版。——引注）报出来，以前也没人敢公开说；对财政政策，认为比过去有进步，但村与村还是不公平，缺乏劳动力的家庭生活不好，群众负担还是普遍较重；对土地政策，农民说啥是啥，地主不能说话，只管减租，不保证交租，地主负担无从交起；对内务政策，保障人权法令的执行让群众感觉比过去心安，但还是不敢说话。他还特别提到，今天人民最普遍感到不痛快的是开会太多，耽

① 参见黎城考察团：《离卦道事件调查报告》（1942 年 4 月），革命历史档案 54-1-14，黎城县档案馆藏，第 25 页。

② 同上书，第 6 页。

③ 同上书，第 25 页。

④ 同上书，第 6 页。

误时间，又解决不了什么问题。[①] 相类似的，还有人认为政府的政令太过繁杂，许多政令是扰民害民，站岗误工，开会特别是春耕时召开春耕大会妨碍春耕。每次开会总是马马虎虎，完全解决不了问题，耽误工夫不少，认为总是“会而不议，议而不决，决而不行”。[②]

也就是说，在当时的黎城，不仅是地主、知识分子，还有广大的普通农民，出于各种各样的原因，普遍对抗日政权有明显的不满情绪。民众的这种情绪正好为离卦道所利用，对怕“扫荡”的说加入了日本人不烧杀，对生病的说入道可以免费治病，对嫌负担重的说入道可以抗粮等等，离卦道因之能于短短几年内在根据地的核心区域有如此快速的发展。离卦道暴乱所暴露出来的问题，一方面有大的战争环境的原因，同时也反映了根据地群众工作的各种不足。黎城在短时间内被离卦道大规模“侵占”，暴露了中共乡村工作的缺陷，这样的群众条件难以应对日益严峻的抗战形势。

二、顿挫：政治工作的局限

在日军连续“治安强化”制造的巨大压力下，争取和动员群众再次成为根据地最为急迫的任务。这种情形略似八路军开辟根据地之初，但又有明显不同。当初，八路军作为民族抗战力量的一部分进入广大农村开辟根据地，面临的最大困难是没有前期基础，而此时八路军和中共党组织已耕耘数年，在许多地区已有较深厚的积淀。然而与之相伴的是，连年的战争也给群众带来巨大的负担，加

---

① 参见黎城考察团：《离卦道事件调查报告》（1942 年 4 月），革命历史档案 54-1-14，黎城县档案馆藏，第 63—64 页。

② 同上书，第 66—68 页。

上工作中的不足，群众对于抗战动员有明显的倦怠情绪，且有加重趋势。这种情况下，首先要回应的便是群众最为关切和意见最大的问题。

负担过重是群众反映较为强烈的问题。此时加在群众身上的负担主要有两种，一种是粮款，另一种是勤务差役。关于负担问题，中共中央政治局在太平洋战争爆发后指示说："敌后抗战能否长期坚持的最重要条件，就是这些根据地的居民能否养活我们，能［否］维持居民的抗日积极性。"[①] 太行根据地抗战五年来，人力物力消耗极大，财政经济发生严重困难。李雪峰在报告中称，当时的太行区"在社会蓄积上严重的空乏"，没有新的粮食积蓄，旧的积蓄早已耗尽。社会公共性积蓄几乎完全没有，私人方面富农无多大积蓄，中农仅够自给，地主、商人消耗已甚，所剩亦不多。[②] 日益残酷频仍的战争则在进一步加剧这种困难，为了坚持抗战，有关政策必须作出调整。

1942 年初，太行区按照中共中央之前的统一部署召开精兵简政会议，会议正是要裁汰骈枝机关、优化工作方式、减少脱产人员，进而达到减轻群众负担的目的，维持群众抗战的积极性。这次会议确认脱产人数占总负担人口的 3%，以及"两武一文"（即军队 2%，党政民 1%）的计算方式是科学的、精确的。1942 年 1 月太行区负担人口共 150 万（总人口 180 万，根据地 1 人算 1 个负担人口，游击区 2 人算 1 个负担人口），按照 3% 的比例，应负担 3 万抗日部队、1.5 万党政民干部，但实际上全区抗日部队有 4 万人，脱产干部有 2

① 《中央关于太平洋战争爆发后敌后抗日根据地工作的指示》（1941 年 12 月 17 日），中央档案馆编：《中共中央文件选集》（第十三册），第 264 页。

② 参见《李雪峰在精兵简政会议上的报告》（1942 年 1 月 6 日），山西省档案馆编：《太行党史资料汇编》（第五卷），第 11—12 页。

万多人。[①] 一二九师于 1 月 15 日发布精兵命令，就整编精神、整编方法做了具体说明和规定。[②] 经过整编，太行区师直单位、三八五旅、新一旅和各军分区共裁减 151 个单位、6650 人。[③] 全区县级以上党政民工作人员减少了 18%，节省经费 38%。[④]1942 年 9 月，毛泽东在为《解放日报》写的关于精兵简政的社论中赞扬了太行区的这一工作——“晋冀鲁豫边区的领导同志，对这项工作抓得很紧，做出了精兵简政的模范例子”[⑤]。

对于群众意见很大的开会站岗耽误时间问题，太行区精兵简政会议也给出了相应的调整。对于民兵，规定一般民兵出击与训练所占时间，全年不应超过一个半月（约 12%），而此前民兵在这方面的时间消耗达总生产时间的 26%。[⑥] 对于一般群众，规定平均每月政治生活（主要是开会）时间不超过两天至两天半，即便在闲月也不能超过五天。不脱离生产的村干部工作时间每月平均不超过五天，非战争原因即在忙月也不能超过七天。[⑦]

民兵与民力问题在前述精兵简政会议后不久召开的晋冀豫区武委会政治工作会议（以下简称武委会政工会议）上再次受到关注，并形成专门决议。决议指出：在组织上民兵不应无限制发展，否则必然影响质量以及勤务无人承担；民兵和自卫队应当分工明确，民

---

① 参见太行革命根据地史总编委会编：《太行革命根据地史稿（1937—1949）》，山西人民出版社 1987 年版，第 155 页。

② 参见《第一二九师命令——关于实施精兵建设》（1942 年 1 月 15 日），山西省档案馆编：《太行党史资料汇编》（第五卷），第 52—58 页。

③ 参见太行革命根据地史总编委会编：《太行革命根据地史稿（1937—1949）》，第 157 页。

④ 同上书，第 159 页。

⑤ 《社论：一个极其重要的政策》，《解放日报》，1942 年 9 月 7 日，第一版。

⑥ 参见《李雪峰在精兵简政会议上的报告》（1942 年 1 月 6 日），山西省档案馆编：《太行党史资料汇编》（第五卷），第 17 页。

⑦ 同上书，第 35 页。

兵着重训练与游击活动，自卫队主要担负抗战勤务，并求得二者在时间支付上平衡；民兵在训练上要少而精，减少不必要的检阅，彻底克服训练中的形式主义；在抗战勤务上要纠正随便使用民兵、自卫队的现象，减少不必要的勤务，取消根据地内的岗哨。[①]

针对民兵纪律松懈、脱离群众的现象，此次武委会政工会议形成了专门决议，决定建立民兵政治工作，并认为“建立民兵政治工作，是今天加强民兵建设，提高民兵质量的中心关键”[②]。决议列举了民兵工作中的几个严重问题：不爱护武器，浪费弹药，存在雇佣观点，有发财思想，行动上单纯军事观点，不注意与群众利益相结合。决议指出，这些问题如果继续发展下去，“民兵有脱离群众，走到死亡的危险”，因此认为“建立民兵工作是刻不容缓的”。[③]

此次武委会政工会议上虽然一再强调建立民兵政治工作的紧迫性和必要性，但在具体的对策上却未能及时跟进。决议指出要建立民兵政治工作，必须首先建立村指导员的工作，因而几乎所有责任都集中在村指导员身上，组织要求指导员以身作则，以模范行动影响民兵，注意鼓舞民兵的积极性。在这样的情况下，村指导员以宣教为主的手段显然是难以发挥预期作用的，该决议也看到了这点，不忘表明这只是建立民兵政治工作的“一个初步决定”。[④]

领导上中共虽然认识到迫切需要革除群众武装发展中的诸般弊端，但实际上提出的对策难以产生实效。这个矛盾表明，村指导员并不是问题的关键，诸般问题的根源也不仅仅在于政治工作不到

① 参见晋冀豫区武委会：《关于民兵与民力问题的决定——政工会议决定之一》（1942年2月8日），革命历史档案A09-01-00002，山西省档案馆藏。

② 《关于建立民兵政治工作的决定——晋冀豫区武委会政治工作会议决议之二》（1942年2月1日），山西省档案馆编：《太行党史资料汇编》（第五卷），第80页。

③ 同上书，第81—82页。

④ 同上书，第84页。

位——政治工作实际上也不能解决民兵发展中的所有问题。归根结底，解决民兵问题的根本出路还在于发动群众。此前，组织上已经就发动群众作了相当的努力，但形势要求动员更加深入，要求动员方式作出变革。

1939年时任晋冀豫区民运部长彭涛在总结1938年以来17个月的群运工作时指出："群众是要求抗日的，但从要求抗日到热烈地参战，这中间还有一个距离，这个距离是由于群众切身利益与民族觉悟还不能密切联系所造成的。"[①] 如何联接抗战要求和群众要求，如何打通"要求抗日"到"热烈参战"之间的阻隔，八路军民运干部黄远有这样的思考：

> 我们要组织民众，必须启发民众的自动性，在民众要求上去组织民众。民众不是木头，不是一纸命令就能组织起来的。民众最初的要求常是关于本身的利害，也只有从他本身要求、改善他们的生活作起，才能真正组织起民众，才能渐渐从本身的利益要求提高到为民族利益而奋斗——为抗战胜利而奋斗。[②]

所谓"民众不是木头，不是一纸命令就能组织起来"，一方面表明了政治工作的局限性，另一方面也道出了一个朴素的、不容忽视和违背的事实：动员民众必须照顾其切身利益。日本的一位观察者在1938年就注意到这点，他说：中国农民内心成熟，又不乏狡猾精明。他们不可能被任何哲学、宣传、单纯的政治理念或是空洞

① 彭涛：《十七个月群众工作的基本总结》（1939年4月），山西省档案馆编：《太行党史资料汇编》（第二卷），第262页。

② 黄远：《晋东南的迫切的减租减息问题》，《解放》第102期，1940年3月31日，第11页。

的政治承诺所迷惑。谁能让他们吃饱，谁就能赢得他们的信任，从而最终确定中国的命运。[①]

无独有偶，时任中央书记处书记张闻天也专门撰文表示要多关心群众的切身问题，他说："只有我们关心与解决群众的切身问题，我们才能动员群众积极参加革命战争。我们过去与现在所以能动员广大群众参加革命战争，就是因为我们关心了与解决了群众的切身问题。"张闻天指出，由于中国革命战争的长期性与残酷性，以至于不得不把兵员、粮食这样的负担加在群众身上，正是因为革命战争要求群众很多很重的负担，所以"对于群众的切身问题，也就应该给以更多的关心。也只有这样，才能使群众更加积极的参加革命战争，为革命战争的最后胜利而牺牲奋斗"[②]。

三、契机：减租减息运动

那么，群众的要求是什么？他们的切身利益何在？

1940年春天太行根据地遭遇春荒，农民生活困难。区党委决定在全区发动党政军群团全力投入春耕运动中去，并要求在春耕运动中减租减息。同时区党委组织了7个小组分头到榆社、黎城、武乡、辽县、襄垣、潞城和长治，指导春耕和减租减息并调查当地实际情况。李雪峰称这是晋冀豫区党委抗战以来第一次调查研究农村经济社会情况。调查发现富农地主7%人口占地60%以上，贫苦农民比例不少于45%，但只占耕地10%。抗战以后农民破产的少了，一

① 转引自〔日〕小代有希子：《躁动的日本：危险而不为人知的日本战略史观》，张志清、李文远译，广东人民出版社2015年版，第104页。

② 张闻天：《更多的关心群众的切身问题》（1940年6月20日），《共产党人》第8期，1940年7月20日，第22页。该文在收入《张闻天选集》时字句上略有更动。

般土地流失停止，但并没有改变农民的贫穷状态，合理负担虽减轻了农民负担，但并没有增加农民的收入，农民在经济上处于明显劣势。[①]也就是说，调查显示群众生活困难不只是因为春荒，更主要的原因是土地占有及与地主的经济关系上的劣势。与这个调查结果相契合，八路军民运干部黄远在 1940 年 3 月即指出“减租减息是目前改善民生的最重要的工作”，他认为晋东南群众工作不够深入的主要原因之一就是民生的改善非常不够，以至于不能使晋东南人民如晋察冀边区人民所普遍感受到的那样——“抗日比不抗日好”。[②]

李雪峰的观察和分析呼应了黄远的上述看法，他认为群众的要求主要有两个方面：一是要求武装保卫家乡，保卫身家性命；二是要求生活的改善。前者与整个抗战的目标一致，不成为问题，后者则是更为普遍，也是农民更为关心的问题。关于减租减息，李雪峰认为“这个工作一经深入就必然涉及农村关系的基本问题——土地问题和几千年来的统治关系，所以减租减息不是表面一减就行的，而是要求不断的检查与斗争，要求细密的组织工作”[③]。也正是因为这个问题的高度复杂性和敏感性，以至于各地进展不一，有的甚至还未开展，有的则发生了停租停息等过“左”情况，还有的认为减租减息对生产有消极影响。可能也正因为如此，李雪峰并未就减租减息问题和相关的下一步工作作出论述。李雪峰后来在回忆录中也说：“当时虽然提出过减租减息，并发布过法令，但并没有在根据地内真正实行，只停留在宣传上。”[④]

---

① 参见《李雪峰回忆录》（上），第 129 页。

② 参见黄远：《晋东南的迫切的减租减息问题》，《解放》第 102 期，1940 年 3 月 31 日，第 11 页。

③ 李雪峰：《根据地建设与群众工作——党与群众工作（提纲）》（1940 年 12 月 5 日），山西省档案馆编：《太行党史资料汇编》（第三卷），第 791—792 页。

④ 《李雪峰回忆录》（上），第 68 页。

基于对太北土地问题的研究，冀西专署专员杨维的看法与李雪峰有许多类似的地方，他认为“发动农民最基本的办法就是解决土地问题”，但他发现，在具体解决土地问题中却存在着明显不合理的现象。[①]突出表现在只注意改善农民生活，不注意调剂各阶级利益，过分刺激了地主阶级，虽声称要合理负担，但并没有一个明确的政策，以至于有些地区地主、富农负担超过其一年的总收入，中农则没有什么负担。这引起了地主、富农的强烈不满，在部分地区流传着“三顷五顷是汉奸，百八十亩吃干，三十二十亩好过，三亩五亩太平年”的说法。[②]

可见，虽然当时已将如何发动群众引向了民生问题和土地问题，数年前即提出的减租减息也在各地得到了不同程度的展开，但实际情况如同李雪峰、杨维等观察到的一样，比较混乱。正是在这种背景下，关于土地政策的讨论再次被摆到显要位置。1941年6月，中共中央北方局机关刊物《党的生活》刊文讨论土地政策，该文开篇即指出“土地问题是目前需要更精密正确去处理的一个问题”。[③]针对之前部分地区出现的对地主富农的过“左”做法，该文特别提出在抗日民族统一战线的战略方针之下，解决土地问题也应坚持统一战线的基本原则，对于地主不能变更其土地所有权，但要限制其超经济的封建剥削。对于农民的永佃权，该文认为在现有的土地关系未改变以前应该予以保护。文章还就租额和减租问题进行了讨论，但没有给出确定的标准。文章同时认为“土地问题非常复杂”，目前的所掌握的材料还不够充分，“有待于各地同志深入具体

① 参见杨维：《太行山北区的土地问题》（1940年5月），山西省档案馆编：《太行党史资料汇编》（第三卷），第306页。

② 同上书，第332页。

③ 参见毅锋：《土地政策中的几个具体问题》（1941年6月），山西省档案馆编：《太行党史资料汇编》（第四卷），第363页。

地研究与及时地反映”。[1]

1941 年 11 月 5 日，中共中央就土地问题给李雪峰发来指示，这个指示是针对李雪峰的请示的答复。中央认为李雪峰所提出的政策方案有若干过“左”之处，指出：“今天我们的农村政策，必须是能满足广大农民的基本要求，才能发动群众的抗战积极性，才能有力量去推动其他阶级坚持抗战；同时又必须从巩固农村统一战线出发，使日寇在全中国人民面前完全孤立起来。应该把地主阶级看成今天坚持敌后抗战不可缺少的一种力量，在策略上应争取、联合它，应该采取妥善谨慎的改良政策，去限制封建剥削，而不是马上消灭封建势力。”简言之，在当时条件下，要实行的是“团结各阶级抗战的改良政策”。[2]

1942 年 1 月 28 日中央政治局会议通过《中共中央关于抗日根据地土地政策的决定》，该决定的主要精神与上述给李雪峰的指示密切相关：认为农民是抗日与生产的基本力量，故党的政策是扶助农民，减轻地主的封建剥削，实行减租减息，保证农民人权、政权、财权、地权，借以改善农民的生活，提高农民抗日的与生产的积极性；承认地主大多数是有抗日要求的，一部分开明士绅是赞成民主改革的，故只是扶助农民减轻剥削，而不是消灭剥削；富农有其一部分封建性质的剥削，为中贫农所不满，故对富农的租息也须照减。[3] 在具体租额上，中共中央规定一切未实行减租的地区减低原租额 25%，游击区、敌占点线可少一点；减息方面，以一分半为付息

---

① 参见毅锋：《土地政策中的几个具体问题》（1941 年 6 月），山西省档案馆编：《太行党史资料汇编》（第四卷），第 375 页。

② 《中共中央关于农民土地问题给李雪峰的指示》（1941 年 11 月 5 日），山西省档案馆编：《太行党史资料汇编》（第四卷），第 921 页。

③ 参见《中共中央关于抗日根据地土地政策的决定》（1942 年 1 月 28 日），中央档案馆编：《中共中央文件选集》（第十三册），第 281 页。

标准，付息超过原本一倍者，停利还本，超过二倍者，本利停付。[①]

几天后，中央关于如何执行这个土地政策再发指示，明确指出中央关于土地政策的决定是综合五年来各地经验而得，其基本精神是先要能够把广大农民群众发动起来，否则一切无从说起，这也是制定此项政策的初衷，但对于发动起来的群众也要有所约束，以让地主能够生存下去。所以在经济上减租减息，在政治上实行三三制。[②]

以中央的意志来推动土地政策的执行，是因为中央发现“凡在比较普遍比较认真比较彻底的实行了减租减息，同时又保障交租交息的地方，当地群众参加抗日斗争与民主建设的积极性就比较高，而且能够保持工作的经常状态，安定社会的生活秩序，那里的根据地就比较巩固”。与之相对应，在那些未认真执行这一政策的地区则是“群众的积极性不能发扬，根据地无法巩固，经不起敌人的扫荡，变成软弱无力的地区”。而当时的情形是“抗战进入更加艰苦的时期，要求各根据地更加发动广大群众的抗日与生产的积极性，更加团结一切抗日阶层来坚持敌后的长期斗争”，中央在详细研究各地经验后，遂作出以上全局性的决定。[③]

毛泽东在通过这个决定的政治局会议上表示该土地政策“研究了好几个月了，是我党以前未曾有过的决定”，他还说“凡事不要轻易决定，决定只是已经成熟了的事情”。[④]

暂无充分资料呈现这两个重要文件的详细酝酿过程，太平洋战

---

① 参见《中共中央关于抗日根据地土地政策的决定》（1942 年 1 月 28 日），中央档案馆编：《中共中央文件选集》（第十三册），第 286—287 页。

② 同上书，第 295 页。

③ 同上书，第 280—281 页。关于减租减息从政策到实践的演进，笔者另有专文，参见王龙飞：《减租减息的演进——以太行根据地为中心》，《清华大学学报（哲学社会科学版）》2019 年第 6 期。

④ 中共中央文献研究室：《毛泽东年谱（1893—1949）》（修订本）（中卷），中央文献出版社 2013 年版，第 359、361 页。

争的爆发应是重要背景。1941 年 12 月初，随着美国对日宣战，国共两党对于中国抗战前途的估计明显乐观起来。中共为太平洋战争爆发所发表的宣言中即热烈欢呼“法西斯阵线的最后失败局面与反法西斯阵线的最后胜利局面是已经确定了”[①]。抗战胜利既可期，国共必然都要考虑未来何去何从，相对弱势的中共尤需如此。毛泽东在 12 月 8 日中央政治局会议上指出日美战争的爆发将造成有利形势：华北华中日军的“扫荡”将逐渐减弱，且无大举增兵可能；国民党对边区的进攻可能会减少。[②]基于这种将出现宽松环境的判断，中共更加注意抛开顾虑巩固根据地。

12 月 18 日，中共中央在给华中的指示中说因减租减息和改选政权工作未能普遍施行，“广大群众尚未普遍深入发动和组织起来，以致根据地还不算很巩固，因而地主资产阶级中间力量对我领导的政权，也尚存观望动摇心理，这是我们今天要用最大努力来克服的”[③]。为增强群众信仰及扩大自身力量，中央提示华中注意近期及太平洋战争爆发后中央的各项指示，其中透露将要发布土地政策。

1941 年底，中共中央和中央军委明确指出 1942 年中心任务在于“积蓄力量，恢复元气，巩固内部，巩固党政军民”[④]。《中共关于如何执行土地政策决定的指示》更加显明地表露了与国民党争取未来的意图：“所有这些，都是为着拆散地主资产阶级与敌人及顽固派

---

① 《中国共产党为太平洋战争的宣言》（1941 年 12 月 9 日），中央档案馆编：《中共中央文件选集》（第十三册），第 249 页。

② 参见中共中央文献研究室：《毛泽东年谱（1893—1949）》（修订本）（中卷），第 343 页。

③ 《中央对华中工作的指示》（1941 年 12 月 18 日），中央档案馆编：《中共中央文件选集》（第十三册），第 270 页。

④ 《中央、军委关于一九四二年中心任务的指示》（1941 年 12 月 28 日），中央档案馆编：《中共中央文件选集》（第十三册），第 273 页。

的联合，争取地主资产阶级的大多数站在抗日民主政权方面，而不是跑到与顽固派方面去，跑去了的，也可以争取回来。”[①] 这一点在晋冀豫区党委给中央的报告中得到印证，区党委称在执行土地政策的运动中“几乎每一大的斗争，都与国民党直接间接接触的”[②]。

1942 年 4 月 15 日，遵照中央的指示精神，晋冀豫区党委下发本区执行土地政策的指示（即“四一五指示”），要求尽量暴露地主阶级的凶恶、对农民的欺压狡诈，暴露其伪善面目，打破农民“良心下不去”的旧观念，启发其阶级意识，明确阶级对立，坚决回答驳斥“等天晴”等谣言，以鼓舞农民斗争勇气，巩固斗争情绪。[③]

中央有关土地政策的这两个指示下达后，北方局和太行区都进行了讨论，但二者所讨论的结论有明显不同。北方局的结论大体是在中央两个指示的框架内的进一步阐发和相关问题的细致化[④]，太行区的讨论则将“斗争”作为执行土地政策的核心方式提炼了出来。太行区的讨论总结由李雪峰完成。该总结开篇即指出土地问题是农民最迫切、最核心的要求，同时也是封建势力的经济依托，因此要发动农民就“必须组织农民的土地斗争”，认为“也只有组织农民斗争，才能发动农民起来实行土地政策，才能削弱封建势力，同时

---

① 《中央关于如何执行土地政策决定的指示》（1942 年 2 月 4 日），中央档案馆编：《中共中央文件选集》（第十三册），第 295 页。

② 《中共晋冀豫区党委关于执行土地政策指示给中央的报告》（1942 年 10 月 30 日），山西省档案馆编：《太行党史资料汇编》（第五卷），第 789 页。

③ 参见《中共晋冀豫区党委关于执行土地政策的指示》（1942 年 4 月 15 日），山西省档案馆编：《太行党史资料汇编》（第五卷），第 245 页。

④ 参见《中央土地政策决定的讨论提纲》）（1942 年 7 月），晋冀鲁豫边区财政经济史编辑组等编：《抗日战争时期晋冀鲁豫边区财政经济史资料选编》（第一辑），中国财政经济出版社 1990 年版，第 181—188 页。

也只有斗争，才能联合地主（与资产阶级）抗日”。[①] 李雪峰进一步指出，在敌我斗争及反对顽固派反共反革命斗争的形势下，不发动群众斗争便“不能依靠群众，即不能把根据地与敌占区、大后方在基础上区别开来，即不能表现两种制度——殖民地制度与新民主主义制度，及两条路线——我党抗日民族统一战线的政策与顽固派反民主反科学的独断独裁主义的政策，在实际上区别开来”。他认为这种区别是非常必要的，因为在敌占区和大后方，封建势力是占优势的，如果不通过斗争给以削弱，则社会基础没有变更，在严重的斗争形势下，对抗战是非常不利的。[②]

李雪峰特别提到，太行区在战前整体上不曾有过尖锐的阶级对立与斗争，倒是反共的氛围和舆论一直存在，农民对此则比较模糊，地主就经常利用这一点，宣传说八路军要走，中央军要来，以此欺骗恐吓农民。[③] 换言之，此番减租减息的直接目标便是通过斗争为农民从地主那里争取实际的利益，在群众观念中树立起根据地优越的地位；同时也要打掉地主对于农民的压迫和支配，提高农民地位，使群众增加对共产党、八路军的信仰，跟着共产党继续坚持抗战。

以“斗争”推动减租减息和发动农民的认识来之不易。1942 年 4 月，李雪峰在总结过去农民运动的经验教训时即表露此意：“在整个实际工作中，直至现在才认识到从斗争中教育农民、发动农民的深刻意义。”[④] 国民党派驻第十八集团军少将参谋徐复观虽然近距离

---

① 参见李雪峰：《土地政策与农民斗争问题——中央土地政策的讨论总结》（1942 年 4 月），山西省档案馆编：《太行党史资料汇编》（第五卷），第 262—263 页。

② 同上书，第 263 页。

③ 同上书，第 270 页。

④ 李雪峰：《土地政策与农民斗争问题——中央土地政策的讨论总结》（1942 年 4 月），山西省档案馆编：《太行党史资料汇编》（第五卷），第 268 页。

接触了陕甘宁边区的减租减息，但他认为中共的这一政策未超出三民主义，只是眩惑外逃地主的工具。[①]这样的认识显然并未触及要害。晋冀豫区党委“四一五指示”中也提到过去几年对于统一、联合的强调束缚了斗争，以致农民运动出现不少波折。[②]

据李雪峰分析，减租减息必然涉及斗争，而斗争对农民的“教育发动”过程是这样的：在斗争中，一步一步地揭破守旧地主不愿意执行减租减息的凶相，揭破地主“善良”面貌下的“丑恶”实质，通过不断的斗争让地主接受减租减息、合理负担，允许农民起来参加政权，由此让农民一步深一步地认识封建剥削关系，打破经济上对于农民的实际束缚和舆论上、道德上对于农民的镣铐，进而启发农民的阶级意识，明确阶级对立关系。同时，在这个过程中，还要让农民了解到只有自己团结起来，组织起来，才能改善自己的生活，提高自己的社会地位；帮助农民认识到自己组织武装，参加民兵，参加自己的军队，便不怕什么“变天”。也就是说，斗争虽然需要通过打击削弱地主来实现，但最终的目的并不在于此，“教育农民、发动农民”才是落脚点。

太行区关于减租减息的讨论总结中还就农民斗争的阶段和策略作了详细的阐述。在阶段上大体分为酝酿斗争、斗争及联合三个阶段，讨论认为对于缺乏斗争传统的太行区，需要有一个较长时期的酝酿阶段。在酝酿阶段要大力宣传共产党、八路军永远不走，宣传共产党的政策，特别是减租减息政策。确定合适的斗争对象是这个阶段的另一项重要工作，其基本选择标准是“农民最痛恨而又慑

① 参见徐复观：《中共最近动态》（1943年），黎汉基、李明辉编：《徐复观杂文补编》（第五册）（两岸三地卷·上），（台北）“中央研究院”中国文哲研究所筹备处2001年版，第18页。

② 参见《中共晋冀豫区党委关于执行土地政策的指示》（1942年4月15日），山西省档案馆编：《太行党史资料汇编》（第五卷），第245页。

于威力”“最易将多数农民卷入斗争漩涡”。[①]酝酿充分后即放手发动群众进行斗争，在斗争中明确阶级关系，进一步宣传共产党的政策，充实与健全农会，推动村政改造，确立农民的优势地位。最后的阶段便是适时纠正一些过“左”行为，照顾大局，对地主实行若干让步以团结其抗日。该总结特别强调，要“利用一切机会，启发农民对抗日民主政权的爱护，对党和军队的爱护”。[②]

四、行动：以斗争为中心

（一）以斗争打破僵局

虽然太行区深入讨论了新的土地政策并作出相应的工作部署，但太行区的减租减息并没有立即展开，其中一个重要原因是日军新一轮的“治安强化”运动。1942 年 3 月 30 日至 6 月 15 日，华北日军发动了第四次“治安强化”运动，这次“治运”日军集军、官、民总力，向“东亚解放”“剿共自卫”“勤俭增产”等三大目标迈进，积极展开思想战与实际行动，企图完成“大东亚战争”，并在治安上获得“飞跃之强化”。[③]日军在 5 月集中两万五千人的兵力，发动“晋冀豫边区肃正作战”，目标直指八路军总部、一二九师师部等首脑机关，企图彻底摧毁以太行为中心的晋冀豫抗日根据地。八路军副总参谋长左权即在此次反“扫荡”中壮烈牺牲，战争惨烈程度可见一斑。

---

① 参见李雪峰：《土地政策与农民斗争问题——中央土地政策的讨论总结》（1942 年 4 月），山西省档案馆编：《太行党史资料汇编》（第五卷），第 277 页。

② 同上书，第 289 页。

③ 参见中央档案馆、中国第二历史档案馆、吉林省社会科学院合编：《华北治安强化运动》（日本帝国主义侵华档案资料选编），第 417 页。

晋冀豫区党委在总结 5 月反“扫荡”时，认为这次战争最大的经验教训在于：“发动群众非常不够，即有些发动也不平衡不经常，因之战争一到严重境况，就痛感无依靠。同时明显看出，只要进行过群众斗争，相当地解除了日常政治压迫与经济束缚，群众对我就很密切，群众就听受领导。因此今天必须争取时间，抓住空隙，发动群众。”区党委要求接下来要认真贯彻执行土地政策，做好减租清债工作，解决合理负担之悬案与不公问题，同时还必须打破守旧地主或国民党的政治统治，提高群众政治觉悟。在土地政策执行中，要向群众联系解释土地政策是共产党和八路军的主张，八路军是人民群众的军队，最关怀群众利益，并坚持为保护人民利益坚持抗战到底。同时反问，那么老百姓应该如何对待军队？[①]

1942 年 9 月中旬，刘少奇从华中回延安取道太行。据李雪峰回忆，刘少奇在听取了工作汇报后，认为太行未能在抗战前期抓住农民最迫切的土地问题发动减租减息是一大失策，他介绍了华中的经验，强调减租减息是根据地工作的中心一环，必须在农村中造成农民的政治经济优势。[②]随后，一个大规模的以减租减息为中心的群众运动在太行根据地腹心区开展起来，而此前未受日军此次“治运”影响已开展工作的地区则按计划将运动继续向前推进。根据太行区的实际，区党委确定本区减租减息的主要内容为：减租保佃和清债退押。

要让地主放弃承续已久的利益，即便是一部分，实际上是非常不容易的。再加上租息的问题并不好下手，而上级又要求无论如何必须先斗起来。因此，在实际操作中，许多地方并未按区党委确定

① 参见《中共晋冀豫区党委关于五月反“扫荡”的经验教训与当前备战工作指示》（1942 年 8 月 14 日），山西省档案馆编：《太行党史资料汇编》（第五卷），第 541 页。

② 参见《李雪峰回忆录》（上），第 140 页。

的一开始即剑指减租减息，而是从其他问题寻找突破口。榆社县西周村的群众斗争可以说明这个问题。[①]

西周村的群众斗争一开始即确定该村大地主杨培芝为主要斗争对象。杨培芝抗战前即在全县享有较高名望，家有一顷四十亩地，年收租120余石，放债数千元以上，在太谷有药铺，在北平有存款。抗战前，杨培芝曾当过省政府视察员，还在太原师范做过教员。抗战开始后回到家乡西周村，以其声威常常干预村政。西周村于1938年开始有了中共支部，组织工作是由一位高小毕业生开辟的。由于不向抗日政府缴公粮，杨培芝在1939年即成为斗争对象，在群众大会上曾被捆了一次，他暂时低头，不再敢公开出头。

1940年黎城会议后，政府颁布保障人权法令，明令禁止之前的过火做法。和许多其他地方一样，西周村的斗争转入消沉期。杨培芝见政策转变又开始活跃起来，“经常破坏造谣，曲解抗日政府法令，打击村干部，削弱村干部的威信”。对于这样实力雄厚的大地主，村干部无可奈何，斗争不知如何着手。

杨培芝之弟杨大牛平时为人不好，在村中经常骂人惹事，喜欢搞“破鞋”，曾与一有夫之妇好上后挑拨人家离婚。这些琐事让许多群众对他很愤恨，但因为杨培芝的存在，大家也不敢惹他。区委干部在主持村支部的讨论时指出，斗争杨培芝一时难以起来，可以先打击杨大牛，等群众相信自己的力量后，再斗争杨培芝。杨大牛由此被确定为第一次大会斗争对象。

在斗争会上，杨大牛不承认错误，质问群众，并直接骂分委，

① 《榆社西周村群众斗争》（1942年11月19日），革命历史档案1-1.1-3，榆社县档案馆藏。该件为手写本，与潭村、西周村、下赤峪、南村、云簇、讲堂、屯村等村群众斗争工作材料合在一个案卷中，未标明作者，据内容当为村支部。以下关于西周村群众斗争的引用皆来自此件，不再一一注释。

说就是你们区干部我也不怕，还破口大骂全村人在欺侮他。在场群众被激怒，动手打了杨大牛，杨见势口头上当场承认了错误。这次斗争虽无大的成绩，但打破了僵局，群众兴奋起来了。考虑到杨大牛可能搞阴谋，支部经过讨论认为应对其进一步斗争。加上当时有敌对分子捣蛋，经过启发，大家一致认为必须武装起来，民兵应该积极掌握手榴弹和枪支等斗争武器。在这种情况下，民兵很快扩充了 9 人。之后又进行了第二次斗争，目的是要求杨培芝减租。杨培芝利用过去共产党解决问题存在不彻底的情况，采取拖延战术，寄希望于拖到不了了之。于是他表面上积极慷慨承认错误，并答复三日内退租 4 石，之后则不仅迟迟不兑现，还跑到区政府告状说村里又斗他，企图利用保障人权法令打击村干部。

这种情况下，村里组织了第三次斗争。吸取前面的教训，这次斗争以联防为单位组织了 500 余人参加斗争大会，群众声势更为壮大。杨培芝被质问为什么过去一个月还不退租，他狡辩说已经答应要退租了，只不过粮食还在他家。群众很愤怒，有人冲上去要打他。大家又质问他为什么不执行减租。由于害怕再挨打，杨培芝当场答应减租。杨培芝曾骂过村干部，群众问他你骂娘是骂谁，他狡辩说是骂自己。有人说："你以前当过视察员，又看过六法全书，你给自己审判一下"；还有人说："你现在对干部不满，对群众也不满，民兵到你家催一下公粮也要骂。"最后提到他造谣说八路军被消灭了，中央军就要来了。杨培芝说谁听见，两三个人立即出来证明，下面的群众又一涌一涌要打他，杨培芝见势赶忙承认说过，愤怒的群众还是拥上来打了他一顿。斗争大会结束后，群众随即到他家退租。

斗倒杨培芝后，又很顺利拿下另外几个小地主。这便是西周村群众斗争的主要经过。

需要特别指出的是，西周村的这场斗争之所以能发动起来，一个关键原因是有各村的上级组织——区委在支持。区委虽然并不站在前台，但在斗争的发动阶段，村支部缺乏足够的威信，难以自主发动群众，需要区委帮助制定斗争策略，并联合其他村一起斗争以壮大群众的力量。在斗争过程中，区委的适时介入对于把握斗争节奏和分寸也非常关键，比如在斗争杨大牛后区委提示杨可能阴谋反攻，因此提出要建立群众武装，使民兵得以扩充；还比如在群众动手打人时把握尺度，以免斗争走偏。

在区委的直接指导下，西周村对杨培芝的斗争在策略上是先从外围（杨大牛）突破，在斗争的焦点上是从简单问题开始，然后再逐步发展至核心目标和中心问题。虽然西周村的斗争也涉及减租，但斗争杨培芝的主要原因显然不是租额问题。杨培芝的身份既是地主，更是资历较深的地方实力派。作为原有秩序中的实权人物，他能显著影响村政，他那一系列抗交公粮、不服从村干部等挑战甚至蔑视中共抗日政权的举动，自然都难以被容忍。这正是他成为斗争对象的主要原因。通过斗争，地主原有的权威被严重削弱，民兵武装得以扩充，村政权的威信得到增强，群众真切认识到自身的力量。像 1940 年那样不经斗争一停了事的做法，显然难以达到这样的效果。

细致辨析可发现，减租减息发展到此，组织和群众有了各自的侧重点：前者意在打倒旧的权势人物和摧毁旧的权力秩序并建立起新秩序，后者更在乎地租、利息这些事关生计的实际问题以及日常人际观感。各有侧重的目标在斗争运动中交织到一起，非但不矛盾而且相辅相成。

回过头去看，在减租减息作为一项改善民生的对策提出之初，组织和群众的目标大体是一致的。当这项政策发展为一场大规模的群众斗争时，减租减息便被赋予了鲜明的政治意义和使命。换言之，减租减息也就远远超出租息本身，其实现方式也不可避免地超出温和协商的范畴。

上级要求根据地的斗争方式应是民主的，是为了争取大多数孤立少数，但在实际斗争中“打人”这样的激烈手段却是最直接有效的。二者虽然存在矛盾，但为了发动群众，只要不过火，组织上一般默许，或者进行原则上的训示。群众敢于对地主动手，离不开群众武装的支撑。有运动亲历者称：“地主为什么厉害，就是因为手里有权。你不交租，他捆你、吊你，他可以把你送到看守所去，他也可以告你，旧社会就是地主说话算数的。农会有自卫队以后，就变成民兵了，没有这强制手段不行。”[①] 正因为武力的重要性，在展开对杨大牛的斗争时，就有意识地建立和强固民兵组织。有了民兵，有了枪支，面对地主不减租不配合，自然也可以强力执行。

在西周村的这场斗争中，杨培芝代表的是该村旧有的权势秩序，在没有外力介入的情况下，村中中共党组织力量与杨相比显然处于弱势。经过这番斗争，杨培芝在经济上受到削弱，更重要的是政治上遭受严重打击。与此同时，村支部和村干部借由领导斗争、组织群众武装在群众中树立起了威望，群众开始相信和服从村干部。一项由晋冀豫区党委发布的、基于该区 13 县 39 个支部的调查研究表明，“凡群众运动深入的支部，支部战斗力就强，支部就巩固，就能够领导群众应付战争及完成动员任务”。[②] 群众通过斗争得到了一定的实际好处，并组织了自己的武装，情绪更加高涨。党组

① 张成德、孙丽萍主编：《山西抗战口述史》（第三部），第 342 页。讲述者李修仁抗战时任和西县县委书记，亲历减租减息运动。

② 中共晋冀豫区党委：《十三县三十九个支部的初步研究》（1942 年 9 月 20 日），山西省档案馆编：《太行党史资料汇编》（第五卷），第 695 页。

织预设的通过斗争建立基本群众对地主的优势也在这个过程中快速形成。调查显示，随着农民逐渐觉悟和组织起来，地主在村中已变成“人来散”，和地主说话的人被大家看不起，即便说话也是对其“恶言恶语”。[①] 这样的结果显然已远远超出“改善群众生活”。

（二）以斗争反“维持”

与西周村的情况略有不同的是，在日军不断“治安强化”之下，有些地区还面临着被迫“维持”的威胁。1942 年 2 月 16 日，盘踞沁县的日军千余人进犯榆社，县城再次沦陷。日军进占后，开始在县城周边推行“维持”，并逐渐向外围扩展。对于已经“维持”和受到威胁的这些地区来说，反“维持”是这一阶段群众斗争的重点。讲堂是榆社东乡一个规模较大的村子，全村有 218 户，田、赵两姓占绝大多数，被认为是“封建地主统治最厉害、群众比较落后的一个村子”。[②] 该村全村土地共 63 顷，其中田姓 28 户占有 16 顷，赵姓 23 户占有 9 顷。田家是进士门第，在讲堂居优势地位，赵姓虽没有什么显赫人物，但户口较多，田姓也不敢怎样，村政多年来一直由两家轮流掌握。该村国民党以田何屯、田何方为首，据调查有党员十余人，在讲堂听他们指使的人很多，一些服从他们的下层分子经常在村中造谣生事，造成社会混乱，抗日政府的许多工作不能顺利进行。村中中共组织 1939 年才开始发展，当时是把一批小知识分子及本村的边缘人吸收进来，以致很长时期没有形成组织力量，到 1940 年支部在村中的影响还不甚积极。经过 1941 年 5 月

① 参见太行分局组织部：《武乡农民阶级意识与民族意识的初步研究》（1943 年 6 月 25 日），革命历史档案 3-47-1，武乡县档案馆藏，第 37 页。

② 《五个月来讲堂群众运动的总结》（1942 年 11 月 25 日），革命历史档案 1-1.1-3，榆社县档案馆藏。以下有关讲堂群众运动的引用皆来自此件，不再一一注释。

扩大三八五旅及发动群众参加游击队后，再加上其他多次工作，党组织在群众中的威信才逐渐提高。

自日军修通武榆辽公路后，榆社六区的“维持”逐渐扩大，讲堂群众也开始产生“维持”情绪，干部退缩，埋怨抗日政府。一部分落后分子被坏分子指使暗中维持敌人，直到政府将鼓动“维持”的张全福、张富来等扣起来后，“维持”情绪才稍稍平息。但在敌人的进一步威胁下，讲堂在5月又再次“维持”。讲堂的群众斗争便是在这样的背景下开始的。

讲堂的第一次斗争会于5月14日召开，有130余人参加，斗争的中心是反“维持”。当时正值敌人赶修榆辽公路，群众普遍感到恐慌，情绪相当低落。抗日政府将“维持”打断，把伪人员扣押，却遭到群众反对，说“两块石板夹一块肉，逼咱们死”，还说“允许韩庄‘维持’（为什么）就不允许讲堂‘维持’”。

这种情况下又召开了第二次斗争会。会上将通敌的张来江以汉奸罪名枪决，各种关于“维持”的谣言始告平息。党组织意识到，仅仅打断“维持”还不够，因此在第二次斗争会上还发动了向田何屯、田耀光、田向荆等“抗粮”势力的“反负担不公”斗争。反负担不公的斗争是首先在党内外进行了酝酿，提出“合理负担的不公道不是评议的不公道，而是老财地主的抗粮不出就不公道了”，“他们不出粮就要加重贫农的负担”。在这样的口号下，群众与田何屯等在大会上展开了热烈的讲理斗争，说“田何屯不出粮我们都不出”，“老财地主还不出，我们更出不起”，“田何屯不出粮把全村的负担都搬到他身上”，并有群众喊出“不交公粮就是抗战不积极，准备投降”。全场群众把原本能说会道的田何屯呛得哑口无言，只好承诺“我交，我交”。大家说不相信，要求当场找保人，田只得找了三个保人。群众还要求成立监督委员会，以防其反悔。

这样斗争田何屯后，其他地主也答复了群众的要求。不到四天，这些富户把积欠的30石公粮交出来了。田何屯挖开粮窖时已经烂了不少粮食，群众说："你看，田何屯宁把粮食烂了，也不给军队吃！"还有说："你说没有，这是从哪里来的？田家是不出一个好东西，非斗他不行！"

这次运动中群众还对邻村陈家峪"维持"敌人提出了斗争，响亮喊出"维持就是汉奸""汉奸就应该枪毙""看谁让维持，把主谋人拉出来枪毙"等口号。对于"维持"的主事者，一时有的提出枪决，有的提出刀砍。最后支部经过讨论，提出杀人不是目的，而是要实现相应目标。经过启发，群众提出"只要改过自新，不当汉奸我们就不杀人"，后又提出"让他们自首，当场自首，并把给敌人的东西全部包赔退还群众，保证不再维持敌人"。

此后又举行了第三次斗争会，中心是清算讲堂的社仓。群众在斗争社仓管理者贪污时相当热烈，一致要求清算讲堂的社仓谷账，群众说："以前谁敢惹你，今天非让你全部把贪污的吐出来不行。"还有的说："只要把账算清，咱们就有吃的了，过去他们少数人独干，谁知道里边怎样。"大会快要结束时，神枪手王海林登台号召参军，当场即有三人报名响应。第四次斗争会是在7月13号举行，参加的有170余人。这次会上主要是把前面斗争出来的8斗小米、1石麦子、5亩地和22元大洋经过群众公议分配给贫农与抗属。

讲堂这次群众斗争打压了地主的"威风"，提高了群众认识，推动了财粮工作的完成，兴奋了干部，启发了群众，也有力地打击了"维持"，使群众更加坚定地继续坚持抗战。本来，反"维持"是讲堂面临的最紧迫的任务，但单纯地扣押乃至枪毙"维持"主事者却会引来群众的不满，这表明反"维持"在根本上也必须发动群众，只有群众坚定了跟共产党走的决心，才有可能在面临严重威胁的情况下仍能坚持抗战。正如赖若愚所说："（反'维持'斗争）必须把群众发动起来，使反'维持'成为群众性的，才能把坏分子孤立起来，暴露出来。但是这还不够，必须进而使群众参加到斗争里边，有意识的成为斗争的成员，而不是依靠军队、依靠政府。"①

据统计，在这轮以减租减息为中心的群众运动中榆社一、二、三、四区合计发动斗争 72 次，参加人数达 14,590，平均每次斗争大会参加者有 200 余人。解决了如下问题：减租订约问题 2322 件，清理旧债问题 839 件，土地纠纷问题 695 件，妇女问题 139 件，雇工问题 237 件，青年问题 27 件，其他问题（砍树、偷盗等）277 件。② 据武乡县统计，经过 8、9、10 三个月的群众运动，全县 50 多个村（占根据地行政村半数以上）解决租息问题 12,000 多件（不算普遍订约），典地订年限 7000 多顷，租地订约（由永佃权改订契约）160 多顷，清债 22.6 万余元（冀钞）、铜钱 82,000 多吊、粮 540 石，退文书 13,400 多张、欠利条子 2800 多张。③ 在太岳中条区，中心区共发动了 15 个编村的群众，减去谷子 1400 石，其他一个地区退回押租 26 万元，收回押地 1503 亩，抽回典地 507 亩，抽回混合地 4000 亩，抽回房子 229 间。在斗争中经过民主选举农救会 53 个，培养村群众干部 195 个，发现积极分子 4285 个，解决农村纠纷问题 6000 件，争取开明地主 10 余人与农民的团结，明确了村中的阶级关系，群众情绪大大提高了。④

---

① 赖若愚：《二分区反蚕食斗争的基本总结》（1942 年 9 月），中共太行区党委：《太行各分区党的文件选辑》（第三分册），1944 年，第 53 页。

② 参见榆社县委：《群众运动与参军工作的总结》（原件未标时间，据所在案卷及内容推测应为 1942 年末），革命历史档案 1-1.1-4，榆社县档案馆藏。

③ 参见《李雪峰回忆录》（上），第 143 页。

④ 参见李大章：《过去群众工作的简单回顾与今后的工作方针》，《战斗》增刊第 16 期，1943 年 3 月 20 日，第 12 页。

此番减租减息运动所涉人口之众，土地之多，财产之巨，可见一斑。广大根据地农民经由斗争得到了实实在在的利益，虽然分配斗争果实上存在不均情形，但在总体上农民手上的土地从无到有，或者从有到多，农民身上的债务也有了相当程度的减轻或解除。据太行区党委研究室的调查研究，太行区的社会经济结构因此次减租减息运动中的减租、减息清债、增资、负担挤分、反贪污退款等斗争而发生了深刻变化，地主受到极大削弱，富农受打击也不小，超过三分之一的贫农上升为中农。[①]需要特别指出的是，此番减租减息中，地主阶层并不是首次受冲击，他们在此前的屯粮运动、合理负担运动中即已被削弱。不过，屯粮运动和合理负担运动在实际上针对的是地主手中过往积累的“余粮”，基本未触及土地占有。因此，相较减租减息，之前的运动对地主阶级的削弱、对原有社会制度和生产关系的冲击都相对有限。

经济斗争的成效即刻作用于政治，群众的发动状况大为改观。李雪峰称，“农民得到实际利益后，参军、参战、支前积极性更加高涨”[②]。这正是发动减租减息所要达到的主要目的。太行区党委给中央的报告中说，经过1942年下半年轰轰烈烈的减租减息，“基本群众大大发动起来了，根据地面貌完全改观。尔后，一切工作都好做了，一切任务完成都容易了，党、政、军与人民关系密切了”[③]。

相比于斗争内容，斗争的群众动员成果对于战争进程更为重

① 参见太行区党委研究室：《太行区经济结构与抗战开始后社会经济变化》（1944年12月），山西省档案馆编：《太行党史资料汇编》（第七卷），山西人民出版社2000年版，第284—302页。

② 《李雪峰回忆录》（上），第143页。

③ 《邓小平对十个问题的答复》（1944年8月24日），山西省档案馆编：《太行党史资料汇编》（第七卷），第95页。

要。因此，扩大斗争主题、内容和参与主体范围就成为必然趋势。左权县在总结群众斗争时就指出应当吸引妇女也参加斗争，因为她们更能注意到日常生活中的小事，在这些小事上来提高阶级觉悟也是很有帮助的。[①] 这就可以解释以下的数据和现象：1942 年 19 个县的统计，减租减息斗争实际只占全部斗争次数的18%[②]；左权县党组织在斗争中强调要将乡村中原本存在的外来户与本地户、大村与小村的矛盾关系统统打破变成阶级关系[③]；来自地方的工作报告把这些称之为用于做好发动群众这篇大文章的各种“题目”[④]。关于这一点，邓小平在指导冀鲁豫根据地群众运动时曾明确表示“把党的土地政策内容认为只有‘减租减息’四个大字是不妥当的”，反恶霸、反贪污、反黑地等亦是基本内容。[⑤]

关于基本群众充分发动的标准，时任北方局代理书记彭德怀 1942 年底在太行区干部会议上提出了以下四个标准：一、多数人真正行动起来参加运动和斗争；二、自觉加入并忠诚拥护自己的组织，有真正从斗争中产生的当地领袖；三、封建道德思想有了相当转变，自觉赞同革命、追求真理；四、坚定跟着共产党走，相信只有共产党能领导他们得解放。[⑥] 这套标准核心指向是“群众自觉”。

---

① 参见《左权县农民土地斗争初步总结》（1943 年），革命历史档案 1.1-1-065，左权县档案馆藏。

② 参见赖若愚：《一九四四年冬季以来减租运动总结》（1945 年），山西省档案馆编：《太行党史资料汇编》（第七卷），山西人民出版社 2000 年版，第 469 页。

③ 参见《左权县农民土地斗争初步总结》（1943 年），革命历史档案 1.1-1-065，左权县档案馆藏。

④ 参见《邢台工作简史》，《太行党史料辑存》第二编，内部资料，1945 年，第 106 页。

⑤ 参见邓小平：《在中共冀鲁豫分局群众工作会议上的发言》（1945 年 6 月 6 日），谢忠厚、张圣洁主编：《冀鲁豫边区群众运动资料选编》，河北人民出版社 1992 年版，第 566—567 页。

⑥ 参见《彭德怀在太行区军队营级、地方党县级以上干部会议上的报告》（1942 年 12 月 18 日），山西省档案馆编：《太行党史资料汇编》（第五卷），第 924 页。

以此衡量，彭德怀认为“大部分地区的群众是没有充分发动起来，或者发动了而又消沉下去了的”[1]。在彭德怀看来，华北各根据地许多地区的群众组织“只有形式，是空架子，更难说到提高组织程度与政治觉悟程度”[2]。

截至这次太行区干部会议，经过半年以减租减息为中心的群众斗争，太行区的基本群众能够积极参加运动为自己争取利益，农会组织也开始有实质性内容，群众通过对地主的斗争在很多方面刷新了思想观念，对共产党和八路军的信仰较前增强。以彭德怀上述四条标准来衡量，太行区的基本群众还难说“充分发动”，这主要表现在群众斗争主要由上级推动和少数干部带动，农会组织的建设未能达到预期程度，尚未能在群众斗争中发挥主要作用；与之相适应的，思想虽有改变，但旧观念的影响依然顽强，群众对未来也难说有坚定清晰的认识。据太行区党委给中央的报告，截至 1943 年初，有过斗争的村庄只占 60%（15 县 1925 村），参加斗争的人数仅占 26%，参加政治活动的也只占 43%（7 县 458,600 人）。[3] 因此，只能说经过此番减租减息运动，太行区基本群众在一定程度上发动起来了。这也表明，在未来的革命进程中群众还需要花大力气继续发动，正如彭德怀所说：“群众的发动不是一劳永逸的事情，党必须不断地抓紧每个时期群众运动的特点”，常态化地维持和适时地推动这项工作。[4]

减租减息运动一方面是在经济上和政治上削弱地主，同时也

---

① 同上书，第 926 页。

② 同上书，第 915 页。

③ 参见《中共太行区党委关于群众运动与执行土地政策情况给中央的报告》（1944 年 1 月 16 日），山西省档案馆编：《太行党史资料汇编》（第七卷），第 28 页。

④ 《彭德怀在太行区军队营级、地方党县级以上干部会议上的报告》（1942 年 12 月 18 日），山西省档案馆编：《太行党史资料汇编》（第五卷），第 926 页。

是要通过打击旧的权势破坏旧有的统治秩序，建立共产党领导下的群众的新政治秩序。为实现这一目标，减租减息运动中一项重要工作是改造村政，帮助已有的中共方面的村干部树立威信。据材料显示，在武安等地旧势力对中共政权干部采取“上拉下买中不理”①的策略——县里来的干部请吃送礼，收买村级干部，对区级干部则不予理睬，甚至派人打入区委。这显然是比前述村中士绅杨培芝等抗粮、干预村政等行为破坏性更大，同时也更难对付，这也是为什么除了与租息直接相关的斗争外，还有大量关于其他问题的斗争，晋冀豫区党委便认为反汉奸、恶霸、会门、贪污是更具“直接政治意义”的斗争。②

除了上述这种看得见的除旧立新，中共当然还希望借由这个运动将影响力和控制力落实到最基层，刷新每个农民的观念，让他们通过斗争和运动熟悉并接受革命理念，进而建立新的农村政治秩序，为根据地抗日民主政权奠定坚实的基础。如彭德怀所说：“经过群众自己斗争而获得减租的利益，群众才能从自己的政治经验中，体会到抗日民主政府与过去政府的基本不同，认识到政府的好处与军队的好处。这样政府的威信，才能真正提高，才能得到群众的真正拥护，而群众也能从自己行动的经验中，体会到自己力量的伟大，组织的重要，使群众组织进一步巩固起来。”③这显然是一场直达社会根底的深刻变革，平和的手段能够达到目标，但显然不及激进的手段更加直接有效，而在当时的局势下也容不得逐步缓和的方式。

激进的手段之所以有效，正如论者所言：“每一次行动都使下

---

① 参见《中共晋冀豫区党委关于执行土地政策指示给中央的报告》（1942年10月30日），山西省档案馆编：《太行党史资料汇编》（第五卷），第791页。

② 同上书，第789页。

③ 《彭德怀在太行区军队营级、地方党县级以上干部会议上的报告》（1942年12月18日），山西省档案馆编：《太行党史资料汇编》（第五卷），第946页。

一次行动更容易，并且断绝了退路。一个佃户由于害怕报复或者为了保持社会融洽，可能一时偷偷地付给地主原先未减的租金。但是，一旦佃户在斗争会上大声训斥了这个地主之后，他或许再也没有退路了。"[①] 于是，斗争中群众的激进行为是被鼓励的，刘少奇在1942年底有这样的指导意见：

> 群众运动起来了，可能有掌握不住的情形发生，因为群众不动则已，既动起来，往往超过我们的主观愿望，有些过左、过火的现象。有的同志对这种现象，感到害怕。应该认识，群众运动起来发生过左是一回事，领导的过左又是一回事。应该把群众行动上的过左，和干部领导上的过左，严格区别开来，因为这是有原则差别的。领导上的过左，是左倾机会主义，是犯错误，是不允许的，应该禁止的。群众起来有些过左的现象，往往是不可避免的，也是不应该害怕的。[②]

关于运动过"左"问题，1937年初刘少奇在关于"西安事变"和群众运动给张闻天的信中表示"左"倾错误是大革命时期的沉痛教训。刘少奇说群众运动的"左"倾错误极易发生，且一旦发生影响重大，"常常用尽一切方法还纠正不过来"。刘警告说预防这种错误"异常重要"。[③]

---

① 范力沛：《中日战争时期的中国共产主义运动，1937—1945》，费正清等编：《剑桥中华民国史》（下卷），中国社会科学出版社1993年版，第746页。

② 刘少奇：《关于减租减息的群众运动》（1942年12月9日），《刘少奇选集》（上卷），第240页。

③ 参见刘少奇：《关于大革命历史教训中的一个问题》（1937年2月20日），中共中央文献研究室、中华全国总工会编：《刘少奇论工人运动》，中央文献出版社1988年版，第219页。

短短几年间，刘少奇对“左”的认知发生显著转变，这正体现了形势的深刻变化，也印证了此番减租减息运动鲜明的斗争性。

五、民兵与“群众斗争”

（一）民兵推动斗争

关于减租减息运动，晋冀豫区党委的一项研究指出：“土地政策是基本的，执行政策目的在于发动农民起来抗战，出粮、出兵支持战争。群众发动，粮与兵就好要，发动好就要的多，否则要不出。”① 发动大规模的减租减息运动最现实的出发点正是发动群众出粮、出兵以继续坚持抗战。经过数个月的努力，这方面的成效迅速显现。晋冀豫区党委在给中央的关于执行新的土地政策的报告中说：“由于比较贯注地执行土地政策，其他任务，如去年极大努力而无多大成果的地方武装，多数完成，甚至超过计划了，民兵在实质上也加强了。”② 太行区武委会主任杨殿魁在1943年初晋冀豫边区政工会议上总结1942年武装工作时说：“一九四二年我区人民武装建设有了很大的进步，在一些主要建设工作上训练干部，从群众运动中建设民兵，政治工作建设等都得到相当大的成绩，使我们摸着了一些建设的门径，基本上克服了四一年机械搬运晋察冀经验的做

① 中共晋冀豫区党委：《十三县三十九个支部的初步研究》（1942年9月20日），山西省档案馆编：《太行党史资料汇编》（第五卷），第696页。山东根据地在答复中央的询问中也提到“做好减租减息的地区，民兵发展就快”。参见《山东关于十个问题的答复》（1944年8月12日），中共山东省委党史研究室编：《山东党的革命历史文献选编（一九二〇—一九四九）》（第七卷），山东人民出版社2015年版，第329页。

② 《中共晋冀豫区党委关于执行土地政策指示给中央的报告》（1942年10月30日），山西省档案馆编：《太行党史资料汇编》（第五卷），第788页。

法。”[①]太行分局副书记李大章在1943年初太行高级干部会议报告中也认为1942年是“群众运动的一个新时期”。[②]杨、李二位所说的“群众运动”即指的是半年前开始发动的以减租减息为中心的运动，李大章还特别强调了减租减息对于发动群众及削弱封建势力的重要性。

杨殿魁在一个关于人民武装政治工作的总结报告中说“正确掌握人民武装的群众性、军事性是人民武装建设的一个基本问题”。他称过去对于掌握人民武装“群众性”的认识是主要通过发扬民主的方式，在民主自觉的基础上培养群众领袖，从群众切身利益出发，为保卫群众利益而奋斗，但1942年的减租减息运动表明这个认识还不够，“群众性”的真正发挥，“必须发动群众彻底执行土地政策，大多数的群众不发动起来，基本群众不翻身起来，一定限度的生活要求不解决，政治上不占优势，绝大多数的群众仍被农村旧的统治束缚着，为饥寒所迫是不会有真正的民主的发挥，真正的保卫群众利益也是无保证的”。杨殿魁认为，“军事性”是建立在“群众性”的基础上的，因此没有“群众性”的充分发挥，“军事性”只能是形式的、被迫的，因此不能巩固。[③]换言之，群众不充分发动，群众武装即不能坚强有力。

在杨殿魁的分析中，“群众性”方面包含着农民的落后性，如自私散漫，“好人不当兵，好铁不打钉”的旧观念。从这方面说，

---

① 《杨殿魁同志一月八号在边武政工会议上的报告》（1943年1月8日），太行区武委会编：《抗日战争中人民武装建设文件》（下册），太行群众书店印，1947年，第105页。

② 李大章：《过去群众工作的简单回顾与今后的工作方针》，《战斗》增刊第16期，1943年3月20日，第13—14页。

③ 杨殿魁：《一九四二年人民武装政治工作几个问题总结》（原文未注时间，从前后编排上看应为1943年初），太行区武委会：《抗日战争时期人民武装建设材料辑存》（第一集），第140—141页。

与“军事性”是有明显矛盾的，因此克服这种落后性，把“群众性”与“军事性”统一起来，正是当时的组织任务和目标，而执行减租减息政策、引导群众斗争正是实现目标的重要途径。

杨殿魁认为，所谓群众游击战争就是“群众运动的高级发展，是执行土地政策的结果，不是单纯的军事问题，群众为保卫自身利益，由经济的、政治的斗争，转到与军队结合起来，共同打击敌人”[①]。不过，虽然将侧重于经济利益的减租减息斗争引导到对敌的武装斗争上去是预先就设计好的路径，但这个转换并不能自然而然地完成，而是需要大量的工作，也需要把握好节奏和时机。

彭德怀在太行区干部会议上指出：“一旦减租减息实现，农民得到经济利益之后，则应及时提高农民的认识，防止农民追逐单纯经济利益的经济主义倾向。如果农民单纯为经济利益而斗争，斗了又斗，没有止境，则不能提高群众的政治认识，也就不能团结与巩固农民群众的力量，并且，可能破坏党的统一战线政策。”因此，彭德怀强调：“必须将群众的经济斗争约束在统一战线所许可的范围之内，将农民的经济利益要求与政治任务联系起来，使之为政治斗争服务。”[②]首先需要在群众斗争的过程中对群众进行战争教育，以激发其对敌斗争热情，教育群众武装自己的必要，之后适时引导群众组织武装或者对已有武装组织进行改造。

在什么时机，用什么办法来进行这项工作，是重要且不容易把握的问题。杨殿魁提到，在斗争中若过早地将组织民兵的计划提出来，不但群众不能接受，还容易使群众发生类似于“要编兵”的

① 《杨殿魁同志一月八号在边武政工会议上的报告》（1943 年 1 月 8 日），太行区武委会编：《抗日战争中人民武装建设文件》（下册），第 108 页。

② 《彭德怀在太行区军队营级、地方党县级以上干部会议上的报告》（1942 年 12 月 18 日），山西省档案馆编：《太行党史资料汇编》（第五卷），第 920 页。

误会而影响斗争的发动，斗争对象、特务分子也有可能乘机造谣挑拨。杨殿魁以林县、安阳和边沿地区为例来说明这个问题。在这些地区，群众开始斗争时怕地主打黑枪或勾结敌人，因而迟迟不敢动手，这时就应及时教育群众首先组织民兵，解除群众这种顾虑。[①]实际上，在斗争的开始阶段，普遍存在这样的情形：地主阶级仍居于优势地位，把持村政权，农民慑于其威力，对抗日政权的政策半信半疑，很难无所顾忌地起来斗争。这种情况下，组织上则应当发挥作用，将斗争中地主阶级可能的报复用来启发群众武装自己，以夺取并保卫斗争利益。

前述榆社几个村的民兵发展工作呈现出一个共同特征：斗争取得了一定成绩，群众情绪被调动起来，但斗争对象并没有彻底斗倒，这时组织上即启发群众斗争对象有可能反攻，顺势号召群众组织自己的武装。太岳区武委会负责人张明则认为减租斗争无论胜利或失败，都可以大量发展民兵——胜利了，需要武装来保卫斗争果实；失败了，则往往是力量不够，因此需要武装来支持。他认为除了减租减息斗争中的这种机会，在对敌斗争中，民兵打了胜仗也是个好时机——群众借此认识了自己的力量。即便打了败仗或受到打击时，只要注意掌握其情绪，也是可以大量发展的。张明提到，北集村民兵追击余凹出扰之敌时，受到反击，青抗先队长王虎俊不幸牺牲，组织上及时召开追悼会募捐慰问，安置其家属，送挽联花圈，县长拉灵，干部抬棺，在"为王虎俊同志报仇"的口号下，北集及周围村的民兵发展与建立起来了。[②]因此，张明认为发展民兵，

① 参见《杨殿魁同志一月八号在边武政工会议上的报告》（1943 年 1 月 8 日），太行区武委会编:《抗日战争中人民武装建设文件》（下册），第 112 页。

② 参见《张明同志在太岳区武委会常委扩大会上的报告》（1943 年 1 月 6 日），太岳军区司令部政治部编:《太岳人民武装建设（材料汇集）》（上册），1949 年，第 34 页。

要与群众运动密切地结合起来，要善于诱导群众自觉去认识武装自己的重要性，反对登名造册、抓纸蛋、强迫命令、不支差欺骗等方式。在敌我斗争尖锐的地方，群众遭受摧残和压迫，只要抓紧群众的保卫家乡、打击敌人的迫切要求，给大家想出办法来，民兵是很容易建立的。[①]

正因为如此，李雪峰在总结 1942 年 5 月反“扫荡”时特别指出要纠正这样一种倾向：即把发动群众和武装群众机械分离，认为只有群众发动起来后一切才有办法，而陷于武装上的等待主义。他认为求生自卫也是群众的一个基本要求，敌人当前、性命危急时，即是武装群众的好时机。[②] 可以想见的是，由于对时机把握和工作方法要求如此之高，组织武装在实际中绝非易事。

在群众斗争中，组织上要求已有民兵组织的地方应让民兵分别参加到所属各群众组织中去，以各群众团体特别是农会为中心参加斗争，民兵同时也以农会会员的身份出现，并在斗争中起骨干作用。之所以强调在斗争中建立强大的农会，是因为组织上认为：“没有农会，其他的群众运动、群众组织都会发展不起来，政权的改造也是空的。”[③] 如此重视农会，应当还与大革命时期农民运动的历史经验有关。不过，在实际斗争中，这项要求并没有被严格执行。

杨殿魁提到，不少地方民兵代替群众包办斗争，不注意在一般群众中动员组织，因此把斗争简单化。当然，这也是因为群众不

① 参见《张明同志在太岳区武委会常委扩大会上的报告》（1943 年 1 月 6 日），太岳军区司令部政治部编：《太岳人民武装建设（材料汇集）》（上册），1949 年，第 35 页。

② 参见李雪峰：《五月反“扫荡”地方工作方面的主要经验教训》（1942 年 8 月），山西省档案馆编：《太行党史资料汇编》（第五卷），第 528 页。

③ 李雪峰：《土地政策与农民斗争问题——中央土地政策的讨论总结》（1942 年 4 月），山西省档案馆编：《太行党史资料汇编》（第五卷），第 281 页。

好发动，而民兵一经动员便能斗起来，激进举动也很容易发生，一般群众则自然地沦为旁观者。这样，被斗争对象怕民兵，但不怕群众，因此不少地主用慰劳、送地等办法收买瓦解民兵。这样的结果，民兵的威望是大大增强了，群众也可能得到了斗争的果实，但基本群众对于地主的优势却未能建立，广大群众亦不能真正发动起来。正因为如此，有些地区虽然实现了减租减息，但群众并没有发动起来。

晋冀豫区党委设定的群众发动起来的标准——“不但要看群众得到什么东西，闹过什么斗争，并要看怎样得的，谁得的，多或少，群众组织力量如何，地主与农民阶级力量的对比是否起了基本变化，农民占优势而控制地主，不但是中农活跃，雇工、贫农也动起来，才算深入与广泛。而自上而下地给群众分地，或政府下令交出文约，下令减租的地方，没有经过猛烈的阶级斗争的锻炼，群众是不能真正动起来的。”[①]

与之相应，杨殿魁认为，民兵在斗争中的正确角色应是除积极地参加到各民众组织中去起骨干作用，还应当负起保卫斗争的任务来，给群众撑腰，监视镇压破坏分子，向群众表明在任何情况下坚决保卫群众利益，解除群众怕对方打黑枪怕战争中报复的顾虑，对待顽固地主可带上武器参加斗争会，参加游行示威，但不应随便打人捆人。[②]事实上，民兵也确曾发挥了作用，如武乡的一个减租减息斗争会的会场即将民兵摆在正中（农会在左，妇女儿童在右，支

① 晋冀豫区党委：《十三县三十九个支部的初步研究》（1942 年 9 月 20 日），山西省档案馆编：《太行党史资料汇编》（第五卷），第 684—685 页。

② 参见杨殿魁：《一九四二年人民武装政治工作几个问题总结》，太行区武委会：《抗日战争时期人民武装建设材料辑存》（第一集），第 154 页。

部同志散开）。[①]

（二）在斗争中发展民兵

民兵能推动斗争，斗争反过来也能对民兵的发展起到积极作用。1941 年是晋冀豫区民兵大发展的阶段，大部分地区在进行减租减息运动之前即已有民兵，但总体来看，除了少数地区，民兵队伍普遍不够坚强有力，形势一严重即行瓦解。

晋冀豫区武委会在总结 1942 年上半年民兵工作时，分析了接敌区、薄弱区和根据地腹心地区等三种地区的民兵工作。在接敌区，广大地区的民兵对敌斗争并未开展起来，而在一些已经有些动静的地区则又存在纯军事观点的偏向，对敌斗争无力。在薄弱区，民兵大部分是强制编成的，群众被动参加民兵，存在明显的不满和消极抵抗，甚至一部分民兵为土豪劣绅所掌握，利用民兵的合法地位及配发的武器欺压群众，对抗抗日政权。在腹心区，许多民兵虽能在反“扫荡”中发挥一定作用，但现有的基础仍然不能应付敌人的“清剿”，局面稍严重即发生埋枪、垮台等现象。[②]可见，当时情况下，无论是在腹心区还是在薄弱区和接敌区，民兵亟需加以巩固。

根据 1942 年上半年民兵改造与转变的实践，晋冀豫区武委会认为：“不论从反蚕食、反扫荡的斗争中，都证明建设民兵、开展

① 参见《武乡韩壁一九四二年群众斗争材料》，中共山西省委党史研究室、山西省档案馆编：《太行革命根据地土地问题资料选编》，第 282 页。

② 参见晋冀豫区武委会：《一九四二年上半年民兵工作总结报告》，太行区武委会：《抗日战争时期人民武装建设材料辑存》（第一集），第 87—91 页。

游击战争与发动群众斗争、执行土地政策是不可分离的。"[①]鉴于此，进一步展开的减租减息运动对巩固和发展民兵来说显然是上佳的契机。

减租减息斗争基本目标之一是启发群众阶级意识，明确阶级对立。随着斗争的深入和组织上的引导，虽然难以评估群众到底在多大程度上树立起了阶级意识，但民兵队伍的阶级特性确实有了显著的增强。据杨殿魁分析，在群众斗争初期，斗争的性质多为反恶霸、反贪污、反摊派等一类的问题，往往还夹杂了宗派斗争在其中，阶级性不明显，斗争的领导成分多系富农、中农、游民，因此这些斗争中生长起来的民兵成分与动机都比较复杂。从成分上看，地主、富农、中农、贫农都有，且富农占据较大比例。据黎城、偏城、涉县、平顺等地十一村在斗争初期的统计，参加民兵的富农成分平均占富农户数 11.1%，中农占 16.3%，贫农占 12%，可见富农参加民兵的比例几乎等于贫农的了。襄垣县的民兵成分统计也大致可以说明这点，全县共有民兵 1324 人，其中地主 14 人占民兵总数 1.1%，富农 162 人占 12.2%，中农 646 人占 48.7%，贫农 452 人占 34.1%。虽然全县民兵中贫农人数两三倍于富农，但由于贫农总人数远超富农总人数，因此实际上贫农在参加民兵的问题上不如富农、中农积极。[②]

随着群众斗争的深入，民兵在成分上、参加动机上、表现上也不断变化。一般说，深入到彻底减租减息合理负担的时候，民兵中贫农成分增加，积极性也提高，并逐渐成为民兵的主干，富农成分

① 晋冀豫区武委会：《一九四二年上半年民兵工作总结报告》（原文未注时间，据内容应为 1942 年年中），太行区武委会：《抗日战争时期人民武装建设材料辑存》（第一集），第 99 页。

② 杨殿魁：《一九四二年人民武装政治工作几个问题总结》，太行区武委会：《抗日战争时期人民武装建设材料辑存》（第一集），第 146—147 页。

减少，某些村庄甚至完全没了富农。以下是左权、武乡、磁武、平顺四县民兵 1942 年末成分统计：

表 1　左权、武乡、磁武、平顺四县 1942 年末民兵成分统计表

	民兵总数	地主人数（占比）	富农人数（占比）	中农人数（占比）	贫农人数（占比）	雇农人数（占比）	其他
武乡	3570	7（0.2%）	180（5.1%）	977（27.4%）	1990（55.7%）	414（11.6%）	2
左权	1979	7（0.3%）	100（5%）	770（38%）	1007（50.8%）	95（4.8%）	
磁武	885	1（0.1%）	25（2.7%）	242（26.9%）	544（60.6%）	73（8.0%）	
平顺	2399	22（0.9%）	194（8.1%）	1316（54.9%）	817（34%）	50（2.1%）	
总计	8833	37（0.4%）	499（5.7%）	3305（37.4%）	4358（49.3%）	632（7.2%）	2

数据来源：杨殿魁：《一九四二年人民武装政治工作几个问题总结》，太行区武委会：《抗日战争时期人民武装建设材料辑存》（第一集），1947 年，第 149 页。表中数据略有误差，除“总计”项外系原文引用。

虽然这两个统计是针对不同的地区，但仍可以看出一般性的变化：民兵中贫雇农比例大幅提高，富农比例在明显下降。这正表明，群众发动愈深入，才会有更多的贫雇农参加民兵，民兵愈为基本群众所掌握，阶级性亦愈明显。在预期中，只有民兵成为群众阶级自觉力量的时候，才能打下群众游击战争的雄厚基础。杨殿魁特别提到，民兵虽有阶级性，并不因此就拒绝基本群众以外的群众参加。他认为只要不是别有企图，愿意服从民兵组织，积极参加活动，就不应该拒绝他们。之所以能保持开放，关键在于应当保持基本群众的优势，保证民兵干部为基本群众，保证武器掌握在可靠分子手中，而不是简单的成分限制。[①]

与提高民兵中基本群众（中农、贫农和雇农）所占比例相伴随的工作是在群众运动过程中教育和改造民兵，以此克服民兵脱离群众的种种不良行为，保证民兵有纪律有力量，从而能得到群众的拥护。组织上对民兵脱离群众现象，欲通过政治工作来克服，并在1942年初召开的晋冀豫区武委会政治工作会议上通过《关于建立民兵政治工作的决定》。这些问题当然离不开艰苦细致的政治工作，比如对民兵的成分及动机进行审查、经常的政治教育等。但事实证明，如果不发动群众，只靠政治工作是不够的，或者说群众发动起来后解决类似的问题会变得更容易。这是因为在群众斗争的环境中，动机不良的人迟早会暴露出真面目，进而被清洗淘汰，或者这些人感到民兵不能合乎其志愿的时候主动退出。与此同时，基本群众也会在斗争中不断提高觉悟，不断有积极分子涌现出来，这些"良家子弟"加入民兵就有可能成为民兵的优秀分子。豫北的经验表明，经由与地主"撕破脸"的斗争，农民就"很敏锐的要求有枪武装自己准备'以明枪对黑枪'，很敏锐的感到枪杆必须自己阶级中的坚决敢干可靠的优秀分子掌握"，因此发展民兵一般要求是可靠的敢干的穷人，是农会会员，经过农会同意。[②]

民兵中"基本群众占优势"的局面，将使民兵与群众有更多的交集，从而在相当程度上密切民兵与群众的关系。同时，有了这

---

① 参见《杨殿魁同志一月八号在边武政工会议上的报告》(1943年1月8日)，太行区武委会编：《抗日战争中人民武装建设文件》(下册)，第115页。

② 区党委办公室、调查研究室整理：《新老区四年来土地改革初步研究》，中共山西省委党史研究室、山西省档案馆编：《太行革命根据地土地问题资料选编》，第559页。

个基础，民兵干部的选任也就有了更大的余地，政治素质好、享有较高威望的人即有更大可能被挑选出来。有了坚强的干部，作风优良、坚强有力的民兵队伍更具备可能性。这样的民兵自然容易被群众接受，群众的拥护让民兵的社会地位大大提高；反过来，民兵经过群众斗争的锻炼，政治觉悟提高，亦会更加关心群众利益。由此，通过群众运动和对地主的斗争，发动起来的基本群众使民兵与群众形成了一个良性互动。

时任太行一分区武委会主任朱效成认为群众性游击战争的形成至少需要两个条件：群众条件——游击战争要成为群众性，必须有经过群众运动发动的和经过战争锻炼的群众；人民武装条件——武装的发动一定要自觉自愿，一定要与生产相结合。[①]归并起来，群众条件和武装条件实际上都是要以发动群众为基础，通过斗争的、宣教的等各种手段尽可能让群众自觉自愿地进行游击战争，这也是发动群众之于武装建设和斗争的意义。

正如朱效成所说："四二年土地政策执行之后，唤起了民族利益与阶级利益结合斗争的高潮。到处展开热烈的群众运动，正确掌握重新发动群众的区域，阶级群众更加热烈地活动起来，涌入人民武装之内，英勇无比的进行抗敌斗争。"他提到武乡就是太行区深入执行土地政策之县，群众发动情况良好，在10月反"扫荡"中，各村的民兵用各种灵活的战术和办法配合了军队，打乱了敌人的扫荡，使敌寇感到睡卧不安、行走不得的极大痛苦，民兵虽伤亡百余而民气更加昂扬。晋冀豫区武委会认为此次反"扫荡"武乡民兵之所以能取得"光辉战果"，基本原因只有一个——"认真发动了群

① 参见朱效成：《进一步认识群众性的游击战争》（原件未注时间，按编排顺序应为1943年6月左右），太行区武委会编：《抗日战争中人民武装建设文件》（下册），第155页。

众运动，在群众运动［中］集合了建设武装，对群众进行武装自卫的教育”。[①]朱效成认为这是“太行山上以新的斗争形式——群众性的游击战争出现的标志”。[②]

回过头去看，发起此番群众运动的最直接诉求是吸纳更多的农民并转化为抗战力量以保卫根据地，中共采取的方式并非直接征兵了事，而是经由减租减息绕了一个弯。关于这一点，时任太行分局副书记李大章有如是分析：“今天敌我斗争形势和要求进一步发动群众这个特点，要求策略指导的灵活和准确，要求干部有明确的策略思想，要求把发动群众，组织群众，教育群众，武装群众连系起来，把发动群众和整个对敌斗争连系起来，这样来了解发动群众是一切的基础，发动群众是中心一环。”[③]以减租减息为中心的群众运动，正是抗战时期的中共为发动群众找到的最重要的路径。不同于此前的“合理负担”等侧重于在经济上削弱地主富农，减租减息运动是以调整土地关系为基础对乡村社会进行深度重构。实践证明，这一行动取得了显著效果。太行区党委1944年为贯彻进一步减租时即在强调这一运动的重要意义：“1942年以来的经验证明，减租运动乃是最合理地调整阶级关系，增强对敌斗争力量，建设新民主主义根据地最本质的一环。”[④]

---

① 晋冀豫区武委会通报：《武乡民兵反清剿扫荡的主要经验》（1942年11月18日），太行区武委会编：《抗日战争中人民武装建设文件》（下册），第82页。

② 朱效成：《进一步认识群众性的游击战争》（原件未注时间，按编排顺序应为1943年6月左右），太行区武委会编：《抗日战争中人民武装建设文件》（下册），第151页。

③ 李大章：《过去群众工作的简单回顾与今后的工作方针》，《战斗》增刊第16期，1943年3月20日，第65页。

④ 《太行区党委关于贯彻减租运动指示》（1944年11月17日），山西省档案馆编：《太行党史资料汇编》（第七卷），第145页。

第五章

民兵的粮食、武器及训练、管理

经过大规模群众运动及实战锻炼的人民武装，面貌更加清晰，加上先后制定的相关规章制度，民兵队伍逐渐成型，实际战斗能力也逐渐有了可观的表现。据晋冀豫区武委会对 1942 年 3 月至 1943 年 3 月间全区民兵作战情况的统计，全年晋冀豫区民兵参战次数达 10,750 次，参战人数达 51,275 人；毙敌伪 928 人，伤敌伪 771 人，俘敌伪 393 人，捉奸探 356 人；缴获步枪、短枪、掷弹筒、轻机枪、冲锋枪若干，缴获牲口 664 头，解救壮丁 3095 人。[①]虽然这个成绩的取得相当程度上应归功于帮助民兵的基干兵团乃至正规军，但相较之前情况稍严重即垮台的情形，民兵已经取得了不应忽视的进步，而这正构成了此番进一步加强人民武装工作的重要基础。也差不多从这时候起，民兵开始在抗战中发挥之前所不曾有的重要作用。随着民兵日渐走上轨道，与之密切相关的粮食、武器、训练管理等问题也愈发不容回避。

一、“当兵吃粮”与反雇佣

民兵作为一支武装队伍出现时，首先要解决的是粮食问题。

① 参见晋冀豫区武委会:《人民武装军事工作总结——一九四二年三月十八日至一九四三年三月十八日》(1943 年)，山西省档案馆编:《太行党史资料汇编》(第六卷)，第 351—352 页。

“当兵吃粮”是一种由来已久的传统，在群众意识中也是一种根深蒂固的观念。不过，这里的“兵”一般指的是脱离生产的兵。作为不脱离生产的民兵在“吃粮”问题上处于两难境地：吃公粮，财政负担不起；不吃公粮，没有积极性。民兵组建之初，动员难度较大，不少地方以不支差、吃公粮等为优待条件吸引群众参加民兵。这种做法在实际上助长了群众“当民兵应当吃公粮”的观念，因根据地的财力不能支持而为上级所明确反对。

早在 1941 年 2 月初召开的太行军区第二次武装干部扩大会上，时任太行军政委员会书记邓小平就明确指出：“民兵不应有专门的经济开支，不能吃公粮，否则会浪费公款，增加人民负担。”对于民兵参战期间的粮食问题，邓小平说三天以内自带给养，由县政府统一筹发，第四天以上则由部队供给。与民兵相关的脱离生产的干部和工作机关，列入政府预算开支（军分区以上由军事系统开支）。[①] 这样的安排，实际上是在吃公粮和不吃公粮之间寻求折衷办法，目的在于一方面不过分增加群众负担，另一方面又能维系民兵参战的积极性。

不过，这种需要巧妙平衡的政策在实际执行中往往容易发生偏差。1941 年的反“扫荡”中，晋冀豫区各县就普遍发生了以吃公粮来维系集中起来的民兵的现象，如辽县统一规定民兵每人每天小米 1 斤 6 两，菜金 1 毛，黎城民兵借吃公粮，涉县民兵也由村里供给，以至于有些村民兵集中不足二十天却吃掉公粮数千斤，之前囤积的公粮所剩无几。晋冀豫区武委会认为，解决个别队员的生活困难是非常必要的，但不注意激发民兵保卫家乡的战争热情，而以普遍吃公粮来维系集中起来的民兵是错误的，因为这样不仅增加了群众一

① 《邓小平在太行军区第二次武装干部扩大会议上的讲话——军区建设中诸问题》（1941 年 2 月 1 日），山西省档案馆编：《太行党史资料汇编》（第四卷），第 107 页。

大笔负担，使群众对民兵不满，同时也助长了民兵的雇佣观念，有些村集中的民兵竟因村里不供给粮食而解散了。[①]

尽管区武委会认为以吃公粮来维系集中起来的民兵是错误的，但在实际中不得不面对这样的现实：民兵普遍动辄要求吃公粮，管饭就干，不管饭就不干。[②]出现这种情况或有民兵骄横或者思想落后的因素，更重要的原因是吃饭实乃参战中的大问题。辽县民兵在1942年2月反“清剿”斗争中粮食没有保证，经常饿肚子，以至于难以体现出战斗力。事后，辽县武委会在总结中提到，民兵食粮固然主要靠自带自给，但实际问题是一次不能带很多，一旦战争时间延长，而又不能中途回去取粮，粮食问题就出来了。另外，贫困民兵在战斗中暂借粮食，战后难以一次性补还，而其他只管自家不参加民兵的人却没有这方面的负担。由此形成民兵出力又出粮而其他人则皆不出的苦乐不均的局面。

基于此，辽县武委会认为固然原则上仍应让民兵自带粮食，但制定相应办法解除战时民兵借给的实际困难的确也非常重要。[③]黎城县武委会在总结1941年的武装工作时也认为民兵战时吃地方公粮是比较合适的。[④]辽、黎两县武委会提出的问题不久后也为晋冀

---

① 参见晋冀豫区武委会：《反扫荡中武委会工作的总结》（1941年12月），革命历史档案A09-01-00004-1，山西省档案馆藏。晋冀豫区武委会在附带的通知中说，该总结是根据辽县、黎城、武乡、涉县、偏城五县反“扫荡”材料综合而成，内容适合于根据地中心地区，各中心地区县份应择要做成教材，并联系地方实际在干部中进行讨论，在民兵中进行生动教育。

② 参见晋冀豫区武委会：《关于建立民兵政治工作的决定》（1942年2月1日），革命历史档案A09-01-00002-2，山西省档案馆藏；涉县武委会：《第六区民兵工作总结》（1942年），革命历史档案1-1-18，涉县档案馆藏。

③ 参见辽县武委会：《反清剿中民兵工作总结》（1942年），革命历史档案1.1-1-016，左权县档案馆藏。

④ 参见黎城县武委会：《一九四一年武装工作总结》（1942年1月25日），革命历史档案54-7，黎城县档案馆藏。

豫区武委会所注意到。在总结1942年5、6月反“清剿扫荡”中的民兵工作时，晋冀豫区武委会专门谈到粮食武器的供给问题，认为应当将之看成民兵工作中的一个重要问题。因为凡民兵的积极分子多是贫苦群众，耽误生产对他们已然是沉重的负担，若再让他们自带粮食势必有更大的困难。因此提出以后平时便积藏一部分民兵粮，以保证战时供给，加之民兵武器也需要不断地加以补充修理，因此从小偷罚款、群众斗争所得公款公粮、民兵的胜利品、村内的公产中加以解决是很必要的。[①]

时任晋冀豫区武委会副主任杨殿魁也注意到民兵吃粮问题上的两种偏向：一种是把规定的参战粮款当成集中民兵的唯一标准，不论穷富都吃公粮，助长民兵不吃公粮便不干的雇佣思想，甚至乘机大吃大喝，吃饭时来，吃过便散，结果一年的参战粮款，几天便吃光了；另一种是呆板的粮食限制，不解决实际问题，造成民兵的饿肚子或你吃我看的现象，影响了作战情绪。杨殿魁认为妥善的解决办法，应当是把保卫家乡的教育和解决实际问题结合起来，在保卫家乡、保卫自己的教育下，以自带为主（最好每人准备三天以上的干粮，公家准备半月以上的参战粮），能带多少带多少，自带的吃完后由公家暂借，战后按家庭情况由大家公议，能全还的全还，不能全还的还半或三分之一，完全还不起的不还，或者由公家补助比在家多吃之数。他认为根据辽县的经验，这是比较好的办法。[②]杨殿魁所提到的辽县的做法是这样的：

---

① 参见晋冀豫区武委会:《五六月反清剿扫荡中民兵工作总结》（1942年），太行区武委会:《抗日战争时期人民武装建设材料辑存》（第一集），第85页。

② 参见杨殿魁:《开辟群众游击战争更广泛的基础》（原文无时间，约为1943年6月），太行区武委会编:《抗日战争中人民武装建设文件》（下册），第140页。

> 民兵家庭充裕者自带，较差者自带一部，说服其雇佣观念与平均主义，真正贫苦者不带。除自带以外，所用粮食在本村依合理负担公摊，民兵家不用负担。民兵真正起作用，得到群众认可，可依照群众意见决定是否将民兵粮食全部公摊。各村应以一部分社粮与反贪污罚粮预先囤积500斤左右专门作为民兵参战食粮。[①]

1942年8月，晋冀豫区武委会对辽县反“扫荡”与出击的民兵粮食的上述规定向全区进行了通报，以之作为解决这个问题的办法和参照。这个通报也就意味着，关于民兵参战出击粮食问题有了一个原则上的解决办法。各地在实际执行中可能略有不同，但总体上是按照这个精神来办。1943年是全区经济比较困难的一年，黎城县指挥部曾就民兵粮食问题向各村发出指示，规定在反“扫荡”中民兵未出村时仍不得动用公粮，不得已到外围作战时才可按规定吃公粮，家里负担不起的经区指挥部批准方可食用公粮，在斗争中已分给民兵的粮食只准供给少数到县区担任战时交通员的民兵使用。[②]从后续情况来看，这个办法被长时间沿用，到1945年8月时，晋冀鲁豫边区政府仍然规定民兵参战凡三天以上者由政府发给粮食，三天以内自带。[③]

在解决民兵吃粮问题中，可以看出中共一直特别注意防范雇佣思想。不仅努力做到不让民兵和群众形成参战出击即应吃公粮的错

---

① 晋冀豫区武委会：《关于辽县反扫荡与出击的民兵粮食规定的通报》（1942年8月20日），革命历史档案A09-01-00002-6，山西省档案馆藏。

② 黎城县指挥部：《民兵战时粮食问题》（原件无时间，据内容应在1943年），革命历史档案55-15，黎城县档案馆藏。

③ 参见《晋冀鲁豫边区政府命令——今后民兵作战时食粮供给由政府报销》（1945年8月6日），革命历史档案55-60，黎城县档案馆藏。

误认识，即便对于差役问题也格外注意。当时有人主张民兵活动一天即顶平时的一天差役，组织认为不可取，如此易于将民兵出击形成一种雇佣式活动，正确的处理方式应是在民兵活动期间及活动后三天内免差。[①] 晋冀豫区武委会编印的《民兵政治读本》主要目的之一便是帮助民兵“树立明确的保卫群众利益的观念和劳动观念，克服其雇佣思想，土匪流氓行为，游手好闲的偏向”[②]。该读本共16课，其中有5课专为实现这个目标而设置。

在对待这个问题上的谨慎和坚持，反映了中共和八路军对群众游击战争的一种认识。抗战尚未开始时，中共即认为抗战是全民族的抗战，每一个中国人都对抗战负有义务。当然，这个理念也为国民党所倡导。不过，与国民党所采取的做法明显不同的是，中共特别强调要最广泛地发动群众，武装群众，以造成群众性抗战的局面。这样的抗战理念势必要求最大限度地将尽可能多的群众纳入到抗战阵营中来，而雇佣体制势必会在群众内部造成分化，出人的和出粮的最后可能都认为自己受到不公平对待而对抗战不支持甚至抵触，因此“有钱出钱，有力出力”的模式并非理性选择，尤其在狭小的根据地内，这样做的后果会更严重，这也是为什么这个口号很快就不被提及。从经济的角度来看，若简单地采取雇佣体制，财政负担必然增大，短时间内尚可维持；时间一长，随着粮食难以为继，民兵的积极性必然会大受挫伤。

事实上，中共不仅在民兵问题上反对雇佣观念，而且还反对群众对军队的雇佣观念。抗战前期，群众将抵抗日军的希望寄托在军队身上，一旦军队避战，群众即抱怨八路军“光吃粮不打仗”，组

① 参见《王主任关于人民武装工作的总结报告》(原文无时间，据内容应为1943年)，太岳军区司令部政治部编印:《太岳人民武装建设(材料汇集)》(上册)，第74页。

② 晋冀豫区武委会编印:《民兵政治读本》，革命历史档案E7-18，山西省档案馆藏。

织上认为这实际上就是延续已久的雇佣观念的表现。任由这种观念发展的后果是，在实力远不如日军的情况下军队必将失信于群众，“军民一体”也就无从谈起。没有军民一体，敌后根据地存在的基础也就瓦解了。因此，在民兵的问题上反对雇佣观点也可以看作是“人民战争路线”的一个具体表现，而这一点实有极重要的意义。

雇佣制度在中国有悠久的传统。雷海宗曾指出，始皇三十三年取逋亡人（流氓）、赘婿（贫困无赖者）、贾人（抑商政策下所认为卑贱者）等戍边即为后代只有流民当兵、兵匪不分、军民互相仇视的变态局面之滥觞。[①] 此后历代多施行的雇佣制虽不如秦时政治贬抑发配之极端，但受雇者往往多为贫家子弟、流民，甚至是浪人等非主流人群，这样的直接后果是当兵者不仅不为百姓所尊崇，反而受到普遍轻视，百姓自然会以当兵为畏途。兵民间如此往复，即会陷入恶性循环，二者关系自然难以和谐，这也是“好男不当兵”的深层根由。

对于这一点，中共早有警觉。八七会议后不久，中共就未来的革命策略形成了一个决议案，关于军队，该决议案明确指出：“创造新的革命军队，不要有雇佣的性质，而要开始于志愿兵的征调，渐进于义务的征兵制，建立工农的革命军。”之所以不要雇佣，是因为革命的经验“已经证明雇佣军队决不是革命的靠得住的工具”。[②] 在组建工农革命军之初，中共中央又规定：“凡有工农革命军的地方必须采用志愿入伍定期退伍制，以防止雇佣职业化的危险。”[③] 与之

① 参见雷海宗：《中国文化与中国的兵》，商务印书馆 2001 年版，第 16 页。

② 《中国共产党的政治任务与策略的决议案》（节录）（1927 年 8 月），总参谋部动员部编研室编：《人民武装工作文件资料选编》（二），军事科学出版社 1993 年版，第 21 页。该决议由中央临时政治局常委会议于 1927 年 8 月 21 日通过。

③ 《中共中央军事工作大纲》（节录）（1928 年 4 月），总参谋部动员部编研室编：《人民武装工作文件资料选编》（二），第 171 页。

相适应，取消工农革命军的饷银，改为一切给养由公家供给，同时另发必需零用费。[①]由于战争连绵，定期退伍未能执行，但防止雇佣化的理念却一直延续下去了。在这个意义上，中共所倡导和践行的融为一体的新型军民关系堪称重大历史贡献。

二、武器：来源、管控及效用

民兵虽然不脱产，但既是武装力量且要发挥作用，武器则为必备之物。从实践来看，武器是维系民兵队伍的重要因素，在很大程度上决定了民兵的战斗力以及游击战争的斗争状况。根据地的内外形势决定了民兵获得武器至少存在两方面的困难：一是相对封闭环境中武器来源问题，二是置办武器的经费问题。不仅如此，民兵不脱产的特性加上处在战争环境中，又决定了武器的使用和管理也面临挑战。

（一）武器短缺

敌后抗战武器之匮乏和获得之不易，中央军委早在 1941 年 11 月即指出基于以下几方面的原因今后武器补充将日益困难：国民党已停发八路军武器，将来恢复发给可能性很小；与日寇作战弹药消耗很大，而缴获较少；日寇“扫荡”频繁，后方不巩固，根据地财

---

① 关于零用费，中共方面曾规定战士每月 1 元，连长和排长每月 3 元，团长每月 4 元，师长和军长每月 5 元。由于经费困难，还经常不能完全发给。同期其他军队连长每月 100 多元，师长每月 800 元，军长每月 1000 多元。参见《任弼时向共产国际执行委员会主席团所作的报告〈中国的抗战形势及中共的工作和任务〉》（1938 年 5 月 8 日），《联共（布）、共产国际与抗日战争时期的中国共产党（1937—1943.5）》（18），中共中央党史研究室第一研究部译，中共党史出版社 2012 年版，第 75 页。

力日渐涸竭，兵工厂生产日益不易。[①] 八路军正规军尚且严重短缺，此种情况下民兵的武器自然更加难以保障。[②] 但频繁的对敌战斗，不可避免地带来巨大消耗。据晋冀豫区武委会的统计，仅在1942年3月至1943年3月一年中，全区民兵在作战中就损失步枪358支、短枪2491支，消耗地雷416个、子弹33,862发。[③] 可见，战争的需要和实际的供给存在严重的矛盾。

与许多其他地区相比，太行主要所在的山西地区在武器上还有一个突出的不利条件——民枪太少。近代中国战火连绵的一个基本后果是大量枪支武器流散民间[④]，同属华北的山东即民枪甚多[⑤]，这也是山东中共武装力量及根据地在短时间内迅猛发展的关键条件。早在1938年徐州失守后，毛泽东在部署向豫皖苏鲁敌后发展时即指出“那边（指山东——引注）民枪极多，主要是派干部过去”[⑥]。实际上，不只是山东，河北、河南民枪也较多。杨尚昆曾在报告中提到：“山东扩大来的战士即带有武器，河北许多富人有枪，豫北也是，都可打条子借。”[⑦]

① 参见《中央革命军事委员会关于抗日根据地军事建设的指示》（1941年11月7日），中央档案馆编：《中共中央文件选集》（第十三册），第218页。

② 缴获敌人武器是八路军武器的重要来源。仅一二九师从抗战至1941年6月即缴获步马枪12,175支，轻机枪158挺，重机枪11挺，自动步枪2支，短枪408支，冲锋枪73支。各种子弹726,137发，手榴弹2578枚，炮弹43发。参见军事科学院《刘伯承年谱》编写组编：《刘伯承年谱》（上卷），第344—345页。

③ 参见晋冀豫区武委会：《人民武装军事工作总结——一九四二年三月十八日至一九四三年三月十八日》（1943年），山西省档案馆编：《太行党史资料汇编》（第六卷），第352页。

④ 关于近代中国民间武器，参见邱捷：《近代中国民间武器》，社会科学文献出版社2012年版。

⑤ 参见《中央关于在山东、华中发展武装建立根据地的指示》（1940年1月28日），中央档案馆编：《中共中央文件选集》（第十二册），中共中央党校出版社1991年版，第252页。

⑥ 《准备向豫皖苏鲁敌后发展》（1938年5月20日），《毛泽东军事文集》（第二卷），第225页。

⑦ 杨尚昆：《在一次区代表会上的政治报告》（1939年9月11日—13日），太行区党委编：《太行党六年来文件选辑》（上），第88页。

相较之下，山西的情况较为特殊。[①]从1917年北洋政府委任阎锡山为山西督军兼省长起，阎锡山就使山西在政治、经济上自成一体，对外以保境安民为由修筑军事堡垒，不许外省军队入晋，对内推行“自存自固”，专注于发展社会经济。在阎锡山持续多年的治理经营下，山西一时成为著名的“模范省”。山西在军阀混战中虽也曾为兵燹祸及，但规模较小，影响不大，因此总体上社会控制严密，秩序良好。正因为如此，抗战爆发前，山西民间武器非常少，只有少数官僚大地主拥有少量新式武器。武器严重短缺的情况在相当长时间未能得到改变，这也是民兵长时间组织不起来或者编队后又久久未能形成战斗力的一个重要原因。

也正如杨尚昆所说，“不能因无枪而不开展群众游击战，必须想办法补充”[②]。因此在抗战开始后，在缺少枪支的情况下，只有首先号召群众拿起大刀、长矛、土枪等土旧武器来与敌战斗。有些地区还用了很大力气提倡国术[③]，但这除了对增强尚武精神可能有些许促进作用外，对于实战的价值相当有限。

关于枪支的作用，太行区武委会系统干部宋冠英作了这样的分析：步枪虽然不如地雷杀伤敌人多，但它能维系民兵团结，掩护并能单独进行战斗。因此民兵普遍要求持有步枪，尤其是新成立的民兵队伍要求更强烈。[④]民兵手中的枪不一定能立即杀伤敌人，但若没有枪，民兵队伍的架子甚至都难以搭起来，更不用说坚强有力。

---

① 黄道炫在论述河南民枪众多、民风强悍时认为“河南的状况大体反映着整个华北的实态”。从山西的情况来看，这一论断不甚准确。参见黄道炫：《抗战初期中共武装在华北的进入和发展——兼谈抗战初期的中共财政》，《近代史研究》2014年第3期。

② 杨尚昆：《在一次区代表会上的政治报告》（1939年9月11日—13日），太行区党委编：《太行党六年来文件选辑》（上），第88页。

③ 参见宋冠英：《二分武人民武装建设的经验总结》（1946年7月15日），革命历史档案55-122，黎城县档案馆藏。

④ 同上。

不只是在战斗中，在群众斗争中，武器的作用也很明显。许多地方群众发动不起来，一个重要原因即是群众手无寸铁，而对于难缠的顽固分子，枪支能产生非同一般的威慑力，因此在武器面前问题往往更容易得到解决。[①] 韩丁（William Hinton）曾如是描述群众斗争大会上的民兵和他们手中的枪支："少数几个民兵是有枪的，其他人都拿着红缨枪。他们不论拿的什么武器，都骄傲地站得笔直，警觉地看着周围。"伪村长出场的方式是"一个粗壮的民兵押着他，象拿锄头一样地拿着一杆枪"。[②] 在这里，武器不需要使用，只要亮相便在起作用。群众斗争中枪支的重要性，亦如太行区武委会副主任郭万夫所言："群众先要拿起枪来，诉苦斗争才有劲。"[③]

正是认识到枪支对于民兵的特殊重要性，中央军委曾要求主力军务必有计划地拨出一批枪支武装民兵，并强调"千万不可吝惜"。[④] 这批部队匀出来的、为数不多的枪支正构成了多地民兵的起家之本。这一阶段，除了由正规军支援少量枪支以及号召群众拿起刀矛等土旧武器之外，组织上也号召民兵和群众勇于夺取敌人的武器来武装自己。

然而，并不是有了枪问题就解决了。太行军区曾就民兵武器问题专门发出训令，指出不应当依赖上级发枪，应特别纠正那种以为"只要发枪群众自己便可以干起来"的认识，必须说明如果

---

① 参见杨殿魁：《一九四二年人民武装政治工作几个问题总结》（原文未注时间，从前后编排上看应为1943年初），太行区武委会：《抗日战争时期人民武装建设材料辑存》（第一集），第154页。

② 〔美〕韩丁著：《翻身——中国一个村庄的革命纪实》，韩倞等译，第121、122页。

③ 郭万夫：《半年来新区人民武装建设的经验教训》（1946年9月25日），太行区武委会编：《爱国自卫战争中人民武装建设文件》，1946年，第97页。

④ 《中央革命军事委员会关于抗日根据地军事建设的指示》（1941年11月7日），中央档案馆编：《中共中央文件选集》（第十三册），第218页。

不积极地组织起来、团结起来，掌握武器，武器是不会自己打敌人的，武器只有掌握在抗日积极分子的手里，并有组织地使用才会起作用。[①]

由于步枪等新式武器毕竟相当有限，相较之下动员群众拿起土旧武器是当时比较可行的办法。1942 年 4 月太行军区武委会就开展旧式武器运动和提高民兵的军事技术发出指示，表示今后不只是民兵不可能发给大量的新式武器，就是正规军恐怕也很困难，而在武乡的反“扫荡”中，群众用斧头、镰刀、镢头杀伤敌人很多，因此要求认真开展旧式武器工作。具体而言，军区号召和要求：根据地无论男女老幼，在敌人“扫荡”时，每人要随手携带一件自卫的武器，锄头、镰刀、斧头、菜刀等各式各样，凡是能打敌人自卫均可，不一定非大刀、长矛不可；各村现有的旧式武器，都想办法动员出来，坏的进行修理，原则上是应该自己用自己的，发动其自己学习，特别注意乡村打鸟的射手，发动他们来教；现有的步枪、手榴弹、地雷要固定分配，这些新的武器，必须掌握在最勇敢积极的民兵手里，专门培养其使用技术，发动其爱护保管。民兵除现有的新式武器外，每人尽可能地要有一件较好的旧式武器。[②]

刘伯承在对太行区 1942 年夏季反“扫荡”进行军事总结时亦提到要加强对土枪、土炮、刀矛、弩箭等旧武器的使用，因为这些武器既可用于火力袭击和钳制敌人，还可以用来夺取敌人的快枪。刘伯承说：“一二〇师和一二九师就是菜刀和撇把子起家的，这是活的榜样。”他指出应以这两师起家历史与在敌后抗战中曾以长矛夺

① 参见《子弟兵太行军区训令——关于民兵损失武器的教训与今后规定》（1941 年 4 月 20 日），太行区武委会编：《抗日战争中人民武装建设文件》（上册），第 81 页。

② 参见军区武委会：《为开展旧式武器运动提高民兵的军事技术与各级武委会指示》（1942 年 4 月 30 日），太行区武委会编：《抗日战争中人民武装建设文件》（上册），第 208 页。

得日寇枪炮的事实，来反对某些干部唯武器论的观点。在他看来，夜间动作以白刃格斗为常，大刀便于在堡垒内使用，长矛便于在野外使用；就是在白天，这些白刃与地雷、手榴弹、土枪等进行配合也有不错的效果。由此，刘伯承说苏联红军虽然有了高度先进的技术兵器，但现在还提倡白刃格斗，并不是奇怪的事。[①]

与刘伯承的观点相呼应的是，晋冀豫区武委会曾发出通知，要求各地武委会组织讨论和学习《华北文化》刊载的《拿破仑侵俄失败的经过》一文。该文其中一个要点为“俄国的游击队是部分军队和人民组织起来的，用的是旧式武器梭镖和大刀，但是最后打败拿破仑的时候，拿破仑的武器都被俄国游击队夺去了，武装了俄国游击队”[②]。区武委会这项布置意在让各级武委会和广大民兵及群众学习俄国游击队使用旧武器夺取敌人的新式武器的经验，同时也以拿破仑败俄的例子来佐证人民群众是能够以落后武器战胜拥有先进武器的敌人的。

尽管组织上在大力引导民兵使用旧武器以及克服唯武器论的观点，但实际效果并不理想。1942 年 9 月，晋冀豫区武委会曾对左权、黎城、涉县、偏城等四县武委会干部进行测验，参加测验的 300 余名干部中竟有 230 余人认为只要发枪民兵就可以干起来，只要有好武器民兵就可以打得好。在实际中，各级武委会干部、民兵也都是把眼光集中在几条步枪上的，几个地方还要买机关枪，而对于手榴弹、地雷兴趣不高，对土枪土炮刀矛等各种原始武器也一直是看不起的；一些地方还一直嚷着要求赶快发枪，如果不发他们真

① 参见刘伯承：《太行军区夏季反“扫荡”军事总结》（1942 年），山西省档案馆编：《太行党史资料汇编》（第五卷），第 578 页。

② 《晋冀豫区武委会通知——学习和宣传〈拿破仑侵俄失败的经过〉一文》（1943 年 4 月 24 日），革命历史档案 3-37-2，武乡县档案馆藏。通知标题为笔者所拟。

的就会消沉下去的。[①]

据晋冀豫区武委会的统计，截至1942年上半年，晋冀豫区六个分区外加辽县共有步马枪5129支、手枪187支、手榴弹26,795个、地雷3589个、大刀12,195口、长矛7930支、子弹47,350粒、土枪1557支、土炮141门，火药1577斤。[②]从这个武器占有情况来看，新旧武器杂糅，手枪等新式武器较少，刀矛等冷兵器及土制枪炮占了相当大的比例，手榴弹和地雷等爆炸性武器也得到了相当重视。

从全区来看，民兵所掌握的武器总量不小，但实际到各县区乃至各村，仍旧非常缺乏。武西一区的神西村和三区的内义村都是抗战工作相对开展较好的村，但到1944年上半年，神西村全村仅有步枪1支、土炮2门、土枪6支、手榴弹22个、地雷7个；内义村仅有步枪6支，其中4支为去年所增加的（买了3支、借抗大1支），地雷16个、手榴弹42个、大刀20余把。[③]该报告中没有关于子弹的数据，很有可能就是没有子弹。抗战时期，即便是八路军也普遍缺乏弹药，民兵所有就更少，民兵还因此被日军戏称为“三粒子弹”[④]。

（二）武器弹药来源

据晋冀豫区武委会的报告，当时民兵武器弹药的来源主要有

① 参见晋冀豫区武委会:《左、黎、涉、偏四县武委会干部测验总结》（1942年12月5日），太行区武委会编:《抗日战争中人民武装建设文件》（下册），第43页。

② 参见晋冀豫区武委会:《一九四二年上半年民兵工作总结报告》（原件无时间），太行区武委会编:《抗日战争时期人民武装建设材料辑存》（第一集），第106页。

③ 参见《武西两个村民兵工作的研究材料》（1944年），武乡县档案馆藏，档号：3-53-4。

④ 参见《陈赓日记》，第227页。

四个方面。第一，主要依靠军区。一二九师在1941年即指示各分区供给处要帮助民兵修理坏枪，但供给处人员托故坏枪太多，修理缓慢或者拒绝修理，1942年6月师部重新下令给民兵修枪，并具体规定由供给处作民兵修械费用预算。1941年10月八路军总部还规定了民兵可用各种原料如废铜碎铁等换取武器弹药，当时在辽、黎、偏、涉等县，换了许多武器弹药。民兵的手榴弹大多数由分区发给，只有极少数是换的，太行四分区即规定每月要给民兵两箱手榴弹。第二，由战斗部队与后方机关转送给民兵的武器弹药数量亦很多，特别在战斗时，军队给民兵弹药最多，且有直接借给民兵步枪者，因而能作战的民兵喜欢找正规军队配合作战。第三，有些地方先前部队寄存的枪械弹药，因部队整编他调或人事变动，未及取走，经批准后民兵拿过来自用。第四，至于民兵自己收集散藏子弹，或以胜利品变价购买子弹，在对敌斗争情绪较高的地方，是一个主要来源，如辽县、临城、赞皇等地民兵所拥有的子弹就较充裕。[①] 总结起来看，这四个方向的根本源头还是正规部队，也就是说民兵武器弹药主要仍靠“外援”。

中央军委曾要求不仅主力军应设炸弹厂以供主力需要，地方军及民兵指挥机关亦应在分区及各县设立炸弹厂，以供自身需要。[②] 遵循指示，晋冀豫区武委会在1941年年底即指定每个分区武委会与辽、黎等县成立地雷工厂。每个地雷工厂，管理人员由公家供给，工人供给菜金粮食，工资由营业的余利中发给，由银行借5000元作基金制造地雷，制造出来的地雷可以原料兑换也可购买。

---

① 参见晋冀豫区武委会:《一九四二年上半年民兵工作总结报告》（原件无时间），太行区武委会编:《抗日战争时期人民武装建设材料辑存》（第一集），第108—109页。

② 参见《中央革命军事委员会关于抗日根据地军事建设的指示》（1941年11月7日），中央档案馆编:《中共中央文件选集》（第十三册），第219页。

不过，各地地雷工厂半年来普遍并没有多大成绩。二、三、六分区根本没有组织起来，一分区武委会工厂建立较早，专制子弹，有些成绩。四、五分区制出一些火药供给民兵，二分区虽曾制造了百余斤火药，但民兵不买，因而也就存在分区及县武委会内，压住本钱，不能再造。

晋冀豫区武委会总结认为，地雷工厂之所以没成绩是因为：基金指定太少，不够开办费；工人不易找，菜金两角，工人不愿意；最主要的是弹药卖不出去，卖出去也没盈余，工人工资无法提高或照数发给。[①] 由此可见，民兵弹药的制造只靠自己是不行的，必须依靠军区、军分区。同时，在民兵工作好的地方，有人兑换且能发卖少许，尚能勉强维持工厂的再生产，基础不好的地方，只能发给不能发卖，因而工厂不易再生产。

就民兵的武器装备问题，1942 年 11 月晋冀豫区政府、太行军区、晋冀豫区武委会共同召开会议，一致认为民兵新旧武器的装备与经费等具体问题的解决是开展群众游击战争的主要问题之一。经过讨论，会后以刘伯承、邓小平、杨秀峰、戎伍胜、彭涛等人名义发布命令。命令指出，民兵所领步枪已为数不少，主要问题是加强现有步枪的保管检查，提高其使用技术发挥作用。民兵继续获得枪支弹药有六个办法：修理坏枪，按照军区此前命令送交各军分区修械所修理，不收费用，各分区修械所亦不得拒绝推诿；各县武委会如能收集钢料，动员工人，或自行制造手枪、抉把枪；收集子弹壳兑换子弹，应照军区命令送交军分区兑换，三颗子弹壳换一粒。县武委会若能一次收集一万以上，可直接到军区换；民兵收集废铁碎

① 参见晋冀豫区武委会:《一九四二年上半年民兵工作总结报告》(原件无时间)，太行区武委会编:《抗日战争时期人民武装建设材料辑存》(第一集)，第 109—110 页。

铜等原料到军分区换地雷、手榴弹；民兵可动用一部分社庙财产与没收的汉奸财产及罚款购买枪支弹药；民兵缴获重武器送交上级，军区、军分区可酌量换发步枪及子弹。

命令再次明确地雷、手榴弹是今后群众游击战争的主要火器，制造容易，威力又大，晋察冀民兵之所以英勇善战，冀中民兵的爆破运动，都是靠地雷、手榴弹杀伤敌人的，因此这方面应继续予以重视。命令还提到，在当前犬牙交错的战争中，土枪土炮与大刀长矛等旧式武器有其特殊作用，夜间使用更能发挥作用，若再能与步枪、手榴弹、地雷等配合使用，则相得益彰效果更佳。关于民兵武器弹药，命令要求在修理制造兑换方面应由各军分区帮助，并保证执行。

前述各地开办的地雷工厂之所以成效不大，重要原因之一便是制造出来的弹药无人购买——所需相关经费没有着落，以至于无法进行再生产。联合命令明确指示，在购买经费方面，应由各专署帮助，在地方款内解决一部分，各县武委会须按照本边区地方粮款征收及开支办法，将全县民兵武器弹药费适当预算，再交县政府编入全年全县地方款总预算内，送请专署批准。[①] 民兵购买武器弹药经费由公库支用的决定，在制度上解决了民兵武器弹药补充的老大难问题，也意味着民兵开始真正被纳入到抗战的武装体系中来。

可以说，通过这个命令，武装群众开始真正落到实处。与这个命令的精神相一致，在区村层级，人民武装补充武器被规定从村公产内开支。黎城县指挥部就曾发布关于人民武装补充武器从公库内支用的办法，规定：一、制造石雷所需各种原料及购买地雷手榴弹

---

① 参见《边府、军区、边武联合命令——执行临参会决议案指示民兵新旧武器的装备与弹药解决办法》（1942 年 11 月 16 日），太行区武委会编：《抗日战争中人民武装建设文件》（下册），第 76—79 页。

所需款项，区指挥部有权批准从村公产内开支，但应有重点配备，不可平均，月底向县汇报。二、不少落后村庄经过运动后，群众大为兴奋，自动起来组织民兵武装保卫家乡，这些村庄大部没有可用的武器（如步枪）。此类村庄如欲用村公产购买枪支时经区指挥部发证并带正式公文到县，由县府与武委会共同商讨，酌情从村公产内开支用于买枪。[①]不过，在实际的执行过程中，当村公产不敷支出时，一些"变通"手段就出来了，如榆社一些地区就因强迫捐钱买枪而引起群众不满。[②]

虽然购买武器弹药的经费问题通过公库支用解决了，但在几乎没有任何工业基础及被包围封锁的根据地，武器来源仍是一个重大难题。在群众普遍要求武器而供给严重不足的情况下，1942 年以后晋冀豫区各县私营造枪工厂应运而生，各地大小枪厂一时林立。不过，这种局面很快引起注意。1943 年 4 月，晋冀鲁豫边区政府、太行军区司令部、晋冀豫区武委会联合发布命令，要求各地整理各级武委会造枪工厂。命令称工厂出产之枪支"表面上虽尚可观，而实质甚差，射击准确性极微"，这样的枪在实战中不仅不起作用，还严重影响民兵的情绪。同时，枪厂工人来历复杂，不少是从外区来的军火投机者，已发现乘机盗卖枪支之事。此外，还考虑到抗战以来敌人血腥掠夺破坏，群众购买能力有限，子弹来源特别困难，因此这些工厂必须加以整理，不能无限制发展，以免劳民伤财。

因此决定：1. 各县的造枪厂应一律解散，只准许军区武委会和一、三、四、五分区武委会在政府法定范围内各成立一个造枪厂，

① 参见《黎城指挥部指令——关于人民武装补充武器从公库内支用办法》（1943 年 8 月 5 日），革命历史档案 55-15，黎城县档案馆藏。

② 参见《三分区人武部工作会议记录摘要》（1943 年 8 月 19 日），革命历史档案 3-46-1，武乡县档案馆藏。

上述各厂，每日出枪两支，军区武委会每日出枪四支为限（军武所出枪支主要供二、六分区，并调剂其他分区之不足）；2. 枪的质量要求一律应符合军区规定之标准，不准稍有出入；3. 责成武委会对各枪厂进行管理，除订卖枪支于武委会系统外，不得私自向任何人卖出，否则以盗卖军火论。对于与工人来往之其他人员，应随时加以考察注意；4. 在购买手续上，由分区武委会按照各县之需要与掌握能力，兼顾购买能力，确定各县购买数目，县按同样条件分配给区村，发动购买。对自动要求购买者，必须由县详细考察后才能卖给，不得让各村随便购买，以防破坏分子窃取（已发现顽固分子假借民兵名义买枪者，必须警惕）。各地购买数目，应由上级武委会确定，不得草率从事。[①]

上述命令发出后不久，晋冀豫区武委会发出措辞更为严厉的命令，要求各地所有工厂应遵照之前的联合命令立即停止造枪，原因在于各地工厂所出枪支“质量过度低劣，毛病百出”[②]，造成根据地物力财力之巨大浪费。此后，边区再未发动大规模造枪。1945 年 7 月晋冀豫区武委会还下令要求各县武委会停止造枪。通令就当时各地以修械所名义仍小规模制造步枪而出产之枪支质量仍然很差的现象指出，应接受 1942 年的教训，今后重点应放在开展群众性爆炸运动上，步枪由边武、分武工厂做必要适当的调剂。通令称因 1943 年已决定停止各县制造枪支，现在仍然偷偷摸摸制造枪支，实属违抗命令。[③]也就是说，在整个抗战过程中，由于制造技术跟不上，

① 参见《关于整理各级武委会造枪工厂》（1943 年 4 月 20 日），太行区武委会编：《抗日战争中人民武装建设文件》（下册），第 132—134 页。

② 参见《晋冀豫区武委会命令——各地立即停止造枪》（1943 年 6 月 26 日），革命历史档案 3-37-3，武乡县档案馆藏。命令标题为笔者所加。

③ 参见《晋冀豫区武委会通令——关于停止各县武委会造枪工厂与购买枪支问题》（1945年7月15日），太行区武委会编：《抗日战争中人民武装建设文件》（下册），第263页。

亦不能大量引进，以致以步枪为代表的新式枪支一直未能成为民兵主要的武器。

步枪作为民兵的一种难得的先进武器，实际所发挥出来的效用却远不尽如人意。晋冀豫区武委会曾提到辽县、武乡等地的民兵在实战中平均一百发子弹还打不死一个敌人[①]，安阳北磊口民兵消耗3108发子弹却未伤一个敌人[②]。在太行区1943年5月反“扫荡”中许多步枪手还往往在距离一二里以外虚晃一枪，胡乱射击。[③]从众多有关民兵参战的报告来看，由于射击技术低下，致使步枪这种先进的新式武器在战斗中实际毙伤敌人相当有限。相较之下，地雷等爆炸性武器却因其独特的性能在实战中效果显著，被认为发挥作用是“第一等”的。[④]如辽县在1942年2月反“清剿”中，民兵共毙敌16人，其中15人为地雷炸死，受伤10人中亦有6人为地雷所致。[⑤]还如武乡民兵在1942的反“扫荡”中共毙敌109人，其中39人为地雷炸毙。[⑥]

（三）地雷被青睐

太行区武委会系统一干部也提到，当对敌斗争开展起来得到

---

① 参见晋冀豫区武委会:《为开展旧式武器运动提高民兵的军事技术与各级武委会指示》(1942年4月30日)，太行区武委会编:《抗日战争中人民武装建设文件》(上册)，第208页。

② 参见晋冀豫区武委会:《人民武装军事工作总结——一九四二年三月十八日至一九四三年三月十八日》(1943年)，山西省档案馆编:《太行党史资料汇编》(第六卷)，第361页。

③ 参见李达:《加强群众性游击战争的几个问题之商讨——五月反扫荡的部分经验总结》(1943年6月1日)，《战斗》增刊第20期，1943年6月，第10页。

④ 参见宋冠英:《二分武人民武装建设的经验总结》(1946年7月15日)，革命历史档案55-122，黎城县档案馆藏。

⑤ 参见辽县武委会:《反清剿中民兵工作总结》(1942年)，革命历史档案1.1-1-016，左权县档案馆藏。

⑥ 参见《晋冀豫区武委会通报——武乡民兵反清剿扫荡的主要经验》(1942年11月18日)，太行区武委会编:《抗日战争中人民武装建设文件》(下册)，第80页。

一定锻炼后，民兵对手榴弹和地雷的兴趣就会超过步枪。[①]这是因为在敌我实力对比严重不对等的条件下，即便是八路军正规军一般情况下都不会选择与敌寇正面对决，初建的民兵更不大可能近距离接敌开枪。加之数量非常有限，也不可能形成规模优势，因此枪支除了“壮胆”之外，在实际战斗中难以有效杀敌。相比枪支，手榴弹、地雷这种爆炸性武器杀伤力更大，对敌更有威慑作用。并且，不同于枪支不易得、不易造，手榴弹、地雷制造技术要求低，原料也相对充足，具备大量生产和配备的可能。鉴于此，中央军委在 1941 年即指示手榴弹、地雷这两种武器要“大量制造，普遍发给”，做到民兵每人至少两个手榴弹，主力军和地方军应派出干部指导民兵使用手榴弹，还要求多造各式地雷专供民兵使用。[②]

关于地雷的作用，晋冀豫区武委会认为地雷破坏杀伤威力大，能够有效封锁敌人据点，破坏敌人交通，特别在反“扫荡”斗争中，使用地雷可以加强警戒阻击敌人，掩护群众转移。因此，在 1941 年 10 月发出通知要求武委会各级组织组建地雷队，其中有条件的村要成立地雷分队，每个队员可经管 4—12 个小地雷；区干队或战时基干队应有一个小队专门负责地雷工作；各县武委会应在原有编制内成立地雷部，专门负责补充全县地雷、主持地雷工厂等工作。[③]

通知要求成立有关地雷的专门组织在实际中并未得到全面落实，但各地对地雷的重视确实加强了，亦有不少地方组建了地雷小

---

① 参见宋冠英：《二分武人民武装建设的经验总结》（1946 年 7 月 15 日），革命历史档案 55-122，黎城县档案馆藏。

② 参见《中央革命军事委员会关于抗日根据地军事建设的指示》（1941 年 11 月 7 日），中央档案馆编：《中共中央文件选集》（第十三册），第 218—219 页。

③ 参见晋冀豫区武委会：《关于地雷队的组织》（1941 年 10 月 4 日），太行区武委会编：《抗日战争中人民武装建设文件》（上册），第 133—134 页。

组。在不久后关于反对敌人奇袭的战术指示中，晋冀豫区武委会再次强调了地雷的作用，要求轮番游击队与接近敌占区游击区的民兵使用地雷把敌人据点周围道路要口封锁，并在敌经常出扰的道路或山梁上夜间埋设地雷，宣布地雷戒严，迫使敌人夜间不敢轻举妄动。①

地雷战的威力很快显现，一二九师在总结 1941 年冬季太行区反"扫荡"时就特别提到地雷战的良好效果："此次反扫荡中各地地方武装、民兵及各部队均开始普遍采用了地雷战，发扬了地雷战的威力，给横冲直撞之敌以重大打击与威胁"，以至于"敌人每到一处，便不得不先问群众什么地方埋设地雷"，据说敌人未敢到蟠龙镇烧杀抢掠则因为得悉该地埋设了很多地雷。② 这种效果正如晋冀豫区武委会的一份总结中所说："地雷战不仅给敌人有生力量以杀伤，并造成其极大的精神威胁。"③

不过，当时地雷的制作技术难称精良，民兵和群众的埋设方式也往往不得当，甚至有埋了 48 颗只炸了一颗其余大多数被敌人取走的情况发生。④ 但这仍然给敌人造成不小的困扰，主要原因在于地雷是一种不可预知的危险。地雷的优势还在于，使用时施放一方处于相对安全的地位，而不必像步枪那样给敌危险的时候自己也处于敌之有效射程内。正是这种良好的防御特性，才会发生类似于涉

---

① 参见晋冀豫区武委会：《关于反对敌人奇袭的战术指示》（1941 年 12 月 19 日），太行区武委会编：《抗日战争中人民武装建设文件》（上册），第 170 页。

② 第一二九师：《太行区冬季反扫荡作战总结（一九四一年十月三十一日至十一月二十一日）》（1941 年 12 月 30 日），革命历史档案 702-2，晋城市档案馆藏，第 6、8 页。

③ 晋冀豫区武委会：《反扫荡中武委会工作的总结》（1941 年 12 月），革命历史档案 A09-01-00004-1，山西省档案馆藏。

④ 参见军区武委会：《为开展旧式武器运动提高民兵的军事技术与各级武委会指示》（1942 年 4 月 30 日），太行区武委会编：《抗日战争中人民武装建设文件》（上册），第 208 页。

县某地搜粮的敌人触发一颗地雷后就没再敢动公粮的情况。[①]

在晋察冀工作多年的英国人林迈可，曾很疑惑日军到过的一村庄毁坏并不严重，后被告知该村周围30余个地雷爆炸了，日本人恐进村更危险，仅仅烧了一两间村边房子便离开。[②]

随着地雷战进一步铺开，越来越多的地区和民兵加入到其中来。以黎城民兵1943年5月反“扫荡”作战为例，据不完全统计，这次战斗中敌人在麦仓、李堡、南堡、东旺、源泉等村庄均踏响地雷，死伤十数人，民兵仅二人受伤。[③]可以想见，敌人对于遍布地雷的村庄必定会慎之又慎，甚至干脆放弃侵入。因为在实战中的良好表现，不少地方都花大力气生产制造地雷。太行三分区曾在1943年以50万元预算生产地雷，后又决定为迎接1944年残酷的战争环境，仍继续大批生产地雷手榴弹。[④]1944年，太行区党委在回复毛泽东所提有关地雷战的问题时表示，民兵的武器最有效验的还是地雷，应大大发挥。[⑤]

在进入解放战争阶段后，地雷仍然受到高度重视。1946年初，

---

①　参见《涉县民兵一九四二年二月反扫荡总结》（原件无时间，应在1942年），革命历史档案1-1-17，涉县档案馆。原件未署作者，应为涉县武委会。

②　〔英〕林迈可：《抗战中的红色根据地——一个英国人不平凡经历的讲述》，杨重光、郝平译，解放军文艺出版社2005年版，160页。

③　参见《黎城县指挥部通报——民兵五月反扫荡作战情况》（1943年5月16日），革命历史档案55-15，黎城县档案馆藏。此处通报标题为笔者所加。

④　参见三分区武委会：《关于武器生产的决定》（1944年2月1日），革命历史档案3-61-2，武乡县档案馆藏。

⑤　参见《邓小平、中共太行区党委对毛主席询问十项问题的答复》（1944年），山西省档案馆编：《太行党史资料汇编》（第七卷），第98页。值得一提的是，该答复中还提到了石雷（“一块青石蛋，当中钻个眼，装上四两药，安上爆发管，黄土封好口，线子在外边”）。1943年8月晋冀豫区武委会召开全太行区第一次武器工作会议，为解决武器不足的问题，会议决定在全区开展石雷运动。全区为此打造了数万个石雷，该答复说因未遭遇大“扫荡”，石雷尚未发挥作用。同时参见杨殿魁：《我区的石雷运动》（1945年3月30日），山西省档案馆编：《太行党史资料汇编》（第七卷），第498—508页。

为支援太行五分区，反对豫北国民党军队向解放区的进攻，太行区武委会命令三分区黎城调有爆炸经验之民兵 60 人，地雷 700 个，三分厂炸弹 5000 个，六分区涉县抽调有爆炸经验之民兵 20 人，地雷 500 个前往五分区支援边地斗争。[①]

（四）武器的管控

前文提到，抗战之初山西民间鲜有枪支流散的主要原因是阎锡山治下的山西社会控制严密。在因抗战需要大范围给群众和民兵配备枪支后，必然面临武器的管控问题。枪支发到民兵手上，在增加民兵战斗力的同时，风险也随之产生，尤其在刚开始的时候。首先需要面对的风险是，在各方都迫切需要枪支的环境中，如何保证枪支掌握在可靠者手中而不落入敌方？此外，如何保证枪支得到有效使用和妥善保管也是一个充满挑战的问题。

太行军区曾于 1941 年 4 月专门就民兵损失武器发出训令，训令中提到近期发生的几个典型案例：太行二分区某村民兵在敌人“扫荡”中，敌人未到时便把步枪抛弃在家，随群众逃跑，枪支悉数被敌拿走；昔阳某村民兵被汉奸威胁后自动将步枪送给敌人，使敌人转用这些枪支来屠杀群众；又有某村民兵因敌人绑去该村群众数人，骗其以步枪赎票，结果枪被骗去，人未赎回，民兵反因持枪证据确凿而遭惨杀。据统计，这样一枪不放即让敌人拿走的仅太行二分区就有 50 余支。训令分析，造成这种情况发生的原因主要有二：一是发枪之前未经慎重审查，不遵照“把枪支掌握在抗日最坚决的积极分子手里”的规定，而盲目分发；二是发枪之后未注意加

---

① 参见太行区武委会:《支援五分区的命令》（1946 年 1 月 2 日），革命历史档案 335-3，晋城市档案馆藏。

强对民兵的领导和组织训练，而是任其自生自灭。[①]

训令要求，为吸取教训，往后枪支应当发给工作有基础、能积极执行参战任务、勇敢打击敌人的村庄，并掌握在真正坚决抗日的积极分子手上；对发给枪支的民兵必须加强领导和不断的训练，注意提高其军事技术和政治认识；以后对于弃枪逃跑或将枪支送给敌人者，除令其购置外，还应送交政府惩办；领枪民兵须经县武装科审核，呈请分区发下，并造册登记，每月检查一次；军分区应对各县民兵枪支负责统计、核发和监察。[②] 概括起来，为避免重蹈覆辙，太行军区此令主要着力于两个方面：一是加强对发枪村庄和民兵的审查及对违反纪律者的处罚，一是指令区县及军分区负起相应责任。

从后续发展来看，太行军区这个训令仍然未能很好地解决上述问题，民兵武器管理依旧是个麻烦。1942 年 8 月，晋冀豫区武委会再次对群众武装的武器管理问题作出指示。指示中提到各地报告的武器管理方面有如下情况：

> （1）顽固分子和特务机关为了破坏我们开展群众游击战争，秘密的派人在根据地、游击区用高价收买我民兵和民间的枪支和子弹，武涉一带已发现。（2）最近和西某村民兵把枪自动交给敌人。（3）此次反“扫荡”中好多地方的民兵自动把枪、手榴弹、地雷埋在地里，不但不起作用，反而把弹药潮坏，枪支生锈，有的被敌人挖走。（4）很多地方民兵把枪支任意损坏，我们不知道，甚至知道不加追究，也没有适当的处

① 参见《子弟兵太行军区训令——关于民兵损失武器的教训与今后规定》（1941 年 4 月 20 日），太行区武委会编：《抗日战争中人民武装建设文件》（上册），第 80—81 页。

② 同上书，第 81—82 页。

罚办法。(5)各县现有的枪支、手榴弹、地雷、子弹，究竟有多少，有多少坏的，掌握在哪些人手里，能否起作用，都没有确实的统计，只是一个大概的数目，县如此，区亦如此。(6)五六月反“扫荡”辽县损失步枪五十余支，其他各县也有损失未详细报告，究竟是怎样损失的，如何处理，很少认真追究。[①]

为应对以上情况以及更好地管理武器，晋冀豫区武委会给出了多条对策。有些是对前述太行军区训令的加强和细化，如枪支武器调查登记要求更为详细和严密，规定民兵队长每逢初一、十五要对持枪民兵的枪支进行检查，还要求村对区、区对县、县对分区、分区对边区每月都要有报告，其中较大的变动是在相关的人事设置上。晋冀豫区武委会要求各县武委会专设武器管理干事一人，人选要特别慎重，专门管理武器，具体负责武器调查、登记、补充、修理、调整等方面的工作；各区武委会主任、副主任、青抗先大队长三人中要指定一人专门兼管武器；分区也要指定专人负责这方面的工作。[②]县级武委会设专员管理武器此前未曾有过，充分体现了武器管理问题的严重性和组织上对此的重视。刘伯承在总结1942年太行军区夏季反“扫荡”时也指出，县区基干队、民兵、自卫队如有现代步枪者，应好好保持在忠勇可靠者手中，不要丧失给敌人来打我们自己，他也认为这是目前一个“要紧的”问题。[③]

① 《晋冀豫区武委会通令——为建立武器管理制度及彻底登记调查现有的武器并进行调整的指示》(1942年8月2日)，太行区武委会编:《抗日战争中人民武装建设文件》(下册)，第1页。

② 同上书，第2页。

③ 参见刘伯承:《太行军区夏季反“扫荡”军事总结》(1942年)，山西省档案馆编:《太行党史资料汇编》(第五卷)，第578页。

三、民兵的训练

1942 年以来，由于日军数次连续高强度大范围的“扫荡”“清剿”，根据地的抗战进入到群众性游击战争为主的阶段。1942 年下半年以来，太行全区开展以减租减息为中心的大规模群众运动，有力推动了群众性游击战争的开展，许多地方的民兵队伍由此初次组建起来，此前即已存在的民兵队伍则在群众斗争中得到了不同程度的锻炼。不过，虽然民兵会因群众斗争而生并因群众斗争而变强，但组建民兵的主要目标是其能在抗战中发挥作用。李雪峰说：“所谓‘武装民众’，主要就是民兵问题。”① 在他看来，怎么掌握与使用民兵，就成为战时如何领导群众坚持斗争和群众如何配合军队作战的一个核心环节了。

虽然各级武委会及民兵组织的架子搭起来了，但当时的普遍情况是大部分武委会干部既无军事技术又缺乏战术知识，几无军事素养；民兵连最简单的集合、点名制度都没有建立起来。对这种状况，晋冀豫区武委会组织了对干部和民兵的分头训练。干部训练的基本做法是选拔学员到抗大分校集训，民兵由所在村组织操练，二者同时分头进行。然而，民兵的训练又在事实上多流于形式。吸取教训后，晋冀豫区武委会将训练重点首先放在培养区村武委会干部上。

（一）以村武委会干部为抓手

在军区体系中，群众武装主要由武委会系统领导。晋冀豫

① 李雪峰：《五月反“扫荡”地方工作方面的主要经验教训》（1942 年 8 月），山西省档案馆编：《太行党史资料汇编》（第五卷），第 498 页。

区武委会系统从上到下分五个层级，分别是边区武委会、分区武委会、县武委会、区武委会、村武委会，各级武委会还领导对应层级的青抗先（分别是总队部、区队部、大队部、中队部、青抗先），区村级以上三个层级的武委会均设有政工部和军事部（在县级是政工组和参谋组）分别负责政治工作和军事工作。[①]武委会是人民武装民主选举的领导机关，和政府无隶属关系，但在执行人民武装基本任务方面，如开展群众游击战争、配合抗日军队作战、维持抗日治安、担任抗战勤务等，武委会必须接受同级抗日政府指挥。[②]在早期，村武委会还设有青年部、妇女部、基干部、组训部，分别领导青抗先、妇卫队、基干队、警备队。后来，为适应作战需要，提高组织效率，晋冀豫区武委会于 1943 年 7 月决定将青抗先和基干自卫队混合编制成民兵队，同时将边武、分武、县武三级青抗先队部取消，因此群众武装主要就为民兵和自卫队。[③]

彭德怀说“一切工作在村”[④]，武委会的组织系统也不例外，与民兵直接接触的便是村武委会，所以村武委会干部的强弱将直接影响民兵工作的好坏。按一般情况，村武委会最主要的三个干部是主任、副主任、指导员。大体分工为：主任领导打仗、军事训练、平时与战时管理；副主任负责自卫队工作，管理武器、粮食，派遣勤

① 参见《晋冀豫区各级武委会编制表》（1942 年 1 月 19 日），山西省档案馆编：《太行党史资料汇编》（第五卷），第 69 页。

② 参见《确定政府与武委会之关系》（1941 年 10 月 2 日），太行区武委会编：《抗日战争中人民武装建设文件》（上册），第 132 页。

③ 参见晋冀豫区武委会：《关于人民武装组织的决定》（1943 年 7 月 6 日），太行区武委会编：《抗日战争中人民武装建设文件》（下册），第 160—161 页。

④ 《彭德怀在太行区军队营级、地方党县级以上干部会议上的报告》（1942 年 12 月 18 日），山西省档案馆编：《太行党史资料汇编》（第五卷），第 951 页。

务；指导员负责政治教育，检查督促生产，保证平时战时纪律。[①]这三个人是民兵队伍最重要的组织者和日常管理者，正因为他们的特殊地位，组织上在开展民兵工作时往往要以他们为抓手。关于武委会村级干部的重要性，杨殿魁曾有这样的阐述："人民武装是群众性的半武装组织，其组织性、纪律性有一定限制，因此在队员中有威信的有胆有识的村干部作为团结的中心，有特殊作用。"[②]杨殿魁说经验证明哪里有这样的干部，哪里的民兵就好许多，而没有一两个这样的中心干部，民兵要搞好是很困难的。

武委会系统组织训练村干部有一个过程。1941年11月，鉴于大部分武委会干部既无军事技术又缺乏战术知识，晋冀豫区武委会决定在武委会内部建立军事指挥系统和政治工作系统，同时要求武委会干部要学习军事，轮流接受军事训练，以增强武委会军事性。[③]之后不久，晋冀豫区武委会又作出武委会干部军事化的决定，要求军分区以下、区级以上所有武委会干部应于1942年内分三批到抗大分校接受训练。[④]晋冀豫区武委会在1942年2月以命令的形式颁发了1942年度武委会干部及民兵自卫队军事教育训练计划实施纲要。与之前相关的决定不同的是，这个纲要将村干部也纳入了训练计划，明确规定村武委会正副主任、指导员等三人每年须集训20

---

① 参见《杨殿魁同志一月八号在边武政工会议上的报告》（1943年1月8日），太行区武委会编：《抗日战争中人民武装建设文件》（下册），第120页。

② 杨殿魁：《一九四二年人民武装政治工作几个问题总结》（原文未注时间，从前后编排上看应为1943年初），太行区武委会：《抗日战争时期人民武装建设材料辑存》（第一集），第184页。

③ 参见晋冀豫区武委会：《关于增强武委会军事性的决定》（1941年11月30日），太行区武委会编：《抗日战争中人民武装建设文件》（上册），第157—159页。

④ 参见晋冀豫区武委会：《关于武委会干部军事化的决定》（1941年12月14日），太行区武委会编：《抗日战争中人民武装建设文件》（上册），第168页。

天。[1]概括起来，武委会系统首先注意到要加强自身的军事性，之后以武委会干部军事化为突破口，其中首先又从区级以上干部开始训练，之后再将计划推进到村级干部。

1942年8月，晋冀豫区武委会就村武委会干部集训发出指示，要求各县抓住农忙与战争的空隙，在“九一八”之前完成为期20天的训练。受训对象为正副主任及指导员，由区武委会干部带队前往县武委会受训。要求各村指定专人帮助受训者家庭秋收。按照区武委会的布置，村武委会干部受训时，每人须带一支步枪，两颗手榴弹；无武器者，县武委会临时筹借备齐，以便教学。集训内容主要有两方面，政治训练和军事训练，武委会主任和指导员分班训练，前者军事训练时间占60%，政治训练占40%，后者刚好相反。训练结束时要组织测验，不合格者，留级补训。[2]之所以强调在“九一八”之前，最迟也要在秋收结束前完成集训，是便于冬季集中力量，专门轮训民兵。概括起来，此番集训的基本方式是先训练村武委会干部，再由其回村训练民兵。

1942年八九月间的这次村武委会干部集训当是晋冀豫区武委会首次在全区范围组织的专门针对村武委会干部的集训。作为全区的统一行动是首次，但对于村干部的训练此前已在一些地区展开，比如涉县在1941年冬训中就首先组织了对村干部的两期调训。第一期首先调动基点村和工作好的村干部受训，各村抽调都在两人以上。这是接受了过去的经验，调一人来受训，回去不能发挥足够作用。干部增多，在村中一呼一应，有帮手，在意志上也容易统一。

① 参见晋冀豫区武委会：《颁发一九四二年度武委会干部及民兵自卫队军事教育训练计划实施纲要》（1942年2月25日），太行区武委会编：《抗日战争中人民武装建设文件》（上册），第189页。

② 参见晋冀豫区武委会：《关于村干部集训指示》（1942年8月15日），太行区武委会编：《抗日战争中人民武装建设文件》（下册），第21—22页。

从基点村开始，在工作落后不平衡的情况下是很重要的，因为各村对工作一般持观望态度，如某些村可以开始，则对其他村能起推动作用。

在第一期受训的村已开始实际工作时，组织上启动了第二期调训，抽调清漳河两岸及武涉大道两旁各村干部受训。被抽调的这两个区域工作表现一般，组织上意在通过调训予以加强。训练的主要内容是武器使用、野外动作、政治工作，重点在于使村干部了解为什么应受训、反“扫荡”总结及民兵工作的重要性，还有改进村干部工作方法的内容，如行政命令的方式能不能解决问题。

一、二期训练完后，适时开展全县训练工作的检查，目的在于贯彻干部训练的成果。这次冬训的总结指出，组织区干部和村干部一齐受训，与突击某一村便将该村全体干部调来学习，都是比较有成效的方法，因此两期调训都配备了适当的区级干部一同学习。总结还提到了留学制，表现很好的干部留下来帮助下一批学员，最坏的则需要留下补充学习。[①] 从前述晋冀豫区武委会关于村干部的集训指示来看，应当是充分吸收和借鉴了涉县在这方面的经验。

晋冀豫区武委会在布置 1943 年武委会村干部训练工作时，表示去年的村干部集训对去年工作起了“相当大的作用”，但形势的发展对村干部的要求进一步提高，要求他们成为“群众游击战争基层组织的核心”，因此在民兵冬训之前，应继续完成村干部集训。晋冀豫区武委会在随指示配发的《村干部集训军政教育要点》中指出集训的基本目的，总的说来就是“今年和明年在人民武装中要进

---

① 参见《涉县民兵一九四一年冬训总结》（原件未署时间，应为 1942 年初），革命历史档案 1-1-24，涉县档案馆藏。原件未署作者，似为涉县武委会。

行的工作要解决的问题，必须首先在村干部中弄通”[①]。区武委会指示集训内容应以业务教育为主，即相关战术教育、平时战时的管理法、平时战时的政治工作，其次是军事技术。[②]

这次集训把军事技术训练放在次要地位，应与上一年训练中发生的偏向有关。杨殿魁在关于 1942 年人民武装政治工作的总结中认为，该年度的村干部集训“着重军事技术的提高，而忽视了管理法、指挥法、政治工作的训练”[③]。至于村干部集训的实际效果，有地方武委会表示：“每次训练后都能提高干部的工作情绪、业务认识兴趣与能力，提高专门技术。训后干部都感到回去能干好了。干部训练的成绩在人民武装上起了决定作用，任何系统都佩服武委会干部能力最强，进步最快，并有很多提拔作其他干部。”[④] 同时，该武委会还认为提高干部不光靠短期训练，因为不少干部只在学习后一段时间内热情很高，专心业务，时间一长逐渐平淡下来，所以训后还要依靠武委会经常领导组织专门业务与技术的学习讨论。

在武委会村干部的培养训练上，杨殿魁认为一个较大的困难是区干部不够强有力，甚至是“最弱的一环”，不能经常给村干部以具体帮助，多数只能向村干部传达任务，要成绩，而不会帮助，所以他认为提高区干部和培养村干部是一致的任务。此外，杨殿魁还特别强调了会议对于培养干部的作用，他说一定时期（一个月至两

① 《村干部集训军政要点》（《关于四三年村干部训练工作的指示》附件），太行区武委会编：《抗日战争中人民武装建设文件》（下册），第 127 页。

② 晋冀豫区武委会：《关于四三年村干部训练工作的指示》（1943 年 4 月 20 日），太行区武委会编：《抗日战争中人民武装建设文件》（下册），第 124 页。

③ 杨殿魁：《一九四二年人民武装政治工作几个问题总结》（原文未注时间，从前后编排上看应为 1943 年初），太行区武委会：《抗日战争时期人民武装建设材料辑存》（第一集），第 185 页。

④ 襄垣县武委会：《襄垣县四三年全年人民武装工作总结》（1943 年 12 月），革命历史档案 02-119-1，襄垣县档案馆藏。

个月）由县召开村干部会，对村干部的教育甚大，“每次会议等于一个训练班”[①]。不过，辽县武委会基于实际反“清剿”中的民兵工作经验，指出还是应该强调对村干部的有计划培养，因为县区干部大部是选出来的，这些同志对平时武装建设工作的了解和怎样实际贯彻都没有更多经验和创造，战时掌握武装、领导武装的经验更差。[②]二者虽对区武委会干部的认识不同，但在村干部重要性的问题上并没有分歧，杨殿魁甚至认为“培养一个胜任的村武委会干部是不容易的。一个好农会主席或支部书记，不一定能当好武委会主任”[③]。

好的武委会干部是怎样的？组织上并没有给出一个统一的具体标准。襄垣县曾倡导要培养赵付生式的干部，可作为一个参考。赵付生是襄垣水碾村武委会主任，通过减租减息由贫农上升为中农，还被评为劳动英雄，群众民兵一致拥护，有军事指挥能力，无不良嗜好。[④]从赵付生的例子可以看出，优秀武委会村干部的标准无外乎成分好、能力强、爱劳动、群众拥护等几条。同时满足这些条件，当然是好干部。

（二）民兵战时工作

如前所述，训练武委会村干部的目的在于更好地掌握和领导民

① 杨殿魁：《一九四二年人民武装政治工作几个问题总结》（原文未注时间，从前后编排上看应为 1943 年初），太行区武委会：《抗日战争时期人民武装建设材料辑存》（第一集），第 185 页。

② 参见辽县武委会：《反清剿中民兵工作总结》（1942 年），革命历史档案 1.1-1-016，左权县档案馆藏。

③ 杨殿魁：《一九四二年人民武装政治工作几个问题总结》（原文未注时间，从前后编排上看应为 1943 年初），太行区武委会：《抗日战争时期人民武装建设材料辑存》（第一集），第 184 页。

④ 参见襄垣县武委会：《襄垣县四三年全年人民武装工作总结》（1943 年 12 月），革命历史档案 02-119-1，襄垣县档案馆藏。

兵，因此在集训干部之后，紧接着便是民兵的训练。民兵的训练主要有两个方面：一是平时的操习，一是实战的锻炼。

按照晋冀豫区武委会颁发的1942年度武委会干部及民兵自卫队军事教育训练计划实施纲要，全体民兵与35岁以下之自卫队都要参加普训。普训一律上军事课与进行军事训练，不上政治课，全年普训十天。同时，民兵还要进行轮训。由军区、军分区供给一部分干部，县武委会负责配合，组成训练小组，轮回到各村训练民兵，每次集合一至三个行政村的民兵集中训练，民兵全年轮训二十天。[①]这不是第一个关于训练民兵的计划。早在1941年8月，晋冀豫区武筹会（武委会筹备会）就认为在全区民兵已达四万且武委会村选已初步完成的形势下，接下来的中心任务便是巩固和加强。对于民兵训练，晋冀豫区武筹会指示以基点村为单位集中附近的民兵专门训练，并决定为此每区增加两名脱产干部协助武委会开展相关工作。[②]此后，晋冀豫区武委会于1941年11月1日发出冬季民兵自卫队突击训练的紧急补充通知[③]，11月28日发出再次补充通知[④]，12月19日发出第四次补充通知[⑤]。

短时间内连续就同一问题发出指示，一方面反映了这项工作的

---

① 参见晋冀豫区武委会：《颁发一九四二年度武委会干部及民兵自卫队军事教育训练计划实施纲要》（1942年2月25日），太行区武委会编：《抗日战争中人民武装建设文件》（上册），第189—190页。

② 参见晋冀豫区武筹会：《关于干部训练与冬学民兵自卫队突击训练的工作指示》（1941年8月20日），太行区武委会编：《抗日战争中人民武装建设文件》（上册），第124、126页。

③ 参见晋冀豫区武委会：《关于冬季民兵自卫队突击训练紧急补充通知》（1941年11月1日），太行区武委会编：《抗日战争中人民武装建设文件》（上册），第139页。

④ 参见晋冀豫区武委会：《关于冬季民兵自卫队训练的再次补充通知》（1941年11月28日），太行区武委会编：《抗日战争中人民武装建设文件》（上册），第157页。

⑤ 参见晋冀豫区武委会：《关于民兵冬季训练的第四次补充指示》（1941年12月19日），太行区武委会编：《抗日战争中人民武装建设文件》（上册），第164页。

急迫性——日军频繁残酷的“扫荡”迫切需求强有力的民兵，另一方面也反映了晋冀豫区武委会对这个问题考虑并不周全。而之所以不周全，主要在于武委会对于不同类型的地区（如有工作基础的、薄弱区等）缺乏相应的经验，对到底应该如何训练民兵、自卫队也缺乏深刻的认识，以至于在先前的通知中“接受了去年的教训”而作的计划，在后面的通知中又有变动。

从过去的经验和之后的实际情况来看，以上的连番通知还反映了武委会在训练民兵问题上的无力感：虽然进行了不少的设计，做过不少计划，也付出了相当的努力，但实际成效甚微。究其原因，一方面是群众未发动起来，没有群众基础的民兵工作势必事倍功半；另一方面则是对于民兵这种本就较为松散的群众性武装组织，常规性的训练本就难以起到多大的作用，况且这种常规性的训练在事实上做得也不扎实。李雪峰较早注意到这点，他认为民兵本身应当经过相当的战斗锻炼，从配合军队作战，出击、破路，到反“扫荡”战斗，只有这样才能克服农民的散漫性，培养出一些军事行动的习惯。同时，通过战斗的锻炼，从民兵当中生长出本地的领袖，一旦有了这样的领袖，对于培养民兵的纪律性和应付当时当地变化不已的战斗环境大有裨益。[①]

在实际战斗行动中，民兵的政治工作被认为是战时民兵工作一个“有决定意义的”[②]环节。在这个环节中，掌握民兵情绪是关键。战时，民兵常常经历这样几种情况：敌逼近，尚未接战时，产生恐惧的心理；亲见自己的伙伴死亡或受伤时，或敌情转重谣言四起时，或所依靠的军队开走时，或生活困难、家庭困难时，常常难免

① 参见李雪峰：《五月反“扫荡”地方工作方面的主要经验教训》（1942年8月），山西省档案馆编：《太行党史资料汇编》（第五卷），第498页。

② 同上书，第500页。

惊慌；小试获胜，获得胜利品，或亲见敌人吃亏，又不免骄傲、盛气凌人。

李雪峰认为战时民兵心理的特点是“恐怖、侥幸、骄傲、夸耀”几种状态，“接战前或回忆过去严重情况时，表现恐怖或侥幸，胜利或过后则骄傲与夸耀”。[①] 在他看来，这种心理特点优点和弱点并存，因此政治工作和领导上应着力于克服弱点，发扬优点，总的指导原则是“掌握实际斗争中的具体时机，及影响心理变化的具体条件，以规定宣传内容，击破或防止消极倾向的发生与扩大，发扬积极方面的心理因素”。在宣传方式上，主要应采取简短的口头鼓动，而决不是长篇讲话，是依情势组织斗争，而不是静静的口头说教。其中特别强调，民兵的领导者，也就是武委会干部必须同时成为有力的宣传者，以对民兵形成积极正面的影响。[②]

四、民兵的管理

成立民兵组织并配备枪支武器，在抗日自卫的同时，也在相当程度上改变了乡村社会原有生态。战时农村中虽然成立了农会、青救、妇救等群团组织，然多散漫，组织能力难以与民兵相比。拥有枪支的民兵事实上被赋予了基于武力的合法权威，而这种权威在乡村社会具有显著优势。村级武委会与民兵作为抗战时新成立的组织，打破了村庄原有的社会结构平衡，参与其中的农民很快也暴露了思想与行动上的缺陷。如何管理民兵并发挥其效能，成为民兵工作的另一个重点。

① 李雪峰:《五月反“扫荡”地方工作方面的主要经验教训》(1942 年 8 月)，山西省档案馆编:《太行党史资料汇编》(第五卷)，第 502 页。

② 同上书，第 505 页。

由于战争形势紧迫，民兵武装工作开展比较迅速，刚刚参与其中的农民尚未在思想上有充分的认识，行动上仍具有小农阶级的“落后”特征。《武乡党的简史》直言不讳地指出民兵是最有组织性的，也有一些战斗力，是群众斗争中最积极的分子，但也有严重缺点：特殊化，脱离群众，浪费普遍；还未认识到自己是阶级性的武装；内部教育很差，发展着“流氓”意识，一般轻视生产，爱斗争，不爱劳动，广大群众不敢监督；缺乏群众观念，政治工作薄弱。[①] 太行武委会负责人杨殿魁也在总结中提到民兵相当普遍地具有以下不好的偏向：不愿参加生产，依赖代耕；不回家，愿意集宿；单纯经济观点；特殊化；自由散漫不听指挥。[②]

对于这些问题，赵树理的小说《李有才板话》提供了一个生动的案例。这篇小说是赵树理在1943年10月写于太行根据地，并在当年发表。其主要内容取材于赵树理长时间驻村的实地调研和积累的素材，作品背景与历史真实高度吻合，因此《李有才板话》中呈现的民兵及自卫队情形可用来说明民兵对乡村社会的影响。

小说中阎家山村普通村民陈小元因反对村里的“当权派”被选成武委会受训人选。原本他以为是上级“巧招兵”，不料是受上级命令回村成立武委会。受训回来后，陈小元得意地转告村民：“县里

---

① 参见《武乡党的简史》，中共太行区党委：《太行党史料辑存》（第二编），内部资料，1945年，第54页。《武乡党的简史》《磁县根据地工作研究》《邢台工作简史》等都是中共晋冀豫区委在中共中央1941年8月《关于调查研究的决定》后所进行调查研究的成果，皆曾收入《太行党史料辑存》第二编。在根据地的工作实际中，有关这三地的简史或研究，大体可以看作晋冀豫区委意旨的体现，如同许多当时其他的文章一样具有“文件”意义。参见田酉如：《太行抗日根据地史研究综述》，《党史通讯》1987年第7期。

② 参见杨殿魁：《一九四二年人民武装政治工作几个问题总结》（原文未注时间，从前后编排上看应为1943年初），太行区武委会：《抗日战争时期人民武装建设材料辑存》（第一集），第148—149页。

说：'以后武委会主任跟村长是一文一武，是独立系统，不是附属在村公所'；（县里）给村长下的公事教他给武委会准备一切应用物件。从今以后，村里的事也有咱老槐树底的份了。"当即有人附和："看他老恒元（村长，村中最有势力者）还能独霸乾坤不能？"[①]

故事中陈小元传达的"一文一武"很简明地道出了村长和武委会主任在村中的角色，也符合中共抗日民主政权对武委会及民兵的定位。近代中国虽武力泛滥，但在乡村社会常态设置民兵这样的合法武力仍甚为罕见，武委会主任在村中的特殊地位很容易使其产生特权思想和特权作风。陈小元当上主任没多久，竟觉得下地干活与身份不符，遂派两个民兵代劳。陈小元还把村里地主赔偿给群众的款项挪作武委会经费，用于给民兵购置挂包、子弹袋、炒面袋等装备及检阅民兵活动的吃喝开销。村民对此有怨不敢言。李有才为此编了一段板话：

陈小元，坏得快，
当了主任要气派，
改了穿，换了戴，
坐在庙上不下来，
不担水，不割柴，
蹄蹄爪爪不想抬。[②]

后来，在县农会主席老杨的驻村介入下，斗争清算了村长老恒元一伙，对于村武委会主任陈小元则是进行了深刻的批评教育，责

① 赵树理：《李有才板话》，《赵树理文集》（第一卷），工人出版社1980年版，第39页。
② 同上书，第41页。

令其在全村新当选干部的监督下于一个月内改正错误。老杨表态称："一个人做了错，只要能真正改过，以后仍然是好人，我们仍然以好同志看他！"①

除了类似这种说服教育，以群众斗争的方式提高民兵政治觉悟，也见于相关的工作报告。太行武委会负责人杨殿魁曾指出："民兵本身经过群众斗争的锻炼，政治觉悟也有提高，更关心群众利益。我们过去对民兵脱离群众的现象打算从建立政治工作中来克服，今天证明如果群众不发动，只靠政治工作还是不行的。"②杨殿魁说，随着群众斗争的深入，民兵在成分上、参加动机上、表现上也不断变化，一般说深入到彻底减租减息合理负担的时候，民兵中贫农成分增加，积极性也提高，并逐渐成为民兵的主干。也就是说，群众发动愈深入，民兵愈为基本群众所掌握，阶级性愈明显，经验证明也只有民兵成为群众阶级自觉力量的时候，才能打下群众游击战争的雄厚基础。③

此外，战时民兵生活管理也是一个不容忽视的重要方面。应该说，民兵的群众性远超过其军事性，特别在经过充分战争锻炼之前尤为如此。一项当时所做的武乡农民阶级意识与民族意识的研究表明，农民因生产方式的关系（各种各的田地，见面机会少）天然散漫，缺乏组织性；农民"自私"却又对公正有很高要求；农民相信领袖，但领袖必须真正以能力赢得他们的信任。④农民的这些特征也会表现在民兵身上："最会互相比较，爱占便宜，不肯吃亏，常因

---

① 赵树理：《李有才板话》，《赵树理文集》（第一卷），第 60 页。

② 杨殿魁：《一九四二年人民武装政治工作几个问题总结》，太行区武委会：《抗日战争时期人民武装建设材料辑存》（第一集），第 145 页。

③ 同上书，第 149—151 页。

④ 参见太行分局组织部：《武乡农民阶级意识与民族意识的初步研究》（1943 年 6 月 25 日），革命历史档案 3-47-1，武乡县档案馆藏，第 22—27 页。

小事争吵不休。”[①] 对此类情形，组织必须予以重视，否则将会影响集体生活与行动。

获得战利品是大部分民兵参战时的朴素愿望，1941 年 4 月公布的《晋冀豫区人民武装抗日自卫队暂行条例》更是明文规定自卫队的经费来源除了“政府补给”，便是“胜利品一部或全部”。[②] 因此，如何分配战利品成为战时民兵管理的重要课题。

陈锡联曾提到在历次反“扫荡”中都或多或少发生过正规军队与民兵争胜利品的现象，太行三军分区的一次会议就这个问题指出“影响民兵与军队结合的一个最大的问题就是胜利品的处理”[③]。问题源自两个方面：一方面，民兵表现了农民的自利思想；另一方面，部队则表现得不甚大方乃至有单纯利用民兵的观点。在沁源围困斗争中，营兵与民兵在围困开始关系有些不好，双方不能亲密合作，主要原因之一也是民兵在战利品分配上有情绪。[④] 晋冀豫区武委会在总结 1942 年全区民兵对敌斗争的经验时，就特别提到主力兵团领导民兵打仗时应注意将胜利品分其一部。[⑤] 一二九师也曾要求属部注意爱护民兵，分给民兵胜利品，对于作战英勇的民兵应及时予以物质奖励。[⑥]

---

① 杨殿魁:《一九四二年人民武装政治工作几个问题总结》，太行区武委会:《抗日战争时期人民武装建设材料辑存》（第一集），第 176 页。

② 《晋冀豫区人民武装抗日自卫队暂行条例》（1941 年 4 月 1 日），山西省档案馆编:《太行党史资料汇编》（第四卷），第 220 页。

③ 《三分区人武部工作会议记录摘要》（1943 年 8 月 19 日），革命历史档案 3-46-1，武乡县档案馆藏。

④ 参见《敌占沁源后民兵活动情形——摘沁源武委会报告》，太岳军区司令部政治部编印:《太岳人民武装建设（材料汇集）》（上册），第 60 页。

⑤ 参见晋冀豫区武委会:《一九四二年度人民武装军事工作总结》，太行区武委会:《抗日战争时期人民武装建设材料辑存》（第一集），第 120 页。

⑥ 参见太行分局、一二九师:《关于加强人民武装工作的指示》（1943 年 3 月 5 日），太行区党委编:《一九四三年太行党的文件选辑》，1944 年 9 月 25 日，第 185 页。

作为历史经验，抗战结束后初期，晋冀鲁豫边区政府在制定人民武装奖励抚恤办法时即把战利品分配作为首要问题提出来，并针对几种不同的情形分别作出详细规定。[①]

对于纪律方面的问题，组织上认为一般性的解决办法是，经过民主讨论，耐心地说服解释；即便对违犯纪律的民兵也要经过民主讨论，切忌处罚财物，侮辱人格。在生活上，组织上要求相关干部（包括随民兵参战的村武委会干部和上级干部）亲身领导战时民兵生活管理，应关心每一个民兵的实际生活，吃饭喝水、休息睡觉、派遣勤务等都应很好注意，还应注意参战粮食的筹措与其家庭困难的解决，以解除民兵的后顾之忧。

前述李雪峰有关民兵战时工作的详细论述（《五月反“扫荡”地方工作方面的主要经验教训》）刊载在晋冀豫区党委机关刊物《战斗》增刊上（1942 年 8 月 5 日）。按照机关刊物上文章相当于文件的惯例，意味着这个问题得到了相当的重视，而杨殿魁在稍后代表区武委会所做的关于 1942 年人民武装政治工作的总结中有关战时民兵工作的内容大体上沿袭了李雪峰的论述[②]，这也表明李、杨二人关于民兵战时工作的论述和总结具有一般指导性质。

虽然关于战时民兵管理的问题，李雪峰和杨殿魁都作了详细充分的论述，也针对各种不同的情况给出了相应对策，但关键问题还在于领导，在于干部发挥作用。如杨殿魁所说：“在管理上非常重要的是干部的以身作则，一切出头领着干。民兵一般缺乏战斗经验，

---

① 参见《太行区人民武装奖励抚恤办法》（1945 年 9 月 1 日公布施行），革命历史档案 55-60，黎城县档案馆藏。

② 参见杨殿魁：《一九四二年人民武装政治工作几个问题总结》（原文未注时间，从前后编排上看应为 1943 年初），太行区武委会：《抗日战争时期人民武装建设材料辑存》（第一集），第 171—179 页。

不仅要求干部能出主意想办法，还须要干部出头领着干，从站岗、侦察到作战都必须如此，也只有如此，才能给民兵张胆量，提高其积极性，建立起干部信仰，也才能指挥动队员。”[①] 这也再次证明了花大力气培养村武委会干部的必要性。

---

① 参见杨殿魁:《一九四二年人民武装政治工作几个问题总结》(原文未注时间，从前后编排上看应为1943年初)，太行区武委会:《抗日战争时期人民武装建设材料辑存》(第一集)，第177页。

第六章

游击秩序的建立

经过 1941、1942 年连续两年的“治安强化”运动，日军在交通要道沿线及大城镇设立了大量据点，也收罗了相当数量的伪军帮助其开展所谓的“治安”工作，但他们需要面对的现实是：据点有限，难以有效控制根据地的其他地区，特别是腹心区。在兵力受限不能增设据点的情况下，日军一个基本的策略是以据点为依托，用短小精干的机动力量向周边地区出击，有时也会纠集几个据点的力量，进行抢粮、抓丁、逼迫“维持”等活动。这些行动一般持续时间较短，达到目的后迅即返回据点。在根据地方面，因兵力和装备不足，难以有效应对敌人这种小股快速袭扰，至于主动攻击日军、拔除据点就更不具备条件。

日伪的这种以据点为依托的、不定时的快速出击，和八路军力量难以适时救急，实际上是全面游击战争阶段双方的基本态势。据彭德怀 1941 年 11 月在北方局扩大会议上的报告，当时华北人口中共占 1/4（约 2200 万），敌占 3/4（约 6000 万，内中一部是游击区）；华北面积中共占 6/10（多贫瘠区），敌占 4/10（多富庶区），其中城市中共占 2%（华北 437 个县城，中共占 10 个），敌占 98%；军事力量上敌在华北有 9 个师团和 14 个独立旅团共 325,000 人（与八路军作战者有 265,000 人），还有伪军 117,000 人，平均每一重要据点中有日军85人、伪军38人。[①]中共兵力与敌数量大致相等，但由于技术装备之极不相称，战斗力上敌强我弱。这种态势下的抗战必然只能是以防御为主。不能硬碰硬，又不能一味退却，毕竟根据地已经被严重压缩，到了退无可退的境地，并且一旦退出任由群众“维持”敌人，再夺回来会更加困难。因此，唯一的出路是带着群众长时间与敌周旋，以尽可能小的代价给敌以尽可能大的消耗，封锁敌人，置敌于困境，直至局面发生变化或有利时机出现。

据当时的调查，早先老百姓的逃难是一听说敌人来了，就背上被褥拉上牛羊，各顾各向野地四散逃跑。吃饭有的在沟渠里生火安锅造饭，有的吃干粮炒面。许多时候，敌情消息不准确，群众也没办法弄清，有点风吹草动就跑，有时一天跑三四回。在饱受这种混乱之苦后，群众开始意识到岗哨、情报的重要性，纷纷表示不能再“糊涂钻沟、糊涂跑路”了。[②]并且，这种群众自发的逃难也往往不能真的奏效，敌人很容易就追上了。即便安全逃到了山沟，吃饭饮水又成了问题，若碰上天阴下雨冷冻，情况则变得更加糟糕。还有，人逃掉了，但家中的财物、粮食、牲口常常被抢走。此外，敌寇袭扰期间的生产也是一个大问题，解决不好就会导致种子不能及时播下去、该收割的粮食被敌人收走的情况出现。也就是说，应对敌寇“扫荡”的主要办法只能是躲避，但自流的躲避又会产生诸多问题，因此迫切需要进行有效组织和领导。

① 参见彭德怀:《敌寇治安强化运动下的阴谋与我们的基本任务》(1941年11月1日)，山西省档案馆编:《太行党史资料汇编》(第四卷)，第901页。

② 参见《武乡群众意识调查材料》(1943年4月27日)，革命历史档案A181-1-45-2，山西省档案馆藏，第67页。

太行三分区曾为贯彻太行分局[①]及一二九师关于加强人民武装工作的指示[②]专门召开会议，会议认为在游击战争中保存有生力量的核心问题在于保卫群众利益。以这个标准来判断，即便部队在军事上取得某些胜利而群众仍遭受很大损失，那这个胜利的意义则要大打折扣，甚至变为失败。会议指出，在战争中适当组织群众使游击战争有条不紊，群众能人人自卫，少受损失或不受损失是最主要的工作，概括起来就是“组织群众的衣食住行，建立群众的游击秩序”。[③]虽然这只是分区的会议，但会议决议却道出了游击战争中所应把握的基本原则和主要任务。在战争的环境中，要做到让群众的衣食住行有条不紊，实现不受损失或少受损失的目标，实际上对中共的组织动员能力提出了极高的要求。

一、情报预警与戒严

为了躲避敌人，在敌人到达前及时疏散转移群众，预警体系的建立处于先导地位。晋冀豫区群众性的情报预警工作是伴随着日军

① 1942年9月1日，为便于领导及保护首脑机关安全，中共中央根据彭德怀、罗瑞卿、刘锡五的建议，调整了北方局，并成立了北方局太行分局，邓小平、李大章分别为太行分局正副书记。1943年8月初，中共中央通知彭德怀、刘伯承回延安参加整风运动，并准备出席党的七大。随后，彭德怀致电毛泽东，建议在他和刘伯承回延安后，太行分局和北方局合并，取消分局，邓小平为北方局副书记，在杨尚昆未回太行前邓小平任代理书记。1943年10月6日，中共中央决定，太行分局和北方局合并，撤销太行分局，邓小平任北方局副书记并代理书记，主持北方局工作。1943年10月9日中共晋冀豫区党委更名为中共太行区党委。与此同时，八路军总部和一二九师师部合并，但仍保留一二九师番号。

② 指示为《中共中央太行分局、一二九师关于加强人民武装工作的指示》（1943年3月5日），意在加强民兵和自卫队的发展建设。参见山西省档案馆编：《太行党史资料汇编》（第六卷），第194—207页。

③ 参见《三分区人武部工作会议记录摘要》（1943年8月19日），革命历史档案3-46-1，武乡县档案馆藏。

第一次“治安强化”运动而开始受到重视的。1941年6月区武委会发布《为建立经常的群众情报工作指示》，直接动因是由于没有建立群众“经常的、主动的”情报工作，致使“近一两个月来，和西、榆次、寿阳、昔西……县政府及其他团体甚至部队，被敌包围的简直是接二连三层出不穷”。[①]指示要求建立和健全各级民兵的情报工作，各级武委会均应有专人负责，最好将这一工作造成群众运动。这个指示虽然也提到要普遍地建立群众性的联络站、情报网，但主要目的在于搜集敌伪的情报。指示要求各级武委会有关敌伪的军政情报每半月报告一次，民兵参战情报每月上报一次，从这个频率可以看出这样的情报工作在预警上的作用比较有限。

真正的群众性的、起到预警作用的情报网络，是在日军日益频繁的“扫荡”“清剿”之中逐步建立起来的。以武西为例，在1942年4月到8月这四个月中，敌寇共进行掠夺40次，抓人31次，蚕食21次，数以百计群众被抓扣（一般要用粮款赎回），大量粮食被抢走。[②]这种严重的局面迫使武西开展村村联防，扎实推进情报工作落到实处。当时的情况是，接近游击区的根据地村庄首先提出要组织联防，由该村选出代表，然后找到邻村村长，提出订立联防公约，约定如敌人通过邻村来到本村，邻村不送情报使本村受了损失邻村要包赔，邻村有敌本村民兵有义务帮助。在此基础上组织联防游击小组，由各村民兵轮流担任，看守据点要路。[③]通过组织联防，建立岗哨，群众心理在一定程度上得以安定，以往混乱不堪的情形大有改善。正由于联防在对敌中的良好效果，晋冀豫区武委会

① （晋冀豫）军区武委会:《为建立经常的群众情报工作指示》（1941年6月27日），太行区武委会编:《抗日战争中人民武装建设文件》（上册），第106页。

② 参见武西县武委会:《武西四个月政治攻势工作总结》（1942年8月17日），革命历史档案3-28-1，武乡县档案馆藏。

③ 同上。

通令要求各地认真实行县区干部的责任区、责任村制度，区干部固定分配到一定的联防区，平时负责该联防民兵的训练、情报、锄奸等工作。[①]

随着日伪军“扫荡”愈益频繁，战争愈益残酷，特别是在1943年5月反“扫荡”之后，情报工作也更加被强调。黎城县指挥部曾在1943年8月3日就情报工作作出决定，强调“情报是完成一切工作的关键”，还引用刘伯承的话说“谁不做情报工作谁就会被敌人捕捉”。该决定进一步理清了各级指挥部情报组织的架构：县情报总站由情报参谋负责掌握全县情报工作，总站战时可设三个半脱产情报员（粮食向县报销一半），负责与县指挥部的联络及检查至各区情报路线或直接派出侦察等工作；区设情报分站，由武委会副教导员负责，平时战时掌握全区情报工作，分站所在地可设一至三个半脱产情报员（粮食向区指挥部报销一半），负责与总站的联络及直接接敌侦察等工作。联防情报工作由区指挥部指定一个区干部负责，主村由副主任负责全村情报工作，自然村由民兵小队长或自卫队分队长负责。县与县、区与区的结合地区由双方指定各该村组织情报网，平时战时互通情报。一二九师师部及分区司令部临时派来做情报工作的同志依托于当地情报组织进行自己的工作，不须另来一套组织。[②]

此前不久，黎城县指挥部已就区村两级情报工作作出了细致的要求：每村抽坚强的民兵二至六人，组成一情报组，直接受村武委会主任领导；区情报工作由区指挥部副指挥负责，并为战时主要

---

① 参见晋冀豫区武委会：《加强对村武委会的领导》（1942年8月20日），太行区武委会编：《抗日战争中人民武装建设文件》（下册），第32页。

② 参见黎城县指挥部：《八三情报决定》（1943年8月3日），革命历史档案55-15，黎城县档案馆藏。

工作之一。决定要求区、村就敌人的兵力兵种及军事活动、汉奸特务造谣宣传活动、八路军及民兵活动以及群众活动情形等各项情报内容，平时五天一送（逢五逢十送），紧急时随收随送，战时一天一送，村向区、区向县逐级上达。该决定特别强调了情报工作的纪律，指出战时情报工作就是军事工作，贻误情报工作者按战时纪律制裁；情报员要保守情报秘密，不得任意拆看；耽误时间、遗失情报及违抗不送者给以轻重处分；情报工作能坚决完成者给以精神物质奖励；一般的奖惩由区指挥部执行，严重的送县处理（村指挥部有建议权）。[①]

与情报工作相关的岗哨及戒严工作也被反复强调。岗哨和戒严工作的主要目标是防止奸探潜入根据地搜集情报及进行破坏活动。在敌我势力范围犬牙交错、双方近身互动的情况下，防敌的重要性不言而喻，但由于所涉地域广阔，这项工作不可能由正规军来完成，只得主要依靠民兵和自卫队。太行军区曾在 1941 年 3 月 10 日为应对汉奸敌探可能潜入根据地而发布过全区紧急戒严令，要求自 3 月 18 日起全区所有村镇相关之重要路口皆须有成年自卫队民兵担任岗哨，严查来往行人。[②] 从这个戒严令发布的时机（非紧急情况）及相关安排（强调群众武装建设）来看，太行军区更多的是希望通过这次全区的戒严行动，锻炼民兵自卫队，为今后常态化的戒严打下基础，同时也有意以戒严工作推动群众武装的建立和巩固。随着民兵自卫队逐渐坚强有力，戒严和岗哨愈发表现出良好的效能。

以黎城为例，黎城指挥部曾专门发布命令要求加强岗哨工作。

① 参见《黎城县指挥部命令——情报工作几个决定》（1943 年 7 月 4 日），革命历史档案 55-15，黎城县档案馆藏。

② 参见《子弟兵太行军区命令——关于实行全区紧急戒严》（1941 年 3 月 10 日），太行区武委会编：《抗日战争中人民武装建设文件》（上册），第 79 页。

该命令说敌人派大批汉奸化装成各样人物——灾民、商人、工作人员进入我根据地打探军政消息、侦察地形、散布谣言与暗杀抗日干部，但各地并未高度重视岗哨工作，因此重申前令，要求：

> 1. 各村每天昼夜都要有民兵配合自卫队站岗，严格盘查行人，无路条不准通行。
>
> 2. 站岗时要带武器以防武装汉奸袭击。
>
> 3. 派到各村帮助工作之同志要负责检查督促各村岗哨工作人员。
>
> 4. 各级干部都有检查各村岗哨之责，不健全由该村外来帮助工作同志负责，如无帮助工作者由村长武委会主任负责检查，可以当面批评警告。
>
> 5. 夜间站岗有人接近时问口令或咱们发的联络记号。①

上述黎城的戒严令主要针对一般群众，黎北县1944年的戒严令规定：凡因事远离驻地20里以外之各级党政军民工作人员及全体商民群众均须携带军队团长、团政委或军分区司令、政委、集总参谋长署名之通行证或县区指挥部政委署名之通行证，在本县境内携带区级通行证；一切外地商民群众到其他村镇留宿或由这些村镇返回时须一律到村指挥部亲自报告登记，不得私自往还。② 高规格的通行证和严格的人员流动都体现了戒严工作之严肃。黎北的这个戒严令是遵照军区的指示作出的，可见这是全太行区的统一动作。

① 《黎城县指挥部命令——加强岗哨工作》（1943年5月3日），革命历史档案55-15，黎城县档案馆藏。

② 参见《黎北县指挥部命令——宣布全县戒严以防敌特奸细活动》（1944年3月1日），革命历史档案54-33，黎城县档案馆藏。

也就是说通过广大的民兵和群众，根据地内的人员流动受到了严密的监视和掌控，中共的党政军力量得到了这种“人造山”的良好庇护，在相当程度上保卫了根据地的安全。

根据地内的岗哨制度给周立波留下了深刻的印象。1937 年冬至 1938 年春，周立波以记者身份访问晋察冀边区，在通讯报告中他写道：

> 当他们（自卫队。——引注）在旷野与山间，拿起披着红缨的长矛，或是巨大的钢刀放哨的时候，他们是英武庄严的卫国的战士。他要检查你的护照和通行证，哪怕你是将领，你有着比他优越的地位和武装，而且有紧要的任务，你都得把路条——这是他们称呼护照和通行证的土话——拿出来给他们检查。他们要按照你的护照来检查你的行李、马匹和武器，要是对了，你可以很快就走；要是有一点点不对，那就只好留在他们哨舍之前，耐心地等待你是好人的有力证据的发现。[①]

一位曾经“残留”山西的日俘也有类似的忆述：

> 在敌我势力交错的地区，我们便失去了一切手足和耳目，根本得不到敌人的情报，完全处于瞎子加聋子的状态之中。相反，贫雇农的眼睛和耳朵都成了敌人的监视哨，我军的行动全部被敌人所掌握。不管我们的作战会议多么保密，但军队本身的行动在村民的眼睛中是看得见的。无论我军是向东去或是向西走的情报，都被在山上放羊的小孩迅速地传送到了几公里以

① 周立波：《晋察冀边区印象记》，生活·读书·新知三联书店 2012 年版，第 85 页。

外的敌方。[①]

岗哨和戒严主要防止外来敌对分子潜入根据地，对于此前通过各种方式已进入或潜伏于根据地的汉奸敌特，组织上也要求提高警惕，加强锄奸工作。太行第四军分区相关通令指出，敌寇在“扫荡”中使用各种办法，特别是通过快捉快放强造和留置一批奸细坐探散布根据地腹心地区：或将捕去之民夫以威胁利诱金钱收买后放回，或将受其训练之难民在扫荡中故意遗留我区内，或逮捕我之群众，强拉至杀场，让其经受陪斩的恐怖氛围，而后迅速放出为其工作。因此要求各级指挥部及公安部门应立刻考察、登记被敌放出留于我根据地之人员，一般的应加以教育使其悔过，特别严重的应监视或逮捕治罪；对外来难民应分别登记清查，尽量劝其归家，可疑分子立即处理。凡来历不明者一律要保人，否则驱逐或逮捕；经常举行多次不定期的或个别的抽查清查户口，严密盘查行人，并经过党与群众的组织力求掘出过去未被发觉潜伏我内地之奸细特务破坏分子。[②]

二、粮食斗争

由于日伪军“扫荡”的一大主要目的是抢粮，因此藏粮护粮也就成了建立正常游击秩序的重要一环。1941 年夏秋开始，包括太行区在内的华北许多地区遭遇严重旱情，越明年，又发生严重蝗灾，

---

① 〔日〕城野宏：《日俘“残留”山西始末——一个日本战犯的自供状》，叶昌纲等译，政协山西省委文史资料研究委员会：《山西文史资料》（第四十五辑），1986 年 1 月，第 114 页。

② 参见《太行第四军分区通令——加强锄奸工作》（1943 年 6 月 19 日），革命历史档案 55-15，黎城县档案馆藏。通令标题为笔者所加拟。

1943 年继续大旱。旱蝗连绵形成百年来罕见的大灾荒，各地普遍发生粮食困难。

这种背景下日伪军加强了抢粮行动，1942 年底进行的第五次“治运”就被认为主要目的之一便是掠夺粮食。[①] 在武乡，敌伪军事活动的中心就是抢粮，除“大扫荡”外，一般规律是 100—200 人伪军在十里内抢粮，差不多每天抢一个村。早上出发，晚上就到了，夜间返回。有时集中 300 人以上到较远的地方住，抢两三天。夜间包围捉人，作为逼迫“维持”和要粮食的“肉票”。[②]

分管晋冀豫区财经工作的戎伍胜曾在 1943 年太行分局高干会上指出：“粮食是我们的生命线，是目前与今后敌寇掠夺抢劫的主要物资，因此今后若不能积极破坏敌寇的掠夺抢劫，便很难保证军民食粮，严重的灾荒没有一定程度的准备，必然要引起社会秩序的难以维持。”[③] 在武乡，由于敌寇见粮就抢，群众生活受到严重影响，以至于不少人为了吃饭去给敌人做工支差修路，甚至有人投敌加入伪军。[④] 粮食问题还关乎对伪军的斗争问题，粮食和伪军被认为是一个问题的两个方面，敌人有了粮食就能壮大伪军，有了伪军壮大就助长了敌人掠夺粮食，因此粮食斗争还关乎打击和削弱伪军。[⑤]

---

① 参见《冷楚在中共中央太行分局高级干部会议上的发言——四分区的粮食斗争与政治攻势》（1943 年 2 月 2 日），山西省档案馆编：《太行党史资料汇编》（第六卷），第 89 页。

② 参见武东县委会：《武东县高干会以后半年来敌占区工作初步总结材料》（1943 年 9 月 7 日），革命历史档案 3-38-2，武乡县档案馆藏。

③ 《戎伍胜在中共中央太行分局高级干部会议上的报告》（1943 年 2 月 1 日），山西省档案馆编：《太行党史资料汇编》（第六卷），山西人民出版社 2000 年版，第 80 页。

④ 参见武东县委会：《武东县高干会以后半年来敌占区工作初步总结材料》（1943 年 9 月 7 日），革命历史档案 3-38-2，武乡县档案馆藏。

⑤ 参见前方指挥部情报总站：《白晋线十月十一月敌伪动态》（1943 年 11 月 15 日），革命历史档案 3-37-8，武乡县档案馆藏。

组织上之所以这么重视保卫粮食，并且在全区范围内展开这一斗争，这与根据地的粮食制度密切相关。按当时规定，战时各村都要组织战粮供给委员会，由村长、财粮委员、上级一人和武委会主任共同组成，主要负责战时财粮供给。因为难有相对安全的固定的藏粮仓库，加之部队和机关流动不定，因此粮食一般不集中储藏，而是分存于群众家中，或者一个村的公粮集中藏在一个或几个地方，部队和机关需用时凭票证取粮。因战粮是统筹统支，到处都有，因此只准就地吃不准随身携带。为安全起见，每户每处储粮一般不得超过一千斤。这种分散储存的办法一方面能够很好地适应战时根据地特殊状况，但另一方面也对保卫工作提出了更高要求。因不可能由正规军派出力量分散保卫各村，按晋冀鲁豫边区粮食总局的规定，各村民兵应承担武装保卫存放在其所在村的粮食之义务。[①]民粮保卫同样重要，特别在粮食本已短缺的时候若再遭变故，则极易引起社会秩序混乱。

在实际的粮食斗争中，把粮食藏起来是最主要的办法。以黎城为例，1943 年 6 月 30 日，该县指挥部援引边府的电报称敌人抢粮非常凶恶，每到一村驻四五天，不数日就抢去二千石，因此命令各地彻底检查藏粮，告诫各村若仍以老一套，认为过去放的地方就保险，或明放在室内、暗垒、窑后、房角，打算再侥幸一下，那只有吃亏饿肚。按要求，藏粮必须符合三原则：秘密、分散、离开村。藏前准备好窑洞，藏后伪装埋设地雷。为防止群众泄密，要求加强五家联保教育，认真举行藏粮宣誓。[②]这个命令发出的第二天，县

① 参见晋冀鲁豫边区粮食总局：《屯粮手册》，1942 年 9 月 26 日，革命历史档案 1-1-29，涉县档案馆藏，第 27 页。

② 参见《黎城县指挥部命令——彻底检查藏粮》（1943 年 6 月 30 日），革命历史档案 55-15，黎城县档案馆藏。

指挥部又发出紧急指示，各村的麦子限三日内一律打完，交清公粮并藏好，农具也要藏好，村干部要挨户检查，不合格的重新藏，因检查不彻底而受到损失的村干部要受到处分及负责赔偿。[①]

为达到“通过广泛的检查使粮食斗争成为群众性的对敌斗争”之目的，黎城县指挥部于7月3日再发有关藏粮工作的命令，要求以区为单位组织大规模藏粮检查队下到各村，指导和督促各行政村组织各系统干部组成检查队挨门挨户连续反复检查。检查藏粮标准是：绝对保守秘密——不让外人或小孩知道；绝对分散——每一处公粮不超过十石，民粮不超过二石；离村离路要远，还必须安地雷。第一次检查有不合三原则限二日内重新埋藏，如重新打窑洞向干部声明可以延长六日，第二次检查没有埋藏好的指令该户立即埋藏。如第一次检查后而不理者则强行借出用于救济（给该户留两月食用），该户得出十分之一代管费，以后分期归还。埋藏中如虚应其事者一经损失公粮不予报销，民粮不给救济。全县于7月10号前一律检查完毕，将检查情形由村经区报县指挥部，县区村在该村参加检查之干部一律签名盖章，工作之好坏干部及村庄一律依突击麦收奖惩办法论处。[②]

除了事先藏粮之外，夺回被敌人抢走的粮食也是被鼓励的。尽管关于藏粮做了大量的工作，但藏粮点太多，涉及面太广，难免发生被敌人找到的情况。据不完全统计，1943年5月“扫荡”中，冀南定唐、望定两县即被抢走粮食60万余斤。[③]白晋线上的一个村在

① 参见《县指挥部紧急指示——彻底检查埋藏粮食工作》（1943年7月1日），革命历史档案55-15，黎城县档案馆藏。

② 参见《黎城县指挥部命令——组织工作队检查藏粮》（1943年7月3日），革命历史档案55-15，黎城县档案馆藏。

③ 参见《黎北县指挥部命令——打秘密窑洞与再检查藏粮》（1944年1月9日），革命历史档案54-33，黎城县档案馆藏。

1943年10月份五天内即被敌突击了7次，抢走了麦子27石、小米41石、白豆214石、谷4斗、玉茭242斗、白面395斤、玉茭面920斤、豆面205斤、茭子面363斤、盐32斤、香油278斤、杂油12斤，以及其他各种财物。[①]这种情况下，为了鼓励民兵和群众从敌人手中将粮食抢回来，产生了一些激励办法。如太行三分区就曾制定《对敌粮食斗争奖励办法》，对各种情形的奖励规定如下：

在敌据点抢回粮食奖50%—100%；

在路途截获敌伪粮食部队奖50%；

敌人扫荡我根据地被打退保存粮食部队奖5%，民兵群众提奖20%；民粮部队不提奖，民兵群众酌情给以精神或物质奖励；

在路边截获敌伪抢走的粮食公粮部队提奖10%，民兵群众提奖30%；

参加抢粮截粮保护粮食的人员到侦察情报带路送消息者按出力大小比例决定提奖部分，政民干部应低于民兵群众；

每次提奖公粮不得超过500斤，民粮不得超过100斤。部队归团体，民兵公三私七分配，公家部分作为购买枪弹用。[②]

预警只是一个环节，作用在于让群众及时转移躲避，人和粮食转移到哪里去是紧接着的一个问题。前面提到，刚开始群众自发逃到山野，以沟壑洞穴为藏身之地，这样既容易被发现，又无法应对坏天气，实非长久之计。同时，转移之后的粮食也有如何妥善安置

① 参见前方指挥部情报总站：《白晋线十月十一月敌伪动态》（1943年11月15日），革命历史档案3-37-8，武乡县档案馆藏。

② 《襄垣抗日县政府、武委会联合命令——颁发对敌粮食斗争奖励办法》（1944年7月6日），革命历史档案02-118，襄垣县档案馆藏。该命令后附有《对敌粮食斗争奖励办法》。

的问题。

“窑洞斗争”是这种条件下太行军民的一大创造。晋冀豫区的窑洞斗争，最早在武乡开展起来。1941 年 10 月，为应对日寇疯狂的“扫荡”，武乡抗日县政府发出“十万火急”之命令，要求各级干部领导和督促群众立即着手打造四眼窑洞，挨户检查，确保每家都有安全的窑洞。因狗常吸引敌人搜索窑洞，为了确保安全，政府同时要求在三天内将村中所有的狗一律捕杀，村民自己不杀则由民兵自卫队代为执行。[①] 在政府严令之下，打窑洞运动在武乡蓬勃开展起来，有了窑洞的庇护，群众反“扫荡”斗争的信心和能力大大增强。

晋冀豫区武委会认为群众性游击战争之所以首先在武乡发展起来，暗窑洞起了不可忽视的推动作用。[②] 在武乡蟠龙围困战中，武乡全县共有窑洞多达 1200 孔，其中保险洞 573 孔，需要改造的 339 孔，新打的有 142 孔，这些洞能容纳 78,280 人，超过全县人口 85%。[③] 蟠龙围困战的胜利结束，大批窑洞的存在发挥了重要作用。

尽管窑洞在武乡的斗争中发挥了重要作用，但在其他地区并未迅速发展起来，直到 1943 年 5 月反“扫荡”群众才深刻意识到窑洞对游击战争的组织推动作用。襄垣县在总结 5 月反“扫荡”时，首先即指出各村没有真正能起作用的窑洞，只有暂时隐蔽的小窑洞，以致经不起“清剿”是这次反“扫荡”的痛苦教训，要求接下来必

① 参见《武乡抗日县政府命令——为应对敌人扫荡的几项工作》（1941 年 10 月），革命历史档案 3-15-5，武乡县档案馆藏。命令标题为笔者所加拟。

② 参见晋冀豫区武委会：《窑洞斗争总结报告》（1945 年 6 月 4 日），革命历史档案 A09-01-00006，山西省档案馆藏。

③ 参见武乡县指挥部：《八个半月围困蟠龙总结》（1944 年 6 月 1 日），革命历史档案 3-55-1，武乡县档案馆藏，第 16 页。

须突击打窑洞。[①]晋冀豫区武委会在1943年冬季普遍提出了窑洞斗争的号召，发动群众普遍打暗窑洞，窑洞斗争开始向全区发展。

三、空舍清野

情报预警、藏粮、打窑洞在相当程度上是为空舍清野作准备，同时也是空舍清野的先行环节。空舍清野的目的是通过疏散人员、埋藏粮食、隐蔽水源、转移财物等方式让敌人即便进村后亦无法取得必要的给养，不能征发劳役。这对于维持根据地具有非常重要的意义，直接关乎反“扫荡”的成败。“能领导群众进行空舍清野”曾是实验县实验支部的主要工作标准之一。[②]空舍清野涉及多方面的工作，组织起来十分不易。晋冀豫区武委会即认为组织群众转移是“战争中最困难而又是最重要的工作”，是“各种战争组织的总和”。[③]太行军区早在1941年即要求各地将空舍清野看成是一件“巨大的组织工作”而应严肃对待，要求干部必须以耐心的说服，不断的检查，一点一滴地给群众解决空舍清野中的困难，只是开个会、下个命令是解决不了问题的。[④]

群众对空舍清野也有一个认知过程，起初党政组织往往以命令的方式要求其隐藏好粮食和财物，而群众并不积极，事前存侥幸心理，事到临头却又手足无措。曾有群众在敌人来临时，面对

① 参见褚文远：《襄垣五月反扫荡总结报告》（1943年6月1日），革命历史档案02-120，襄垣县档案馆藏。

② 参见建平：《武乡实验县首次活动分子动员大会总结》（1940年4月25日），山西省档案馆编：《太行党史资料汇编》（第三卷），第271页。

③ 晋冀豫区武委会：《反扫荡中武委会工作的总结》（1941年12月），革命历史档案A09-01-00004-1，山西省档案馆藏。

④ 参见《子弟兵太行军区命令——关于昔东反扫荡的经验教训》（1941年5月），太行区武委会编：《抗日战争中人民武装建设文件》（上册），第93页。

满屋家当长叹一口气，不知从哪里下手，最后竟拿了一个扫帚慌乱而逃。[①] 可见，做好空舍清野，需要不断地强调，不断地进行督促和帮助，如此往复，群众才能逐渐适应这种生活，各项工作始渐有条不紊。

在空舍清野的组织中，民兵在多个环节起到重要作用。除了检查和帮助藏粮、转移财物，在群众退却时，需要民兵做掩护，迟滞敌人进击，或者将敌人引向相反的方向，而对于转移有困难的军属等人群也主要由民兵帮助转移。在空舍清野完成后，民兵又要负责村内和转移地的秩序。

有材料显示，在群众转移地有坏分子乘机骚扰妇女。[②] 民兵因此被要求日夜站岗放哨，既注意敌情，又维持转移地秩序。而在群众转移后的村内，小偷和二土匪趁机作乱，以至于有时敌人虽没有来，但村里丢东西的倒很多。发生这种偷盗现象导致群众不敢把东西拿出来也不愿远走，而且战事还未结束即着急回村。对于小偷问题，涉县专门提出了战时对小偷、二土匪的监管方案：在战争开始即召集平素表现不佳或当过二土匪的人开会，说明政府对空室清野中偷盗行为的处置法令，教育他们安分守己，甚至指定专人将其监视起来，并给有困难者解决吃饭问题，没有指挥部的命令不准回村。此外，敌人一走民兵马上就到村边监视，不许少数人先进村，得等大多数人到齐才能回去；晚上民兵巡街，发现有未转移及偷跑回来的，问清理由，督促去村边山上睡。[③] 群众转移到山上后吃水

① 参见《武乡群众意识调查材料》（1943 年 4 月 27 日），革命历史档案 A181-1-45-2，山西省档案馆藏，第 67 页。

② 参见晋冀豫区武委会：《关于反扫荡中武委会工作的总结》（1941 年 12 月），革命历史档案 A09-01-00004，山西省档案馆藏。

③ 参见涉县武委会：《第六区反“扫荡”工作总结》（1942 年），革命历史档案 1-1-18，涉县档案馆藏。

也是个问题，有些地方没有储水条件，一般采取的办法是趁敌人不住村或搜山走后，民兵掩护群众下山担水。

不只是民兵，武委会系统的其他干部也被要求在空舍清野中积极发挥作用。晋冀豫区武委会曾指出，“谁能在群众最危险的时候解决群众的困难，谁便是群众领袖”。[①] 因此要求用更大的力量派遣更多的干部到群众中去，加强对群众转移的领导，务必做到始终与群众在一起，不论在任何情况下，不离开群众，要与群众同生死共患难。

时任太行分局副书记李大章在总结组织发动群众游击战争经验时指出，群众相信进而积极进行游击战争的三个条件之一是“民兵的建立和游击秩序的形成”，其中游击秩序最重要的内容便是空舍清野和有组织的群众转移。李大章同时指出，群众游击秩序的建立需要经过勉强空室清野、不彻底空室清野进到彻底的空室清野这三个循序渐进的阶段；需要经过暂时搬家式的转移，进而能支持民兵进行有组织的对敌斗争的转移。[②] 完成以上不同阶段的转换，都是需要经过相当长时期的锻炼和养成。这里提到的空室清野还只是较短时间的应急行为，而类似于沁源围困战、蟠龙围困战中的转移群众则是一项更大规模的组织工作。

在与敌寇的频密互动中，在党政有关方面的领导下，群众逐渐建立起岗哨情报等预警戒严体系，也逐渐实现有条不紊地进行空舍清野，还逐渐适应暂居野地的战时生活。作为常态的游击战争秩序也就在这个过程中逐步形成。游击秩序的形成不仅意味着可以有

① 晋冀豫区武委会：《关于继续组织反清剿扫荡的紧急指示》（1942 年 2 月 28 日），太行区武委会编：《抗日战争中人民武装建设文件》（上册），第 196 页。

② 参见李大章：《过去群众工作的简单回顾与今后的工作方针》，《战斗》增刊第 16 期，1943 年 3 月 30 日，第 57 页。

效对敌，更意味根据地的群众已经在中共的主导下被有效组织起来了。其效果也很快显现。1944 年 11 月太行区在筹备劳动、杀敌英雄大会时，为应对可能的“扫荡”破坏，负责大会安全的警备司令员即指示相关地区做好以下工作：

> 第一，动员群众马上进行空室清野藏粮备战。
>
> 第二，在民兵中切实政治动员，激发他们肩负起大会保卫责任。
>
> 第三，大会期间黎北全县要实行全面戒严，各村岗哨一定要加紧，对往来行人不论军民没有便条一律不准通行。还应不时清查户口，留宿须登记。
>
> 第四，各级指挥部和民兵一定要把武器准备好，干粮准备好，随时参战，配合部队打击敌人。
>
> 第五，石雷、地雷要准备好，以随时布置地雷网来轰炸敌人。[①]

以上这些事项已在此前无数次演习和实际操练过，并且能有效发挥作用，因而在有需要时多能顺当推行。这次大会于 1944 年 11 月 21 日在黎城南委泉开始，持续至 12 月 7 日。会议同时举办战绩、生产展览，期间约有十余万人参观，全程平稳有序。[②] 若没有这一大批训练有素的民兵和广大屡经锻炼的群众，在复杂的战争环境下组织如此大规模、长时间的集会必定困难重重。

---

① 《劳动、杀敌英雄大会警备司令员何正文指示信》(1944 年 11 月 11 日)，革命历史档案 54-33，黎城县档案馆藏。

② 详见《太行区党史大事年表》(1944 年)，山西省档案馆编：《太行党史资料汇编》(第七卷)，第 812—813 页。

四、劳武结合

如前所述，太行根据地的民兵建设与战争进程密不可分，但另一方面，自然环境和农业经济的生产规律也在制约着民兵建设。1941年后，日军华北方面军连续发动“治安强化”运动，同时根据地又遭受连年自然灾害。太行根据地能度过这严峻关头，一个重要办法是“劳武结合”。在沁源围困战中，沁源军民之所以能长时间坚持围困，关键原因之一便是同时成功进行了抢种抢收，使粮食问题得以解决。在蟠龙围困战中，关于近万人的生活问题，领导上指出：“如果时间长了光靠救济是不可能的，必须从根本办法着手，组织群众坚持生产与战争，生产是我们的基本任务，丝毫不能忽视的。”①

一般说来，战争不可避免地会对生产造成重大消极影响，而生产若出了问题将立即给抗战带来严重甚至致命的影响。在根据地的抗战中，除了因日军对点和线的占领，大量的土地遭到荒弃外，还因为大量青壮年参军造成了劳动力短缺，再加上连年的灾荒，太行区从1942年开始即遭遇严重的粮食困难局面，日军方面也由此加强了掠夺粮食。然而日军即便没有太行区也可以从其他地区调配各类物资，根据地相比而言所面临的形势则要严峻得多——几无外援的可能性，因此战争与生产相结合是必由之路。战争与生产须结合的道理很简单，但沉痛的教训却比比皆是，甚至根本就难觅成功先例。在这个问题上，太行区面临的显然是非同一般的挑战。

① 《蟠武线斗争问题——中共晋冀豫区三地委会议记录》（1943年7月27日），山西省档案馆编：《太行党史资料汇编》（第六卷），第630页。

1943 年初召开的太行分局高干会上，彭德怀即提出战争、教育、生产是敌后抗日根据地的三个中心任务，其中生产是“积蓄力量的一个重要的方面”。[①] 对于中心任务之一的生产，彭德怀当时只是作一般性的论述，在贯彻落实中则得到了进一步强化。时任中共中央北方局委员刘锡五在晋冀豫区三地委关于三大任务的讨论中指出：“生产是抗战的支柱，是战争胜利的保障，是巩固根据地、建设根据地的物质基础，是政治斗争的资本。”[②] 李雪峰稍后在解释“为什么开展生产运动是贯串全年各方面工作的中心环节”时，更直接地指出：“只有战争的胜利坚持，才有根据地，才有一切，而坚持抗战，克服困难的中心一环，是掌握粮食的问题，谁有了粮食，谁就有了力量，谁就可以顺利克服困难。粮食，是军民的命，是最切实的货币基金，是全部经济斗争的中心，是我经济战线的基本阵地，是稳定物价，繁荣市场，发展手工业，丰裕财政税收的基本力量；而又是安定民生，发展各种群众事业，支持社会百业的一个无容怀疑的中心问题。”[③]

除了粮食紧张外，当时强调发展生产还有另一个背景——减租减息运动纠偏。刘锡五在前述会议上就反思了 1942 年减租减息运动的缺陷是没有考虑到发动群众的第二步是生产问题，以至于一些对于地主、富农的过火斗争增加了后来生产的困难。[④] 他认为执行

---

① 参见《彭德怀在中共中央太行分局高级干部会议上的第一次发言——论敌后抗日根据地的三个中心工作》（1943 年 2 月 8 日），山西省档案馆编：《太行党史资料汇编》（第六卷），第 104 页。

② 《中共晋冀豫区三地委扩大会关于三大任务的三个文件》（1943 年 5 月），山西省档案馆编：《太行党史资料汇编》（第六卷），第 428 页。

③ 李雪峰：《为什么开展生产运动是贯串全年各方面工作的中心环节》（1943 年 5 月 30 日），山西省档案馆编：《太行党史资料汇编》（第六卷），第 452 页。

④ 参见《中共晋冀豫区三地委扩大会关于三大任务的三个文件》（1943 年 5 月），山西省档案馆编：《太行党史资料汇编》（第六卷），第 436 页。

减租减息成功后，生产和再生产成了广大分得土地的农民的普遍要求；若不能及时组织农民的生产，就不可能再进一步发动群众和组织群众。①

在这次讨论会上，李雪峰也有类似的看法，他认为推进生产是去年群众运动的必然发展，在减租减息已经彻底执行的地区，工作重心必须转到生产上来，转到调解新的社会纠纷与教育的阶段上来，这才能进一步发动广大群众与各阶层在经济上政治上的力量，发挥群众的抗战积极性。②李雪峰强调，只有紧紧掌握生产运动这个中心一环，才能推动整个运动、整个社会、整个工作的深刻发展。③

晋冀豫区武委会在总结劳武结合时指出，战斗与生产应该结合在一起的道理是很明显的：生产是在战争条件下进行的，离开战争便无法顺利进行生产；生产又是支持战争的物质基础，不大规模地进行生产，也无法坚持长期战争。④不过，在实际中，二者却并不能很好地结合，主要表现在一方面不能做到"备战经常化"，敌人出动了才临时应付一下，以致经常遭受损失；另一方面敌人"扫荡"稍严重，群众就退缩，生产随之中断。由于敌我的斗争是常态化的，所以要求生产和备战都必须是经常的，生产时不忘备战，打仗时不废生产。民兵的设置在本质上就是劳武结合的具体体现：一方面不脱离生产，另一方面负有作战使命，因此民兵自然成为劳武结合的重要突破口。

---

① 参见《中共晋冀豫区三地委扩大会关于三大任务的三个文件》（1943年5月），山西省档案馆编：《太行党史资料汇编》（第六卷），第429页。

② 同上书，第443页。

③ 参见李雪峰：《为什么开展生产运动是贯串全年各方面工作的中心环节》（1943年5月30日），山西省档案馆编：《太行党史资料汇编》（第六卷），第459页。

④ 参见晋冀豫区武委会：《一九四四年战斗和生产结合的经验》（1945年），太行区武委会：《抗日战争时期人民武装建设材料辑存》（第一集），第262页。

曾经民兵因不直接参与劳动，造成群众严重不满。组织上从1943年起即在民兵中进行生产教育，把动员民兵参加生产作为政治工作的重要内容。1944年初晋冀豫区武委会指示要把参加生产和保卫生产作为民兵的中心任务，要求武委会的一切工作都为此展开。晋冀豫区武委会特别强调要通过民兵发动和组织生产互助，以民兵为主的互助组被要求也要尽量吸收其他群众参加。晋冀豫区武委会推介了三种具体的组织办法：1.民兵在前面监视、打击敌人，掩护群众生产。2.民兵和群众换地生产，民兵在接近敌人的地方一面监视一面生产，群众在后面生产，以工兑工；或者民兵受雇到接近敌人的土地上生产，由地户出工价。3.民兵和群众共同组成互助组，大家一齐动员，敌人来了民兵打仗，不来就生产，特别适用于抢收。[①] 此外，民兵还要负责义务看秋，要求不能收群众任何报酬。

《解放日报》通过社论的形式，也适时号召进行战斗与生产的结合，指出敌后军民今后的道路是“不论军民双方，都要把武力与劳力结合起来，把战斗与生产结合起来，使敌寇的‘三光政策’完全归于失败”。[②] 毛泽东也非常关心劳武结合的问题，在请各地调查和答复的事项中即提出“如何使战斗与生产相结合在民兵运动中完全实现”的问题。[③]

在区武委会的推动下，民兵在这方面取得了明显的成绩，许多地区的互助组是由民兵先搞起来继而推动了全村的互助。据一分区各县和五分区的涉县、六分区的偏城等9个县的统计，民兵参加互

① 参见《晋冀豫区武委会一九四四年人民武装建设指示》（1944年1月1日），山西省档案馆编：《太行党史资料汇编》（第七卷），第11—13页。

② 《社论：敌后军民的道路——战斗与生产结合起来》，《解放日报》，1944年3月2日，第一版。

③ 参见毛泽东：《请各地调查和答复十项问题》（1944年7月28日），中共中央文献研究室编：《毛泽东文集》（第三卷），人民出版社1996年版，第198页。

助的平均占总数的45.4%，一分区民兵当互助组组长的占全部互助组的（3820个）43.7%，民兵当了县劳动英雄的占所有县劳动英雄（358人）的56%。[①] 由于民兵积极参加劳动和保卫生产，劳动观念明显增强。据不完全统计，一分区改造了236名、太谷改造了3189名民兵中的懒汉。[②] 许多民兵在生产中的积极转变让群众更加拥护民兵，晋冀豫区民兵仅在1944年一年就发展了3万余名，与此不无相关。[③]

具体而言，在根据地腹心区，环境相对安定，战斗任务不如边沿区那样紧迫，群众仍抱持"儿要自养，谷要自种"[④] 之观念对组织互助组不甚积极。这些地区一般是由村干部、民兵单独组织起互助组，以互助组的实际好处推动群众参加互助。组织起来的干部民兵在修河滩、打窑洞、凿石雷等需要合作的事情上表现出了明显的优越性，一些受到影响的自卫队队员和群众逐渐加入进来。因互助组的存在，民兵平时的训练更有组织，也更有成效。

此外，看秋是个大问题，特别由于连年的灾荒，生产秩序受到相当影响，麦收前即有许多群众都在担心："今年麦子长得不错，就怕收不到家里。"[⑤] 鉴于这种情况，民兵被动员担负起看秋的责任，以代替过去雇人看麦的办法。一般村庄都由民兵组成的或以民兵为主的互助组来看，各组长每天晚上到村指挥部报告当天的收割情况和明天的收割地点，据此分配看麦地区，晚上民兵分班轮流巡查。

---

① 参见晋冀豫区武委会：《一九四四年战斗和生产结合的经验》（1945年），太行区武委会：《抗日战争时期人民武装建设材料辑存》（第一集），第264页。

② 同上书，第264页。

③ 同上书，第265页。

④ 《生产运动的初步总结——赖若愚在中共太行区党委地委书记联席会议上的报告》（1944年8月），山西省档案馆编：《太行党史资料汇编》（第七卷），第126页。

⑤ 晋冀豫区武委会：《一九四四年战斗和生产结合的经验》（1945年），太行区武委会：《抗日战争时期人民武装建设材料辑存》（第一集），第270—271页。

这种办法帮助群众安然地将麦子收到家里，民兵在看秋中的良好表现得到了群众的认可，有群众说："几百年来的乱五月，麦割到场里还要丢，今年民兵可顶了大事。"[①]

劳武结合对边沿区有着更为重要的意义，赖若愚曾指出边沿区的生产问题在本质上就是"战斗与生产结合的问题"[②]。边沿区最显著的特点是距敌据点较近，以这个特征而论，除了根据地的外围区域，在被敌人分割的根据地内部，被占领的点线周边地区亦有着类似的处境，因此边沿区的生产问题实际上也是一个牵涉较广的问题。据晋冀豫区武委会的总结，边地的劳武结合在实际中有三种办法运用比较普遍，这三种办法大体正是之前该武委会所推荐的。[③]

第一种是民兵和群众组成互助组，换地生产。以潞城神头村为例，该村距敌比干岭据点 5 里，并有汽车路从村内通过，群众所种的地就在炮楼的坡上、坡下，敌我两方放哨的人都看得清清楚楚。一开始民兵和群众混合组成互助组，一面生产，一面作战，但因敌人经常出扰，生产不能正常进行。后来民兵和群众分开，民兵单独组成五个互助组，每组配有一定数量的武器，由武装干部带领，分布在炮楼下和汽车路两旁，一面警戒一面生产。离炮楼和汽车路较远的地由一般群众耕种，较危险区域则由民兵耕种。群众和民兵相互换工，多余的工折成工资，三天一清算。民兵在前面战斗、生产的办法是，围绕炮楼设立一道警戒线，埋上地雷，并有冷枪洞和简

① 晋冀豫区武委会:《一九四四年战斗和生产结合的经验》(1945 年)，太行区武委会:《抗日战争时期人民武装建设材料辑存》(第一集)，第 271 页。

② 《生产运动的初步总结——赖若愚在中共太行区党委地委书记联席会上的报告》(1944 年 8 月)，山西省档案馆编:《太行党史资料汇编》(第七卷)，第 133 页。

③ 参见晋冀豫区武委会:《一九四四年战斗和生产结合的经验》(1945 年)，太行区武委会:《抗日战争时期人民武装建设材料辑存》(第一集)，第 271—273 页。

单掩体。每天抽出两个民兵专门警戒，敌人一出炮楼即打枪放哨，民兵各组即准备战斗，此时群众仍在后面生产，待敌越过第一道警戒线，群众才开始转移，附近村的民兵亦过来增援。民兵因此误的工由群众偿还。

第二种是卖工队。以寿阳的庞如林卖工队为例，这个互助组一共 41 人，到锄苗时即有组员无粮吃，遂组织到敌占区卖工。一共选了 12 个青壮年，带了 3 个地雷、8 个手榴弹、1 门小炮、2 支步枪，到敌占区一面卖工，一面还帮着做宣传工作。卖工队员自己地里的活，由家里的组员帮忙，卖工队回来再算账，互相还工或折粮。

第三种是大互助，多用于突击收割或播种。以磁武第一、七区为例，麦收时敌人要抢麦，群众很恐慌，于是组织了大互助。一区麦子熟得较早，规定先由七区掩护一区收割，七区民兵每天轮流放哨、出击，之后再换过来。在这样的相互掩护下，两区都安全地完成了收割。这样的大互助还用于前沿村和根据地村、前沿村和敌占区村。

在以上三种互助的组织形式中，民兵都发挥了核心作用，不仅很好地完成了生产任务，同时也锻炼了民兵队伍本身，民兵与群众的关系经过生产互助也变得更加紧密，这样的劳武结合堪称敌后军民的一大创造。为表彰劳武结合的巨大成绩，1944 年 11 月 21 日至 12 月 7 日，太行区第一届杀敌英雄、劳动英雄大会在黎城南委泉召开。到会劳动英雄 206 人，杀敌英雄 120 人，太行区党委书记李雪峰、太行军区司令员李达、北方局代理书记邓小平皆出席大会并作工作报告，同时还举办了战绩、生产展览馆，约有十万人参观了展览。会议之盛大正体现了组织上对劳武结合这种抗战模式的充分肯定，如邓小平在大会讲话中指出："不但从战争方面看到我们军民结合的伟大力量，就从生产方面，同样看出这个伟大力量”。[①]

在严峻的局面中，中共领导根据地军民通过包括劳武结合在内的各种施策成功应对了诸多挑战。无论是党的领导能力，还是群众及群众武装的组织程度，抑或是军队的战斗力，都在这个过程中得到了极大的锻炼和提高。经此考验的根据地不仅未严重削弱，反而在实际上更加巩固。

五、沁源围困战

前文所述根据地游击秩序建设的各项机制，只是横向的展示。那么这些机制综合在一起表现如何，取得了哪些成就，又暴露了哪些问题？本节以沁源围困战这一典型案例为中心，详细讨论。

（一）围困态势

1941 年 4 月，冈村宁次被授予陆军大将军衔，同年 7 月被天皇“钦点”为日军华北方面军司令官。至 1944 年 8 月转任第六方面军司令官。在这三年时间里冈村宁次主要工作便是维持华北治安。由于其前任多田骏主导的中条山战役使国民党中央军在华北的势力遭到严重削弱，因此冈村开展针对共军的“治安战”，以安定华北的占领局面，助力其他战场。[②] 在冈村的主导下，侵华日军华北方面军连续发动了多次“治安强化运动”，其残酷程度逐次递增，给中共华北根据地造成空前困难。为巩固前几次“剿共”战果和完成

---

① 《邓小平在太行区第一届杀敌英雄、劳动英雄大会上的讲话》（1944年12月6日），山西省档案馆编：《太行党史资料汇编》（第七卷），第 195 页。

② 参见〔日〕稻叶正夫编：《冈村宁次回忆录》，天津市政协编译委员会译，中华书局 1981 年版，第 309 页。

"大东亚战争"，华北方面军决定自1942年10月8日（"大东亚战争"纪念日）起在华北开展为期两个月的第五次"治安强化运动"，目标直指"剿灭共匪，肃清思想"。[①]

山西作为八路军主力所在地自然成为日军此次的攻击重点，而太岳根据地在建立以后始终处在八路军的控制之下，早已成为其眼中钉。抗战期间，沁源是决死第一纵队和太岳区党政军机关所在地，平遥、介休、灵石等13县的抗日民主政府亦长期驻扎于此。作为太岳区的抗战中枢和腹心区，沁源在日军此轮"扫荡"中显然无法幸免。在地理上，沁源（沁河之源）地处太岳山东麓，为晋中、晋南、晋东南"三晋"交界处。日军一旦占领沁源，即可以此为基点，逐步把太岳抗日根据地北部地区变成其占领区。因为沁源的特殊地位，日军亦有意将之作为实施"剿共"作战的样板，继而在整个华北地区加以推广。在战略上，日军若能摧毁太岳根据地，将使太行根据地进一步暴露在其眼皮底下，同时也便于长驱西进西安、陕北。

在这个背景下，作为第五次"治安强化"运动山岳地带作战的一部分，日军华北方面军纠集第三十六、三十七、六十九师团各一部计7000余人，连同伪军共1万余人，于1942年10月20日开始分数路对岳北区进行冬季大"扫荡"。同蒲路、白晋路沿线日军在沁源周围各据点秘密集结完毕后，即不停留地向沁源、绵上[②]地区分多路进攻。每路一个大队结合伪军一部，全部轻装，日夜兼程，沿大道跑步前进，图谋以快速偷袭来一举消灭我主力和首脑机关。

---

① 参见《华北政务委员会第五次治安强化运动实施纲要》（1942年8月），中央档案馆、中国第二历史档案馆、吉林省社会科学院合编：《华北治安强化运动》（日本帝国主义侵华档案资料选编），第615页。

② 1942年10月，在沁源被日军分割占领后，中共在山西沁源北部地区设置绵上县，领导人民群众坚持抗日斗争，属太岳区管辖，1945年日寇投降后复归沁源县。

1942年11月3日，在大肆烧杀抢掠之后，“扫荡”沁源的日军撤走三个大队和一部分伪军，留下的三个大队和伪军大部，在城关、柏子、中峪、阎寨、霍登、作坪（今正中）、白狐窑、新章、李元和绵上县的郭道、绵上、才子坪、王陶等村镇驻扎了十多个据点。他们在沁源县城西山坡插上“山岳剿共实验区”的木牌，并开始建筑工事，在沁源城关开始修飞机场，为长期驻扎做准备。这样，太岳根据地唯一的一个完整县也被分割了。日伪军的目标是依托据点向西打通安（泽）沁（源）大道，向东打通二沁（沁源、沁县）大道，向北打通沁（源）平（遥）大道，向南打通沁（源）屯（留）大道，以沁源为中心，形成一个“十字架”，将岳北根据地一分为四，进而以交通线为链，以据点为锁，采用囚笼战术，将抗日军民困在格子网里，然后分区驻剿，逐步蚕食，以达长期占领之目的。

日军长期占领的意图刚开始并未被根据地准确判断，当时沁源对敌斗争指挥部只将本次战斗定位为一般的反“扫荡”斗争，并认为敌之“扫荡”可能持续一个月。稍后根据日军的“扫荡”情况指挥部又指出可能会延长两三个月，再之后在太岳纵队的指示下指挥部才认识到日军这次“扫荡”与以往任何一次都不同。[①]对日斗争的方略正是在认识到日军此次“扫荡”意在彻底消灭根据地后作出了调整，由之前的长期反“扫荡”斗争变为围困斗争。

据薄一波回忆，当时他与太岳区党委、八路军太岳纵队兼太岳军区主要领导人陈赓、安子文等及时分析了沁源敌我双方斗争的实际情况，认为经过减租减息为中心的群众运动，共产党和八路军

① 参见刘开基:《关于沁源对敌围困斗争十个月的总结》（1943年8月），弓世懋编著:《围困沁源》，山西人民出版社1988年版，第268—269页。

在沁源已经有了雄厚的群众基础，决死队也已成长为有相当战斗力的部队。经过反复考虑、权衡利弊后，针对日军长期“驻剿”的企图，他们决定采取长期围困、逼走敌人的斗争方针。[①]具体来说，就是以八路军正规军为主力，结合广大群众，将日军长期围困在据点之内。为实现这样的目标，同时把沁源县城及其他各据点周围的群众全部动员转移出来，实行彻底的空舍清野，给入侵的日军留下一个“没有人民的世界”[②]，并对其主要补给线实行彻底破坏，断绝其交通运输，最终迫使敌人退出根据地。为更好地组织围困斗争，太岳区党委将沁源反“扫荡”指挥部改为围困沁源指挥部。

1942 年 11 月 11 日，中共太岳区党委、八路军太岳纵队兼太岳军区决定成立以中共沁源县委为核心的沁源对敌围困斗争指挥部，以决死第一旅（以下简称“决死一旅”）为主要武装力量展开围困斗争。沁源对敌围困斗争指挥部于 11 月 18 日正式成立，总指挥由决死一旅第三十八团团长蔡爱卿兼任，政治委员由中共沁源县委书记刘开基兼任。围困基本力量为三十八团的 6 个连约 600 人，县游击大队直属排 30 人，第一分区队 18 人，第二分区队 23 人，第三分区队 24 人；民兵 1943 年 4 月以前为 170 人，4 月起为 150 人。[③]此外，决死一旅的二十五团、五十九团部分力量也经常性地参与和支援战斗，特别在 1943 年 3 月决死一旅兼太岳军区第一军分区成立

① 参见薄一波：《七十年奋斗与思考》（上），中共党史出版社 1996 年版，第 345 页。

② 江横（董谦）：《没有人民的世界》，《解放日报》，1944 年 1 月 18 日，第四版。

③ 参见《陈赓日记》，1943 年 7 月 12 日（据三十八团参谋长李懋之），第 240—241 页。据日军在沁源的二二二连队第一中队 1943 年 6 月 8 日的情报，三十八团下辖第一营、第二营及迫击炮连，其中迫击炮连有炮 3 门、炮弹 1000 发、轻机枪 3 挺；第一营下辖一连、二连、三连和重机枪排，重机枪排有重机枪 1 挺、子弹 2000 发。每连约 100 人，有步枪 5、60 挺、轻机枪 6 挺、手榴弹每人 3 颗。详见「JACAR(アジア歴史資料センター)Ref.C13070413600、步兵第二二二連隊　陣中日誌　昭和 18 年 1 月 1 日 ~ 18 年 1 月 31 日（防衛省防衛研究所）。

后，三十八团、二十五团、五十九团、洪赵支队和 11 个县的游击大队皆受其指挥，各部之间配合更加密切。[1]

日军在大“扫荡”结束后，认为已经掌控了局面，又撤走了一部兵力，只留一个大队的兵力驻守沁源，主要分驻县城、交口镇、漫水村三处。日军具体人数不详，按其当时一般编制，有 1000 余人。伪军数量不详，按日军伪军在山地一般五比四的比例[2]，也将近千人。较大的据点一般由日伪军各一个中队（标准配置 180 人）驻守，小据点由日军一个小队（标准配置 54 人）和部分伪军驻守。日军组织较大行动时会从周边的沁县、榆社等地临时调集兵力，除了驻沁源的第一大队外，其步兵二二二联队第二大队负责沁县南沟地区警备、第三大队负责榆社地区警备，联队队部及直属队驻沁县县城，各大队驻地之间距离较短并有干道相通，彼此策应联系密切。

通过排比双方的力量可以看出，在人数上，中共方面占优，但在装备及作战实力上，日军具有显著优势。日军虽然总体实力占优，但也无法在短时间内彻底击溃围困部队；反过来，中共方面也不大可能通过正面歼灭作战打破日军的占领。换言之，斗争双方在当时条件下实际上处于一定程度上的力量均衡状态，但这种均衡是不稳定的，较弱的一方需要通过斗争来获得，而持续有效的斗争也将可能导致强弱地位互换，这正是围困斗争开展的基础和必要。

① 参见山西新军历史资料丛书编审委员会编：《山西新军决死第一纵队》（上），中共党史出版社 1993 年版，第 389—390 页。

② 据邓小平的报告，敌伪比例山地一般为五比四，平原为一比三。伪军大发展在 1940、1941 年，到 1943 年初，太行全区有伪军 60,240 人（太行 15,115，太岳 12,800，冀南 32,325）。详见《五年来对敌斗争的概略总结与今后对敌斗争的方针—— 一九四三年一月二十六日邓小平同志在太行分局高干会议上的报告》，《战斗》增刊第 15 期，1943 年 3 月 15 日，第 20 页。

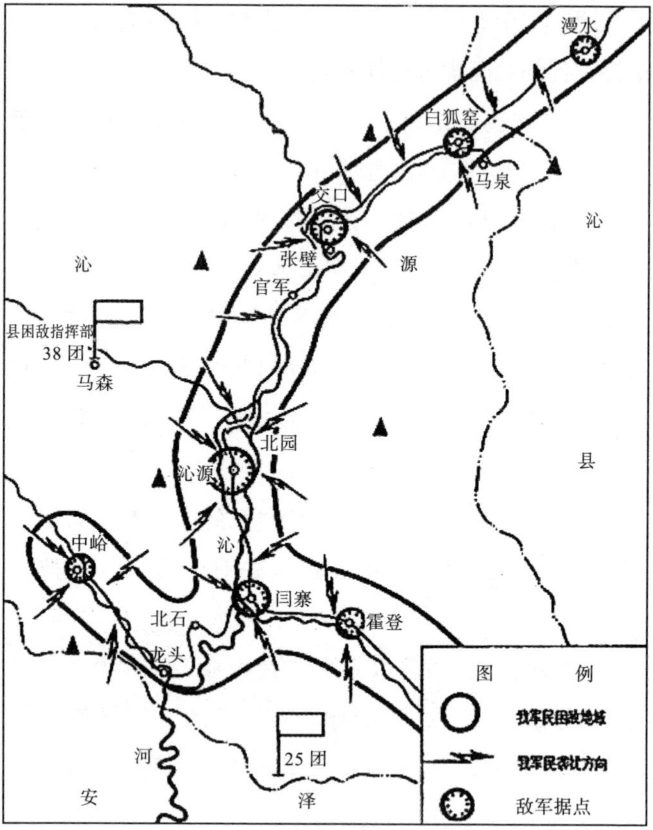

图 2 沁源围困斗争态势示意图

（此图根据董谦《没有人民的世界——围困沁源通讯》[人民出版社 1979 年版] 附图简化而成。）

（二）转移群众

在敌强我弱的态势下，沁源围困战在实质上是空舍清野，但比一般的空舍清野规模更大，时间更为长久，因此对组织工作提出了极高要求。据太岳武委总会的总结报告，当时在确定围困方针后，考虑到实施难度之大，并未急于公开宣布，而是首先进行思想动员并透露出这个消息。群众一开始的反映是：一方面迫切要求赶走敌人，但另一面又不相信自己的力量，寄希望于正规军来拔掉钉子完事。[①]群众依靠正规军的心理决定了接下来的转移工作将十分艰巨。刘开基在总结报告中也提到，在长期围困敌人的斗争中，“做好群众工作、解决群众的实际生活问题”是最主要的工作内容。[②]

在敌寇“扫荡”初期，群众纷纷逃躲至山沟，但那里房子很少，加之转移出来的东西堆积满地，一到夜间连睡觉的地方都没有。据刘开基反映，一个庄子有三座房子共不到十间，但要住一百多人，因此许多群众不得不在山林里露宿。时值冬季，群众苦不堪言。长此以往，即便不被敌人杀死，也难以应对冻、饿、病。[③]

按照围困指挥部的部署，在这次围困战中，洪洞—安泽—沁源—交口—沁县沿线有一万五千余人要转移出来。为安置这些“难民”，指挥部广泛发动群众打窑洞以及继续往远敌方向疏散，但不少人嫌打窑洞麻烦，存在等敌人撤走的侥幸心理，经再三动员，才形成群众运动。[④]不仅敌占点线的难民被要求打窑洞，靠近大道大村的群众也开始打窑洞。经过两三个月，全县共打窑洞在3000眼以上。

组织打窑洞不易，动员敌占沿线群众往山里大转移和由山沟往外地安置也十分困难。按当时要求，据点周围10里及沿线村庄群

---

① 参见太岳区武委总会：《沁源敌人是怎样围困走的？》（1945年6月19日），太岳军区司令部政治部编印：《太岳人民武装建设（材料汇集）》（上册），第185页。

② 刘开基：《关于沁源对敌围困斗争十个月的总结》（1943年8月），弓世懋编著：《围困沁源》，第271页。

③ 同上书，第271—272页。

④ 晋冀豫区武委会在总结窑洞斗争时亦指出，打窑洞是个巨大的工程，又是复杂的组织工作，必须深入进行动员，打通群众思想，才能把群众发动起来。参见晋冀豫区武委会：《窑洞斗争总结报告》（1945年6月4日），山西省档案馆编：《太行党史资料汇编》（第七卷），第585页。

众家内一切粮食、用具均须彻底转移，带不走的必须异地埋藏，柴草烧掉，水井填死，磨心拔掉。这样做意在既让群众无留恋，亦使敌人失去生活条件。[①]细密的动员工作又是必须的，对于担心到外村生活困难者，就让外村干部群众来帮助动员，当场保证安顿好其吃住；对于嫌搬家麻烦的，就动员民兵帮助担挑东西；对于犹豫不走的，让民兵将其牲口粮食转移出去；对于少数极顽固分子则用强制性的办法。与此同时，对于安置地的干部群众也要加强教育，使其认识到这些群众转移出来是为了围困敌人，要热情相待。

在转移去向上大体有三种情形：远离敌占要道和据点的山沟、本县其他远敌区域、邻近县（如沁县、绵上、屯留等）。在具体的安置方式上也有三种形式：或投亲靠友，或住窑洞，或由政府指定接收户。以沁源城关群众转移为例，共有700余户，其中转移到永宁沟280户，具体分散到13小沟，编为13队，转移到一区120户，二区30多户，三区230多户，外县（安泽、屯留）100多户。[②]

因为刚开始并不能预料到围困会持续如此之久，而群众对常规性的避敌逃难早已不陌生，加上强有力的组织，沁源围困中的空舍清野进行得较为顺利，但由于涉及人口众多，可以想见实际上仍然殊为不易。多年后，薄一波忆及此事还颇为动情，他说："离开祖祖辈辈营造居住的土窑，填死村里几代人为之付出生命付出期望的老井，留下这些庄稼汉为之辛苦为之忙碌走到天边也要带走的粮食，对于这群黄土地上的儿女们，是怎样的撕心裂肺、难以割舍。"[③]

---

① 参见《陈赓日记》，1943年7月6日，第223页。

② 同上书，第211页。

③ 刘学文：《"决死雄风今犹在"——访原中顾委副主任薄一波》，《党史文苑》2000年第2期，第33页。

（三）粮食问题

群众转移出来后，粮食很快成了一个大问题。在转移山沟20多天后，一部分困难户已无粮可吃，稍后就几乎全部断粮。最初除政府拿出100多石公粮暂借给困难户外，主要是号召互助互济，由政府出面担保，保证有借有还，这样全县共借出600多石粮食。后来，指挥部受一群众半夜回无人区取回之前藏粮的事迹之启发，遂发动群众回去“抢粮”。所抢的粮食实际上是当初转移时群众埋藏起来的那部分。一开始群众不大敢回去，经过动员，在部队和民兵的掩护下，一些胆大的先回去抢运，再由个别发展到少数人，最后渐成群众运动，有时一晚上连续进城抢两三次，仅永宁沟一处就有460余人参加抢粮。虽然有少数人被敌人抓住，但群众的抢粮斗争始终没有中断。

通过这样的抢粮运动，全县抢出粮食约有8000石，基本解决了群众的吃饭问题。在刘开基看来，抢粮运动不仅解决了吃饭问题，还打破了惧怕敌人的心理，大大提高了群众的斗争勇气。[①] 在抢粮中，民兵不仅带头抢，还掩护群众，甚至袭扰敌人据点，发挥了骨干作用，自身也得到了很大锻炼。

抢粮中也发生过一些偏差：一开始只是鼓励群众大胆回去抢，导致胆大的抢得多，胆小的抢得少，有力气的抢得多，一些老弱病残根本抢不上；还有就是乱开窑洞，不问属于谁，哪里方便哪里取，甚至有个别偷挖发财。根据这些情况，指挥部整顿了抢粮组织，作了许多规定，如先抢敌人已打开而没取完的窑洞和容易被敌人发现的粮食，凡打开的窑洞必须一次取完，开窑洞前粮主自报埋

---

① 参见刘开基：《关于沁源对敌围困斗争十个月的总结》（1943年8月），弓世懋编著：《围困沁源》，山西人民出版社1988年版，第274页。

藏的数量，挖出来后再行登记，根据不同情况由抢粮者和粮主按比例分成。经过纠正偏向，抢粮这种非常容易发生混乱的运动也变得有秩序、有组织。

由于较长时间生活在野外，除粮食外，指挥部还得解决群众迫切需要的各种日用品，如食盐、火柴、棉花等。于是，由政府拨出数千元贷款，动员群众出去贩运棉花、布匹、食盐、火柴，然后在各地建立临时山头市场，群众的日常生活得以正常维持。

抢粮运动虽能一时解决吃饭问题，但并不能在根本上解决粮食问题。在抢回来的粮食很快吃完后，各地普遍出现了饥饿现象，对此除了号召互济外，县指挥部又发动机关干部节食一日，三十八团和沁源县党政民各部门机关即节约 30 多石。后来又发动全县人民开展节约一升米运动以救济“难民”，共节约了 250 余石小米，救了一时之急。据当时推算，全县马上没粮吃的达到 4000 多人，每人每天按二两计算，到麦收前三个月就需 2400 石，而本县已经实在无法解决。因此向上级请求援助 1500 石，得到应允，还有 1 万元贷款，这样勉强撑过难关。

1943 年春耕来临时，转移在外的群众尽管暂时还吃得上饭，但普遍心急如火：春耕种不上庄稼往后吃什么？当初转移群众进行围困斗争时，未曾料到会持续这么久，不能半途放弃围困，又不能不生产。面临这样的难题，指挥部强调必须继续坚持围困敌人，宁可荒了土地也决不改变围困方针。[①] 这样就要放弃敌占点线附近 3 万亩以上的土地，按每亩一石五斗算，将少收 5 万石，约占全县总产量五分之一。全县当时转移出来的群众有 14,800 多人，若不能解决

① 参见刘开基：《关于沁源对敌围困斗争十个月的总结》（1943 年 8 月），弓世懋编著：《围困沁源》，第 281 页。

其耕种问题，稍后将面临更大的粮食困难。这种情况下，只得向敌占点线以外的区村和外县找地耕种。经过座谈、个别说服等各种形式的动员工作，由干部带头，让出了不少土地给“难民”耕种。据不完全统计，一区让出 2600 余亩，二区让出 1000 多亩，三区让出 3900 多亩，全县共约 8000 亩。此外，绵上县也给解决了 2000 余亩。[①]1 万 5000 人，人均不到一亩地，加之让出来的地大多不是好地，实际上有不少人户仍无地可种，或者地太少。陈赓在日记中提到无法解决耕地问题的有数百户。[②]

为了解决耕地不足的问题，1943 年 4 月，县围困指挥部指示缩小原先打算放弃耕种的土地范围，二沁大道沿线可以下种，据点周围敌射程范围之外的也争取下种，并部署了武装保卫春耕。按当时的要求，炮兵射程以外的在白天耕种并要求细种，离据点 5—10 里的区域尽量细种，5 里以内由外向内推种；汽车线上 5 里以内多种高苗，高苗内间插矮苗，以便自己活动；5 里以内的区域一般在夜间耕种。太岳区政府也及时向群众发放了春耕贷款，解决了种子农具等方面的困难。

抢种的群众以村为单位编为中队，以地域分为大队，中队下分若干小组，自带粮食，交中队庶务人员统一煮吃，妇女负责煮饭、挑水。抢种队开进时，掩护部队由山岭先向汽车路前进，分别进入掩护阵地，群众顺山沟鱼贯前进，到达预定地点后按单位队形开始劳作。收工时在统一号令下，分道撤退，掩护部队待群众到达一定地区时才开始撤退。沿线抢种时，军队除以小部向据点方向占领阵地警戒外，其余大部架枪参加劳动，有敌情时前面部队坚决抵抗，

---

① 参见刘开基:《关于沁源对敌围困斗争十个月的总结》(1943 年 8 月)，弓世懋编著:《围困沁源》，第 283 页。

② 参见《陈赓日记》，1943 年 3 月 12 日，第 211—213 页。

劳动部队即刻拿枪加入战斗。在部队和民兵的掩护下，经过十几天的突击下种，原来准备荒芜的数万亩土地只剩下 1 万 3000 亩未下种。

收割时，沁源之敌也制定了抢夺计划：近处割，远处破坏。交口敌准备了 2000 把镰刀，欲图通过抓夫的方式助其收割，为此先后六次出击包围村庄，但仅抓去男女大小 60 人，抢割的粮食亦甚微，糟蹋的倒不少。[①] 根据抢种时的经验，劳武结合的做法也被用到抢收上来。通过有效的抢种和抢收，到 1943 年秋收时，粮食问题得以解决，据薄一波称收获的粮食比往年还增加了五分之一。[②] 转移出来的群众生活有了保障，确保了继续围困敌人的最关键的物质基础。

沁源二区 1944 年的公粮征收情况亦可说明这个问题。该区几乎所有村庄都在二沁大道两旁，在日军大“扫荡”时受影响最严重，“扫荡”结束后日军在交口设据点，南通沁源城关，北连圣佛岭，经常往来活动，粮食生产继续被严重干扰。围困以来全区因无土地下种而转移到外县的有 345 户，转移到本区其他各村的有 296 户。除了生产外，群众还要为战争服务。以二区官军村为例，该村一年用于树哨、情报、民兵、流动哨等常规项的工时多达 6660 个，还有 300 余个工时用于运粮、担架等临时任务。在两年的围困中，由于生活困难、精神疲劳，该区内疾病普遍流行，据 9 月份的不完全统计，全区共有病患 5208 人。雪上加霜的是，由于敌人不断的包围袭击，全区一年损失牲畜 571 头，损失人口 355 人。

人口转出、战争误工、病患、劳力损失都进一步加剧了生产困难，但该区仍然足量完成了年度的公粮征收任务。二区被派小

① 参见《陈赓日记》，1943 年 7 月 13 日，第 245 页。
② 参见薄一波：《七十年奋斗与思考》（上），第 350 页。

米1032.5石，实际完成1030.5石，原派小麦33.5石，实际完成33.5石，自报献粮50石，实收50石。二区1944年合理负担款原派87,938元，实收69,281.5元，完成度几近八成。县原派二区军鞋1295双，实际完成932双，完成了72%。据称，历年秋围过程中区村都扣押过不少顽抗户，由于工作得当，该年非但没有这种现象，反而完成得又快又好。[①]不论实际征粮过程是否出现过强迫情形，为数不少的粮食能够收起来至少表明生产是得到了有效保障。

在围困战的恶劣环境中，生产不仅得到保证，还能大体如数征集公粮军鞋，完成派款以及派出战争勤务，这就表明即便在这种大规模背井离乡的情况下，群众仍能保持基本正常的生产、生活及抗战秩序，中共在沁源的组织之坚强有力可见一斑。

（四）反“维持”斗争

空舍清野的基本目标便是把群众带离日军的控制范围，使其无法让群众“维持”。若找不到群众“维持”或者连劳力都无法征用，不仅日军占领的政治意义将大打折扣，甚至连维持正常的运转都将成为严重问题。因此，寻找“维持”和反“维持”必然成为围困期间双方斗争的焦点。前面提到的粮食救济问题、解决群众生活必需品问题，以及为生活在山野的群众组织旧历年的文娱活动、安排专人每日回村监视看护村民未带走的财产，都是反“维持”的具体方式，或者该举动在客观上起到反“维持”的作用。

虽然据点周围的群众被转移出来，但敌人仍极力寻找群众“维持”。一开始日军企图通过寻找代理人的方式实现“维持”，于是找

---

① 参见沁源县第二区政府:《沁源县第二区粮食工作总结》（1944年12月），案卷号52-1-2，沁源县档案馆藏。

到沁源豪绅阴国垣（此时已避难四川）之子阴明之，希望由他来组织“维持”，但此人始终没有答应，在城关据点里呆了两个多月被放出来了。[1] 此道不通，日军只得直接找群众。日伪军采取的一般方式是包围群众暂居的山岭俘走群众，也有的是趁群众回去抢粮时抓捕，之后带回据点，当苦力干几天活，外加宣教灌输，然后发给“良民证”，扣留部分人质，其余放回，让其召唤各村群众去据点领“良民证”。

1942年底，阎寨据点敌人即在包围罗山后俘走50多名群众，这些人被放回山沟后，大多数人选择不回去，并向所属的一区指挥部报告了情况，但也有七个胆小怕事者按敌人指令回到阎寨据点。针对这种情况，区指挥部下令没收“良民证”，又派民兵潜入据点抓了两个活动“维持”的骨干分子，阎寨的“维持”因之没有形成。类似的情形也发生在沁源城关地区、霍登地区，都在还没有成气候时即被瓦解。

相较之下，交口的反“维持”斗争更为复杂激烈。1943年初，敌寇在进到交口时曾俘走一些群众，拉走不少牲口，之后宣称如果答应为其支差，即可将耕牛拉回来。加之当时正值寒冬，转移出去的群众面临很大的困难，一些群众听信后便跑到据点，接受“良民证”，敌人在其耕牛角上刻上名字，答应不杀，并保证一开春即送回去。在敌之诱骗下，加之交口邻近的沁县当时已经“维持”了敌人，群众认为沁县能“维持”沁源也能“维持”，因此不少人从山里跑回村去。村干部对此也未坚决反对，很快交口周围20里全部“维持”。敌宣称如能做到帮助洗衣服、送情报、支民夫、动员群众回家，即不拆房子不杀人。[2] 日军的这种以柔性手段争取民心的做

① 参见韩元理：《爱国赤子阴明之》，政协沁源县文史资料办公室编：《沁源文史资料》（第5辑），1995年，第233—237页。

② 参见《陈赓日记》，1943年7月10日，第234页。

法，让许多群众进一步萌生动摇心理。

针对这种严重的情况，围困指挥部专门发出《告全县人民书》，表明坚决反对“维持”的态度，并组织干部、民兵对相关村庄采取了一次统一行动。在部队的掩护下，干部带着民兵趁黑夜摸进这些村庄，挨门挨户动员，揭穿敌人阴谋，大部分群众在第二天即再次自行转移出来，少数不觉悟分子亦被民兵抓了出来。对于郭四则、杜中和等四个“维持”的骨干分子，指挥部分别在二沁和绵沁交界地区召开群众大会予以公开镇压。部分已经跑进据点的群众在这种情况下进退两难，不出来怕被政府日后镇压，想出来又被敌人恫吓。对于这些人，政府让其亲友捎信告诉他们只要出来政府既往不咎，许多群众解除顾虑跑了出来。[①]

当然，日军对于群众并不是只有“怀柔”的一面。以霍登村为例，第一次被日军包围全村时只有三分之一的人及时跑了出来，被俘的群众日军很快放了回来，并以多种方式告诉群众日军只打共产党、八路军，不杀老百姓，让大家安心回去种地；同时还威吓说跑回山上去的人都被政府（共产党）杀了。日军笼络民心的企图在沁源政府的有效防范下未能得逞，1943 年 6 月初日军再次占领霍登，抓住了 240 余人，用互相牵制的办法组织连环保，每三四家编为一环，跑一家其余各家负责。围困指挥部对于日军的这种阴狠的做法，给予了坚决回击，迅速除掉为首者，并动员群众逃出据点控制范围。为执行“连坐”，也为震慑其他人，日军以残酷的方式在霍登据点总共杀了 52 人。[②] 如此一来，彻底暴露了其之前示好宣言行动的欺骗本质。组织不起“维持”，日军只得靠经常性的外出

---

① 参见刘开基：《关于沁源对敌围困斗争十个月的总结》（1943 年 8 月），弓世懋编著：《围困沁源》，第 276—278 页。

② 同上书，第 263 页。

奔袭展开侵略活动。两个多月后，日军在换防时撤掉了困境重重的霍登据点。

《解放日报》社论《向沁源军民致敬》中说“全沁源八万人，没有几个当汉奸的，没有一个村组织起‘维持会’来”。[①] 这个描述后来广为引用，常以之说明沁源人民崇高坚贞的民族气节。相较于许多其他地区、特别是周边同期被占领的县份来说，沁源群众不屈不挠的对敌斗争精神和可歌可泣的围困行动无疑值得彰表和称颂。同时也应看到，沁源围困斗争中事实上出现了局部短时“维持”敌人的情况，但中共方面有力的反“维持”斗争——对骨干分子的坚决镇压和对一般群众的争取教育，才没有形成持久严重的“维持”局面。[②] 普通群众在战争中往往是最无力的，在敌人压迫面前为了生存往往做出迫不得已的选择。这时若有一个坚强的领导核心，群众也就随之安定下来。从这个意义上说，坚决的反“维持”斗争不仅是有效的，也是必要的。

（五）武装斗争

以上提到的抢粮、反“维持”、保护耕种收割等抗战活动实际上都以武装为后盾，这也是沁源围困战与一般的空舍清野不一样的地方。通常意义的空舍清野是转移人财物，避开敌人，沁源围困战则在躲避的同时还对敌主动限制和袭击，这也是围困的要义。换言之，沁源军民并非消极的“苦撑待变”，而是积极促成局面发生变化，一如《解放日报》的社论所说：“沁源人民，不仅是消极地不

---

① 陆定一：《社论：向沁源人民致敬》，《解放日报》1944 年 1 月 17 日，第一版。

② 在不“维持”的原因上，除了中共的有力领导，陈赓还提到因为没有群众，无财可贪，一些本有“维持”打算的流氓好利之徒遂作罢。参见《陈赓日记》，1943 年 7 月 16 日，第 251 页。

当汉奸而已，而且积极地围困敌人。”① 沁源围困指挥部以决死一旅三十八团为核心力量，以交口、阎寨、中峪店等地为围困重点，主要打击沁（源）故（县）、沁（源）阎（寨）等交通线。

在具体的组织上，围困指挥部对围困力量有一个精密的设计。1943 年 1 月，围困指挥部根据太岳军区指示将全县划分为 13 个战区（每区 4 个，城关镇 1 个），每个战区组织了一个由主力军、县大队（包括区分队和基干队）、民兵共同参加的游击集团。一个游击集团 40—50 人左右，分为 3 个轮战队，每队 15—20 人不等。每个轮战队又分为 3 个战斗小组，每小组 5 人左右，由主力部队或县大队派出一个机智勇敢、射击技术好、政治觉悟高的班排干部当组长，带领民兵在指定区域内打游击。每个轮战队的队长由三个小组长中的优秀者担任，统一指挥 3 个小组的活动。按照要求，轮战队中的 3 个小组每隔 10 天轮换一次，一个在前线参加围困，一个在驻地接受训练，一个回家轮休和生产。每个轮战队的 3 个小组刚好一个月轮换一次，相应地每个游击集团的 3 个轮战队隔月轮换一次。②

对这些实施围困的武装力量而言，主要有两个作战焦点：交通线和据点。不管是打击交通线还是据点，每次行动均由军队班长指挥、军民密切配合，正规军担任火力袭击与突击，游击队负责在次要方向牵制敌人，民兵跟在正规军后面行动，群众负责救护伤兵，民兵游击队中最勇敢、最熟悉道路者担任向导。

具体而言，在运输线上，部队利用敌人刚开始麻痹疏忽之际，频密发起攻击，围困指挥部曾在 5 天内组织了 6 次战斗，大大兴奋

① 陆定一：《社论：向沁源军民致敬》，《解放日报》，1944 年 1 月 17 日，第一版。
② 参见沁源县志编纂委员会编：《沁源县志》，海潮出版社 1996 年版，第 348 页。

了群众。当敌人开始警惕起来时，便转而主要进行“麻雀战”。民兵、游击队以打冷枪为主，在沿线布置力量，但地点经常变化。当敌人变化到两边侧卫、中间运输前进时，又转而专门伏击其侧卫。日伪军后又吸取教训变成绵长式的小集团警戒，在运输队伍未到前即先占领阵地，沁源军民便一面打击其先头警戒队伍，一面在路上埋地雷。由于在交通线沿途都有各村民兵组织的麻雀网，常使敌人陷于无法前进也无法后退的境地。

沁源县县长兼围困指挥部的副指挥提到友仪村的民兵，共有13人，分3组，分别占领山头、山腰、山麓3处阵地，吹哨时打枪，再哨时停。一次敌从交口来97人，中有一骑马者，待其通过冰桥时，也就是进入了民兵的伏击区。哨令发，首先将骑马者打倒，再又打倒四个，敌避入村内后，民兵停止射击。趁敌出来抢运伤兵之际，民兵再出枪，又打倒两个。之后敌占领阵地，用火力掩护才将伤兵抢回去。[①] 民兵还组织了联村“麻雀战”，在敌移动的路线上，各村民兵不断予以扭击。如敌由城关经交口约40里的路却走了8个钟头，还被民兵击毙28人。[②] 这些是民兵打击敌人交通线的典型战例，民兵神出鬼没的袭击给敌人造成很大压力，致其不敢随便出来，或者出来了也一路提心吊胆。

对于敌据点，刚开始利用敌不熟悉情况，经常给以突然性袭击，往其岗哨枪眼、睡房、厨房丢入手榴弹，甚至潜入其厨房偷出食物，潜入其羊群，翻穿羊皮，赶走羊只。待敌警惕起来设置游动哨后，便采取诱伏，摸准其游动规律，伺机打击。这样敌哨兵被打死，往往还不知道枪从哪里打来的，给敌人以很大的心理威胁。[③]

---

① 参见《陈赓日记》，1943年7月6日，第224—226页。
② 参见《陈赓日记》，1943年7月7日，第230页。
③ 参见《陈赓日记》，1943年7月6日，第224—225页。

沁源日军主要据点之一的交口据点的水井被民兵破坏了，柴火也被民兵放火烧了，据点里原有8担水桶，被民兵偷走了6担，由沁县向他们运粮的运输队，也常常被民兵中途拦截，补给中断，使日伪军处于断粮、断水的困境。[①]

在常态性的围困据点中，由民兵、正规军混合组成的三五人的小组会经常性地守在据点周围，敌只要外出即可能被冷枪射中，造成一些据点的敌人连生活取水都发生困难。围困小组日夜不断，6小时换班一次。为应对据点之敌的奔袭，有两个班经常性潜伏在据点附近敌必经之岔口上，敌一出动即打枪打手榴弹，致其混乱，迟滞其前进，同时也使沿途警觉。待其回归据点时则跟随尾击，以解救被俘人员及夺回牲口财物。在民兵等打击袭扰下，敌寇的处境变得极为艰难，不仅行动不便，而且消耗严重。据称，1943年沁源民兵和群众平均每日毙敌伪5人，全年达2000人之多。[②]

沁源军民长期的围困和打击，迫使日军在1943年1月撤出阎寨、中峪等外围据点，并由斋藤大队换下已经疲惫不堪的伊藤大队，四、五月间又放弃了城关东门外的大片阵地。到了1944年春，日军已经被迫退守到城内草坡下的一片地堡和窑洞中，在没有大部队增援的情况下，很少敢于走出据点。到1945年初，日军只得龟缩在沁源城西草坡上下的两个碉堡和一排窑洞中。1945年春，中共中央发出“扩大解放区，缩小敌占区”的号召。1945年3月14日，沁源军民开始发起对被围日军的总攻。1945年4月11日，沁县日军出动上千人前往沁源，接应沁源日军从山道逃回沁县，围困战宣告结束。整个的沁源围困战从1942年11月开始到1945年4月结束，

① 参见山西新军历史资料丛书编审委员会编：《山西新军决死第一纵队》（上），第402页。

② 参见陆定一：《社论：向沁源军民致敬》，《解放日报》，1944年1月17日，第一版。

共持续了30个月。

随着局势变化，沁源军民在围困斗争中越来越能自如应付局面，所取得的战果也在不断扩大，除了自身的努力与进步外，日军方面实力减弱也是重要因素。这种减弱源自几方面：既因日军战略重点的转移，也因日军因兵力不敷兵员素质明显下降。1939年冬以后，太行及周边地区的日军逐渐替换为乙种、丙种师团以及独立混成旅团，且大多缺额严重。而这一阶段日军所设据点实际在增多，相当于以更少更弱的兵力去守备更大的地区，敌我力量对比发生变化也就在情理之中了。这也说明，在日军攻势最为猛烈时没有退缩本身就是一种战略胜利。

从以上的分析可以看出，在围困中，对敌的武装斗争是极为关键的环节。若没有有效的武装斗争，围困对敌难以构成实质上的打击和限制，反而自身处于失去家园的艰困境地，群众也将不可避免地被迫“维持”敌人。在武装斗争中，正规军和民兵为主的群众武装又是互相缺一不可：没有正规军作后盾，民兵没有战斗力，甚至难以组织起来；没有民兵，仅靠正规军，对敌交通线频繁、无规律的、又无处不在的袭扰，对敌行动和据点的严密监视，对生产的组织和保卫等都无从谈起，或者只能疲于奔命。对于反“维持”斗争而言，如时人所言这基本上是个“力量问题”，因此在打断“维持”及解决“维持”期间的问题以及解决群众负担等问题时，“应始终注意自卫队的整顿，情报、除奸、空室清野等备战工作，逐渐把群众引导到武装斗争的道路上来，只有群众武装起来的时候，我们才能和敌人胶着起来，才能建立正常的游击秩序（或保卫比较安定的秩序）”[①]。

① 赖若愚：《二分区反蚕食斗争的基本总结》（1942年9月），中共太行区党委：《太行各分区党的文件选辑》（第三分册），第54页。

刘伯承在总结太行区1942年夏季反“扫荡”时也指出了群众武装对于政权的重要性：“敌人要摧毁抗日民主政权，成立‘维持’会，没有一次不是首先摧毁游击队和民兵。这证明，抗日民主政权有了武装才可以得到支持，也才可以对日寇、汉奸实行专政。”[①] 如刘伯承所言，日军为了实现“维持”，必须首先打碎和清除以游击队和民兵为代表的群众性武装力量；反过来，为了保卫根据地，太行军民必须组织起强有力的抵抗力量，并且坚持进行毫不松懈的群众性游击战争，如此才有可能阻挡和迟滞敌之入侵。

民兵和群众对于战争的支持令日军大感困扰。一位曾“残留”山西的日军俘虏说类似的支持，他们完全没有。为了确保运输线，日军不得不抽调许多兵力，就连看护和向后方运送伤病员，也必须由军队本身负担。而且，为了防止留在后方的部队被奇袭，必须以更多的兵力加强防卫，因此后方日益占用大量的兵力。这样，一个师即使有1万2000人的兵力，能够参加前线战斗的，有时竟减至半数以下。[②]

在沁源围困战还未结束时，陈赓便分析说这是“两方顽强的比赛”，双方可能都不曾预料到这个过程会如此漫长。当时经过八个多月的艰苦围困虽已迫使敌人几次变更部署，但仍未能使其完全绝望，陈赓认为“谁是最后的顽强者，谁就是最后的胜利者”。[③] 刘开基也认为“抗日战争的基本特点是敌强我弱”，在沁源围困中依旧是这个态势，所以沁源军民的任务“不在于如何杀伤敌人，而是如何保存自己

① 刘伯承：《太行军区夏季反“扫荡”军事总结》（1942年），山西省档案馆编：《太行党史资料汇编》（第五卷），第576页。

② 参见〔日〕城野宏：《日俘“残留”山西始末——一个日本战犯的自供状》，叶昌纲等译，政协山西省委文史资料研究委员会：《山西文史资料》（第四十五辑），第141页。

③ 《陈赓日记》，1943年7月16日，第250页。

的实力，坚持斗争拗过敌人即为胜利”。[①] 沁源围困虽没有以直接击溃敌人的方式取得胜利，但没有让群众“维持”敌人，最大限度保存了有生力量，在两年多的时间内大体上成功把敌人限制在据点之内，使其无法扩大占领区，也难以展开“扫荡”活动，依然是了不起的胜利。

回过头去检视沁源围困战，不管是动员转移、安置群众、解决群众粮食问题、打击“维持”、破坏交通线、围困据点等各个环节，还是逾万群众经年累月异地生活，实际上都是之前所着力建立的游击秩序的具体表现。如《新华日报》社论所说：“沁源不是靠飞机大炮打下来的，它是靠八万老百姓和正规军、游击队、民兵的一致团结，经过长期围困与最后的围攻斗争，而将敌人赶走的。”[②]

在太行区的抗战中，沁源并非个案。1943 年 6 月，日军三十六师团小林大队指挥伪“剿共军”赵瑞、段炳昌部约 2000 余人进占蟠龙，并在白家庄等地修筑外围据点，企图打通蟠武路，掠夺武乡粮食资财。武乡指挥部也采取了大规模转移群众的围困策略，受敌威胁的数万群众短时内转移出去，军民密切结合坚持斗争八个半月，直到敌于 1944 年 2 月 27 日完全撤退。据统计，在敌占蟠龙八个半月中共有逾万民兵自卫队参战，作战 3000 余次，击毙敌伪 860 人，伤 809 人，俘虏 67 人，还缴获大量步枪、子弹等武器弹药。[③] 类似的围困斗争还发生在屯留。[④]

---

① 刘开基：《关于沁源对敌围困斗争十个月的总结》（1943 年 8 月），弓世懋编著：《围困沁源》，第 267 页。

② 社论：《沁源人民胜利了——庆祝沁源县城的光复》，《新华日报》（太岳版）1945 年 4 月 17 日。

③ 参见武乡县指挥部：《八个半月围困蟠龙总结》（1944 年 6 月 1 日），革命历史档案 3-55-1，武乡县档案馆藏，第 14—15 页。

④ 参见屯留县武委会：《屯留民兵四十五天的围困斗争》（1944 年 5 月 30 日），太岳军区司令部政治部编印：《太岳人民武装建设（材料汇集）》（上册），1949 年 7 月 1 日，第 190—191 页。

纵观这些成功战例，往回看即可发现能成功组织起如此大规模的对敌围困绝非一日之功，其基础是中共在根据地长达数年的耕耘；向前看亦可发现经受如此严酷锻炼的根据地军民在新的环境下更能大显威力，一如时人的观察："象民兵集团这样的组织，就不仅是人民在战争中的武装组织，而重要的是：人民的思想和生活，经过战争改造后所取得的一种新成果。因为它更富于集体性和组织性了。"[①] 陈赓也有类似的看法，他认为沁源围困的意义不仅打击了敌人的"蚕食"政策，还密切了党与群众关系、军队与群众关系，有效地锻炼了党、干部及群众。[②]

沁源围困战的成功实施，再次凸显了根据地的核心要义：不在于占领某个地域，而在于凝聚地上的群众。亦正如毛泽东在1947年撤出延安时所说的："存人失地，人地皆存；存地失人，人地皆失。"[③] 在残酷的战争环境中，素来散漫的群众被高度组织起来，就是革命性的变化，这种变化正是支撑起一个新政权的最重要基础，因此也将对未来政局产生深刻影响。

---

① 江横（董谦）:《山头的英雄们·民兵集团》,《解放日报》，1944年1月8日，第四版。

② 参见《陈赓日记》，1943年7月16日，解放军出版社2003年版，第250—251页。

③ 中共中央文献研究室编:《毛泽东年谱（1873—1949）》(修订本)(下卷)，中央文献出版社2013年版，第176页。

第七章
民兵参军参战

1943 年 3 月 5 日，中共中央太行分局和八路军一二九师就加强人民武装工作联合发出指示，其中对加强人民武装工作的目的指出："不但是养成现在游击战争博大的力量，而且是奠定将来反攻大军组成的基础。"① 这个指示道出了发展人民武装的两个主要指向：既为应对当时的局面，也为将来反攻做准备。人民武装应对当时局面的使命主要也有两个方面：一是形成乡村自卫，二是为正规军提供兵员。进入 1944 年后，随着国际形势的变化，中国战场局面发生重大变化的可能性增强。无论是对日反攻，还是国共角力，中共都迫切需要人民武装发挥作用。

一、参军动员

对于八路军来说，除了初入山西时大规模迅猛扩兵外，此后也一直不断地扩兵。这一方面是为了巩固和发展根据地，另一方面也是应对战争减员的需要。时任中共中央北方局书记杨尚昆在 1939 年就指出要注意扩大正规军，原因就是"每一个像样的战斗，都会

---

① 《中共中央太行分局、一二九师关于加强人民武装工作的指示》（1943 年 3 月 5 日），山西省档案馆编：《太行党史资料汇编》（第六卷），第 194 页。

牺牲一二百人”。[1]此外，还有相当比例的非战斗减员。但当时的情况是，常态化扩补兵员面临的最大困难就是根据地非常有限的人力资源。此外，群众因旧思想历来视当兵为畏途，特别是日军连续发动“扫荡”和“清剿”，根据地的处境不断恶化，本已有限的人力资源日益枯竭，动员的难度逐步加大，扩补产生的供需矛盾更加尖锐。持久抗战条件下的内外不利因素决定了在根据地内动员群众参军将是一个贯穿始终而又异常艰辛的任务。

八路军进入山西初期的扩兵工作相对轻松。前文已论及，除了大量收编溃散兵，当时扩兵主要通过牺盟会、动委会来组织，响应者也多为受过教育的进步分子，对民族危机有切身感受。除了这批不同程度觉悟的参军者，还有很大一部分是由全面抗战爆发前后组织起来的大量游击队等群众武装整体改编成的正规军。当然，还有一个有利原因是初期扩兵各地青壮年人力相对充裕。在多方面有利因素的综合作用下，八路军在较短时间内即扩充了数万人，并藉此在山西初步扎下根基。

随着日军“九路围攻”等大规模行动展开，根据地受到空前压力，需要更多兵力来应对局面，扩充军队的需求也随之日益紧迫。关于武装动员工作，晋冀豫区党委自 1939 年以来即多次召开会议和发出指示，要求以全党力量全力以赴。晋冀豫区党委在 1939 年 6 月 24 日的《关于动员武装会议的决定》中强调动员武装工作应提到党的工作的“最主要”地位，扩大武装力量（八路军）应成为全党同志“最严重”的任务。[2]与区委的要求相适应，有些县将参军

---

① 杨尚昆：《在一次区代表会上的政治报告》（1939 年 9 月 11 日—13 日），太行区党委：《太行党六年来文件选辑》（上册），第 89 页。

② 晋冀豫区党委：《关于动员武装会议的决定》（1939 年 6 月 24 日），革命历史档案 A01-08-00002-3，山西省档案馆藏，第 3 页。

明确定为“天字第一号”任务，具体的参军数目被详细分派到各村并限期完成。[①]

当扩军工作被提到最主要的位置，并成为全党同志最严重的任务时，实际上也意味着扩军已经开始进入非常困难的阶段。时晋东地委书记赖若愚分析，由于游击队没有建立，民兵没有着手，加以之前扩兵导致壮丁减少，扩兵困难重重。[②]

面对困难，组织上便要求干部和党员带头。晋冀豫区党委要求一般支部要有十分之一、模范支部要有五分之一到三分之一的党员参军，并以能否完成扩兵工作作为检验各县工作优劣的第一个标准。[③]

动员参军的艰困局面在 1943 年开始发生了一些变化，主要是因为在 1942 年 11 月至 1943 年初太行区发动了全区性的以减租减息为中心的群众运动。[④]前文已述及，这次发动群众斗争的主要目的就是通过斗争增强群众对共产党和八路军的信仰，实现在中共领导下对根据地农民进行重新组织，而发起群众运动的直接原因之一便是残酷的战争形势需要组织群众进而武装群众。通过这次运动，群众武装有了明显的发展，之前编制起来的民兵自卫队开始不同程度地体现出战斗力，一般群众的抗战情绪也较之前有所提振。虽然群众武装有了进步，但参军依旧存在困难，群众仍然抱持旧观

---

① 参见《村长各干部及县区工作同志有几件事特别通知》（1941 年 7 月 25 日），革命历史档案 02-25，襄垣县档案馆藏。

② 参见《一年来（1939 年 10 月—1940 年 10 月）工作总结与今后工作——若愚同志在晋中第三次县书联席会上的报告》，中共太行区党委：《太行各分区党的文件选辑》（第二分册），1944 年，第 193 页。

③ 晋冀豫区党委：《关于武装工作的计划》（1939 年 11 月 7 日），革命历史档案 A01-08-00002-5，山西省档案馆藏。

④ 有关太行根据地的减租减息，笔者另有专文，参见王龙飞：《减租减息的演进——以太行根据地为中心》，《清华大学学报（哲学社会科学版）》2019 年第 6 期。

念——“咱们惯在家不惯当兵，咱们在家帮助军队就够了”。[①]

随着日军连续发动并逐次升级“治安强化”运动，太行区在1942年也进入了最困难的时期。根据地面积和人口大幅缩减，为了坚持抗战，必须继续扩军。在这种空前的压力下，各地为完成扩军任务而出现了各种偏向。

以黎城这几年的参军情况为例，正如当时的总结所说：1941年参军强调干部带领群众，群众是“挤兵”；1942年经过群众运动在参军中群众献粮献钱，老财献地，形成变相“买兵”；1943年是在灾荒与反特基础上完成参军，相当部分参军是为了吃部队的饭度荒；1944年是在大生产运动基础上进行的；1945年的情况则好于以往各年。[②]

黎城是太行根据地的核心区，在很大程度上能反映太行区的一般情况。从这里可以看到，参军困难的局面从1944年开始有了缓解，到1945年明显好转。促成这种转变的发生有多方面的原因，除了华北抗战整体形势开始向着中国方面倾斜这种背景性的因素外，1944、1945两年的大生产运动起了重要作用。太行区党委在总结1945年出色的参军成绩时认为，如果没有1944、1945这两年生产“组织起来”的基础，“不但优抗没法保证，而且决不能出这样庞大的兵”。[③]

“组织起来”是毛泽东于1943年11月29日在中共中央招待陕甘宁边区劳动英雄大会上发出的号召，他说“把群众力量组织起

① 晋冀豫区党委：《参军经验——录武乡来信》（1941年），革命历史档案A01-08-00004-16，山西省档案馆藏。

② 参见黎城联合办公室：《黎城秋收秋耕布置、冬季工作总结》（1945年9月11日），革命历史档案55-21，黎城县档案馆藏。

③ 太行区党委：《太行区九年来参军的经过情况及其主要经验》（1946年），革命历史档案A01-08-00012-5，山西省档案馆藏，第13页。

来”是一种应当贯彻执行的正确方针，与之相对的错误方针是“缺乏群众观点，不依靠群众，不组织群众，不注意把农村、部队、机关、学校、工厂的广大群众组织起来，而只注意组织财政机关、供给机关、贸易机关的一小部分人；不把经济工作看作是一个广大的运动，一个广大的战线，而只看作是一个用以补救财政不足的临时手段”[①]。值得特别注意的是，在毛泽东看来，大生产绝不仅仅是补救财政不足的临时经济手段，还是一个广大的运动和战线，其具备重要的政治作用——将群众组织起来。

组织起来的主要形式是成立大量互助组。据赖若愚在1944年8月的报告，太行区当时共有互助组57,000多个，吸纳了近115,000人。[②]太行区在1944年10月在25个县内组织起来的人数即在14万以上，武乡、黎城等县较好的村组织起来的人数占全劳力的80%以上。[③]通过互助组，群众可以调剂种子、牲口、农具，还进行分工协作。组织起来后最显著的结果之一是耕地面积大幅增加，至1944年8月，全区即共开生荒超过25万亩，开熟荒近10万亩。[④]除了耕地面积扩大、收成增加外，在组织起来后，群众由农业生产扩大到各种各样的社会互助，开始学会用集体力量解决生活生产中的困难。

太行区党委在答复毛泽东的询问中提到，一些工作基础好的地方，人民生活习惯、思想风俗等也开始有新的变化，处处流传着“人

① 毛泽东：《组织起来》（1943年11月29日），《解放日报》，1943年12月2日，第1版。

② 参见《生产运动的初步总结——赖若愚在中共太行区党委地委书记联席会上的报告》（1944年8月），山西省档案馆编：《太行党史资料汇编》（第七卷），第115页。

③ 参见《中共太行区党委对十个问题的补充报告——关于一九四四年生产运动几个问题》（1944年10月），山西省档案馆编：《太行党史资料汇编》（第七卷），第107页。

④ 参见《生产运动的初步总结——赖若愚在中共太行区党委地委书记联席会上的报告》（1944年8月），山西省档案馆编：《太行党史资料汇编》（第七卷），第115页。

人劳动，创造新社会”的口号，卫生制度、娱乐晚会制度等也在各地兴起。流氓、小偷、懒汉等经改造，也投入到生产中去。这些积极的变化使得“社会秩序也较安定，到处是生产劳动的新空气，阶级关系也较稳定，使各阶层人士感到我党政策和领导的正确”[①]。

社会各层面的新气象，使老大难的参军问题在相当程度上得以舒缓，如邓小平所说：“近两年来，每次兵员补充任务，不到十天可以完成而且超过，公粮屯积，多数村庄只要一天时间，就可以看到人民的觉悟程度和拥军的热忱。”[②]在群众积极支持参军、屯粮的背后，有一个共同的大前提，那就是通过大生产运动，通过组织起来，群众生活有了明显改善，普遍享受到了跟着共产党翻身的果实。此外，由于生产互助的大力推行，生产效率明显提高，这使得青壮参军后生产不致受到严重影响。[③]在民生有了改善、参军后家庭生活仍有保障的基础上，群众响应中共的号召也就顺理成章了，正如太行区党委的分析：“群众就是这样，从不同的问题、不同的要求、不同的觉悟汇合起来，形成了这股参军的巨流。”[④]

同时也应该指出，1944、1945年两年参军情况有明显好转，但这主要是和之前极端困难的局面相比。实际上就总体情况而言，参军动员仍无法完全实现群众觉悟充分提高、自觉自愿走向战场的局面。参军仍需要艰苦的动员工作。

---

① 《中共太行区党委对十个问题的补充报告——关于一九四四年生产运动几个问题》（1944年10月），山西省档案馆编：《太行党史资料汇编》（第七卷），第106页。

② 《邓小平同志在杀敌英雄、劳动英雄大会上的讲话》（1944年12月6日），《新华日报》（太行版），1944年12月25日，第一版。

③ 李雪峰称经验证明组织起来不但可以节省劳力1/5到1/3，而且可以解决独身所不容易办好的许多事情，增加产量达1/3以上。参见《李雪峰在招待劳动英雄会上的讲话》（1944年12月4日），山西省档案馆编：《太行党史资料汇编》（第七卷），第161页。

④ 太行区党委：《太行区九年来参军的经过情况及其主要经验》（1946年），革命历史档案A01-08-00012-5，山西省档案馆藏，第11页。

二、自愿原则

关于动员参军之难，当时干部有这样的描述："要粮要款不发愁，提起参军低了头，政治说服不愿去，行政命令不允许。"[①] 这个描述形象地反映出，虽然动员难，但仍被要求坚持自愿原则。要从群众中动员出兵来，却又不能强迫，可谓难上加难。

"参军自愿"的原则是中共一直坚持的原则，张闻天在数年前就有过相关的论述。张闻天以扩大红军为例来说明党的领导方式，他认为要动员大批群众加入红军，只有说服群众的方法；若用强迫命令的方法，不但不能扩大红军，还会使群众"登山"。张闻天进一步指出，对于其他任何工作都是这样的，"如若我们党想用强迫命令的方法，使群众执行我党的每一决定与每一口号，那我们党决不会在群众中得到任何信仰"。[②] 太行区武委会系统的一位干部的相关论述也有助于说明这个问题。这位曾任太行一区武委会主任的干部认为人民武装的发动一定要自觉自愿，要与生产结合，要建立在发动群众的基础上，让群众作为一个阶级的面目出现，使武装斗争成为群众阶级自觉的行为，他认为这样的人民武装才会坚强有力。[③]

强迫往往导致消极，自觉更可能有力量，是一个显明的道理。时任太岳区武委会主任的曹普在1946年总结过去的武装工作时指

---

① 太行区党委：《太行区九年来参军的经过情况及其主要经验》（1946年），革命历史档案A01-08-00012-5，山西省档案馆藏，第3页。

② 张闻天：《学习领导群众的艺术》（1933年7月、9月），中央党史研究室张闻天选集传记组编：《张闻天文集》（第一卷），中共党史出版社2012年版，第259页。

③ 参见朱效成：《进一步认识群众性的游击战争》（原件未注时间，按编排顺序应为1943年6月左右），太行区武委会编：《抗日战争中人民武装建设文件》（下册），第151、157页。

出，那时各级干部常感到武装群众是最艰苦的工作，因此就有某些同志提出或未提出而观念上实际存在的武装群众的强制性。而在1946年的武装群众中，许多地区的武委会只是单纯用力发动群众，并没有特别提出武装要求，但其结果是群众武装自卫的自觉行动较此前任何时期高涨和积极。曹普说，这种对比很清楚地表明了武装群众“必须建筑在发动群众的基础上，如果不经过发动群众，不但无法武装群众，即武装起来也很难摆脱农村的封建统治或封建思想的支配，如果不积极帮助群众翻身而只单纯的要求武装自卫，群众是不会感到多大兴趣的，越是强制，越是作茧自缚，有损无益”①。

此外，之所以强调自愿，更为现实的原因是强迫方式容易引发民众用脚投票。当时情况下，敌我势力范围犬牙交错，地理阻隔有限，区域界线模糊，投入敌方阵营的阻力很小。此外，日军已经逐渐认识到“剿共一事，仅靠武力进行讨伐，不能取得成效。必须以积极顽强的努力和统一发挥军、政、民的力量，摧毁破坏敌的组织力量和争取群众为重点。”② 由此，日军和伪政权除了强力，也在占领区进行细致而积极的施政，千方百计地争取群众。这种情势下，根据地方面一旦出现过火政策和举动，便极易将群众推向敌方。

在参军动员实践中，上级对基层的有违自愿原则的行为多有批评。左权县县长就曾批评各区村在动员参军中只管自己完成任务，不管部队能不能巩固，上年的强迫欺骗隔年原样重来，全然不顾今后逃亡严重、归队困难、优抗重负。③ 左权四区在动员参军之前也首先彻底检讨过去扩兵的强制行为，指出这次扩兵一定要耐心说服、

---

① 曹普:《发动群众和武装群众》(1946年4月26日)，太岳军区司令部、政治部编印:《太岳人民武装建设(材料汇集)》(下册)，1949年7月1日，第17页。

② 日本防卫厅战史室编:《华北治安战》(上)，天津市政协编译组译，第364页。

③ 张广居:《关于参军工作)(1943年2月23日)，革命历史档案1.1-1-037，左权县档案馆藏。

细密研究，强调民主，反对粗枝大叶。①

一方面强调自愿，另一方面却又要求必须完成任务，二者之间不可避免发生冲突。晋冀豫区党委一项关于武装工作的计划中有这样一句话——“凡支部同志均须自愿参加编村基干队及游击小组”。②这里的“均须自愿”在语义上存在明显的逻辑矛盾，但在实际执行中“均须”和“自愿”确实皆为组织上要求一并实现、不可偏废的目标，其中“均须”指向结果，“自愿”则是对实现方式的要求，这样不合常规的用语正好生动反映了自愿原则的内在张力。

在实践中，现实与目标之间的鸿沟就有赖于深入的动员去填补，因此打通思想被认为是参军运动中的一个关键问题。太岳区武委会曾在有关1945年参军工作的总结报告中指出：“要作到群众或者干部自愿参军而不加以任何强迫，这必须是启发说服的方法，而不是行政命令的方法，是一段最艰苦复杂的过程。”③这份报告提到了青城④二区的例子。

为完成1945年的参军计划，青城二区召集了村干部参军会议，首先讲明了参军意义，并提出打不通思想就不能回去，然后又作了政治报告，从国际到国内，国际多，国内少，最后让大家讨论，提出的题目是“目前的形势与认识”。不过，在小组讨论中大家都是左顾右盼一言不发，主持人不断鼓动：“你说吧！说了不要紧，你有困难替你解决”。但是谁也不说，讨论了一天不但没有一个自愿报

① 《左权县第四区扩兵工作总结》（1943年2月27日），革命历史档案1.11-051，左权县档案馆藏。

② 晋冀豫区党委：《关于武装工作的计划》（1939年11月7日），革命历史档案A01-08-00002-5，山西省档案馆藏。

③ 太岳区武委总会：《人民武装参军的初步总结》（1945年），太岳军区司令部、政治部编印：《太岳人民武装建设（材料汇集）》（上册），第207页。

④ 中共于1941年在翼城、浮山、沁水之间，以青城为中心设置青城县，属太岳区。1945年撤销。

名，反而大家都认为这是逼兵——“不说吧，回不去；说了吧，要当兵”，还有的说“我知道是这样我就不来”。这样开了两天会，不但思想没有丝毫打通，反而造成恐惧。领导上感到此路不通，立即作了转变，首先给大家宣布不一定要大家参军，参军与否听其自便，关键是要使大家提出问题并认识清楚回去便于工作，于是重新出了这样几个题目：1. 我们的疥疮是怎样生的？ 2. 为什么有家不能回去，合鹿有家不能住，为什么要住在沟里？ 3. 张喜子回去为什么能叫顽固抓住杀了？ 4. 为什么敌占区的蝗虫吃了我们的麦秆？ 5. 八路军没来时我们过去为什么不能当干部？

太岳区武委会的这份报告说在以上题目的引导下，群众有回忆、有反省，甚至还发生争吵，今昔对比、敌占区和根据地的对比激起了全场人的情绪，半天时间自动报名有十四人之多。

有关高平四区的报告也提到了类似的情况，那里的群众听到国民党六十一军到了长子情绪低落，参军更谈不到，该区分委在群众大会上报告时事，提出“六十一军到长子大家怕不怕”？群众答复“怕”；接着问“六十一军厉害还是日本厉害”？群众答复“日本人厉害”；再问“高平城日本人是谁打走的”？群众答复“八路军打走的”。报告称这样时事问答消除了一些顾虑，提振了群众情绪。[①]

上述报告中提到的青城、高平的参军例子是群体性的，没有具体到个人，过程也比较简略，看似很轻松，但在大部分情况下可能远不是开个会、做次报告、启发一下就能动员起来的。有材料显示，在襄垣磁窑头曾为动员一人参军，区村干部至其家里连续进行

① 太岳区武委总会：《人民武装参军的初步总结》（1945 年），太岳军区司令部、政治部编印：《太岳人民武装建设（材料汇集）》（上册），第 207 页。

了三个晚上的说服。[①] 可以想见，在实际中，相比举重若轻的启发教育方式，艰苦细致的说服更为多见。此外，这些举措并不是单独起作用的，成功动员一人或一批人参军需要各系统多举措配合施策，堪称“艰苦复杂”。

对自愿原则的坚持和采取柔性手法，是抗战时期国共两党在征兵等问题上的一大不同，这种差异对此后历史的走向有不小的影响。有论者指出，国民党的征兵制度最大的缺陷在于它最终要依靠地方当局进行挑选和集中应征者的工作，而国民政府并不能有效控制这些地方当局，结果就是上层人物的子弟躲开了征募，而贫弱者却被强拉进了军队。更严重的是，随着兵源逐渐枯竭，这种征兵方式不能满足需要时，发展到战场部队派出接兵队去捕捉所需要的兵丁，“抓壮丁”的结果便是对穷人的大批劫持（富人通过花钱买得释放）。[②] 国民党的这种简单粗暴的做法盛行于国统区，由此激起强烈民怨。[③]

中共之所以能在极端困难的情况下仍然坚持和强调被动员者的自觉自愿，在很大程度上是由其组织文化决定的。在马克思主义的思想体系中，共产党人的使命就是消灭阶级，消除剥削，消除压迫，解放全人类，实现每个个体的身心自由，违背他人意志的强迫逼使显然不符合这种理念。这种强调自愿的理念体现在无产阶级组织文化的方方面面。早在马克思、恩格斯亲手创建的共产主义者同盟时期，就有了入盟宣誓和入盟誓词，那时的誓词是在《共产主义者同盟章程》中提出的，受西方传统文化和宗教的影响，誓词采用

① 参见襄垣武委会王鹤峰：《襄垣参军工作总结报告》（1942年3月20日），革命历史档案02-57，襄垣县档案馆藏。

② 参见〔美〕易劳逸：《毁灭的种子：战争与革命中的国民党中国（1937—1949）》，王建朗等译，江苏人民出版社2009年版，第131—132页。

③ 参见冉绵惠：《抗战时期国统区“抓壮丁”现象剖析》，《史林》2009年第4期。

问答体例：

（1）你是否确信财产共有制的原理是真理？

（2）你是否认为有必要成立一个强有力的同盟，以便早日实现这些原理，并且你愿意加入这样一个同盟？

（3）你是否愿意承担义务，始终不渝地以言语和行动为传播财产共有制的原理，并促其在实践中得到实现而努力？

（4）你是否甘愿承担义务，保证不泄露有关同盟的存在及其一切机密？

（5）你是否甘愿服从同盟的决议？

凡加入共产主义者同盟的人都必须对上述提问一一回答“是的”，并最后亲口许下诺言，才宣布他为盟员。[①] 中国共产党第一个纲领中对于党员的条件这样规定：“凡承认本党纲领和政策，并愿成为忠实党员的人，经党员一人介绍，不分性别、国籍，均可接收为党员。”[②] 从这里也可以看出，相比性别、国籍这样的外在因素，认同党的纲领并志愿为党工作是更被看重和需要严肃确认的因素。

这样的创党理念被沿袭了下来，红军时期的入党誓词即以“××× 于 × 年 × 月 × 日在此以至诚加入中国共产党，愿永久遵守下列誓词”[③] 开头，到抗战时期及以后的入党誓词则以“我志愿加入中国共产党”开头。当“志愿”作为一种组织文化时，中共对组织成员、对群众的各种行为都被要求尽可能符合这一理念。不管是

① 参见孟红：《中国共产党入党誓词的来龙去脉》，《党史纵览》2007 年第 10 期，第 34 页。

② 《中国共产党第一个纲领》，中央档案馆编：《中共中央文件选集》（第一册），中共中央党校出版社 1989 年版，第 3 页。

③ 《一则珍贵的中央苏区入党誓词》，《中国档案报》，2013 年 2 月 25 日，第三版。

征兵征粮，还是差役负担，都要求尽可能尊重群众的意愿。在工农革命军草创阶段，中共中央指定的军事运动原则之一便是“军事组织的工农群众化”，要求废除职业化的军队制度，逐渐改为志愿兵制，挑选志愿入伍的觉悟分子加入革命军队。[①] 在红军时期，即便面临急迫的扩红形势，组织上仍再三强调要“坚决反对强迫命令欺骗利诱”。[②] 但在实际中，对于缴粮款出兵员这样的事，群众在多数时候都不大可能不经动员即自愿，因此组织的任务是通过艰苦细致的宣传教育和思想动员，将抵触情绪尽可能降到最低。抗战期间，太行人民所出公粮不下300万石[③]，仅太行一、二、三、四4个分区就贡献了超过126,000兵员[④]，还有钱款、军鞋、支差及其他负担。不管是粮款，还是人力，这样的负担对于资源禀赋贫弱的太行区而言不可谓不沉重，但中共并未因此失却广大群众的拥护和支持，其中自愿原则的坚持起到了重要作用。自愿原则关乎每个个体的意志是否得到充分或者尽可能的尊重，而这实际上也是民心向背的基础。

三、民兵参加正规军

时任太行区党委组织部长赖若愚在总结1945年太行区参军工作时指出该年的参军成绩是“不坏的”，反攻后的大参军全区约动

---

① 参见《中央通告第五十一号——军事工作大纲》（节录）（1928年5月25日），总参谋部动员部编研室编：《人民武装工作文件资料选编》（二），第180、183页。

② 《朱德、周恩来关于响应党中央、军委扩红号召给一方面军各军团的指示》（1933年12月7日），总参谋部动员部编研室编：《人民武装工作文件资料选编》（三），第151页。

③ 参见《邓小平同志在杀敌英雄、劳动英雄大会上的讲话》（1944年12月6日），《新华日报》（太行版），1944年12月25日，第一版。

④ 参见《太行区兵员计算表》，革命历史档案02-337，襄垣县档案馆藏。该件未标时间和作者，从内容看，时间应为1946年10月后，作者可能是太行区党委等部门。

员了3万人。就这3万人的构成来看，据老解放区11个县的统计，党员占17.2%，最高的达到28%（平顺）；据9个县的统计，干部参军情形平均达13.2%，最高的左权达17%；据7个县的统计，民兵占参军人数的61.5%，最高达78%（辽西），最低亦有50%（偏城）。[①] 党员、干部和民兵占比情况是衡量参军工作好坏的重要指标。从这几项来看，太行区1945年的参军成绩堪称良好。

赖若愚说，当时面临的情境是“繁忙的生产季节”、“处于战争的环境”却“需要大规模的参军参战”。[②] 在兼顾生产的情况下，还能取得这样的参军成绩，赖若愚认为除了多年的斗争使群众思想觉悟提高和党员干部的带头作用外，数年的民兵工作是关键性的基础。[③] 由于抗战中人民武装工作与参军动员是同时进行的，所以在实际上民兵对于参军的贡献并非到反攻阶段才有，此前数年的参军动员中民兵亦占了很大比例。在这个意义上说，民兵对参军工作有巨大的贡献，也是上述自愿原则得以坚持的一个基础性条件——没有哪个政权会在能自愿的情况下选择强迫。

太行根据地的兵员征募，除了纷繁的动员，还有一个机制性的兵员补充体系。根据地内的征兵之所以未出现显著的强拉捆绑等强迫情形，在相当程度上即得益于这个机制的有效运行。这个机制的核心是群众武装的升级，而民兵正是其中的关键环节，其对于自愿原则能否得以实际坚持有显著影响。换言之，破解太行根据地的征兵困境，并非仅靠动员这一端，系统性的解决办法更为紧要。

民兵作为正规军的来源是一项既定的战略设计，也是苏区时期

---

① 参见赖若愚：《一九四五年几个问题的总结意见》（1946年7月30日），山西省档案馆编：《太行党史资料汇编》（第七卷），第779页。

② 同上书，第767页。

③ 同上书，第780页。

扩红经验的发挥。中央苏区在扩红实践中发现设置赤卫队、赤少队这样的过渡组织，对扩红有明显的推动作用。苏区中央局认为赤少队是“扩大红军的最主要的群众组织基础”，要求党以最大的力量，加强对于赤少队的领导，健全赤少模范队的组织，建立赤少队的经常教育与训练，使其能够在党的动员下整个组织加入红军。[①]

著名的“兴国模范师”即是地方赤少队整体升级为主力红军的典型。除了兴国模范师，还有瑞金模范师、于都模范师、安远模范师等，也是以相同的方式编成的。成年男子加入赤少队，之后赤少队整建制升编是当时苏区“扩红”的主要做法，并取得了显著成效，这无疑成为重要的革命经验。

在敌后游击战争全面展开之后，根据地方面将发展群众武装摆在越来越重要的位置，各种群众武装自卫组织纷纷出现。群众武装的基本使命一方面是应对日军细密反复的“扫荡”，另一方面则是为正规军“蓄水”。在太行根据地建立之初，冀豫晋省委关于自卫队即有这样的定位——“我们应把自卫队看成是补充游击队以及正规军的最好的渊源”。[②]晋冀豫区党委在1939年6月也指出“自卫队要成为农民群众的武装，是军队补充的源泉”。[③]随后由太行区军政委员会拟订的《太行军区的组织及其工作纲要》进一步确认了群众武装作为正规武装的源泉这一定位：“军区这些武装组织（指游击队、自卫队、青年抗日先锋队等。——引注）已成为野战军组成的源泉和作战的助手，并已相互结成一个血肉相连争取抗

① 参见《中央苏区中央局关于扩大红军的决议》（1933年6月6日），总参谋部动员部编研室编：《人民武装工作文件资料选编》（三），第50页。

② 《中共冀豫晋省委建立太行根据地会议报告》（1938年3月20日），山西省档案馆编：《太行党史资料汇编》（第一卷），第151页。

③ 晋冀豫区党委：《关于动员武装会议的决定》（1939年6月24日），革命历史档案A01-08-00002-3，山西省档案馆藏。

战胜利的体系。”[①]

基于这样的设计，有不少游击队、县独立营被要求整体加入正规军。这种整体加入的方式也被称为“连根拔”，因明显有碍人民武装的可持续发展，很快便遭到领导上的禁止。“连根拔”在抗战初期经常发生，其对于眼前的扩补有明显效果，但不能适应长期抗战的需要——地方游击队被整编走后该地地方武装和群众武装往往就会垮台，地方抗日政权失去支撑。因此，渐进有序的常态化扩补仍为基本方式。时任中共中央北方局书记杨尚昆在黎城会议上即明确表示反对“连根拔”，指出“今后扩补方针基本的应靠有组织的动员，由地方性的武装逐步提高到正规军去”。杨尚昆特别提到要学习晋察冀的民兵制度，认为补充应“依靠民兵”，并做到“有计划有组织”。[②]

杨尚昆所言的由民兵逐步提高到正规军的思路，也就是后来逐渐成型的从群众到民兵到游击队到地方武装再到主力部队的升级模式（其中也有从民兵直接到正规军的情形）。与“连根拔”不同的是，所有的升级都只是部分升级，并且会对升级走的部分及时补缺。换言之，群众—民兵—游击队—地方武装—主力部队既递次升级又同时并存。在这样的扩兵链中，由农民到民兵是重要的开端，民兵作为“兵”“民”联结者的意义随之凸显。

1940 年 8 月 1 日，新成立的太行军区召开第一次军区扩大干部会议，提出了“建立坚强的民兵，保卫太行山抗日根据地，保卫家

---

① 太行区军政委员会:《太行军区的组织及其工作纲要》(1939 年 7 月 9 日)，太行区党委:《太行党六年来文件选辑》(下)，第 172 页。

② 杨尚昆:《杨尚昆在中共中央北方局黎城会议上的报告——目前政治形势与统一战线中的策略问题》(1940年4月16日)，山西省档案馆编:《太行党史资料汇编》(第三卷)，第 201—202 页。

乡”[①]的口号。根据会议精神，太行军区由刘伯承、邓小平与王树声联名发出指示，正式提出把“建立统一的民兵制度”作为根据地党政军民共同的中心工作。为健全对民兵工作的领导，该指示要求建立各级动员武装部门的组织，其中特别应抓紧县武装科、区军事助理员的组建和配备。[②]各地由此普遍着手编整此前五花八门的群众自卫组织，并以这些组织中的优秀分子为骨干统一组织和编成正式的基干群众武装——民兵。一些此前自卫组织不太有基础的地区，则依托青救、妇救、农救等群众团体动员号召成员参加民兵。经过此次太行军区领导的统一行动，民兵实现了某种意义上的“正规化”，成为武装体系中有正式名义的、被赋予重要使命的组成部分。不过，民兵编整和建设的实际成效并没有立即显现。

1941年3月开始，华北日军发动了“治安强化”运动，给敌后根据地造成巨大压力。军区要求全力开展群众游击战争，作为群众武装骨干的民兵被赋予重任。为“把民兵工作造成热烈的群众运动”和“高度发挥人民参战的积极性”，同年6月至9月三个月内，全区上下开展了热烈的武委会选举并产生了各级武委会。[③]由于民兵归武委会直接领导，而此次武委会选举相当于为民兵造就一个强有力的领导核心，因此被认为是“全区人民武装具有划时期转变意义的壮举，是发扬人民武装的民主性、积极性，真正把人民武装与

---

① 太行革命根据地史总编委会：《大事记述（1937—1949）》（太行革命根据地史料丛书之一），第66页。又参见《太行军区一九四〇年下半年民兵参战简单总结》（原件未标时间，据内容应为1941年初），太行区武委会：《抗日战争时期人民武装建设材料辑存》（第一集），第1页。

② 参见《关于目前地方武装组织中心工作的指示》（1940年8月），《王树声军事文选》，第23—25页。

③ 参见《冀太联办、子弟兵太行军区命令——关于人民武装抗日自卫委员会选举的指示》（1941年4月25日），山西省档案馆编：《太行党史资料汇编》（第四卷），第255页。

群众运动结合起来，使人民武装获得猛烈开展的重要关键”[①]。经过此次全区性的选举运动，以及随后进行的民兵大发展，民兵队伍明显扩大，由此前的自卫队等少数骨干分子参加民兵扩展至家家户户有民兵。

为了顺利实现由群众到民兵再到正规军的转变，除了军区内党、政、群各系统，正规军也被要求在这方面倾注更多的注意力。太行分局和一二九师就曾联合发出指示，要求军区、军分区在组织上、训练上以及作战上领导和帮助人民武装工作。[②]

组织上——主要负责解决其干部的困难，特别应不惜抽出军队中政治坚强而富有战斗经验的本地干部，到人民武装部门去工作；其次是帮助其筹备武器弹药；再则应教育所属部队，经常与民兵联欢，使民兵逐渐习惯和羡慕军队生活。

训练上——应分配所辖部队联系区、村，责成其根据武委会计划经常帮助人民武装训练，并以此为日常报告内容之一；派干部协助武委会组织巡回训练组或检查组；在举办各种训练班时，如认为有吸收武委会干部之必要时，应通知其参加学习；所印教材，特别是现实的对敌斗争的军事经验与战例等，除秘密者外，必须发给到县武委会；对县指挥部所编人民武装相关教材，加以审核并交流经验。在举行各种竞技检阅时，尽可能通知武委会派民兵参加和观摩。

作战上——应有计划地锻炼各县、区、村民兵的战斗力，各级指挥员在每次战斗中，应照顾所在地人民武装，指挥他们游击或指挥他们抗战勤务，派遣好的干部帮助之，并教育部属怎样提携民

① 《晋冀豫区人民武装抗日自卫委员会筹委会关于自卫委员会大选运动的补充指示》（1941 年 5 月 20 日），山西省档案馆编:《太行党史资料汇编》（第四卷），第 285 页。

② 参见太行分局、一二九师:《关于加强人民武装工作的指示》（1943 年 3 月 5 日），《一九四三年太行党的文件选辑》，第 185 页。

兵，爱护民兵，分给民兵胜利品，以取得骨肉的结合，对于作战英勇的民兵个人或集团，及时用物质奖励，并协同党政民以各种方式表扬激励之。

概括起来，以上三方面主要目的就是通过支援干部、武器帮助建立民兵队伍，通过训练、实战等方式锻炼民兵，使之具备一定的战斗力，特别是为其加入正规军做好铺垫。一如太行三军分区为传达这个指示精神而形成的会议决议所明确指出的那样："人民武装不仅是今天游击战争的博大力量，而且是将来反攻大军的基础。"[①] 许多地区的民兵之所以能在较短时间内实现由无到有或由弱到强，在相当程度上即应归功于正规军的直接帮助。

武委会选举之前，大体也是1942年以前，各地民兵实际建设情况参差不齐，整体而言还处在按名册编制起来的阶段，尚未体现出明显的战斗力，因此在输送兵员上对于正规军的支持也就相对有限。但随着武委会选举、减租减息等大规模群众运动的展开，加上各个系统的协力，民兵在参军中开始发挥明显作用。[②]

民兵参军大体上有两种路径：一是直接参加八路军正规军；另一是先参加地方武装而后再改编升级至八路军。后者典型的方式是民兵先加入游击队或者各县独立营，经过一定时期的历练，不少游击队或独立营整体改编加入山西新军决死一纵队等所属各部。在各地民兵的参军中，两种情况同时并存。

以榆社为例，在1942年底的参军中，一区完成79人，其中民

---

① 《（太行）三分区人武部工作会议记录摘要——三分区人民武装工作会议的决议》（1943年8月19日），革命历史档案3-46-1，武乡县档案馆藏。

② 民兵不只是为正规军提供兵员而生，其还有重要的其他使命，比如配合正规军作战、维持社会秩序等。笔者详细考察过沁源围困战，民兵参军以外的功用在是役中有较多体现。参见王龙飞：《中共敌后抗战与日军"治安"困境——以沁源围困战为中心》，《中共党史研究》2017年第3期。

兵 36 人；三区完成 56 人，其中民兵 12 人；四区完成 70 人，其中民兵 31 人。[①] 从榆社几个区的参军数据看，民兵占了相当的比重。由于数据中最后经淘汰留下的人数与完成数往往有不小的差距，所以在留下来的合格者中，民兵占了更高的比例。再以黎城为例，以下是黎城 1941—1945 年参军情况：

表 2　黎城 1941—1945 年参军数据表

年份	民兵数	民兵参军数	其他参军数	民兵参军比	总参军民兵占比
1941	1624	102	153	6.3%	40.0%
1942	2006	226	173	11.3%	56.6%
1943	3306	208	169	6.3%	55.2%
1944	3943	313	121	7.9%	72.1%
1945	5155	623	232	12.1%	72.9%

数据来源：黎城县武委会《黎城人民武装抗战八年总结》（1946 年 4 月 5 日），革命历史档案 55-129，黎城县档案馆藏。

以上黎城的参军数据中，民兵人数和民兵参军人数都逐年递增，在总参军人数中除 1941 年外，其余各年民兵参军数均超过甚至远超一半，五年合计占比 61.5%；民兵参军比例虽有波动，但稳定在 6% 以上。实际上，民兵对参军的贡献还不止是体现在占比上。在多数参军动员大会上，大部分情况下民兵是带头者，他们的模范作用无疑对其他群众有积极的影响。此外，各地都有一些群众当初因躲避参军而暂时先当了民兵，这些人中的相当一部分在经过民兵锻炼后最终还是参加了正规军。

① 参见《榆社县参军总结》（1942 年 12 月 25 日），革命历史档案 1-1.1-4，榆社县档案馆藏。该件含《榆社县一区参军总结》《二区参军工作汇报》《三区参军工作汇报》《四区参军工作汇报》等四个文件，其中二区数据不详。另外，这里的“完成数”不等同于最终的留下数，如一区虽完成了 79 人，但只留下 45 人。

如上述黎城1945年民兵参军数较前一年剧增的情况所示，在抗战进入反攻阶段后，民兵无论在参军还是参战上都显示出了更为突出的作用和效能。

1945年8月20日，晋冀豫区武委会就参军工作发出紧急指示，要求“在人民武装中普遍地掀起参军运动，使所有的干部、民兵、青壮年自卫队员都有参军的决心，报名的越多越好”，同时还要求在参军运动中“猛烈地扩大民兵，补充并超过参军走的缺额”。[①] 稍早几日，太岳区武委总会便发出紧急指示，除了同样要求普遍地开展参军运动，还就武委会方面和正规军方面各自出现的错误思想进行了批评。武委会方面有些人认为参军工作与民兵工作，是不大相关的。甚至有的认为发动民兵参军，是妨碍民兵工作的。因而不积极发动与带领民兵参军。太岳武委总会认为这种认识是“完全不对的”，民兵参加正规军，特别有组织的参加，不是意味着对民兵工作削弱，而是标志着民兵工作的提高。因为正规军是民兵高级发展组织，而民兵则是正规军的广大后备力量，这两种是阶梯式的联系着的，绝不应当对立起来。

太岳武委总会同时指出正规军的一个观点也必须彻底转变，就是宁愿自己建立武装，不愿发动与带领民兵到正规军去，或者只喜欢带领民兵配合部队出击，不乐意带领民兵参军。太岳武委总会指出，目前正当最后战胜日本侵略者及其走狗的时候，正规军急需扩大与补充，如果正规军不能得到发展与补充，哪怕自己建立武装，带领大规模民兵出击，也是不会解决战局的，因为战争最后胜利主要是取决于正规军的。太岳区武委总会号召各地广泛开展宣龙

① 晋冀豫区武委会：《关于参军工作的紧急指示》（1945年8月20日），太行区武委会编：《抗日战争中人民武装建设文件》（下册），第285、286页。

排[1]运动，将民兵和自卫队员成排成班地组织到正规军中去。[2]

据太岳区武委总会的总结报告，在1945年反攻大参军中，不到二十天的时间内，将近一万青年涌入正规兵团，造成了全太岳区空前热烈的参军运动，这其中民兵起了主导作用。在二、三、四分区的参军总数6902人当中，民兵有3423人，约占50%。[3]太行一、二、三、四区反攻时期参军总人数为44,302，反攻前数年参军总人数为81,757。[4]也就是说，反攻时期一年多的时间内完成的参军数约为前面六七年总数的一半，大参军的成效可见一斑。太行区的参军数据中没有具体说明民兵的占比情况，但据太行七县的统计，民兵参军占总参军人数平均达61.5%，最高达78%（辽西），最低亦达50%（偏城）。[5]综合太行、太岳的情况来看，在此轮大参军中，在兵员总量猛增的情况下，民兵参军占比仍接近或超过50%，个别县份的新参军人员近八成为民兵。民兵对本轮大参军之贡献可见一斑。[6]赖若愚认为，这轮大参军能取得如此卓越的成绩，主要是因为“几年来民兵工作是有成绩的，民兵是有锻炼的，在这一基础上，我们才能取得这样的成绩”。[7]

① 1945年6月，阳城芹池村上官宣龙（时任阳城五区武委会副主任）一次带本村一个排30名青年集体参军，被誉为“宣龙排”，成为当时民兵、自卫队员成排成班参军的典范。

② 参见太岳区武委总会：《目前工作紧急指示》（1945年8月17日），太岳军区司令部、政治部编印：《太岳人民武装建设（材料汇集）》（上册），第200页。

③ 参见（太岳）武委总会：《人民武装参军的初步总结》（1945年），太岳军区司令部、政治部编印：《太岳人民武装建设（材料汇集）》（上册），第205—206页。

④ 参见《太行区兵员计算表》，革命历史档案02-337，襄垣县档案馆藏。

⑤ 参见赖若愚：《一九四五年几个问题的总结意见》（1946年7月30日），山西省档案馆编：《太行党史资料汇编》（第七卷），山西人民出版社2000年版，第779页。

⑥ 反攻阶段的迅猛大参军具体如何进行，尚不太清楚，但综观大量相关报告，很少提到如前几年那般困难重重的情况。由此，笔者推测认为这一时期的参军动员可能仍然不易，但难度已然明显降低。

⑦ 赖若愚：《一九四五年几个问题的总结意见》（1946年7月30日），山西省档案馆编：《太行党史资料汇编》（第七卷），第780页。

不应否认，抗战胜利结束带来的形势缓和对于这轮热烈大参军有积极贡献，但就太行根据地来说，抗战的结束并不意味着动员环境的根本改观——规模和激烈程度并不亚于抗日战争的上党战役旋即打响。为了这场战役，短短一个多月内，太行区扩充兵员 2.5 万人，太岳区扩充 1 万人，其中大部分为民兵。[①] 可见，民兵仍然是迅猛扩兵的最佳基础，甚至是必要准备。

对于亟待扩充的正规军而言，民兵大量参军不止是人员上的贡献。1945 年 9 月，对新参加左权胜利军的调查显示，该县此次参军的民兵及干部共有 709 人，这些人携有步枪共 269 支（六五式 27 支，七九式 242 支）。[②] 辽西县这次共有民兵自卫队 340 人参军，带枪 76 支。[③] 由参军民兵将枪支随身带到正规军部队在当时是一种普遍的做法，这样不仅有效缓解了正规军部队枪支不足的紧张状况，同时还一并解决了战后大量枪支遗散民间的社会秩序隐患。带着枪支参军的民兵不一定能够直接走上战场，但此前战争环境经年累月的熏陶、平时反复的操演以及亲自参战的历练，都大大有助于民兵在身心两方面做好准备成为正规军，并帮助他们在加入正规军后迅速适应和成长，以更快更好走上前线。换言之，这些新参军者相当于在民兵阶段即渡过了其“新兵期”，大大提高了正规军扩军效率。

干部参军，尤其是武委会系统干部带头参军是本轮大参军中的一大特色。太岳区武委总会认为武委会干部带领参军是这次太岳

① 参见《刘伯承传》编写组编：《刘伯承传》，第 198 页。

② 参见《左权县胜利军调查表》（1945 年 9 月 12 日），革命历史档案 1.1-123，左权县档案馆藏。

③ （辽西）县武委会：《1945 辽西县参军工作总结》（1945 年 9 月 10 日），革命历史档案 1.1-150，左权县档案馆藏。另，为适应对敌斗争的需要，1941 年 8 月设置辽西县，1945 年 11 月 1 日并入左权县。

区参军运动取得优异成绩的关键。从分会常委一直到县、区、村干部，不少的地方都由于武委会干部的带头，形成民兵的集体入伍。

据太岳区武委总会的报告，青城县武委会主任常步潮成立一个青城营；安泽县武装部长杨金声组成了一个安泽营；翼城区武委会主任马体业带领了一个胜利营；阳城武委会干部上官宣龙三次带领了370余人；沁水武委会主任焦玉峰带领了四个排；晋城民兵英雄段士锦带领96人；杀敌英雄刘三旺带领了一个连。晋城区以上干部参军13人；青、浮、洪参军的县、区干部有39人，村干参军的没有统计，有不少村庄全体都去，这些干部又以出自武委会系统为主。在干部的带领和鼓舞下，阳城民兵集体参军的有十三个建制班；陟椒村民兵39人全部参军；高会村民兵96人全部参军；大量干部带头参军使兵员成分起了根本变化，不再是过去的难民、外来户、伪属、二流子等人，而是村中最优秀的党员、民兵和干部，以及堪孚众望的青年群众。[①]

再来看1945年偏城和涉县两县干部参军情况。两县参军的主要是村干部，包括村长、农会主任、武委会主任、指导员、民兵队长、公安员等。偏城县参军干部一共有65名，其中区武委会主任和教导员共4人，村武委会主任12人，村指导员16人，村民兵队长14人，公安员4人，武委会系统共50人，占比约77%。这批人平均年龄25.4岁，其中43人为党员，大部分入党时间在1940至1944年之间。成分上，中农45人，贫农20人。全部去向皆为二十五团，有7人在二十五团中任班连排长。[②]涉县参军干部总数

① 参见（太岳）武委总会:《人民武装参军的初步总结》（1945年），太岳军区司令部、政治部编印:《太岳人民武装建设（材料汇集）》（上册），第206页。

② 参见偏城县政府办公室:《偏城县一九四五年参军干部统计表》。该件未标案卷号，见藏于涉县档案馆，该卷封面有“参军干部统计、生产互助情况、减租手册”字样。

56人，村武委会主任10人，村指导员12人，民兵队长14人，公安员3人，武委会系统共39人，占比约70%。平均年龄26.8岁。其中党员40人，大部分入党时间在1942到1944年之间。成分上，贫雇农31人，中农23人，富农2人。大部分去向为五团，有12人去往特务连，有7人在五团中任班排连长及事务长。①

榆社县各系统干部参军的共有116人，其中党务10人、政权23人、群团22人、武委会53人、教员3人、区干部5人，武委会系统占比将近一半。②

1945年9月左权县参加胜利军的有村正副武委会主任、指导员、民兵分队长、自卫队分队长、区武委会主任、武装干事等干部共计97人，几占该县此次全部参军数的七分之一。③

以上所涉主要是区村干部，关于太行区县级以上干部参军也有一个统计。这个统计截至1945年底，太行区县级以上参军的干部有16人，主要为各县武委会主任、参谋组长、分武训练干事等，这些干部大都被委以重任，如该县独立团参谋长、营长等，还有两人被派往东北（详情见下表）。④这些曾经的武委会干部，在参军后成为部队骨干，特别是其中不少人成为地方部队的主要负责人。这些人身份的转变实际上也意味着相当部分的群众力量已升级成为重要的武装力量。

---

① 参见《涉县干部参军表》（1945年10月），革命历史档案1-1-67，涉县档案馆藏。

② 参见《榆社县各系统干部参军统计》（1945年9月），革命历史档案1-1.1-17，榆社县档案馆藏。

③ 参见《左权县胜利军调查表》（1945年9月12日），革命历史档案1.1-123，左权县档案馆藏。

④ 参见太行区武委会:《武委会县级以上干部参军统计表》（1945年12月21日），革命历史档案A09-01-00006-5，山西省档案馆藏。

表 3　太行区武委会县级以上干部参军统计表

姓名	原职	到何部	任何职
王凯	武西参谋组长	武乡特务团	
柴苏文	榆社武主任	武乡独立团	营长
赵俊	三分武训练干事	五十三团	参谋长
梁唐	襄垣县主任	襄垣独立团	参谋长
安正洋	武西县主任	武西独立团	营长
王彦才	磁县主任	磁县独立团	参谋长
张敬	林县主任	到东北	
赵岗红	邢台县主任	到东北	
赵义奎	太谷参谋组长	三分区参谋处	
董志超	寿阳	敌工站	
罗中柱	太武军事部长		
张毅	林北参谋组长	到部队	
白岩	武陟副主任	回民大队	
李日生	武安参谋组长	部队	
刘敬山	二分武训练干事	二十八团	副教导员
李心祚	昔西参谋组长	二分区情报处	参谋

资料来源：太行区武委会《武委会县级以上干部参军统计表》（1945 年 12 月 21 日），革命历史档案 A09-01-00006-5，山西省档案馆藏。

武乡民兵关二如的经历可以看作以上这个从“民”到“兵”过程的缩影。1941 年，年仅 15 岁的关二如加入民兵，历经多次反“扫荡”，出色完成侦察、联络工作。1944 年，关二如任村武委会主任，曾带领民兵掩护八路军侦查员突围，还曾袭击关家垴敌哨棚，被誉为武乡民兵杀敌英雄。1944 年 11 月，关二如在太行区首届群英会打靶比赛中夺得头名，被评为一等民兵杀敌英雄。1945 年 4 月，他带领民兵随八路军出击祁县，攻打日军纺纱厂，抢出布匹数百，受到太行军区嘉奖。抗战胜利后，关二如携百余名民兵参加八路军，并参加了上党战役、邯郸战役。1948 年 12 月，关二如在淮海战役中牺牲。[①]

可见，民兵对于参军工作的贡献不仅体现在反攻阶段的迅速大规模扩增，也体现在平时的常态性扩补；不仅完成了数量上的要求，还保证了入伍后的巩固发展；不仅贡献了普通兵员，还输送了一大批武装干部。在这个意义上说，民兵对纾解兵员扩补困境具有突出贡献，民兵培养机制对于战争条件下中共武装的稳定有序发展亦具有重要意义，而这也是前述自愿原则得以坚持的一个基础性条件。如太行武委会系统一干部所言："由民兵参战参军的结果上看，人民武装所发生的作用在历史上是空前的，而且他已成为广大农民阶级翻身运动与农村民主政权的重要支柱。"[②]

对比国民党方面的情形，根据地民兵机制的优越性更加明显。国民政府实行的是常备兵役和国民兵役并行的制度，其中国民兵役即旨在实现"全民皆兵"。因国民兵役实际成效相当微弱，因此实际上主要还是从适龄男子中直接征发。在当时情况下，这种方式产生了严重弊端。无论上峰的愿望有多么良善，征兵的任务最终还是要落到基层，但国民政府对基层的掌控极为薄弱，由此收受贿赂、强拉充数等各种弊政层出不穷，引致民怨沸腾。[③] 对于役

① 参见武乡县县志编纂委员会办公室编：《武乡县志》，山西人民出版社 1986 年版，第 753 页；《（武乡）杀敌英雄统计表》（1944 年 9 月 18 日），革命历史档案 3-51-2，武乡县档案馆。

② 宋冠英：《二分武人民武装建设的经验总结》（1946 年 7 月 15 日），革命历史档案 55-122，黎城县档案馆藏。

③ 参见《国民参政会一届四次大会参政员胡景伊等提"依据各地兵役实施之流弊建议应行改进诸端以利兵役之推进案"》（1939 年 9 月）；《国民参政会三届一次大会参政员张炯等提"改善征兵办法以利抗战案"》（1942 年 10 月），侯坤宏编：《役政史料》下册，（台北）"国史馆" 1990 年版，第 422—425、560 页。

政病弊，有国民参政会参政员认为“纯由主办人员事事违法，层层舞弊所造成”。[①]国民政府进行过严厉纠正，但依旧不能根本改观。可见，相关主事者对此固然有不可推卸的责任，但如此深重且无法根除之弊绝非仅仅出于个人之贤愚，而当追究更深层次的原因。

国民党的这种直接征兵的方式，还会面临衔接问题。按照当时的兵役制度，基层征兵主要依靠县兵役科及乡村的保甲组织，负责拨补的则是各兵役管区，训练由补训处、补充团掌管。按照设计，征发、拨补、训练三个环节分工负责，但在实践中三大机构难以有效配合和衔接，征、补、训脱节严重，甚至各谋私利。蒋介石曾直言其弊：“第一线部队与补充部队缺乏历史的关系，所以对补充部队的素质教育和战斗力都没有切实的认识”；“一般补充部队的组织不良，训练亦不切实”。[②]而根据地的民兵由于长时间的战争熏陶和操练演习，特别是跟随部队实际参战以及干部带队参军，已为之后的衔接融合打下必要基础。

如前所述，国民党虽也曾有意推行国民兵役，无奈未能落到实处，而中共在根据地推行的民兵体制却取得了相当成效。可以清楚地看到，国民党方面兵和民是分离的，即时仓促调用为常态，缺乏过渡蓄积的机制，而共产党则建立起一个从民到兵的兵员输送链。基于此，国共两党兵役工作之优劣已不言而喻。

---

① 《国民参政会三届三次大会参政员褚辅成等提“请政府改善征兵办法以充实兵源并提高素质案”》(1944年9月)，侯坤宏编:《役政史料》下册，第575—576页。

② 蒋介石:《目前兵役应改进之要点》(1940年3月20日)，秦孝仪主编:《先总统蒋公思想言论总集》第17卷，(台北)中国国民党中央委员会党史委员会1984年版，第199、200页。

四、民兵参战

（一）全面战斗动员

在两颗原子弹于日本本土相继爆炸及苏联对日宣战的情况下，毛泽东判断“对日战争已处在最后阶段，最后地战胜日本侵略者及其一切走狗的时间已经到来”[①]。太行区党委随后发出紧急指示，要求组织千万群众、民兵，在不影响生产条件下，积极配合部队进行反攻；实行抗日戒严，防止俘虏逃亡及其他意外；准备大批干部以接收城市和解放区。[②]

日本宣布投降后，晋冀豫区武委会发出紧急动员令，具体作了四方面的部署：1. 立即进行全面的战斗动员——以村或联防为单位，召开民兵、自卫队动员大会，宣讲朱总司令的反攻命令，号召立即动员起来，随时准备成队配合八路军，解除敌人武装，准备大批接收与管理俘虏，并担负起保卫解放区的任务。2. 迅速完成战斗准备——整理、擦拭武器；每个民兵、自卫队员经常准备三天至五天的干粮；每村准备一定数量的担架；改染白色衣服，准备鞋袜；安排好家务，随时准备听候调动出发。3. 完成战斗组织——以村为单位，把民兵、自卫队分别编成两个至三个梯队，干部及武器、工具配备妥当。第一梯队随时准备出动，第二、三梯队负责维持后方治安，看管俘虏，坚持生产及为参战民兵助耕，并准备支援与调换前一梯队民兵。在参战民兵中成立爆炸小组，封锁围困敌占点线，如

① 毛泽东：《对日寇的最后一战》（1945年8月9日），《毛泽东军事文集》（第二卷），第817页。

② 参见《中共太行区党委关于进入战略反攻的紧急指示》（1945年8月13日），山西省档案馆编：《太行党史资料汇编》（第七卷），第634页。

果敌人不投降就炸垮其碉堡、工事。4. 做好后勤医疗保障——每村设两个救护员（一管民兵，一管自卫队），每联防或每区设立医生，并进行救护训练，准备药品。每村设立正、副管理员（正的管民兵，副的管自卫队），每班民兵、自卫队设立一个伙夫，准备出动时成立伙食单位。[①]

与此同时，区武委会还要求放手发展民兵，号召青壮年自卫队成批参加民兵，并准备很快动员民兵参加正规军。另外，还要提早完成预备干部登记。[②]

以上的部署显示出，在反攻条件成熟后，组织上期待和要求根据地内的群众及群众性武装力量能够迅速组织起来，在不给部队增加负担的情况下自给自足地协助作战，并担负起维持后方社会秩序的责任。尤应注意的是，这不是原则上的泛泛要求，而是非常清晰具体的安排布置。这也正体现了经过多年的锻炼，广大民兵和群众的组织化程度已达相当水准。与此前的以空舍清野为代表的游击战争秩序相类似，这里要建立的是反攻阶段的战争秩序。可以看得出来，反攻阶段战争秩序的建立与之前的游击战争秩序密切关联，前者是以后者为基础的向更高阶段的发展。

全面的战斗动员不是凭空而来，也不是上级的一厢情愿，实际上在 1945 年 6、7 月的安阳战役中，根据地军民从战斗动员到战斗准备再到走上战场已经实现了良好的组织和演练，民兵亦为战役做出了重要贡献。

安阳是联结冀南、豫北及冀鲁豫区的交通枢纽，盘踞于该地区日伪军约 7000 余人，其中日军独立混成第一旅团一部驻安阳

① 参见《晋冀豫区武委会关于紧急动员对日战略反攻工作的命令》（1945 年 8 月 15 日），山西省档案馆编：《太行党史资料汇编》（第七卷），第 636—637 页。

② 同上书，第 637—638 页。

城，伪“剿共”第一路军2个旅和伪军第六方面军暂编第九师以及伪林县总队等守外围。为打破日伪军长期以来对太行根据地修筑的一条碉堡封锁线，打通太行山区与平原的联系，解放与巩固平汉路以西、鹤壁以北广大地区，八路军太行军区集中5个军分区主力及八路军总部警卫团共9个团的兵力，组成3个支队，在3万余民兵和自卫队配合下，于6月30日发动了安阳战役，并在不到10天的时间内结束战斗。此役共毙伤日伪军800余人，俘虏、投诚日伪军2500余人，攻克据点30余处，解放了1500多平方公里的土地，人口约35万。总体上说，是一次历时较短、战果颇丰的战役。

安阳战役中，民兵、自卫队起了重要作用。林县、安阳、安汤、林北、磁武、涉县等主要相关六县有组织参战的民兵达6900人，参战自卫队25,000人，临时自动参加的和在村里担任戒严、助军勤务的尚未计算在内。原计划动员15,000人，实际超过一倍多，接近前线地区的民兵、自卫队几乎全部参加了。[①]民兵在战役中所担负的任务主要在两个方面：在主攻方向，主要担负战场勤务，包括战场警戒、看守护送俘虏、护送抢救伤员、运输弹药、构筑工事、打扫战场等；在次攻方向，主要担负钳制、围困敌人等。杨殿魁总结说所有这些任务，民兵完成得很好，“极大地节省了部队，增加了部队的机动力量，形成战役有力的组成部分”。[②]

在这次战役中，民兵能发挥出重要贡献，无疑与之前有效的组织动员密切相关，具体包括参战民兵梯队编制、干部配备、工具武器准备、后方生产与治安维护、行动中民兵情绪管理、敌占区群

① 参见杨殿魁：《安阳战役中民兵参战总结》（1945年8月5日），太行区武委会编：《抗日战争中人民武装建设文件》（下册），第264页。

② 同上书，第265页。

众工作、俘虏政策教育、与军队结合等诸多方面。换言之，前述晋冀豫区武委会关于反攻部署中事项在此次安阳战役中已大体演练一遍，取得了良好的效果，也积累了经验。时任太行军区司令员李达说，这样大规模的民兵和自卫队随同部队有组织的配合出击，在太行区还是第一次。通过这次战役，民兵获得了许多游击战之外的新的作战经验；地方工作与军事的密切配合，后勤工作与前方作战协同动作，都是前所未有的；此外在这次战役中，党政军民领导机关都参加到战斗行列里来，实行了党政军民全面大进军，真正体现了党的一元化领导。[①]

民兵在安阳战役及其他战斗中的优异表现与1944年的冬训密不可分。这次练武运动从11月间的干部（村干部及一部分区干部）训练开始，然后转到民兵自卫队的村训与自学。据统计，受训干部约占总数的55%，受训民兵约占93%，受训自卫队约占90%，普遍地形成了全民练武的热潮，热烈程度空前。[②]这次练武运动被晋冀豫区武委会认为是“本区第一次形成真正的群众运动”。[③]

据晋冀豫区武委会的总结报告，这次练武运动至少取得了以下几个方面的成效：一、军事技术有显著提高，爆炸、射击、投弹都进步明显；二、密切了上下级和群众之间的关系，干部与民兵、民兵与群众的关系都有增进；三、巩固发展了组织，各地民兵、自卫队在冬训中都有很大发展；四、领导作风和教育方法有了转变，过

---

① 参见《太行军区李达司令员谈安阳战役经过》（1945年7月29日），中共山西省委党史研究室：《地方武装斗争》（太行革命根据地史料丛书之三），山西省人民出版社1990年版，第456页。

② 参见晋冀豫区武委会：《练武运动总结报告》（1945年6月4日），山西省档案馆编：《太行党史资料汇编》（第七卷），第594—595页。

③ 同上书，第595页。

去的行政命令、形式主义得到有效纠正。[①]

晋冀豫区武委会分析指出，这次练武运动之所以能真正开展起来，除了过去一年多来胜利的对敌斗争、生产运动、反奸运动奠定了物质和政治基础外，从群众需要和民力计算出发是另一重要原因。过去群众对练武运动感到是一种负担，原因在于练武过多占用民力，损害群众利益。针对这一点，1944 年的冬训安排遵守的基本原则是练武和生产结合起来，保证群众在练武中有生产和照料家务的时间。此外，过去练武运动不受群众欢迎还在于其不符合群众最迫切的需要。就这一点，这次冬训中针对那些减租不彻底、群众还未充分发动起来的地方，先集中力量搞减租，之后再适当训练。晋冀豫区武委会指出，该年度的成功练武经验再次证明过去单纯的武装工作观点是错误的。[②]

（二）上党战役：国共初角力

与安阳战役相比，上党战役（也称长治战役）虽仅时隔三个月，但存在明显的差别：安阳战役的对象是日伪军，属于抗战的一部分；上党战役为抗日战争结束之后国共两党之间的首次大规模军事冲突，是解放战争的序曲，并且有力地配合了当时正在进行的国共重庆谈判。[③]另外，上党战役中参战规模、军民动员组织程度、战绩取得等诸多方面都明显超过安阳战役。由于这是抗日战争和解放战争之间的一次战役，因此在相当程度上检验了中共及八路军之

① 参见晋冀豫区武委会：《练武运动总结报告》（1945 年 6 月 4 日），山西省档案馆编：《太行党史资料汇编》（第七卷），第 596—597 页。

② 同上书，第 601 页。

③ 毛泽东在《关于重庆谈判》的报告中对上党战役评价很高，认为与国民党阎锡山“争得很好”。参见毛泽东：《关于重庆谈判》（1945 年 10 月 17 日），《毛泽东选集》（第四卷），第 1157 页。

前的、特别是抗战期间的武装建设。

上党地区位于晋冀鲁豫根据地的腹地，是太行军区和太岳军区的结合部，西起同蒲路，与晋绥抗日根据地相邻；东抵津浦路，与山东根据地相接；北起正太路、德石路，与晋察冀根据地相依；南至黄河，黄河以南有中原根据地。如此重要的战略位置，是抗战胜利后各方关注的焦点。1945 年 8 月，日本宣布投降，阎锡山按蒋介石密令于 8 月 16 日命令第八集团军副司令兼第十九军军长史泽波率 1.6 万余人从临汾、浮山、翼城进入上党地区，很快分兵占领了八路军从日伪军手中解放的襄垣、潞城及被太行军区部队包围的长治、长子、壶关、屯留等地，企图以此为依托扩占整个晋东南。针对国民党的企图，中共中央军委于 8 月 26 日在关于各地军事部署的指示中，要求太行军区应即集结主力，“组织夺取白晋路，收复上党全区，采取一切有效手段彻底消灭伪顽，逼敌投降”[①]；31 日再度指示刘伯承和邓小平，“阎锡山部占我长治周围六城，乃心腹之患，必须坚决彻底全部消灭之”[②]。上党地区作战行动由此展开。

在战前准备中，为了最大限度地集中力量，晋冀鲁豫军区[③]首先将各军区在抗战时期组建的游击兵团编组成太行纵队、冀南纵队和太岳纵队，使之成为正规兵团，以实行由分散的游击战向集中的运动战之转变。这个转变正好切合了毛泽东在第二次国内革命战争时期就总结出来的创建和扩大革命根据地的经验——“分兵以发动

① 《军委关于目前军事部署的指示》（1945 年 8 月 26 日），中央档案馆编：《中共中央文件选集》（第十五册），中共中央党校出版社 1991 年版，第 250 页。

② 中共中央文献研究室编：《邓小平年谱（一九〇四——一九七四）》（上），第 565 页。

③ 1945 年 8 月 20 日，中共中央发出通知，撤销中共中央北方局，正式成立晋冀鲁豫中央局，同时成立晋冀鲁豫军区，由刘伯承任司令员，邓小平任政治委员，李达任参谋长，下辖太行、太岳、冀南、冀鲁豫 4 个军区。

群众，集中以应付敌人”[①]。

按照刘邓“从后方动员地方武装送至前线完成之”[②]的扩军办法指示，这三个纵队以太行、太岳、冀南三个军区所属的主力部队为基础，均采用村、区、县各级武装逐级上升的办法组建，很多地方武装直接通过更改番号成为正规部队。当时部队野战纵队的编制是纵队—旅（这一级在太行和冀南纵队称为支队）—团三级，团这一级就有很多是由地方武装升级而来的。如陈赓指挥的太岳纵队由三八六旅和决一旅编成，三八六旅（即全面抗战时期八路军一二九师三八六旅，但编成有较大变化）下辖七七二团、二〇团、士敏独立团。决一旅（即山西新军，在1939年“12月事变”后转入八路军，但仍保留决死队名义）下辖二五团、三八团、五七团。全纵队共六个团兵力，除七七二团有三个营外，其余各团都只有两个营或者七个连，全纵队共计7000余人。三八六旅的这六个团中共有五个是较老的部队，而士敏独立团就是地方武装升级来的，其前身为士敏县大队整编而成的士敏独立营，后由七七二团、二〇团抽调五个建制排并补充大量民兵扩编为士敏独立团。太行、冀南纵队大体上也是这种情况，三个纵队总共投入到战役中的部队约为3万1000人（太行18,000人、太岳7000人、冀南6500人）。[③]部队兵员的补充采取了个人直接动员和民兵集体动员的方式。

在短短一个多月内，太行区就扩充兵员2.5万人，太岳区扩充

---

① 毛泽东：《星星之火，可以燎原》（1930年1月5日），《毛泽东选集》（第一卷），人民出版社1991年版，第104页。

② 中共中央文献研究室编：《邓小平年谱（一九〇四——九七四）》（上），第559页。

③ 同上书，第567页。刘伯承、邓小平：《上党战役总结》（1945年10月13日），《山西革命根据地》1991年第2期，第7页。

1 万人。[①] 如前所述，其中大部分是民兵。刘伯承后来充满感情地回忆道："几万游击武装还穿着五颜六色的便服就集合起来开上前线去了，成千上万的民兵排成整齐的队列参加了战勤工作，连十一二岁的小姑娘、小学生也和大人一起修路送粮，救护伤员。"[②]

在民兵被吸纳或升格为正规军的同时，扩大民兵的工作也在同步进行。按照晋冀豫区武委会 1945 年 5 月拟订的民兵发展计划，老区要达到总人口的 5%—7%，平均 6%，新区 3%—5%，平均 4%。[③] 襄垣属老区，到 1945 年上半年，该县共有民兵 3586 人，占全县人口（55,029 人）的 6.5%。[④] 到大规模反攻以及进入解放战争后，民兵占人口比例实际上在进一步提升。如黎城一、二、三、四、六区有民兵 10,415 人，占总人口（84,687 人）的 12%，其中青壮年民兵（6897 人）占比也达到 8%。[⑤]

9 月 5 日，刘邓以晋冀鲁豫军区司令部的名义签发了上党战役战术问题的指示，要求部队从组织上、战术上尽快适应由分散的游击战向集中的运动战的战略转变，并提出城市战斗的战术指导和野战（即运动战）的战术指导。[⑥]9 月 18 日，晋冀鲁豫军区司令部再次就攻城作战的战术问题发出指示，以供各级指战员参考。[⑦] 差不

---

① 参见《刘伯承传》编写组编:《刘伯承传》，第 198 页。

② 同上。

③ 参见晋冀豫区武委会:《关于新形势下人民武装工作的指示》（1945 年 5 月 25 日），太行区武委会编:《抗日战争中人民武装建设文件》（下册），第 256 页。

④ 参见襄垣县武委会:《前半年工作总结报告》（1945 年 7 月 9 日），革命历史档案 02-244，襄垣县档案馆藏。

⑤ 参见黎城县武委会:《一九四六年冬民兵政治整训总结》（原件缺时间，据内容应为 1946 年年底），革命历史档案 55-130，黎城县档案馆藏。

⑥ 参见晋冀鲁豫军区司令部:《关于上党战役战术中某些问题的指示》（1945 年 9 月 5 日），《山西革命根据地》1991 年第 2 期，第 3—4 页。

⑦ 参见晋冀鲁豫军区司令部:《关于长治作战中几个战术问题之指示》（1945 年 9 月 18 日），《山西革命根据地》1991 年第 2 期，第 5—6 页。

多同时，晋冀鲁豫军区还在刚刚攻克的襄垣城趁热组织了实弹演习，研究攻城和巷战经验。接连就攻城战术发出指示和进行演习，从侧面反映了城市战斗是八路军比较陌生的课题，此前的战斗模式以游击战为主，少量运动战，作战地域主要为山地、乡村，现今战场转到城市，这对指挥员和战斗员来说都是一个新的挑战。这种战场和战斗模式的转变，也意味着中共领导的革命斗争开始进入一个新的阶段。

与整编和扩充正规军相比，组织民兵、自卫队参战是一项更为繁杂和艰巨的工作。

上党战役正值秋收秋种时节，一方面需要极大的人力、物力支援前线，另一方面要兼顾群众最迫切的生产耕种，因此参战与生产是首先需要协调好的一对矛盾，好在根据地群众已有成熟的劳武结合的经验。上党战役中，相关地区在后方普遍采取了参战、生产大变工的办法，把全村劳力、半劳力、辅助劳力都组织起来，并规定了参战、生产的折工办法，各村都建立了一个统一领导生产、参战的机构，制订了相应的秋收计划。这样解决了参战民兵、自卫队秋收秋耕问题，使他们没有顾虑，安心在前方参战。

在前线的民兵、自卫队利用战斗空隙就地帮助群众秋收种麦及其他生产工作，被帮助者付给一定的报酬，这不仅改善了民兵与当地群众，特别是新解放区群众的关系，还解决了不少他们自己生活上的问题，如吃饭、睡觉，甚至被子、鞋子等物资补给。民兵生活困难得以解决，更能安心参战，也大大减少了指挥机关在这方面的负担。此外，经过民兵与新区群众接触、宣传，特别是用实际行动给新区群众以利益，大大增强了新区群众对根据地、对中共的积极印象。

由于这些安排和组织，在参战、秋收、秋种劳力极缺乏的情况下，各地仍能在十天到半月内完成生产工作，种麦和秋收仍然基本保持了往年标准或者损失降到最低。黎城在长治战役中先后八期共派出民兵 4400 人，先后派出四期自卫队共 3027 人，两者折工合计 104,742 个。[①] 在如此大的劳力占用的情况下，由于组织得当，生产受影响程度得以有效控制，黎城一、二、三、四区共有麦地 53,740 亩，在战役期间已种 52,670 亩。[②] 在大规模参军参战的同时，生产得以保证，对参战者而言，解除了家庭的后顾之忧；于整体而言，粮食供应有了保障。生产与战争能得到如此良好的结合，实属不易。

具体到参战，在上党战役中民兵主要有两种方式：一是单独作战，一是配合军队承担战争勤务。

在单独作战中，民兵主要采取的是包围战术。如潞城民兵在翟店碉堡门外百余米处架冷枪致使碉堡内的敌人不敢轻易出来，同时还监视敌人夜间偷袭增援行动。又如潞城、壶关、平顺等县敌人的碉堡、水井、水缸被破坏后，敌人一点办法也没有。有些碉堡的敌伪军甚至三天难以喝上一口水，出来又要碰上子弹。在这样的封锁之下，除个别碉堡用大车送水外，大部碉堡因感到困难被迫撤退了。

在上党战役中，民兵还帮助军队做勤务工作。为充实军队，战役打响后，连警卫部队都调到前线上去了，因此后方的警戒通信工作完全依靠民兵，如分区司令部有一个时期完全使用民兵担负警卫。在壶关、长治攻城时，大部分交通壕、工事壕是民兵挖的，最长的有三里多。民兵和部队一块攻城时，如遇隔墙和障碍，通常是

---

① 参见《长治战役中的黎城民兵》（原件无时间），革命历史档案 55-86，黎城县档案馆藏。该件收在“关于黎城民兵参加太原长治战役总结、意见、指示”卷中，据内容应形成于 1945 年，作者应为相关工作负责人。

② 参见《黎城县在长治战役参战中秋收种麦与参战结合统计》（1945 年 9 月 2 日），革命历史档案 55-86，黎城县档案馆藏。

靠民兵使用镢头挖平或打通。此次战役中，攻城战比较多，攻城必备的云梯一般由自卫队运到离城一二里时，便交给民兵，民兵抬上梯子送到接近城墙根交给部队，打壶关时民兵甚至自己架梯子和部队一块进城。运送伤员是勤务的重要方面，在攻打马坊时，黎城民兵有的一连上下抬三四次伤员。在战争中，民兵还承担运送弹药的任务。在战争刚结束时，民兵还协助打扫战场，转送胜利品，维持战场周边地区的社会秩序。

大规模战役中，后勤供给向来就是大问题。这次战斗中需要供给军队、民兵、自卫队以及俘虏，总共 8 万人左右，这样的供给规模可能是空前的。据统计，供给的小米 900,400 斤、白面 1,978,000 斤、盐 48,945 斤、柴炭 4,000,000 斤、草料 350,000 斤。[①] 如此巨量的物资调运和供应，没有相应的组织体系显然难以应付。当时采取了多站转运的方法，前后共组织过九个总站、四个大转运站、十几个分站，共计三十多个站，参加干部 327 人。兵站的组织分三种类型：首先是总站，除县指部设一个外，还应按供给物品集中区域另建若干总站，任务是集中各个村的供给物资；其次是沿大道运输线设立转运站，任务是接收总站转来的物品，并向前线转送；第三类是随军子母站，随部队司令机关或供给机关设立母站，随团行动设立随军子站，子站在母站领导下按各团驻地设立供给物品处（按票兑出油、盐、米面等）。兵站主要负责粮食油盐、柴火运输供应，攻城器材及慰问品之类不在随军站保存，只在转运站和总站保存即可，随用随取。兵站皆设通讯员若干人，与总站保持畅通联络。

---

① 参见《长治战役中地方工作总结》，革命历史档案 54-178，黎城县档案馆藏，第 13 页。因是手写稿，字迹模糊，数据可能有误，此处引用仅为定性说明问题。

群众的参战工作在很多方面有别于部队，它必须把前线后方统一起来，尤其是后勤工作不能脱离了后方的群众工作，故负责后勤的人员以地方干部、特别是政权干部为宜。这次战役中的后勤指挥部由专署、县府、区公所、部队与武委会共同组织，专署一级设总指挥部，县组织支队部，区组织大队部。支队部由县长、武委会主任分别任正副指挥，县委书记任政委，下设秘书、财粮股、担架运输股、炭柴油盐股、宣传报道股、慰劳救护股以及兵站等。武委会主任在后勤指挥部中被委以副指挥，充分显示了武委会系统在战勤工作中的重要职能。根据这次战争的实际情况，战后的总结认为这次支队部组织中没有器材弹药供给股与除奸股是不妥当的，今后应增设：没有供给股，以至于弹药器材没有专人负责，多是临时急补的；没有除奸股，以至于民兵、自卫队中出现的特务活动没有足够注意，对群众情绪负面影响很大。[①]

在这次战役中，为赶制攻城器材和战争用具，大量的地方木工、铁工被组织起来，在紧张时，昼夜工作，50 人三天即完成了 20 副梯子。其次，看护伤病员工作都是空前的，医院共收容伤员 2400 余名，差不多全部的小学生都在医院支援工作，妇女洗血衣 1500 套、被子 800 条，还有无以计数的洗衣补鞋等。大量的服务伤员的工作也无法统计，其中嶂头村妇女被特别表彰。嶂头距长治十里，该村妇女在战争中自主组织了包扎站，有 24 个伤兵得到她们的救护，当转向后方时，每个伤员都盖有一条被子，伤病员们深受感动。此外，在运输线上各村都设有掩护站，任何一个伤员到村时，都可吃上鸡蛋，受到妥帖招待。地方上的医务工作者，专门组

① 参见《长治战役中地方工作总结》，革命历史档案 54-178，黎城县档案馆藏，第 15 页。

织了收容病号的医院，给战士民兵们治疗。群众慰劳军队更是热情空前，打下潞城后，一连四五天没有停止过，群众送来大量慰问品，部队甚至因此两天没有做饭，壶关长治收复后也是如此，对于战士情绪鼓舞作用明显。[①]

上党战役歼灭了阎锡山所属的11个师的部队，使得阎锡山在解放战争中再未能对根据地发动攻势，并且不得不借助中央军守卫山西。对于这场与阎锡山的"针锋相对"，毛泽东给予了高度评价，认为"'对'得很好，'争'得很好"[②]。具有如此重要意义的上党战役得到了党政军民的一致协同，特别是广大民兵、群众的大力支持为战役的胜利提供了坚实的保障。刘伯承、邓小平在有关此役的简短总结中，特别提到了党政军民的有力支持："有些县公安员、县长亲赴前线组织，后方工厂、民兵、自卫队参战者在50,000人以上，与野战军、地方军密切协作，部队给养颇好，伤员救护及时，军需运输很快，这是取得胜利主要原因之一。"[③] 赖若愚也认为广大民兵群众踊跃参军参战是一个"极其辉煌"的群众运动，"考验了几年来的工作，考验了群众的觉悟程度，考验了群众的战争锻炼。没有群众广泛而热烈的参战运动，我们就不可能取得反攻以来及自卫战争的伟大胜利"。[④]

虽然广大民兵在此役中的表现可圈可点，组织上仍然指出了诸多有待改进的地方。例如认为民兵的组织应是以区组大队、村组中

---

① 参见《长治战役中地方工作总结》，革命历史档案54-178，黎城县档案馆藏，第17—18页。

② 毛泽东：《关于重庆谈判》（1945年10月17日），《毛泽东选集》（第四卷），第1157页。

③ 刘伯承、邓小平：《上党战役总结》（1945年10月13日），《山西革命根据地》1991年第2期，第7页。

④ 赖若愚：《一九四五年几个问题的总结意见》（1946年7月30日），山西省档案馆编：《太行党史资料汇编》（第七卷），第778页。

队为好，大队、中队都应该有指导员。带武器的民兵和徒手的应分队编制，徒手的最好编到担架队，就是有武器也最好编成小炮队、步枪队、爆炸队等，在战争中可随时调动。活动时应以中队为单位，不能太大。在人数上每小队不能超过十人，每中队不能超过百人，伙食应以中队为单位统一管理，每中队应有三个事务干部分工管理，伙夫也应适当分工。用具除碗筷自带外，其余由驻地群众来帮助解决。担架队也须短小精干，应和民兵分开，不要住在一起。吃饭一般的应是五人为一组（一副担架），两副担架统成一班，五个班（十副担架）组成一个队。在大的战役中担架队与运输队应结合为一，向前方送弹药、米面、油菜，向后方送伤员。担架队行动时不能单靠队伍掩护，要有民兵来作掩护，特别是本村去的民兵，担架队总以为军队会不管他们，更信任本村去的民兵。担架队不应和作战部队住在一村，最好是住得稍后一点，相距三里地，因为当部队投入战争时，担架队难免慌乱一阵，到整理好的时间比走这段耗费时间多，有时甚至整理不起来。随前方救护所在相应作战地区附近设立担架站，哪里需要就从站上调。①

可见，基于实际的经验，有关民兵和群众参战的组织设计已精细到每个村、每个小组，甚至每个人，并会在实践中进一步优化。有了这样的基础，完全可以预见在未来的战斗中，这些民兵将会有更好的表现并发挥出更大的作用，类似于淮海战役中数百万民工带着数十万副担架、推着上百万辆小车运送数亿斤粮食的景象也就可以期待了。

时过境迁后，邓小平还在强调“大量的日常工作是基础，突击运动只有建立在这个基础上才最可靠，没有长期的群众工作基础不

① 参见《长治战役中地方工作总结》，革命历史档案 54-178，黎城县档案馆藏。

行”。他说：“3 年解放战争打胜了，这是在长期的群众工作的基础上集中了一切力量才实现的。如渡黄河，群众把门板都贡献出来，光冀鲁豫的门板还不够，连济南的门板也下下来了。那时群众吃得很差，还是拿出粮食供给人民解放军。这没有长期工作的基础是不行的，国民党就不可能做到这一点。”①

① 邓小平:《重要的是做好经常工作》(1961 年 12 月 27 日),《人民日报》1991 年 3 月 10 日，第一版。

结　语

1943年11月，以国民政府军事委员会军令部驻第十八集团军少将参谋身份在延安待了近半年的徐复观回到重庆。在与康泽的谈话中，他告诉对方，以国民党目前这种情形，未来势必难与共产党竞争。徐复观将这番意思还告诉了别的友人，友人劝其向参谋总长何应钦报告。何应钦在与其面谈后迅速将其引荐给蒋介石。短晤之后，蒋介石请徐复观将观察见闻写成书面报告。[①]1944年1月20日，蒋介石在日记中写道："看徐佛观对共产党批评与观察之报告，实为吾党中最正确、最有力之文字，可任其要务。"数十年后回望，徐复观确乎把握住了中共政治、军事等问题之若干关键，他的观察与思考也已成功传达至国民党最高层。然历史依然按照某种必然性的方向前进。

这种"必然"从何而来？

一

顺着历史演进的时序，全面抗战爆发后不久，中共领导的数万红军东渡黄河，开赴晋北抗日前线，继而分兵创建根据地，扎根华北数地。数年间，迅速壮大成熟，一跃具备与国民党一争高下的实力。出陕北，进山西，向全国，似乎顺理成章、一气呵成。事实

① 徐复观：《无惭尺布裹头归·生平》，九州出版社2014年版，第148、160页。

上，这样的结果得来并非偶然，亦非侥幸，相反在更多时候中国共产党人也是在一片未知的境况中艰苦斗争。

虽然国共就共同抗战达成了协议，但国民党始终拒绝正式承认两党在平等基础上的合作，甚至要求在报刊上禁止使用“国共合作”字眼。在这样的情形下，中共出动大部主力远赴几乎毫无根基的山西前线，与不熟悉且实力明显占优的日军作战，实在是一着险棋。中共的这番举动为阎锡山所嫉但并不看好：八路军在山西虽然像点燃了十支蜡烛，晋绥军只点燃了一支蜡烛，中央政府军只像点了一盏油灯，但这样的中共有一个严重弱点——“没有故乡”。在阎锡山的盘算中，“山西省的政权掌握在我手里，还可以做点事”[①]。中共当然意识到“故乡”的极端重要性，特别是长征途中没有根据地，四处游走的惨痛教训。因此，八路军在出征之前即被赋予创建根据地的使命。

在中共中央的领导下，八路军出征后因应局势及时得当，把握住了若干重要契机，实现了在短时内兵员与武器的扩充，并成功分兵数处。八路军由此成功走出西北一隅，以山西为基础的华北抗战局面初步奠定。

当日军侵入根据地腹心区域并大量占领点线要地时，战争双方阵线模糊，你中有我，我中有你，犬牙交错的态势意味着处处是战场、时时有战争。相应地，中共领导的抗战需要民众给予的支持就不仅仅是兵员和粮饷，还需要整个根据地的人、财、物结成战斗体一致对敌，也就是所谓的“全民抗战”。与此前由中共主导、群众被动配合的方式不同，“全民抗战”要形成的局面是以中共为核心，

① 《任弼时向共产国际执行委员会主席团所作的报告〈中国的抗战形势及中共的工作和任务〉》（1938年5月8日），中共中央党史研究室第一研究部译：《联共（布）、共产国际与抗日战争时期的中国共产党（1937—1943.5）》（第18卷），第58页。

群众各在其位、各司其职，发挥出最大的能量与敌斗争。

然而，根据地虽然是新开辟的，但其所依凭的地方社会与乡村民众却有着承续千年的传统。日军入侵后，阎锡山的上层政权难以为继，但基层社会依然遵循传统方式运转。这种传统社会结构对于全面的抗战动员而言，至少存在两个方面的障碍：一是小农的生产方式，农民向来散漫，而聚沙成塔几乎是近百年来无数仁人志士都感到痛心疾首的老大难问题；二是农民虽散漫，但乡村社会的权威和运作逻辑却十分坚固，难以在朝夕间突破。散漫的民众对战争有他们自己的理解，除了普遍的恐惧，还有朴素的想法：战争无非是争江山夺天下，哪个皇帝不纳粮？与其出粮出力劳民伤财，还不如坐等改朝换代。坚固的乡村结构让“外来的”中共不仅难以深入社会肌理，反而可能因过多的动员而遭遇抵制。这两个方面障碍的共同特征都是长时间因循而成，相应地，假以充分的时间，加之坚持不懈的努力，并非不可变革。但在救亡图存的战争背景下，缓慢的变革显然不合时宜。

一边是形势日趋严峻，一边是民众缺乏“觉悟”，二者背离的情势决定了中共在根据地的动员方式走向激进。为了发动民众，中共早先采取了以宣传教育为主的政治动员方式。结果是场面热烈，实际效果却相当有限，远不能适应保卫根据地的需要。随着日军制造的血腥惨案增多，越来越多的民众直接遭殃，民族意识、敌我观念萌发，开始要求抗日。不过，从要求抗日到投身抗日仍然有很长的路要走。民众最初的要求常是关于本身的利害，因而只有从其本身要求作起，才能真正组织起民众，进而渐渐提高到为民族利益、为抗战胜利而奋斗。

农民的切身利益何在？多方的调查和研究都指向“改善生活”，否则农民体会不到“抗日比不抗日好”，也体会不到根据地的优越。

在战争环境下，对于局狭的根据地来说，无法依靠外援，短时内增加生产也不大现实，而民众的财政负担亦不可能大幅减少。换言之，供给无法增加，支出不可减少，改善民生必然主要依靠内部调整。中共中央减租减息政策的主要精神就是减轻地主的封建剥削以扶助农民，为此制定了相应的减租额度和减息标准。不过，在执行减租减息政策的指示中，中共中央明确指出首先“要能够把广大农民群众发动起来，如果群众不能起来，则一切无从说起”。[①] 晋冀豫区党委下发该区执行土地政策的指示（即“四一五指示”），要求尽量暴露地主阶级的凶恶、对农民的欺压狡诈，暴露其伪善面目，打破农民“良心下不去”的旧观念，启发其阶级意识，明确阶级对立，坚决回答驳斥“等天晴”等谣言，以鼓舞农民斗争勇气，巩固斗争情绪。[②]

太行区党委经讨论认为，要发动农民就“必须组织农民的土地斗争”，“也只有组织农民斗争，才能发动农民起来实行土地政策，才能削弱封建势力，同时也只有斗争，才能联合地主（与资产阶级）抗日”。[③] 基于这个认识，“斗争”实际上成为此番减租减息的重点。1942 年 4 月李雪峰在总结过去农民运动的经验教训时即表露此意：“在整个实际工作中，直至现在才认识到从斗争中教育农民、发动农民的深刻意义。”[④]

当“斗争”成为主旋律，斗争的内容便不局限于租息问题。在

---

① 《中央关于如何执行土地政策决定的指示》（1942 年 2 月 4 日）。中央档案馆编：《中共中央文件选集》（第十三册），第 295 页。

② 参见《中共晋冀豫区党委关于执行土地政策的指示》（1942 年 4 月 15 日），山西省档案馆编：《太行党史资料汇编》（第五卷），第 245 页。

③ 李雪峰：《土地政策与农民斗争问题——中央土地政策的讨论总结》（1942 年 4 月），山西省档案馆编：《太行党史资料汇编》（第五卷），第 262—263 页。

④ 同上书，第 268 页。

上级组织的支持和直接领导下，1942年下半年开始，一场轰轰烈烈的群众斗争运动在太行区普遍推开。经由斗争运动，地主受到明显削弱，富农受打击也不小，超过三分之一的贫农上升为中农。土地占有的变动，地主除了在经济上受到削弱，实际在政治上也遭到打击。在乡村的社会结构中，地主作为权威是相应秩序的实际维护者。斗争打倒地主，实际上是在打倒旧权威旧秩序。如此，中共主导的新秩序才得以建立，诸多建设性的施策也能更顺利地展开。中共村级组织的权威在这番斗争中普遍显著增强即为明证。

因此，对于太行区来说，减租减息运动的逻辑在于通过斗争除旧立新，实现中共组织落实到最基层。同时，残酷的斗争足够教育和震慑一大批潜在的不合作者。二者叠加，中共的动员能力得到极大提升，中共也由此实现了与根据地民众的深度融合，为下一步武装群众奠定了基础。以减租减息为中心的群众运动，正是全面抗战时期的中共为深入发动群众摸索到的最重要、也是非常有效的路径。正如太行区党委所说："1942年以来的经验证明，减租运动乃是最合理地调整阶级关系，增强对敌斗争力量，建设新民主主义根据地最本质的一环。"①

二

发动群众的重要目的之一是与旧有秩序斗争，但根据地面临的最急迫威胁来自日军，因此被发动起来的农民以怎样的方式投身到抗战中去是接下来需要解决的问题。

---

①《太行区党委关于贯彻减租运动指示》（1944年11月17日），山西省档案馆编：《太行党史资料汇编》（第七卷），第145页。

八路军和日军彼此都有一个从陌生到熟悉的过程。在较长时间里，日军并没有注意共产党领导的八路军。直到多次大张旗鼓的“扫荡”而不能奏效，特别是“百团大战”之后，日军开始越来越重视这个不同寻常的对手。双方的目标都很明确：日方需要彻底扫除八路军以根本解决华北问题；中共则需要抵抗日军进击以坚守根据地。因实力悬殊，处于守势的根据地显然无法采取阵地式抵抗，因此实际可以做到的是将广大民众组织起来以灵活的方式与其长时间周旋。严峻的形势要求中共必须建立起常态化的因应方式，目标是在保有根据地的前提下还可有效应对敌人的烧杀抢掠，最大限度保存有生力量，并使群众的生产生活基本正常。这就是游击秩序的建立。为建立这种秩序，中共在根据地内持续做了大量艰苦细致的工作，包括建立普遍的岗哨警戒、组织空舍清野、藏粮藏人等。当敌人到来而民众能安全有序撤退时，武装力量对敌攻击便有了更好的基础。

抗战期间，日军在太行区的驻军多时超过 8 万，少时也有 4 万多，另外还有数以万计的伪军。面对这样的军事力量，显然不是一味地撤退或者“游而不击”就能安然躲过。这实际上要求群众除了自保外还能够普遍地披坚执锐，形成无处不在的自卫和反击力量，时时处处能给正规军以有力支持，甚至直接打击敌人。民兵便是应这种需要而生的。随着群众被深入发动起来，早先已存在的民兵及自卫队逐渐坚强有力。

民兵作为群众武装的骨干，除了在建立和维持游击秩序中起到重要作用外，还越来越多地参与到实战中去。中央军委曾高度评价民兵在抗战中的卓越贡献：封锁警戒敌人，维持社会秩序，袭击与爆炸敌人，配合部队作战，严重情况下掩护群众转移，维系人心，镇压汉奸，及时使人民学会武装斗争，创造出大批民兵英雄与当地群众领袖。[①] 在对敌作战中，民兵大部分情况下是作为游击集团的重要组成部分，而不是单独发挥作用。所谓游击集团一般由小部正规军、地方部队、民兵及自卫队组成，几种力量密切协作，在相对固定的区域防范日伪军出扰，或者予以阻击，为大部队增援或者群众转移赢得时间。

随着日军大量占领点线，双方的战争进入到小型化、频繁化甚至日常化阶段，正规军与民兵的协作愈发重要：没有正规军作后盾，民兵没有战斗力，甚至难以组织起来；没有民兵，仅靠正规军，对敌交通线频繁、无规律的、又无处不在的袭扰，对敌行动和据点的严密监视，对生产的组织和保卫等都无从谈起。沁源围困战便是综合体现这种游击集团式协作的典型之役。此役中，数万沁源军民坚持空舍清野超过两年，日军行动处处受制，其所占领的沁源亦成为一座空城。

除了对日斗争，民兵作为一种群众武装力量对内也有独特的作用。在剿匪、反特、减租、清算、复仇以及镇压反动地主等斗争中，处处活跃着民兵的身影。尤其在群众斗争的发动之初，普通群众碍于情面等各种因素难以真正斗起来，但民兵却很容易能迅速改变局面的激烈程度。民兵作为农村群众斗争有力的工具，在解放战争时期有更突出的表现。

民兵这种介于“民”和“兵”之间的、不脱离生产的武装自卫组织，解决了根据地所面临的两难困境：一方面，地区越分割，敌寇的扫荡越频繁，敌之蚕食越加紧就越需要有足够的兵力去应对；另一方面，根据地已然严重缩小，土地和人口皆发生锐减，

① 参见《晋察冀边区人民武装委员会关于目前民兵工作方针与任务的决定》(1946 年 7 月 15 日)，革命历史档案 E7-1，山西省档案馆藏。

耕地缩减、劳力短缺势必直接导致粮食供给不足，所能供养的人口有限。简言之，兵少了局面无法维持，但兵多了财力不能支持。在这种大规模、长时间的战争中如何兼顾生产向来就是不容易解决的问题。

徐复观认为中共的土改是要劳力走上战争，而不是走到生产，其支持战争的方式是发掘社会原有储积的财富，而当储积耗尽，支持战争的基础亦随之瓦解。[①] 基于这样的分析，徐复观对中共以“土改”支持战争的做法颇不看好。然而他所不了解的是，中共尤为重视生产问题，而民兵机制便是解决这个难题的一大法宝。广大训练有素的民兵不仅不脱产，反而在生产互助等工作上发挥了骨干作用。因为民兵的存在，以往被荒弃的敌占点线附近土地得以耕种，以往收获时被敌抢走的粮食更多地留在根据地。这种劳武结合的方式将战斗与生产进行了巧妙的平衡，真正做到了两不误，使抗战得以长时间坚持下去。

连年的战争，给民众带来的负担不仅是钱粮，还有被不断征集的兵员。抗战中后期，随着兵源日益枯竭，国统区的许多地方发生了抓丁现象。此举被认为是导致国民政府失去民心的重要原因。征兵对人力资源非常有限的根据地而言，同样是非常不容易解决的问题。抗战期间，总人口颇有限的太行腹心区贡献兵员八万余，负担不可谓不沉重，但并没有引起明显的民怨。形成如此迥异结果的原因，除了中共方面艰苦细致的政治动员外，民兵是重要因素。反攻之前，民兵在各地参军人数中占有相当大的比例，如黎城县历年参军中超过六成为民兵。民兵除了自身参军，还对普通群众起到带

① 参见徐复观：《再论中共现阶段的“土革”运动》（1948 年），黎汉基、李明辉编：《徐复观杂文补编》（第五册）（两岸三地卷·上），第 83 页。原载《中央日报》1948 年 1 月 30 日—2 月 4 日。

头作用。而当抗战进入到反攻阶段以及国共政争初启之时，中共方面亟需快速扩充自身实力，尤其是壮大武装力量，以应对局面的重大变化。这种情势下，历尽千辛万苦建设起来的人民武装爆发出积蓄已久的能量，民兵大量参军，地方部队成建制升格，中共军事力量在短时间内实现了显著增长。据统计，太行区反攻阶段参军人数相当于抗战历年参军总数的一半还多。这些参军者之前的民兵经历无疑将有助于其入伍后的适应，以更快更好地走上前线。

抗战数年中，太行区所动员出的这数万人与之后的解放战争中动辄俘虏或接收数万国民党军相比，在人数上难称显赫，但不应忽视的是越是在困难时期新增的革命力量越是可贵，之后亦能发挥出更为坚强有力的骨干作用。浩浩革命洪流的汇聚与众多个体密不可分，其中占比不大的骨干和低潮时的加入者无疑更为紧要和难得，一如长征结束后的队伍对于中共抗战以及后续革命斗争的非凡意义。

根据地广大群众经由经年累月的战争锻炼和精细组织，已经能实现快速全面动员起来。进入反攻后，特别是国共争端开始后，广大根据地民众有组织地投入到战争中去，对中共部队起到不可或缺的支持作用，淮海战役百万民众参战支前的情景已显端倪。

民兵本身并无多大神通，战斗力也有限，但它作为中共军事力量体系的一个重要部分，联通了“民”和“兵”。从“民”到“兵”的升级演进即实现了军队生长于民众的目的，军队遂能与社会结为一体，社会亦能持续生长出力量来。兵民协作、兵民融合，共同构成“全民皆兵”的武装体系。群众—民兵—地方武装—正规军并存而又梯级发展的武装体制，既舒缓了直接动员参军的困难，又确保了军事力量的可持续发展。“集中优势兵力，各个歼灭敌人”是解放战争时中共方面的主要战略，其理由就是毛泽东所说的——“对于缺乏第二线兵力的敌人，这种战法最为有用”。[①] 白崇禧对此深有感受。在大别山与刘邓部队交手后，他不无感慨地说：“匪区壮丁，都是民兵，由民兵升入军区部队，再由军区部队升入野战军，因此匪的兵员，取之不尽，用之不竭，补充便利。”[②] 解放战争中，国共力量此消彼长的显著态势更是印证了这一点。对根据地有切身认识的徐复观认为，相较中共，国民党方面因政治组织未能在广大社会生根，以致军事力量亦浮于社会之上。[③] 基于对国共政治军事体系的深刻体认，徐复观早在1943年即认为这样的国民党面对中共夺取全面政权是抵挡不住的。[④]

三

当群众被发动，进而又被高度组织起来后，我们大体就能理解中共领导的根据地何以能在残酷的战争中坚持下来。

这里实际上关涉的是根据地的抗战方式问题。在这场实力对比严重不均衡的较量中，广大群众是影响较量结果的最重要因素。中共在抗战中没有实力与日军进行大规模的正面作战，但借由广大群众，并组织起群众武装，使敌人即便占领了点线，即便取得了一个又一个战役的胜利，也无法避免陷入一个“没有人民的世界”，在点线之外的区域更是陷入人民战争的汪洋大海，处处受制却又找不到作战对象，只得被持续围困、不断袭扰、逐渐消耗，直至不能为继。

---

① 毛泽东：《集中优势兵力，各个歼灭敌人》（1946年9月16日），《毛泽东军事文集》（第三卷），第483页。

② 白崇禧：《增强民众自卫武力配合剿匪军事》，《国防月刊》1948年第3期，第3页。

③ 参见徐复观：《中共最近动态》（1943年），黎汉基、李明辉编：《徐复观杂文补编》（第五册）（两岸三地卷·上），第24—25页。

④ 参见徐复观：《无惭尺布裹头归·生平》，第148、160页。

在具有典型意义的沁源围困战中，指挥部所确定的“围困”策略并非一般意义上的包围敌人将其困在其间，而是重在“困”，通过空舍清野的方式、频密的袭扰使敌受困，使其“扫荡”活动受阻。以“围困战”而言，“战”的特征也不明显，沁源军民的斗争方式包括武力，但不限于武力，甚至不以武力为主。对于中共领导的包括沁源围困战在内的如此不同寻常的斗争方式，日方战史认为日军在华北与中共的战争“不是以往的持久战，也不是消耗战，而是一种独特的战争”，其独特之处在于敌人的性质模糊不清，不知道该以谁为打击目标；战线不明确，敌我势力范围犬牙交错、变化无常。对于交战对手中共势力，他们的认识是“和日军在长期训练中作为目标所描绘的敌人，或者是迄今为止我们所接触过的敌人，无论在形式和本质上都完全不同”。[①] 这种方式虽然对整个战局、对打败日军所产生的直接作用有限，但其重要价值在于无论环境多么严酷，中共领导下的军民始终作为一种抗战力量顽强存在着，日军必定有相当的兵力因之被牵制。

与此同时，中共还在持续地组织群众、武装群众，将所在地真正变成根系发达的根据地。以沁源围困战为代表的围困作战是典型的山地游击战，体现了中共最基本的抗战方式，日军在沁源的遭遇也是其在华北所遭到来自中共最大、最麻烦的挑战的缩影，沁源围困战的结果则正表明中共这种广泛发动和武装群众，最大限度坚持抗战和守卫根据地的“全民皆兵”之抗战策略是行之有效的。

英国学者拉纳·米特呼吁世界应该正视中国这个“被遗忘的盟友”对反法西斯战争的贡献，他说：“如果没有中国人民的英勇抵抗，中国早在 1938 年就沦为日本的殖民地。那将给日本控制整个

---

① 日本防卫厅战史室编：《华北治安战》（下册），天津市政协编译组译，第 467—468 页。

亚洲大陆提供有利条件，加速日本对东南亚地区的扩张。一个屈服的中国，也更有利于日本入侵英属印度。没有‘中国的困境’——这个由于中国拒绝停止反抗造成的困境，日本帝国主义的野心将更有可能实现。”[①] 这个逻辑可以借用于评价中国战场内中国共产党所领导的敌后战场的抗战，敌后抗战之于中国抗战或许正相当于中国抗战之于世界反法西斯战争。毫无疑问，若没有敌后战场的坚持，中国的抗战局面会更加艰难。这是中共对抗战的不应忽视的重要贡献。

与日本这个强劲对手多方位、长时间的斗争，客观上于中共也是一种极强的锻炼。经过抗战的中共不仅没被削弱，反而积聚了足以影响和改变时局的力量，为革命最终胜利奠定了最重要的基础。毛泽东在《论持久战》中指出抗日战争的政治目的是双重的——“驱逐日本帝国主义，建立自由平等的新中国”[②]，后在《新民主主义论》中再次阐述共产党人建立“新中国”的使命：“不但为中国的政治革命和经济革命而奋斗，而且为中国的文化革命而奋斗；一切这些的目的，在于建设一个中华民族的新社会和新国家。”[③] 如此看来，聂荣臻的如下论说明晰道出了中共在根据地建政的历史意义：“敌后抗日根据地的建设，决不只是抗日的问题，也不单纯是一个武装斗争问题，它包括着民主政治的建设，政权机构的改革，经济政策的规划，人民生活的改善，文化教育事业的发展等各个方面的内容。它既是对一个旧社会的改造，又是对一个新社会的开创，具有建设新民主主义新中国雏型这样一个广泛而深刻的性质。”[④]

美国驻中国战区司令部官员 1945 年 2 月发回华盛顿的内部报

---

① 〔英〕拉纳·米特：《中国，被遗忘的盟友：西方人眼中的抗日战争全史》，蒋永强等译，新世界出版社 2014 年版，第 362 页。

② 毛泽东：《论持久战》（1938 年 6 月），《毛泽东选集》第 2 卷，第 481 页。

③ 毛泽东：《新民主主义论》（1940 年 1 月），《毛泽东选集》第 2 卷，第 663 页。

④ 《聂荣臻回忆录》，第 460—461 页。

告说："（众多证据表明）没有理由怀疑中共武装力量和中共抗日政府受到民众普遍的支持，这是我们接下来必须重视的事实……这是中国近代以来首次出现得到民众广泛拥护的、完全由中国人组成的、统治着中国广大区域的政府。"[①] 将散漫的民众组织起来是晚清以来一代又一代无数仁人志士的热切期盼，"全民皆兵"便是极致化实现形式。从实际历史进程来看，中共在全面抗战时期在太行这样的敌后根据地造就了"全民皆兵"的局面，而这种深度改造和重组社会的努力，既帮助中共度过抗战难关，也为中共从局部建政走向全国执政奠定了重要基础。

① "Foreign Relations of the United States Diplomatic Papers", 1945, *The Far East*, China Volume VII, Washington: Government Printing Office. 1969, p. 201, 203.

参考文献

一、档案、报刊等

山西省档案馆馆藏档案资料
河北省档案馆馆藏档案资料
山东省档案馆馆藏档案资料
长治市档案馆馆藏档案资料
晋城市档案馆馆藏档案资料
黎城县档案馆馆藏档案资料
武乡县档案馆馆藏档案资料
襄垣县档案馆馆藏档案资料
榆社县档案馆馆藏档案资料
沁县档案馆馆藏档案资料
沁源县档案馆馆藏档案资料
平顺县档案馆馆藏档案资料
左权县档案馆馆藏档案资料
涉县档案馆馆藏档案资料
武安县档案馆馆藏档案资料

日本亚洲历史资料中心（JACAR）相关资料
美国外交文书（FRUS）相关资料

《红色中华》
《新华日报》（华北版、太行版、太岳版）
《解放日报》
《解放》
《战斗》

《八路军军政杂志》
《共产党人》
《文友》
《山西革命根据地》
《山西文史资料》

二、资料汇编、年谱、传记、回忆录等

薄一波:《七十年奋斗与思考》,中共党史出版社 1996 年版。
薄一波:《论牺盟会和决死队》,中共中央党校出版社 1990 年版。
长治县志编纂委员会编:《长治县志》,中华书局 2003 年版。
陈赓:《陈赓日记》,解放军出版社 2003 年版。
陈锡联:《陈锡联回忆录》,解放军出版社 2004 年版。
〔日〕城野宏:《日俘“残留”山西始末——一个日本战犯的自供状》,叶昌纲等译,政协山西省委文史资料研究委员会:《山西文史资料》(第四十五辑),1986 年 1 月。
〔日〕稻叶正夫编:《冈村宁次回忆录》,天津市政协编译委员会译,中华书局 1981 年版。
弓世懋编著:《围困沁源》,山西人民出版社 1988 年版。
广东省社会科学院历史研究室、中国社会科学院近代史研究所中华民国史研究室、中山大学历史系孙中山研究室合编:《孙中山全集》(第 6 卷),中华书局 2006 年版。
〔美〕韩丁:《翻身——一个中国村庄的革命纪实》,韩倞等译,邱应觉校,北京出版社 1980 年版。
胡德荣主编:《榆社县志》,山西古籍出版社 1999 年版。
黄克诚:《黄克诚回忆录》,解放军出版社 1989 年版。
和顺县志编纂委员会编:《和顺县志》,海潮出版社 1993 年版。
河北省社会科学院历史研究所:《晋察冀抗日根据地史料选编》,河北人民出版社 1983 年版。
甲集团(华北方面军)参谋部:《剿共指针》(第一、二卷),1944 年 4 月。
金冲及主编:《刘少奇传》,中央文献出版社 2008 年版。
晋冀鲁豫边区财政经济史编辑组等编:《抗日战争时期晋冀鲁豫边区财政经济史资料选编》(第一辑),中国财政经济出版社 1990 年版。

李新：《流逝的岁月：李新回忆录》，山西人民出版社 2008 年版。
李云汉主编：《蒋中正先生在台军事言论集》（第一册），（台北）中国国民党中央委员会党史委员会，1994 年。
黎城县志编纂委员会编：《黎城县志》，中华书局 1994 年版。
黎汉基、李明辉编：《徐复观杂文补编》（第五册）（两岸三地卷·上），（台北）"中央研究院"中国文哲研究所筹备处，2001 年。
李雪峰：《李雪峰回忆录》，中共党史出版社 1998 年版。
刘大鹏：《退想斋日记》，乔志强标注，山西人民出版社 1990 年版。
《刘伯承传》编写组编：《刘伯承传》，当代中国出版社 2007 年版。
军事科学院《刘伯承年谱》编写组编：《刘伯承年谱》，解放军出版社 2012 年版。
刘伯承：《刘伯承军事文选》，解放军出版社 1992 年版。
刘少奇：《刘少奇选集》，人民出版社 1981 年版。
刘锦章主编：《光辉的历程》（晋察冀军区民兵斗争史丛书之一），长征出版社 1997 年版。
〔英〕林迈可：《抗战中的红色根据地——一个英国人不平凡经历的讲述》，杨重光、郝平译，解放军文艺出版社 2005 年版。
马京波、王翠主编：《刘少奇生平研究资料》，中央文献出版社 2013 年版。
毛泽东：《毛泽东选集》，人民出版社 1991 年版。
毛泽东：《毛泽东军事文集》，军事科学出版社、中央文献出版社 1993 年版。
聂荣臻：《聂荣臻回忆录》，解放军出版社 2007 年版。
彭德怀：《彭德怀自传》，解放军文艺出版社 2002 年版。
彭真：《关于晋察冀边区党的工作和具体政策报告》，中共中央党校出版社 1997 年版。
秦孝仪主编：《中华民国重要史料初编——对日抗战时期》第二编《作战经过》（一），（台北）中国国民党中央委员会党史会编印，1981 年。
沁县志编纂委员会编：《沁县志》，中华书局 1999 年版。
沁源县志编纂委员会编：《沁源县志》，海潮出版社 1996 年版。
全国政协文史资料委员会编：《从国内战争到共同抗日》（文史资料精华丛书），安徽人民出版社 2000 年版。
山西新军历史资料丛书编审委员会编：《山西新军决死第一纵队》，中共党史出版社 1993 年版。
山西省史志研究院：《太岳抗日根据地重要文献选编》，中央文献出版社

2006 年版。
山西省史志研究院:《太岳革命根据地人民武装斗争史料选编》，山西人民出版社 2003 年版。
山西省档案馆编:《太行党史资料汇编》，山西人民出版社，1989 年、1994 年、2000 年版。
山西大学晋冀鲁豫边区史料研究组:《晋冀鲁豫边区史料选编》(第 1、2 辑)，1980 年。
涉县地方志编纂委员会编:《涉县志》，中国对外翻译出版公司 1998 年版。
宋任穷:《宋任穷回忆录》，解放军出版社 2007 年版。
〔日〕藤原彰:《中国战线从军记》，林晓光译，四川人民出版社 2005 年版。
太岳军区司令、政治部编印:《太岳人民武装建设(材料汇集)》(上、下册)，1947 年 7 月 1 日。
太行革命根据地史总编委会:《党的建设》(太行革命根据地史料丛书之一)，山西人民出版社 1989 年版。
太行革命根据地史总编委会:《地方武装斗争》(太行革命根据地史料丛书之三)，山西人民出版社 1990 年版。
太行革命根据地史总编委会:《公安保卫工作》(太行革命根据地史料丛书之九)，山西人民出版社 1989 年版。
太行区武委会编:《抗日战争中人民武装建设文件》(上、下册)，太行群众书店印，1947 年。
太行区武委会:《抗日战争时期人民武装建设材料辑存》(第一集)，1947 年。
(台北)"国防部":《剿匪重要战役之追述与检讨》(第 4、6 集)，1951 年。
《王树声军事文选》，北京：军事科学出版社，2000 年。
武乡县县志编纂委员会办公室编:《武乡县志》，山西人民出版社 1986 年版。
吴东峰:《开国将军轶事 · 续集》，解放军文艺出版社 2006 年版。
新四军和华中抗日根据地研究会编:《新四军和华中抗日根据地史料选》第 7 辑，上海人民出版社 1983 年版。
徐复观:《无惭尺布裹头归 · 生平》，九州出版社 2014 年版。
徐向前:《徐向前元帅回忆录》，解放军出版社 2005 年版。
徐复观:《徐复观杂文——论中共》，(台北)时报文化出版事业有限公司 1980 年版。
杨尚昆:《杨尚昆回忆录》，中央文献出版社 2001 年版。
杨尚昆:《杨尚昆日记》，中央文献出版社 2001 年版。

总参谋部动员部编研室编:《人民武装工作文件资料选编》，军事科学出版社 1993 年版。
政协沁源县文史资料办公室编:《沁源文史资料》（第 5 辑），1995 年。
朱德:《朱德军事文选》，解放军出版社 1997 年版。
周恩来:《周恩来一九四六年谈判文选》，中央文献出版社 1996 年版。
周立波:《晋察冀边区印象记》，生活·读书·新知三联书店 2012 年版。
赵树理:《小二黑结婚》,《赵树理选集》，人民文学出版社 2004 年版。
张成德、孙丽萍主编:《山西抗战口述史》，山西人民出版社 2005 年版。
张国祥主编:《王谦：一个省委书记的风雨征程》，中共党史出版社 2009 年版。
中共中央文献研究室编:《邓小平年谱（一九〇四——一九七四）》，中央文献出版社 2009 年版。
中共中央党史研究室、中央档案馆编:《中国共产党第五次全国代表大会档案文献选编》，中共党史出版社 2014 年版。
中共中央党史研究室、中央档案馆编:《中国共产党第七次全国代表大会档案文献选编》，中共党史出版社 2015 年版。
中共中央文献研究室、中央档案馆编:《建党以来重要文献选编（1921—1949）》，中央文献出版社 2011 年版。
中共中央组织部等:《中国共产党组织史资料》，中共党史出版社 2000 年版。
中共北京市委党史资料征集委员会编:《一二九运动》，中共党史资料出版社 1987 年版。
中央文献研究室第二编研部编:《话说刘少奇——知情者访谈录》，中央文献出版社 2000 年版。
中国人民政治协商会议山西省方山县委员会文史资料研究委员会编:《方山文史资料》（第 4 辑），1988 年。
中国共产党山西省襄垣县委党史研究室编:《中共襄垣县历史大事记述 1937.7—1949.9》，山西人民出版社 1992 年版。
中央档案馆、中国第二历史档案馆、吉林省社会科学院合编:《华北大扫荡》（日本帝国主义侵华档案资料选编），中华书局 1998 年版。
中央档案馆、中国第二历史档案馆、吉林省社会科学院合编:《华北治安强化运动》（日本帝国主义侵华档案资料选编），中华书局 1997 年版。
中央档案馆:《中国共产党抗日文件选编》，中国档案出版社 1995 年版。
中共中央文献研究室、中华全国总工会编:《刘少奇论工人运动》，中央文献出版社 1988 年版。

中共中央党史研究室第一研究部译:《联共（布）、共产国际与抗日战争时期的中国共产党（1937—1943.5）》，中共党史出版社 2012 年版。
中共中央党史资料征集委员会编:《中共党史资料》第 9 辑，中共党史资料出版社 1984 年版。
中共中央文献研究室编:《毛泽东年谱（1873—1949）》（修订本），中央文献出版社 2013 年版。
中共中央文献研究室编:《毛泽东文集》，人民出版社 1996 年版。
子杰主编:《民兵英雄》（晋察冀军区民兵斗争史丛书之五），长征出版社 1997 年版。
中共中央文献研究室编:《任弼时年谱（一九〇四——一九五〇），中央文献出版社 2004 年版。
中共山西省委党史资料征集研究委员会、山西牺牲救国同盟会历史资料编辑组:《山西牺牲救国同盟会历史资料选编》，内部资料，1986 年。
中共山西省委党史研究室、山西省档案馆编:《太行革命根据地土地问题资料选编》，1983 年内部发行。
中共太行区党委:《太行各分区党的文件选辑》（第一、二、三分册），1944 年。
中共太行区党委:《太行党六年来文件选辑》，1943 年。
中共太行区党委编印:《一九四三年太行党的文件选辑》，1944 年。
中共太行区党委编印:《一九四七年太行党文件选辑》（原件未标时间）。
《中共武装斗争》（原始资料汇编之五），（台北）黎明文化事业公司 1983 年版。
《中共中央北方局》资料丛书编审委员会编:《中共中央北方局（抗日战争时期卷）》（上、下），中共党史出版社 1999 年版。
《中共中央北方局》资料丛书编审委员会编:《中共中央北方局（土地革命战争时期卷）》（上、下），中共党史出版社 2000 年版。
中共中央文献研究室编:《朱德年谱》（新编本），中央文献出版社 2006 年版。
中央档案馆编:《中共中央文件选集》（第一、十一、十二、十三、十五册），中共中央党校出版社 1989 年、1991 年版。
《中共之军队组织与运用》，统一出版社，出版年份不详（不早于 1941 年 5 月）。
中共山西省和顺县委组织部，中共山西省和顺县委党史研究室，山西省和顺县档案局:《中国共产党山西省和顺县组织史资料（1932.3—1987.10）》，山西人民出版社 1995 年版。

三、论著

蔡孝乾：《毛泽东军事思想和人民战争之研究》，（台北）《中共研究》杂志社，1971 年。

陈存恭：《中共在山西的战争目标与战争动员（1936—1945）》，黄克武主编：《军事组织与战争》，（台北）"中央研究院"近代史研究所，2002 年。

〔澳〕大卫·古德曼：《中国革命中的太行抗日根据地社会变迁》，田酉如等译，中央文献出版社 2003 年版。

丁励：《中共的民兵制度》，（香港）友联出版社 1954 年版。

邓野：《联合政府与一党训政：1944—1946 年间国共政争》，社会科学文献出版社 2011 年版。

傅秋涛主编：《中国民兵》，人民出版社 1983 年版。

〔美〕弗里曼、毕克伟、赛尔登：《中国乡村，社会主义国家》，陶鹤山译，社会科学文献出版社 2002 年版。

〔美〕费正清等编：《剑桥中华民国史》，中国社会科学出版社 1993 年版。

〔荷〕方德万：《中国的民族主义和战争：1925—1945》，胡允恒译，生活·读书·新知三联书店 2007 年版。

海天、肖炜：《红墙摄影师》，中国友谊出版公司 2009 年版。

黄道炫：《张力与限界：中央苏区的革命（1933~1934）》，社会科学文献出版社 2011 年版。

黄道炫：《抗战初期中共武装在华北的进入和发展——兼谈抗战初期的中共财政》，《近代史研究》2014 年第 3 期。

黄文治：《观念变动与新革命史研究价值取向——评王奇生〈革命与反革命〉》，《开放时代》2010 年第 8 期。

〔美〕胡素珊：《中国的内战：1945—1949 年的政治斗争》，王海良等译，中国青年出版社 1997 年版。

军事科学院历史研究部编著：《中国人民解放军全国解放战争史》，军事科学出版社 1993 年版。

金冲及：《从十二月会议到六届六中全会——抗战初期中共党内的一场风波》，《党的文献》2014 年第 4 期。

金达凯、张大军：《中共军事剖视》，（香港）自由出版社 1954 年版。

〔美〕孔飞力：《中华帝国晚期的叛乱及其敌人—— 1796—1864 年的军事化与社会结构》（修订版），谢亮生、杨品泉、谢思炜译，中国社会科学出版社 1990 年版。
〔英〕拉纳·米特:《中国，被遗忘的盟友：西方人眼中的抗日战争全史》，蒋永强等译，新世界出版社 2014 年版。
李秉奎:《太行抗日根据地中共农村党组织研究》，中共党史出版社 2011 年版。
李金铮:《向“新革命史”转型：中共革命史研究方法的反思与突破》，《中共党史研究》2010 年第 1 期。
李金铮:《“理”“利”“力”：农民参军与中共土地改革之关系考（1946—1949）——以北岳、太行和冀南三个地区为例 》，《“中央研究院”近代史研究所集刊》第 93 期，2016 年 9 月。
李里峰:《土地改革与华北乡村权力变迁——一项政治史的考察》，江苏人民出版社 2018 年版。
雷海宗:《中国文化与中国的兵》，商务印书馆 2001 年版。
刘昶:《在江南干革命：共产党与江南农村，1927—1945》，黄宗智主编:《中国乡村研究》（第一辑），商务印书馆 2003 年版。
〔美〕马克·赛尔登:《革命中的中国：延安道路》，魏晓明、冯崇义译，社会科学文献出版社 2002 年版。
〔美〕裴宜理:《华北的叛乱者与革命者，1845—1945》，池子华、刘平译，商务印书馆 2007 年版。
齐小林:《中共士兵、革命政权与华北乡村：1937—1949》，南开大学博士论文，2011 年。
齐武:《晋冀鲁豫边区史》，当代中国出版社 1995 年版。
邱捷:《近代中国民间武器》，社会科学文献出版社 2012 年版。
冉绵惠:《抗战时期国统区“抓壮丁”现象剖析》，《史林》2009 年第 4 期。
日本防卫厅战史室编:《华北治安战》（上、下册），天津市政协编译组译，天津人民出版社 1992 年版。
孙江:《文本中的虚构——关于“黎城离卦道事件调查报告”之阅读》，《开放时代》2011 年第 4 期。
〔日〕笹川裕史、奥村哲:《抗战时期中国的后方社会：战时总动员与农村》，林敏等译，社会科学文献出版社 2013 年版。
太行革命根据地史总编委会编:《太行革命根据地史稿（1937—1949）》，山西人民出版社 1987 年版。
（台北）“内政部”调查局编印:《共匪的民兵组织》，1952 年。

汪正晟：《以军令兴内政——征兵制与国府建国的策略与实际（1928—1945）》，（台北）台湾大学出版委员会，2007年。
王奇生：《革命与反革命——社会文化视野下的民国政治》，社会科学文献出版社2010年版。
王奇生：《高山滚石：20世纪中国革命的连续与递进》，《华中师范大学学报（人文社会科学版）》2013年第5期。
王克文：《欧美学者对抗战时期中国沦陷区的研究》，《历史研究》2000年第5期。
王龙飞：《抗战初期八路军的作战方针及发展策略》，《战略与管理》2015年第1辑。
王龙飞：《中共敌后抗战与日军“治安”困境——以沁源围困战为中心》，《中共党史研究》2017年第3期。
王龙飞：《减租减息的演进——以太行根据地为中心》，《清华大学学报（哲学社会科学版）》2019年第6期。
〔日〕小代有希子：《躁动的日本：危险而不为人知的日本战略史观》，张志清、李文远译，广东人民出版社2015年版。
徐乃力：《第二次世界大战期间中国三方控制区兵力动员比较》，南开大学历史系编：《中国抗日根据地史国际学术讨论会论文集》，档案出版社1985年版。
〔美〕易劳逸：《毁灭的种子：战争与革命中的国民党中国（1937—1949）》，王建朗、王贤知、贾维译，江苏人民出版社2010年版。
杨国安：《明清两湖地区乡村社会史论》，商务印书馆2016年版。
杨奎松：《抗战时期中国共产党对日军事战略方针的演变》，《历史研究》1995年第4期。
杨奎松：《战后初期中共中央土地政策的变动及原因——着重于文献档案的解读》，《开放时代》2014年第5期。
赵诺：《抗战初中共党组织在太行山区的“战略展开”》，《抗日战争研究》2016年第2期。
赵诺：《抗战初期中共地方干部群体内部的“土客问题”》，《近代史研究》2017年第3期。
朱鸿召：《延安缔造》，陕西人民出版社2013年版。
郑训：《中国民兵史话》，长征出版社1992年版。
郑训：《中国民兵史话续集》，军事科学出版社2009年版。

Chalmers Johnson, *Peasant Nationalism and Communist Power: the Emergence of Revolutionary China, 1937-1945*. Stanford, Stanford University Press, 1962.

Chen Yung-fa, *Making Revolution: the Communist Movement in Eastern and Central China, 1937-1945*. California, University of California Press, 1986.

"Foreign Relations of the United States Diplomatice Papers" , 1945, *The Far East*, China Vollume Ⅶ, Washington: Government Printing Office, 1969.

Roger Chickering, Dennis Showalter and Hans van de Ven, *The Cambridge History of War*. Cambridge: Cambridge University Press, 2012.

后　记

自2011年跟着王奇生老师读博，开始较密集研习中共党史，"参加革命"已逾十载。

还清晰地记得，2013年第一次去山西省档案馆，阅览室的一位工作人员见面就问：你是山大来的？我：不是。他接着问：你是山西人？我：不是。他半开玩笑：那你来我们这里干嘛？我：这要问八路军为啥要来山西，我是跟着八路军来的。

之所以追随八路军的脚步，和多数中国近现代史的研习者一样，我也很想搞清楚那个一体两面的问题：共产党为何胜利？/国民党为何失败？关于这个问题，我从上小学起就通过课本、影视有过接触，并且此后延绵不断，反复加强，一些现在看来的成见和偏见也随之逐渐形成。而当成为中国近现代史专业的学习者后，随着接触到的材料和信息增多，相关认识更加丰富多面，同时愈发对这些问题的研究现状不满足，并觉得应该在这些重要议题上有所作为。这便是初心。

全面抗战的八年是中国共产党迅猛发展的时期，也为未来奠定了重要基础。抗战中形成的一套有效的武装运作方式帮助中共在残酷的战争环境中坚持下来，期间积聚的巨大潜能直接构成了战后与国民党角力的重要基础。不管是前面八年，还是之后数年，武力都是关键要素，因此从武装的角度来探讨上述问题无疑更具针对性。抗战时期，中共武装是在相对封闭的根据地环境中成长壮大起来的，相关的探讨也应回到这个本源。经过王奇生老师的指点与阅读大量材料，我最终确定博士论文以太行根据地群众武装为主要研究对象，并于2015年6月顺利通过答辩。

毕业后这几年，围绕博士论文的一些议题撰写了数篇专题论文，在原有基础上又阅读了一些材料，也因此意识到博士论文的主题有必要稍作扩展。如书中已经阐明，单就民兵本身而言并无多大神通，民兵之所以重要或者说能发挥作用，缘于其处在由八路军、地方部队及广大民众共同构成的有效协作体系中。因此，以“武装体系”为着眼对象当更合适。2021年的一次交流中，陈默兄曾问我中共抗日根据地武装的核心特质是什么，当我说出“全民皆兵”时，他和在场的彭老都表示有道理。后来我又专门请教奇生师是否可以以此作为书名，他也表示认可。用“全民皆兵”想表达的是根据地民众以军事化方式高度组织起来的情态。

处理这么一个老题目，常被问到的是“你的新意何在”。2018年上半年在台北的“中研院”近史所访学，当得知我的博士论文研究对象是太行根据地武装体系，陈永发先生立即问道：你有什么新的发现没？这个问题既是学术初心的一部分，也是开题、答辩等“通关”过程中的反复出现的必答题。而陈永发先生问这个问题又多一层背景在其中——他的博士论文即基于华中根据地展开。最基本的，相较其他根据地，太行有其特殊性——全面抗战期间八路军总部一直在太行，军事斗争意义远较陕甘宁边区等地突出。这个理由貌似站得住，但稍作化约会发现当问题转变成武装斗争时，一系列的框架性论述早已如常识般地浮现在眼前——中流砥柱、统一战线、群众路线、人民战争。不过，这些论述许多时候也就停留在常识层面，经不起一再追问。正因为如此，在我的设想中，要在具体的时空中，以武装为主线，尽可能落到实处地追溯中共如何开拓根据地、如何扎根以及如何度过抗战，也就是“全民皆兵”如何实现进而又产生了怎样的影响。出于尽可能“下沉”、尽可能“落地”的考虑，除了省级档案馆外，2013—2014 年我先后前往原太行地区十几个县档案馆寻访档案资料，且幸运地收获颇丰。不止一家档案馆的工作人员告诉我，多少年没有人来看这些“尘封”已久的资料。

既然拿到了“新”材料，就得出了新结论吗？且慢回答。虽然同在中共中央领导下，但陕甘宁、太行、山东、华中各根据地各有各的处境，因此即便在同一件事上、同一个政策下也存在显著差异。同理，同样的做法，换个环境则不一定适用。如带着太行成功经验的刘邓部队挺进大别山后，在鄂东地区却意外遭遇不小的挫折。正因为如此，我们是不是不应该执着于高度化约式地总结历史的经验和规律？是不是应该在探寻机制和逻辑的同时更加注重过程和实践？是不是应该努力层层剥开那些抽象的、集体化的概念直击实际所指？毕竟对于历史的当事人而言，一切都是具体的，具体的人在具体的环境中经历着具体的事。也是在这个意义上，我认为中共革命史的研究在如何落到实处上仍然需要继续下大力气，进而在历史的呈现上才有可能提供足够丰富且优质的细节。这也是本书希望有所为的地方。

经常遇到同龄人或更年轻的友人半抱怨半调侃地说最大的愿望是早点退休，每每此时我倒是庆幸干了一份自己喜爱的职业，虽然清苦，但也自得其乐。这样的心境以后会不会变不知道，至少过去和当下真实如此。能够拥有这份自得其乐自然与本人身处的大小环境密不可分。

这本书是在王奇生老师的悉心指导和无尽帮助下完成的，其中不仅包括我在校读书的四年，还有毕业后的这些年。能时时沐浴老师的言传身教，实乃人生之幸。也得益于王老师，我有幸与一群睿智又友善的同门长期为伍。

在本课题研究写作的各个环节中，我有幸得到多位师长的指教和帮助，其中有北京大学历史学系罗志田、杨奎松、徐勇、牛大勇、刘一皋、王元周等老师，中国社会科学院近代史研究所徐思彦、黄道炫、金以林、汪朝光、罗敏、胡永恒、李志毓、李在全、刘文楠等老师，清华大学应星老师，南京大学孙江、李里峰、岳谦厚老师，南开大学李金铮、江沛老师，华中科技大学黄岭峻老师，复旦大学张仲民老师，华东师范大学瞿骏、唐小兵老师，陕西师范大学黄正林老师，中共中央党校齐小林老师，台北陈永发、余敏玲、张力、黄自进、潘光哲、刘维开老师。与诸位师长或多或少的交往中一再能深切感受到师生之间、学人之间的美好与良善。除了前辈学者，还有一大群早至读书阶段就陆续结识的学界朋辈，来自榜样的力量总能给我以持续性的激励。

本书的部分内容见载于《中共党史研究》《抗日战争研究》《史学月刊》《开放时代》《清华大学学报》《“中研院”近代史研究所集刊》等刊物，在与审稿人及编辑的往还中学到了很多，特别要向高士华、仲伟民、翁有为、杜继东、朱昌裕、吴志军、皮莉莉、马晓娟等老师以及多位匿名审稿人致以诚挚的谢意——他们是帮忙修改文章最认真的人。责任编辑齐群博士为本书的出版不仅提供了流程和技术方面的帮助，还为完善书稿给出了许多中肯的建议。

本研究得到国家社科基金资助，并以“优秀”结项。本研究还得到东方历史基金、夏潮学人基金资助。感谢这些重要的物质支持。本书忝列北大史学文库，使我既感且愧。

我所任职的华中师范大学中国近代史研究所及历史文化学院有一群潜心向学的同事和乐于帮助年轻人的师长，很荣幸置身于这样的工作环境。

还要特别感谢家庭的助力。两边的长辈不仅不需要我们照顾，反而能为我们小家庭随时补位。妻子程牧原在养育和家务方面承担了更多，不敢相信我们相识已近二十年。日渐成长的儿子王若朴给我们带来了许多欢乐和惊喜，也以他的方式帮助我们进步。

感恩！

无以为报，惟有继续潜心问学，用心教书，认真生活，传递良善。

2023年初于武汉桂子山